AUSTRALIEN

Eine Übersichtskarte mit den eingezeichneten Reiseregionen finden Sie in der vorderen Umschlagklappe.

TOP 10

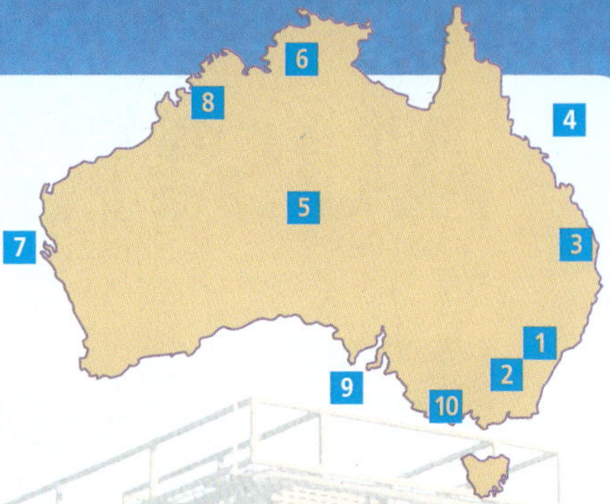

1 Sydney Opera House
S. 27, 35

Die geblähten Segel der Dachkonstruktion im Hafen von Sydney sind Australiens unverkennbares Wahrzeichen. Am schönsten ist der Blick auf das Opernhaus von einer der Fähren.

2 Blue Montains
S. 40 f.

Die blauen Berge in der Nähe von Sydney sind bestens erschlossen, bieten einzigartige Ausblicke und ein perfektes Ausflugsvergnügen. Ölpartikel der Eukalyptusbäume verursachen einen ganz speziellen Dunst, der die Berge blau schimmern lässt.

3 Fraser Island
S. 81 f.

Die größte Sandinsel der Welt – 123 Kilometer lang und 22 Kilometer breit – mit den farbigen Sanddünen, den kristallklaren Süßwasserseen, dem Regenwald im Inselinneren und den kilometerlangen Sandstränden sollte mit dem Geländewagen erkundet werden.

4 Great Barrier Reef
S. 102 f., 113, 116

Das größte Korallenriff der Erde erstreckt sich über 2300 Kilometer zwischen dem 10. und 24. südlichen Breitengrad. Es ist über und unter Wasser von einzigartiger Schönheit und lässt sich am eindrucksvollsten beim Tauchen, Schnorcheln oder bei einem Rundflug genießen.

5 Uluṟu-Kata Tjuṯa National Park
S. 131 f.

Der gewaltige, 348 Meter hohe Fels Uluṟu (Ayers Rock) ist die wohl markanteste Attraktion Australiens. Auch die Olgas (Kata Tjuṯa) – eine Ansammlung gigantischer roter Kuppelsteine – bieten ein einzigartiges Natur- und Kulturerlebnis mitten im Red Centre. Die auf- und untergehende Sonne taucht die Gegend in ein magisches Licht.

6 Kakadu National Park
S. 144 f.

Das riesige Überschwemmungsgebiet mit seinen sechs verschiedenen Landschaftsformationen ist die Attraktion des tropischen Nordens. Er steht aufgrund seiner Bedeutung für die Kultur der Aborigines und seiner unvergleichlichen Natur auf der UNESCO World Heritage List.

7 Ningaloo Reef
S. 155, 157

Das Korallenriff an der Westküste Australiens zählt seit 2011 zum UNESCO-Welterbe. An zahlreichen Stellen liegt es kaum mehr als 100 Meter von den wunderschönen Stränden entfernt.

8 Kimberleys
S. 164 f., 173

Die urwüchsige Region im Nordwesten lässt sich am besten mit dem Geländewagen auf der Gibb River Road erleben. Dabei gelangt man zu Naturschönheiten wie der Windjana Gorge, versteinerten Überresten eines ehemaligen Unterwasserriffs, oder zu den terrassenförmigen Natursteinbecken der Bell Gorge.

9 Kangaroo Island
S. 220 ff.

Zwischen steilen Klippen, spektakulären Felsformationen, herrlichen Stränden, Lagunen und Flüssen leben Seelöwen, Pinguine, Koalas, Wallabies, exotische Vögel und seltene Känguru-Arten auf der Insel vor der Südküste.

10 Great Ocean Road
S. 238 ff.

Die 250 Kilometer lange Traumstraße im Süden von Victoria führt zu imposanten Naturdenkmälern wie den Zwölf Aposteln und beeindruckenden Aussichtspunkten.

Manuela Blisse und Uwe Lehmann

AUSTRALIEN

VISTA POINT

AUSTRALIEN – DER ROTE KONTINENT

Die australische Flagge: fünf Sterne bilden das Kreuz des Südens, der große Stern links repräsentiert das Commonwealth of Australia

Australien ist ein noch junges Land, jedenfalls was die uns bekannte westliche Zivilisation angeht. Erst 1606 betrat der Holländer Willem Jansz an der Westküste von Cape York als erster Weißer den Kontinent und erst das Jahr 1770 gilt bei den Europäern als das inoffizielle Geburtsjahr Australiens. Im April ging Captain James Cook mit seinem Schiff »Endeavour« in der Botany Bay in der Nähe des heutigen Sydney an Land, nannte die Region New South Wales und gründete eine neue englische Kolonie. 1901 schlossen sich die bis dahin britischen Kolonien zum »Commonwealth of Australia« zusammen, dessen Staatsoberhaupt auch heute noch die Queen ist, da 1999 ein Referendum zur Einführung der Republik scheiterte. Heute besteht Australien aus den Bundesstaaten New South Wales, Victoria, Queensland, Südaustralien, Westaustralien und Tasmanien sowie den beiden Territories Northern Territory und Australian Capital Territory (ACT) mit der Hauptstadt Canberra.

Offiziell feierte Australien 1988 sein 200-jähriges Bestehen, denn 1788 landeten die ersten britischen Sträflinge – 170 000 waren es im Laufe der Zeit insgesamt – in der neuen Kolonie und die europäische Besiedlung begann. Für die Weißen war der Kontinent bis zu jenem Zeitpunkt terra nullius, Niemandsland.

Ein farbenprächtiges Spektakel: »Ferry Races« vor dem Sydney Opera House anlässlich des Australia Day

Fraser Island – die größte Sandinsel der Welt (Queensland)

Übrigens wurde den Aborigines das Wahlrecht erst 1967 zugesprochen. Auch sonst haben die rund 350 000 australischen Aborigines weiterhin mit massiven Benachteiligungen zu kämpfen. Generell sind ihre Lebensbedingungen in allen Bereichen wesentlich schlechter als die der weißen Australier. Dies zeigt sich beispielsweise an einer höheren Säuglingssterblichkeit, Benachteiligungen bei sozialen Faktoren wie Bildung oder einer geringeren Lebenserwartung der australischen Ureinwohner. Zwischenzeitlich wurden sie von den Weißen gar zwangsassimiliert und galten zudem als vom Aussterben bedroht. Eine Tatsache, an die kein Australier gerne erinnert wird.

Australien selbst ist noch wesentlich älter als seine Ureinwohner. Seit über 40 Millionen Jahren ist der Kontinent von den übrigen Landmassen getrennt und hat daher eine sehr eigenständige Entwicklung durchlaufen. Das Alter der ältesten Felsformationen wie der Hamersley Range im Westen wird sogar auf fast drei Milliarden Jahre geschätzt.

Für die Aborigines verkörpern die Devils Marbles (Teufelsmurmeln) südlich von Tennant Creek die Eier der Regenbogenschlange (Northern Territory)

Golden Wattle (Goldakazie) – das nationale florale Emblem Australiens

Geografisch gesehen gliedert sich Australien in einen dicht besiedelten, nur bis zu 65 Kilometer breiten Küstenstreifen im Osten, getrennt vom übrigen Teil des Landes durch den 3200 Kilometer parallel zur Küste verlaufenden Gebirgszug der Great Dividing Range, der wichtigsten Wasserscheide Australiens, und den dünn besiedelten großen Rest mit tropischem Regenwald im Norden, mitteleuropäisch anmutenden Landschaften im Süden, Halbwüsten im überwiegend ebenen Landesinneren, der mittelaustralischen Senke und endlosen, einsamen Küsten im Westen.

Fast genau in der Mitte ragt der je nach Licht in unterschiedlichen Rottönen leuchtende Uluru (Ayers Rock) 348 Meter hoch aus dem Boden – das Wahrzeichen Australiens und eine heilige Stätte der Aborigines. Die rote Farbe des Monolithen wird durch Eisenoxide hervorgerufen, die auf dem roten Kontinent überall in den Böden und den Gesteinsformationen anzutreffen sind. So auch in den eindrucksvollen riesigen Sanddünen der Great Victoria Desert oder bei den bizarren Purnululu (Bungle Bungle), den wie riesige steinerne Bienenkörbe wirkenden Felsen im Norden Westaustraliens.

Im Gegensatz zum Rot stehen die intensiven Blau- und Türkistöne des Great Barrier Reef, einer fantastischen Unterwasserwelt am östlichen Rand des australischen Festlandsockels. Das größte Riff der Welt erstreckt sich vor der Ostküste vom Wendekreis des Steinbocks über 2000 Kilometer nach Norden bis über den nördlichsten Punkt Australiens, Cape York, hinaus.

Vereinfacht gesagt besteht Down Under in vielerlei Hinsicht aus zwei Teilen: aus den großen Städten Sydney, Melbourne, Brisbane, Perth und Adelaide einerseits und dem Outback. Outback ist dabei alles, was kurz hinter der Zivilisation beginnt, es muss also nicht unbedingt Wüste oder Steppe sein. Kurzum, Outback ist dort, wo der Hund begraben liegt, somit also der größte Teil Australiens, in dem aber nur ein ganz geringer Teil der Bevölkerung lebt. Dafür spielen in den unendlichen Weiten die Begleiter der frühen Pioniere eine wichtige Rolle: Rinder und Schafe. Dort, abseits der schicken Lifestyle-Viertel der boomenden Metropolen, sind die meisten Australier in ihrem Leben jedoch nie gewesen, dennoch wird der Mythos vom Outback, von der strapazenreichen Eroberung des lebensfeindlichen Landes, von praktisch jedem weißen Australier gepflegt.

Asiatin auf dem Anzac Hill nahe Alice Springs (Northern Territory)

Doch das Land ändert sich ganz allmählich, öffnet sich stärker dem asiatisch-pazifischen Raum und entwickelt sich in den Metropolen wie Sydney oder Brisbane verstärkt zu einer offeneren, multikulturellen Gesellschaft, ohne dass das britische Erbe dabei völlig verloren ginge. Jedenfalls wird diese Entwicklung propagiert, seit 1973 die vormalige Politik des *White Australia* aufgegeben und zunehmend asiatische Einwanderer ins Land gelassen wurden. Sie sollen ihre kulturelle Vielfalt einbringen und so die australische Gesellschaft bereichern. Dies funktioniert in der Praxis zumeist, aber eben nicht immer. Formen von Rassismus sind nicht nur gelegentlich gegen die Aborigines, sondern auch gegenüber asiatischen Einwanderern zu spüren. Dennoch bleibt dies eher die Ausnahme, und so sind es gerade die tolerante, offenherzige Art der Australier und die lockere, lebensfrohe Atmo-

sphäre, die Besucher so begeistern. Je tiefer man in das Outback vorstößt, umso kleiner wird der multikulturelle Einfluss und umso stärker hat sich das britische Element erhalten. An der freundlichen und hilfsbereiten Art der Outback-Bewohner ändert dies jedoch nichts. Und gerade der Gegensatz zwischen urbanem Lifestyle und Outback-Abenteuer trägt viel zur Faszination Australiens bei.

Der Flinders Chase National Park erstreckt sich über den gesamten westlichen Teil von Kangaroo Island (South Australia)

Faszinierend sind auch die Modernität, Flexibilität und Dynamik der australischen Gesellschaft, wie sie sich beispielhaft in der Boomregion rund um Brisbane zeigt. Vor allem die jüngeren Australier sind risikobereit, zeigen kein ausgeprägtes Sicherheitsdenken, Chancen werden unkompliziert angeboten – *no experience necessary*, keine Erfahrung nötig – Jobwechsel und Umzüge stellen zumeist kein größeres Problem dar. Von der Finanzkrise ist Australien insgesamt eher indirekt betroffen und durch seine lange Wachstumsphase mit hohen Haushaltsüberschüssen relativ gut gerüstet. Die australische Wirtschaft wächst inzwischen seit über 20 Jahren in Folge, im Jahr 2013 hatte sich das Wirtschaftswachstum jedoch auf 2,7 Prozent abgeschwächt. Die Arbeitslosigkeit betrug Anfang 2015 6 Prozent. Beherrscht wird Australiens Wirtschaft vom Dienstleistungssektor, der 80 Prozent zum Bruttoinlandsprodukt (BIP) beisteuert, während verarbeitende Industrie nur zehn und Landwirtschaft drei Prozent beitragen. Bedeutend ist auch die Rohstoffförderung, denn Kohle, Eisenerz, Gold, Aluminium und Erdöl und Erdgas sind wichtige Exportprodukte.

Die Küste Australiens mit ihren erstklassigen Wellen ist ein Paradies für Surfer

Die Zukunftsbranchen Informations- und Kommunikationstechnologie, E-Commerce, Bio-, Nano- und Medizintechnologie spielen daneben eine zunehmend wichtige Rolle.

Natürlich hat das Internet inzwischen selbst auf der hintersten Outback-Farm Einzug gehalten und Australien ist insgesamt sehr stark im *World Wide Web* vertreten, was die Planung einer Reise besonders einfach macht.

Selbst kulturell ist Australien längst nicht mehr Down Under, ganz unten. Dabei stehen australische Stars wie Kylie Minogue, Mel Gibson, Nicole Kidman, Russel Crowe, Heath Ledger († 2008) oder Celebrities wie Prinzessin Mary von Dänemark, vormals bürgerlich Mary Macdonald, im Rampenlicht, und auch die Altrocker von AC/DC und die Soft-Pop-Musiker von den Bee Gees kennt man noch. Daneben hat sich aber nicht nur in puncto Musik in allen Großstädten eine lebendige Kulturszene entwickelt. Selbst in Sachen Design und Mode spielt Australien in der ersten Liga, und das Australian Arts Festival in Adelaide ist eines der bedeutendsten Kulturfestivals weltweit. Auch die Kunst und das Kunsthandwerk der Aborigines finden in Galerien und Museen immer mehr Beachtung. Man muss also als Besucher nicht unbedingt einen Bumerang oder ein Didgeridoo, das inzwischen auch schon in der Popmusik gespielt wird, als Mitbringsel erstehen.

Natürlich genießt der echte *Aussie* Kultur wie so vieles am liebsten draußen. So finden in den Sommermonaten allerorten Freiluftveranstaltungen statt, sei es auf Weingütern im Hunter Valley, wenn es heißt *Jazz in the Vines*, bei Konzerten im Barossa Valley, in Sydney im Centennial Park oder beim Irish Folk Festival in Port Fairy.

»Joey« nennen die Australier ein junges Känguru

Den niedlichen Haarnasen-Wombat kürte South Australia zu seinem Emblem-Tier

Flora und Fauna

Das **Känguru**, das Wappentier Australiens, und der Koala sind wohl die bekanntesten und beliebtesten Tiere des fünften Kontinents. Etwa 130 verschiedene Beuteltiere leben Down Under, darunter fast 50 verschiedene Känguru-Arten. Dabei ist das Rote Känguru größer als ein ausgewachsener Mensch, wenn es sich

Schön anzusehen: Rainbow Lorikeets (Regenbogen-Lories) und …

auf die Hinterbeine stellt. Es kann über zehn Meter weit und 80 Stundenkilometer schnell springen. Viehzäune sind zum Ärger der Farmer für die sprunggewaltigen Tiere kein Hindernis. Die kleinsten Vertreter der Art sind hingegen die winzigen Baumkängurus, die in den Wipfeln des tropischen Regenwalds leben. Andere Beuteltier-Vertreter sind beispielsweise das **Wallaby** und der unter der Erde lebende **Wombat**. Nur auf Rottnest Island vor Perth kommt das putzige Quokka, eine Wallaby-Art, vor.

Dem **Koala**, auch er ein Beuteltier, kann man vielerorts in Zoos und Wildparks das flauschige Fell kraulen. In freier Natur hängt das scheue Bärchen meist benebelt in Eukalyptus-Bäumen. Sein berauschter Zustand rührt von den in den Eukalyptus-Blättern enthaltenen ätherischen Ölen her. Zudem ist der Koala auch noch sehr wählerisch und isst nur die Blätter einiger weniger der insgesamt über 700 Eukalyptus-Arten. Darin lässt er sich auch durch Nahrungsmangel nicht beirren. Durch Abholzung und Buschbrände ist der Bestand dieser Eukalypten in vielen Regionen stark zurückgegangen und der Koala daher mancherorts schon gefährdet.

... ein Gelbhauben-Kakadu im Top End, dem tropischen Norden Australiens

Sehr selten ist das an den Flüssen der subtropischen Regenwälder der Ostküste lebende Schnabeltier, **Platypus**. Das knuffige, etwas archaisch anmutende Tier legt Eier und erinnert mit seinen Schwimmfüßen und dem breiten Schnabel irgendwie an eine Ente, besitzt aber einen buschigen Schwanz.

In der Vogelwelt erregt vor allem der **Emu** Aufsehen, ein riesiger Laufvogel, der im Outback unversehens aus den Büschen auftauchen kann. Überall anzutreffen sind auch **Kakadus**, die oft zu Hunderten, nicht nur im Kakadu National Park, die Campingplätze bevölkern und sich auf jede offene Tüte stürzen. Durch sein lautes, an schallendes Gelächter erinnerndes Rufen fällt der **Kookaburra** auf. Viel Freude machen den Besuchern auch die vielen verschiedenen bunten **Papageien**, die vielerorts zu beobachten sind und recht zutraulich werden können.

Bei der Fahrt durch das Northern Territory fallen immer wieder teils mannshohe rostbraune Säulen ins Auge. Es handelt sich um die kunstvoll gebauten Behausungen von **Termiten**. Charakteristisch für den Norden sind auch die bizarr aussehenden **Flughunde**, die etwa im Litchfield National Park zu Hunderten kopfüber in den Bäumen hängen.

Im Outback sind aber auch andere, vermeintlich untypische Tiere zu Hause, die erst von den Einwanderern ins Land gebracht wurden. So haben sich **Kaninchen** trotz eines über 2000 Kilometer langen Kaninchenzauns (*rabbit fence*) in Westaustralien zu einer echten Plage entwickelt. Ebenso wie die große, hochgiftige Kröte **Cane Toad**, die gegen Schädlinge auf den Zuckerrohrfeldern Queenslands eingesetzt wurde und gerade auf dem Vormarsch Richtung Darwin ist und auf ihrem Weg erhebliche Schäden anrichtet. Dies tun ebenfalls die eingeschleppten Wildschweine (die Engländer brauchten etwas zum Jagen), die schon

Süßwasserkrokodile, »Freshies« (von Freshwater Crocodile), sind für den Menschen meist ungefährlich

manche Ernte vernichtet haben. In den Wüsten und Halbwüsten streifen inzwischen Abertausende **Dromedare**, einst als genügsame Transporttiere eingeführt, umher, vermehren sich rasant und konkurrieren mit **Wildpferdeherden** um das spärliche Futter. Biologen sehen trotz der endlosen Weite des Outbacks bereits das fragile Ökosystem gefährdet.

Eine besondere Gefährdung für den Menschen sind die Schlangen im Outback in der Regel nicht, obwohl einige wie der **Inlands-Taipan** oder die **King Brown** zu den giftigsten Schlangen der Welt zählen. Sie sind jedoch im Allgemeinen scheu und greifen nicht an, wenn man einige Vorsichtsmaßnahmen einhält (festes Schuhwerk tragen, kräftig auftreten und nicht mit bloßen Händen in Büsche greifen).

Buckelwale sind vor der Küste von Queensland zwischen Juni und September zu beobachten

Vorsehen sollte man sich im Norden allerdings vor den auch in Flüssen und Wasserlöchern vorkommenden **Krokodilen**. Die Warnschilder stehen nicht umsonst überall, und es kommt immer wieder vor, dass Touristen angegriffen oder gar getötet werden. Man unterscheidet zwischen den etwas kleineren Süßwasserkrokodilen, *Freshies*, und den größeren und gefährlicheren Salzwasserkrokodilen, *Salties*, die aber auch in Süßwassergewässern vorkommen.

Gefährlich wird es beim Schwimmen zwischen Oktober und April vor den Küsten im tropischen Norden. Dort treibt der **Box Jellyfish** sein Unwesen, eine Art Riesenqualle mit meterlangen Tentakeln, die bei der Berührung ein Nervengift absondern. Beim Menschen kann das Gift zu Atem- und Herzstillstand und zum Tode führen, was in jeder Sommersaison einige Male vorkommt. Zur Ersten Hilfe steht überall an den Stränden Essig bereit, der die Fäden auf der Haut unschädlich macht. Am sichersten ist es jedoch, nur in den durch Netze abgesperrten Bereichen zu baden.

Doch vor Australiens Küsten tummeln sich auch angenehmere Zeitgenossen wie **Delfine**, **Seelöwen**, **Pinguine**, **Robben**, **Buckelwale** und **Riesenschildkröten**. Vor allem die beiden großen Korallenriffe, das Great Barrier Reef im Osten und das Ningaloo Reef im Westen, bieten mit über 1500 Fischarten eine unglaubliche Artenvielfalt. Diese gilt auch für die als Weltnaturerbe gelistete Shark Bay, wo die überaus seltenen **Seekühe** leben und **Stromatolithen** (Blau-Grün-Algen), mit denen vor drei Milliarden Jahren das Leben auf der Erde begann, zu bestaunen sind.

Eine für Australien besonders typische Pflanze ist der Eukalyptus, der in über 700 Arten vorkommt. Über 90 Prozent der Wälder bestehen aus Eukalyptus-Bäumen und -sträuchern. Eukalypten wachsen im heißen Landesinneren ebenso wie in den kalten Australischen Alpen. Die charakteristische Outback-Pflanze ist

Silbrig grüne Blätter und weißer Stamm: der Eukalyptus

Blätterdach der Fächerpalmen im tropischen Queensland

Tropische Blume aus dem Top End

Spinifex, ein langhalmiges Gras, das auch bei großer Trockenheit gedeiht und bald ein Fünftel des Landesinneren bedeckt.

Aber in den ariden Gebieten kommen neben Eukalyptus und Spinifex auch die artenreichen **Akazien** vor. Eine Besonderheit des Nordwestens ist der **Baobab** oder Flaschenbaum. Die größten Exemplare dienten in der Vergangenheit als Gefängnisbäume, in deren mächtigen, innen hohlen Stämmen gefangene Aborigines festgesetzt wurden. In kleinen ökologischen Nischen haben sich häufig seltene Pflanzen angesiedelt, die räumlich nur ganz begrenzt vorkommen, so die **Livistona-Palme** im Palm Valley am Finke River, einem der ältesten Flüsse der Erde, im roten Zentrum. In den subtropischen und tropischen Gebieten des Landes sind Palmen selbstverständlich in allen Variationen vertreten. Natürlich auch in den zum Weltnaturerbe zählenden subtropischen und tropischen Regenwäldern Queenslands mit ihrer unglaublichen Vielfalt verschiedenster Pflanzen wie Farne und Orchideen.

Für Furore sorgen in jüngster Zeit zwei Nutzpflanzen, von denen man zumindest die eine nicht unbedingt in Australien erwarten würde. Australischer **Wein** hat sich schon seit langem durchgesetzt. Deutsche Einwanderer brachten im 19. Jahrhundert die ersten Reben ins Barossa Valley nach Südaustralien. Heute wird Wein in allen gemäßigten Zonen Australiens wie rund um Margaret River in Westaustralien, im Hunter Valley in New South Wales oder im Yarra Valley vor den Toren Melbournes angebaut. Was mit dem Wein begann, findet mit der **Olive** seine Fortsetzung, denn wo es dem Wein gut geht, kann es in der Regel der Olive nicht schlecht gehen. So sind in den letzten Jahren mittels aus dem Mittelmeerraum importierter Bäume riesige Olivenbaumplantagen entstanden und die Olivenöle erreichen inzwischen Top-Qualität. Als Lebensmittel auch bei uns bekannt ist ein weiterer australischer Vertreter, die **Macadamia-Nuss**.

Die Twelve Apostles an der Great Ocean Road in Victoria

Reiseland und Reisezeit

Australien ist ein Ganzjahresziel und bietet zudem für jeden Urlaubsgeschmack das Richtige: von der abenteuerlichen Outback-Tour im Allradwagen (4WD) über den Sydney-Besuch, der lebendigen Metropole am Pazifik, Gourmet- und Weintouren in Südaustralien, *bushwalking* in einem der fantastischen Nationalparks, Golfen auf perfekten öffentlichen Plätzen, Segeln in den Whitsundays bis hin zum Savoir vivre im Luxusresort am Great Barrier Reef. Das alles lässt sich, genügend Zeit vorausgesetzt, perfekt miteinander kombinieren, denn Australien ist ein Land, das sich aufgrund seiner sehr guten Infrastruktur, der lockeren Atmosphäre und der Freundlichkeit und Hilfsbereitschaft der *Aussies* sehr

Tauchen am Great Barrier Reef – dem größten Korallenkomplex der Erde

leicht und angenehm bereisen lässt. Wichtig ist es dennoch, sich nicht zu viel vorzunehmen, sich Zeit zu lassen und lieber einmal auch eine Sehenswürdigkeit auszulassen, um dafür das »wahre« Australien zu erleben. Beim bloßen »Highlight-Abhaken« wird sich die Faszination des fünften Kontinents kaum erschließen. Daher sollte, wer an Authentizität interessiert ist, lieber einmal von den Touristenrennstrecken abweichen, zwei, drei Tage an einem Ort bleiben und mit den Einheimischen, den *locals*, ins Gespräch kommen. Die *großen Drei* – Sydney, Uluru und Great Barrier Reef – sind, wie häufig in einer Drei-Wochen-Tour angeboten, keinesfalls Pflichtprogramm beim ersten Australienbesuch.

Die Western Arthur Range gehört als Teil der »Tasmanian Wilderness World Heritage Area« zum UNESCO-Weltkulturerbe der Menschheit

Klima und Reisezeit

Frühling, Sommer, Herbst und Winter sind in Australien den Jahreszeiten in Europa genau entgegengesetzt. Juli und August sind Winter und Skisaison in den Snowy Mountains, Januar und Februar Hochsommer, jedenfalls in den gemäßigten Breiten des Kontinents südlich des Wendekreises des Steinbocks. Der Zeitraum November bis April ist daher die ideale Reisezeit für den Süden des Kontinents; in Perth, Adelaide und Sydney herrscht dann ein angenehm warmes mediterranes Klima. Ein Besuch auf Tasmanien empfiehlt sich im Hochsommer, da das Klima der Insel wesentlich rauer und regenreicher, die Temperaturen zudem viel kühler sind als auf dem Festland.

Kängurus – ein Symbol des Fünften Kontinents

Je weiter man nach Norden kommt, desto weniger ausgeprägt sind die Jahreszeiten. Im hohen Norden, im Top End im Northern Territory und in Far North Queensland, gibt es statt Jahreszeiten die *Dry Season* (Trockenzeit Mai bis Oktober) und *Wet Season* (Regenzeit November bis April). Wobei die *Wet Season* mit der Zyklon-Saison zusammenfällt und die Luftfeuchtigkeit extrem hoch ist. Warm ist es jedoch ganzjährig, und gerade in der

Zwischensaison zu Beginn der Regenzeit lässt es sich zu häufig günstigeren Preisen beispielsweise rund um Cairns gut urlauben. Nachteil in der Regenzeit ist auch, dass beispielsweise im Top End weite Gebiete überschwemmt und nicht einmal mehr mit Allradfahrzeugen zugänglich sind. Die Hauptsehenswürdigkeiten sind jedoch zumeist erreichbar. Der Vorteil ist, dass alles sehr grün ist und die Wasserfälle sich besonders spektakulär zeigen.

Für das Landesinnere und Outback-Touren allgemein sind die Monate Mai bis September die beste Zeit. Im Sommer ist es einerseits extrem heiß und andererseits können sintflutartige Regenfälle das Weiterkommen von einer Stunde zur nächsten unmöglich machen. Im Juli und August kann es aber im Outback, besonders nachts, empfindlich kalt werden, daher sind Mai bis Mitte Juni, sobald alle Pisten wieder passierbar sind, ein guter Reisezeitraum für das Rote Zentrum (Red Centre) wie für das Top End. Für Reisen in verschiedene Klimazonen empfehlen sich Frühjahr oder Herbst. Und wer den Kontinent auf dem berühmten Highway 1 einmal umrunden möchte – Lieblingstrip vieler australischer Pensionäre – sollte für die Reise seines Lebens mindestens drei Monate einplanen. Danach wird er sein ganz persönliches Australien mit Sicherheit gefunden haben, wiederkommen oder gleich ganz dableiben.

Uluru/Ayers Rock – Australiens berühmter Felsblock inmitten der weiten Ebene des Outback (Northern Territory)

CHRONIK AUSTRALIENS

DATEN ZUR LANDESGESCHICHTE

»Rock Art« am Injalak Hill im Arnhem Land: Manche der Zeichnungen sind Tausende von Jahren alt

Ca. 50 000 Jahre v. Chr.
Zuwanderung der australischen Ureinwohner von Südostasien über die damals noch vorhandenen Landverbindungen.

Ca. 30 000 Jahre v. Chr.
Erste Siedlungen und Gräber der Urbevölkerung sind durch Funde belegt.

Ca. 8000 Jahre v. Chr.
Tasmanien löst sich durch die entstehende Bass-Straße vom Kontinent ab.

1606
Der Holländer Willem Jansz betritt als erster Europäer in der Nähe des Cape York den fünften Kontinent.

1616
Der Holländer Dirk Hartog landet an der Küste Westaustraliens, nahe der Shark Bay (Dirk Hartog Island).

1642
Abel Janszoon Tasman entdeckt die Südspitze von Tasmanien (bis 1856 »Van Diemen's Land«) und die Südinsel von Neuseeland.

1699
William Dampier erforscht die Nordwestküste und entdeckt die Inseln des Dampier-Archipels.

Am 28. April 1770 geht James Cook mit seinem Schiff »Endeavour« in der Botany Bay vor Anker

1769
James Cook entdeckt auf seiner ersten Weltreise die Nordinsel von Neuseeland und umrundet beide Inseln.

1770
Cook erkundet die Ostküste von »Neu-Holland« und geht am 28. April mit seinem Schiff »Endeavour« in der Botany Bay vor Anker.

1788
Am 18. Januar landet die »First Fleet« unter dem Kommando von Kapitän Arthur Phillip mit elf Schiffen und 1030 Menschen, davon 736 Sträflinge, in der Botany Bay. Sie segeln weiter gen Norden und entdecken mit Port

»For King and Country«: James Cook erklärt Australiens Osten zum Besitz der britischen Krone

Jackson einen perfekten natürlichen Hafen. Am 26. Januar wird die erste dauerhafte europäische Siedlung gegründet und nach Lord Sydney, dem britischen Innenminister, der für die Kolonisierungspläne verantwortlich war, benannt.

1793
Die ersten freien Siedler kommen nach Australien.

1804
Gründung von Hobart (Tasmanien) am Derwent River.

1813
Entdeckung eines Weges durch die Blue Mountains. Die Kolonie kann sich fortan ins Landesinnere ausdehnen.

Die »New Endeavour« im Hafen von Sydney

Gold Nugget aus Victoria

Australien auf einer alten Landkarte: Die Küstenlinie stimmt, das Innere ist noch weitgehend unerforscht

1820
Sydney hat etwa 26 000 Einwohner, darunter 10 000 Sträflinge. Es beginnt die »Squatter Period«: Nach den Forschern dringen Pioniere in das nicht zur Besiedlung freigegebene Hinterland, besetzen es und beginnen dort Vieh zu züchten.

1829
Perth wird gegründet, Westaustralien wird britische Kolonie.

1835
Gründung von Melbourne.

1844/45
Der Deutsche Ludwig Leichhardt durchquert den Kontinent von Brisbane im Osten nach Port Essington im Norden. Von seiner zweiten Expedition kehrt er nicht zurück.

1851
Der Goldrausch in New South Wales und Victoria zieht 400 000 neue Einwanderer ins Land.

1854
Die »Eureka Stockade« – ein blutiger Kampf zwischen Goldgräbern, die gegen hohe Schürflizenzen protestierten, und der Polizei – bei Ballarat in Victoria geht als einzige Schlacht auf austra-

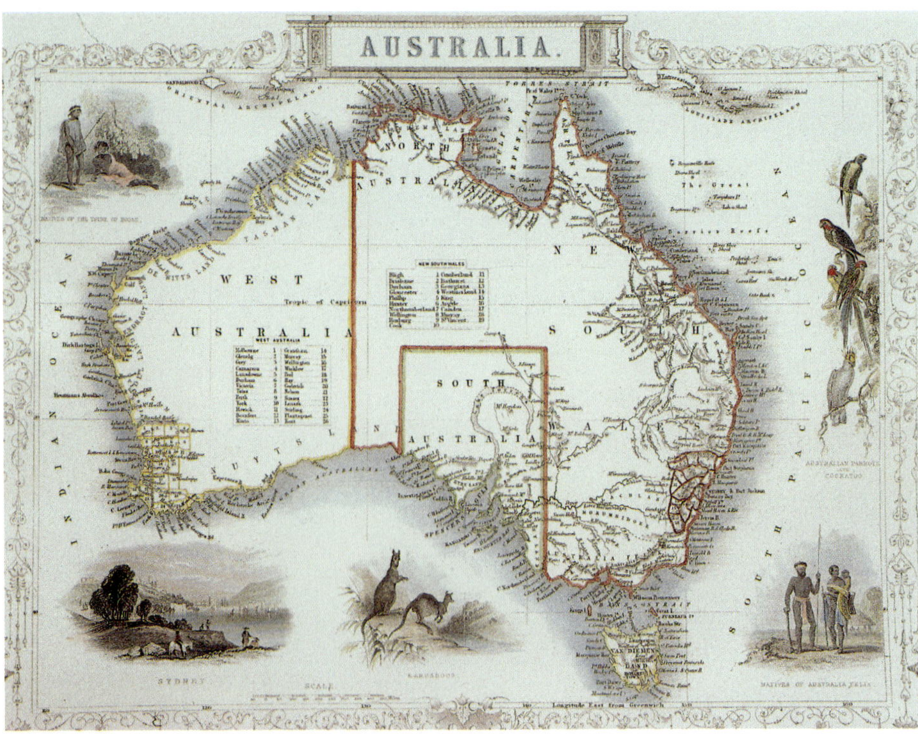

Commission« (ATSIC) als Regierungsvertretung der australischen Urbevölkerung.

1992
Durch das Mabo-Urteil werden grundlegende Landrechte der Aboriginal People anerkannt.

1999
Ein Referendum zur Abschaffung der Monarchie und Einführung der Republik scheitert.

2000
In Sydney finden die 27. Olympischen Sommerspiele statt.

2001
Australien feiert den 100. Jahrestag seiner Unabhängigkeit.

2001/02
Buschfeuer wüten rund um Sydney und zerstören zahllose Häusern und weite Teile des Royal National Park und des Blue Mountains National Park.

2004
Die national-liberale Regierung und Ministerpräsident John Howard gewinnen erneut die Parlamentswahlen.

2006
Trauer um »Crocodile Hunter« Steve Irwin, der bei Dreharbeiten von einem Stachelrochen getötet wurde.

2008
In einer historischen Rede entschuldigt sich Kevin Rudd als erster Regierungschef Australiens bei den Ureinwohnern für das Unrecht, das ihnen während zwei Jahrhunderten weißer Siedlerherrschaft angetan wurde.

2009
Im Januar und Februar führen enorme Buschbrände im Süden zu einer der größten Tragödien in der Geschichte Australiens.

2013
Machtwechsel in Australien: Die konservative Opposition mit Tony Abbott an der Spitze erreicht bei den Parlamentswahlen im Unterhaus eine deutliche Mehrheit.

2015
Im eigenen Land gewinnt die australische Fußball-Nationalmannschaft erstmals den Asia Cup.

Sydney aus der Vogelperspektive

DIE SCHÖNSTEN REISEREGIONEN AUSTRALIENS

Region 1
New South Wales

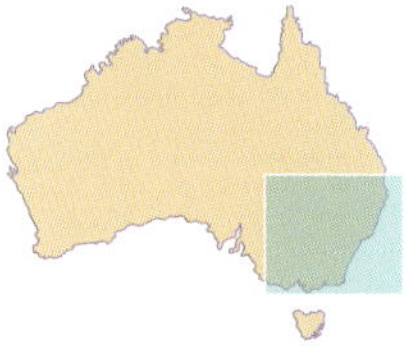

NEW SOUTH WALES

KEIMZELLE DES MODERNEN AUSTRALIENS

Sydney und New South Wales sind sozusagen die Keimzelle des modernen weißen Australiens. In der Botany Bay, etwa zehn bis fünfzehn Kilometer vom heutigen Zentrum von Sydney entfernt, betrat 1770 Captain Cook erstmals australischen Boden. Hier wurde in der Folge die erste feste Siedlung gegründet. Heute ist die Stadt mit dem berühmtesten Opernhaus der Welt ein riesiger Ballungsraum, eine der schönsten Städte der Welt und Traumziel vieler Urlauber.

An der Küste reihen sich südlich wie nördlich Nationalparks und Ferienorte aneinander, die hauptsächlich von australischen Urlaubern besucht werden. Kurz vor der Grenze zu Queensland ist Byron Bay der westlichste Punkt des Kontinents und einer der schönsten dazu, wo sich eine muntere Lifestyle-Society trifft. Bodenständig, wenn allerdings auch manchmal etwas verrückt, geht es hingegen

City Skyline und Sydney Harbour Bridge, von den Einheimischen schlicht »Coat Hanger« (Kleiderbügel) genannt

in Outback-Städten wie Broken Hill zu. Natur-Highlights bieten World-Heritage-Stätten wie der Mungo National Park, und wer noch nie im europäischen Sommer Ski laufen war, kann das rund um den Mount Kosciuszko wunderbar tun. New South Wales ist ein Land für alle Jahreszeiten, am schönsten aber wohl von November bis März, und für Naturfreaks wie für Entspannungs- oder Abenteuer-Urlauber gleichermaßen.

1 SYDNEY

Platypus oder Schnabeltier, das Emblem-Tier von New South Wales

Für viele Menschen ist Sydney das Traumziel schlechthin und eine der schönsten Städte der Welt. Die Stadt am Pazifik steht für ewigen Sonnenschein, traumhafte Strände, multikulturelle Vielfalt und einen lässigen Lifestyle. Die Geschichte Sydneys begann wie die so vieler Orte in Australien mit der Landung von Captain James Cook. Im Jahr 1770 ging der Engländer in der Botany Bay südlich des heutigen Sydney Harbour als erster Europäer in diesem Teil des Kontinents an Land. Später wurde hier eine Sträflingskolonie gegründet, in die Verurteilte aus ganz England verschifft wurden. Heute ist aus der einstigen Gefangenensiedlung Australiens eine pulsierende, weltoffene Metropole mit über vier Millionen Einwohnern geworden, und spätestens seit Olympia 2000 ist Sydney absolut *in*. Besonders die Strandvororte **Bondi** und **Manly** stehen für den lockeren *Australian Way of Life*, der hier nicht nur am Beach und in den Cafés und Bars ständig präsent ist. »Fun in the Sun« ist ein beliebtes Motto der *Sydneysider*, das *Beachlife*, wozu auch ein gewisser Körperkult gehört, ihre Passion. Dazu trägt natürlich auch das fantastische Klima mit heißen Sommern und milden Wintern bei. Doch die Hitze bringt auch Gefahren mit sich, werden doch Sydneys Vororte immer wieder von verheerenden Buschfeuern bedroht.

Mittelpunkt der City ist der wohl schönste Naturhafen der Welt mit dem berühmten, in der Sonne schillernden 1 **Sydney Opera House**, seit 2007 Welterbe der UNESCO, auf einer kleinen Halbinsel, die sich in die Bucht vorschiebt, und mit der charakteristischen **Harbour Bridge**, die man beim berühmten *Bridge Climb* auch erklimmen kann. Vor allem, wenn man sich Oper und Harbour Bridge auf dem Wasser mit einer der Fähren von Manly oder Bondi aus nähert, genießt man die vielleicht schönste Stadtansicht der Welt.

Ein viktorianischer Prachtbau: das Queen Victoria Building in Sydney

Sydneys ältester, inzwischen liebevoll restaurierter Stadtteil **The Rocks** mit dem bedeutenden **Museum of Contemporary Art** liegt nur einen Steinwurf vom Sydney Harbour entfernt und duckt sich zu Füßen der Brücke. Das Viertel mit Andenkenläden, Galerien und Restaurants

Orientos
L. Bindegolly N. P.
Yowah
Thargomindah
Eulo
Cunnamulla
Naryilco
Currawinya N. P.
Murra Murra
Paroo River
Tinnenburra
Culgoa Floodplain N
Bundaleer
Sturt N. P.
Cuttaburra Creek
Hungerford
Barringun
Lake Stewart
Tibooburra
Waverley Downs
Goodooga
Weilmoringle
Yantabulla
Enngonia
Culgoa River
Mt. Shannon
332
Milparinka
Wanaaring
Lightning
Yamba
Fords Bridge
Collerina
Nocoleche Nat. Res.
Narran Lake
Pincally
Brewarrina
Cobham
Yancannia
407
Koonenberry Mtn.
Bourke
307
Mt. Oxley
Packsaddle
Kayrunnera
Bogan R.
Gongolgon
Darling River
Louth
Gundabooka N. P.
Macquarie Marshes Nat. Res.
White Cliffs
Gnalta Peak
433
Tilpa
495
Mt. Gunderbooka
Byrock
Barrier Range
Fowlers Gap
415
Goronga Peak
Coolabah
Mootwingee N. P.
Mootwingee Hist. Site (Aboriginal Rock Art)
Macquarie River
Wilcannia
Mount Grenfell (Hist. Site)
472
Mt. Robe
Wongalara Lake
Silverton
Cobar
Hermidale
Nyngan
Barnato
Broken Hill
Crowl Cr.
Menindee Lake
New South
Nevertire
Talyawalka Creek
Burta
Sandy Creek
Paddington
Bogan R.
Menindee
Nymagee
Tottenham
Kinchega Nat. Park
Kajuligah Nat. Res.
Gilgunnia
Bobadah
Lake Tandou
River
Darnick
Woggoon Nat. R.
Tullamore
Coombah
Ivanhoe
Mount Hope
Popiltah Lake
Lake Mindona
Yathong Nat. Res.
Round Hill N. R.
Travellers Lake
Willandra N. P.
Roto
Condobolin
Willandra Creek
Pooncarie
Parkes
Lake Victoria
Lachlan R.
Hillston
Forbes
Darling
Hatfield
Ungarie
Walls of China
Mungo N. P.
Renmark
Wentworth
Booligal
Rankins Springs
Marsden
Mildura
Goolgowi
West Wyalong
Murray River
Lake Pitarpunga
Oxley
Mallee Cliffs Nat. Park
Cocoparra N. P.
Murray-Sunset National Park
Sunset Country
Robinvale
Balranald
Maude
Griffith
Hattah
Hay
Murrumbidgee R.
Leeton
Ardlethan
Temora
Kooloonong
Cootamundra
Pinnaroo
Ouyen
Lake Tyrrell
Moulamein
Coleambally
Narrandera
Junee
Swan Hill
Patchewollock
Big Desert Wilderness Park
Wyperfeld N. P.
Sea Lake
Murray R.
Deniliquin
Wagga Wagga
Lascelles
Big Desert
Kerang
Finley
Culcairn
Birchip
Talbingo
Lake Hindmarsh
Jeparit
Cobram
Holbrook
Kaniva
Nhill
Charlton
Echuca
Albury
Tumbarumba
Dimboola
Donald
Wodonga
Mt. Burrowa
1300
Little Desert N. P.
Inglewood
Elmore
Goroke
Rapanyup
Shepparton
Wangaratta
Snowy Mt.
2229
Horsham
Myrtleford
Thredbo
Stawell
Bendigo
Bright
Glenelg R.
Grampians N. P.
Castlemaine
Seymour
1986
Mt. Bogong
Ararat
Mt. Buller
1804
Casterton
Victoria
Alpine Nat. Park
Omeo
Wonnangatta Moroka-Area
Alpine N. P.
Hamilton
Dunkeld
Ballarat
Healesville
Yarra Ranges N. P.
Great Dividing
Lower Glenelg N. P.
Lismore
Mitchell River N. P.
Buchan
Portland
Mortlake
Lara
Port Phillip Bay
MELBOURNE
Heyfield
Geelong
Moe
Bairnsdale
Lakes Entr
Cape Nelson
Warrnambool
Colac
Torquay
Mornington
Sale
Sorrento
Traralgon
Gippsland Lakes Coastal Park
Cowes
Peterborough
Lorne
Leongatha
Seaspray
The Ninety Mile Beac
Lighthouse (1848)
Apollo Bay
Cape Otway
Western Port
Wonthaggi
Corner Inlet

Region 1
New South Wales

Ein herrlicher Spaziergang führt vom südlichen Ende des Bondi Beach, vorbei am berühmten Bondi Iceberg Club, 2 km an der Küste entlang – mit spektakulären Ausblicken – bis nach Bronte. Wer gut zu Fuß ist, läuft noch 4 km weiter bis Coogee.

The Waratah: das robuste Proteagewächs mit den fantastischen Blüten ist das florale Emblem von New South Wales

SYDNEY
0
250 m
N
Sydney Harbour Bridge
Newcastle, Brisbane
Walsh Bay
Wharf Theatre
Port Jackson
Opera House
Mus.
Hickson Road
Bradfield Highway
The Earth Exchange
Georg Street
Harbour Tunnel
Overseas Passenger Terminal
Garrison Church
The Rock Visitors Centre
Mus.
Government House
The Rocks
Sydney Cove
Sydney Observatory
Museum of Contemporary Art
Macquarie
Farm Cove
Hickson Road
Georg Street
Circular Quay
Toll
Cahill Expressway
Monorail
Millers Point
Sports House Museum
Pitt Street
Justice & Police Museum
Street
Conservatorium of Music
Bridge Street
Bridge Street
ROYAL BOTANIC GARDENS
Hickson Road
St Philips Church
George Street
Stock Exchange
Macquarie Street
Scots Church
Sussex
Clarence Street
Wynyard
Hunter Street
Hunter Street
Library of NSW
Cahill Expressway
Darling Harbour
Pitt Street
St Stephens Church
Parliament House
Art Gallery of NSW
Martin Place
THE DOMAIN
York Street
Martin Place
Hospital
Street
Theatre Royal
Macquarie Street
The Mint Museum
Toll
St James Church
Hyde Park Barracks
THE DOMAIN
King Street
King Street
Prince Albert R.
George Street
St James Rd.
Sydney Tower
Sydney Aquarium
Sussex Street
Pitt Street
Archibald Fountain
St James
St Marys Cathedral
Sir John Young Cr.
National Maritime Museum
State Theatre
Wesley Chapel
College Street
Pyrmont Bridge
Clarence Street
Elizabeth Street
PHILLIP PARK
Crown Street
York Street
Th.
Kino
HYDE
Cockle Bay
Queen Victoria Building
Toll
Genesian Theatre
Great Synagogue
COOK PARK
Druitt Street
The Uniting Church
Park Street
William Street
Sydney Convention Centre
Town Hall
St Georges Church
Australian Museum
St Andrews Cathedral
PARK
College Street
Sussex Street
Regent Theatre
Elizabeth Street
St Pauls Church
Day Street
Museum
Kino
Roma Theatre
Pitt Street
Anzac War Memorial
Palmer Street
Darling
Kino
Liverpool Street
Harbour
Liverpool
Street
Oxford Street
Harris Street
Sydney Exhibition Centre
Avenue
Harbour Street
Kino
George Street
Sydney Plaza & Australia Theatre
Luth. Church
Sussex Street
Chinatown
Baptist Church
Pier Street
R.C. Church
Pitt Street
Wentworth
Sydney Police
Crown Street
Entertainment Centre
Elizabeth Street
Power House Museum
Hay Street
Capitol Theatre
Barclay Theatre
Wattle Street
Harris Street
Pitt Street
BELMORE PARK
Ultimo
Albion Street
St Francis Church
Mus.
Wollongong

beschränkt sich auf nur wenige verwinkelte Gassen – hier steht auch das Cadman's Cottage von 1816, das älteste Haus Sydneys –, durch die man jedoch angenehm bummeln kann. Gleich hinter dem **Circular Quay**, wo die Fähren an- und ablegen, ragen die Hochhäuser des geschäftlichen Zentrums, des **Central Business District** (CBD), in den Himmel. Dabei ist der CBD keineswegs so unbelebt wie die Geschäftszentren manch anderer Metropolen, denn neben den Büros der großen australischen und internationalen Companys finden sich auch zahlreiche Hotels, Shoppingcenter, exklusive Geschäfte und Restaurants. Das Shopping-Erlebnis konzentriert sich rund um die kleine Fußgängerzone Pitt Street Mall, Martin Place, George, Castlereagh und King Street. Hier finden sich große, moderne Shopping-Paläste wie das Sydney Central Plaza oder das MLC Centre – die *Food Courts* in den großen Einkaufszentren sind immer ein guter Tipp für den Lunch. Internationale Nobelmarken und führende australische Designer unterhalten ihre Boutiquen in der 1892 erbauten, stilvollen Strand Arcade. Die wohl schönste Einkaufsgalerie ist der viktorianische Prachtbau des **Queen Victoria Building** in der George Street. Auf drei Etagen kann man durch 200 Boutiquen, Shops und Galerien bummeln. Doch nicht nur in CBD kann edel eingekauft werden. Power-Shopper zieht es in das schicke **Double Bay**, von dem die *locals* wissen: *Double Bay, double pay*. Und wo geshoppt wird, fehlen natürlich auch schicke Restaurants und Bars nicht.

Eine maritime Delikatesse in Sydneys Strandvororten: King Crab

Eine Oase der Ruhe, angrenzend an den CBD, ist hingegen der **Royal Botanic Garden**, der bis an die Hafenbucht heranreicht – schöner Blick auf Oper und Harbour Bridge inklusive – und in dem viele der einheimischen Tier- und Pflanzenarten vorkommen. Das alte Government House im Park unweit der Oper wird heute nur noch gelegentlich für offizielle Anlässe genutzt. Der Botanische Garten geht in den Park **The Domain** über, in dessen Mitte die **Art Gallery of New South**

Illumination des Sydney Opera House zum jährlichen »Sydney Festival«

Wales ein interessantes Ziel für Kunstfreunde ist. Vor allem die ausgestellte Aboriginal-Kunst ist sehenswert. Von The Domain kann man weiter in die nächste Grünanlage, den Hyde Park, spazieren.

Lebhaft und quirlig ist das Treiben hingegen in dem sanierten, ans Zentrum grenzenden Werftgelände **Darling Harbour**, einer Hochburg des Vergnügens, mit IMAX-Kino, Kasino, zahlreichen Cafés und Restaurants, dem **Chinesischen Garten**, dem **Aquarium** und dem **National Maritime Museum**. Im Exhibition Centre fanden bei der Olympiade 2000 ein Teil der Wettkämpfe statt. Im nahen **Outback Centre** am Chinesischen Garten werden regelmäßig kostenlose Live-Shows wie »Sounds of the Outback« aufgeführt.

Sydneys Bondi Beach, einer …

Nur wenige Gehminuten sind es bis zum **Sydney Fish Market**, dem größten Fischmarkt der südlichen Hemisphäre und ein Muss für Seafood-Fans. Unbedingt besuchenswert – und das nicht nur für Technikfreaks – ist das **Powerhouse Museum** am Rande von Darling Harbour, das größte australische Museum. An das Powerhouse Museum grenzt das Sydney Entertainment Centre, eine große Veranstaltungshalle. Dahinter erstreckt sich die farbige **Chinatown** und die **Market City**, ein Einkaufszentrum, in dem am Wochenende der Floh- und Trödelmarkt Paddy's Market stattfindet. Alles ist schnell zu erreichen mit der Monorail, einer Hochbahn, die in der City einen großen Kreis fährt.

Neben Darling Harbour wurde auch in **Woolloomoolloo** ein altes Werftgelände zu neuem Leben erweckt und ist nun Treffpunkt der hippen *Sydneysider*. Die besuchen auch gerne die angesagten Restaurants im etwas abseits des Zentrums gelegenen **Surry Hills**, einem etwas schickeren, trendigen Viertel. Viel los ist auch in **Darlinghurst**, einem belebten Szene-Viertel rund um die Oxford Street und Hochburg von Sydneys großer homosexueller *Community*. Die Gegend wartet mit zahlreichen Pubs, Ethno-Restaurants jeglicher Couleur und vielen Shops und Boutiquen auf. Abwechslungsreiche Geschäfte und Cafés gibt es auch rund um die Victoria Street. Die Oxford Street zieht sich auch durch den anderen Szene-Bezirk, **Paddington**, in dem sich viele kreative Modemacher niedergelassen haben. Alljährlich im Februar/März feiert sich die homosexuelle Bewegung auf der Oxford Street mit einer rauschenden Parade. Lebhaft, vor allem nachts, geht es auch in **Kings Cross** zu, dem Backpacker-Hotspot, Kneipenviertel und gezähmten Rotlichtdistrikt gleichermaßen. Hier ist es weniger schick, und es gibt zahlreiche preisgünstige Unterkünfte und Kneipen.

… der berühmtesten Strände Australiens, steht …

Aber Sydney bedeutet nicht nur Nachtleben und Shopping, sondern auch Relaxen und Sport am Strand, denn die Beachkultur ist wichtiger Bestandteil des Lifestyles vieler *Sydneysider*. Die beiden bekanntesten Strandvororte Sydneys sind Bondi und Manly, obwohl es noch etliche andere traumhafte Buchten gibt. Während man nach Bondi mit dem Bus fährt, nimmt man nach Manly die Fähre und genießt die halbstündige Fahrt durch die malerische Hafenbucht. Dabei ist **Manly** nur der erste in einer Reihe herrlicher Strände wie Mona Vale oder Avalon. Eine kleine Fußgängerzone, **The Corso**, verbindet den Fähranleger mit dem breiten, palmengesäumten Strand auf der anderen Seite der Halbinsel. Selbstverständlich kann man den Surfern nicht nur zusehen, sondern es bei der örtlichen Surfschule auch selber lernen. Neben der Anlegestelle der Fähren gibt die **Oceanworld** spannende Einblicke in die australische Unterwasserwelt.

Bondi ist einer der östlichen Strände und nur acht Kilometer vom CBD entfernt. Der sichelförmige Strand steht für australischen Lifestyle und Strandleben pur – umso mehr, seit hier das olympische Beachvolleyball-Turnier ausgetragen wurde. Parallel zum Strand verläuft die Campbell Parade, ein von Cafés, Restaurants und unterschiedlichsten Shops gesäumter Bummel-Boulevard. Hier wird flaniert, kann man sehen und gesehen werden, dem süßen Nichtstun frönen und dabei auch noch gut aussehen. Allerdings hat das Niveau in Bondi in den letzten Jahren ein wenig nachgelassen.

Südlich schließen sich weitere Strände an, und nach rund 30 Kilometern erreicht man den **Royal National Park**, der 1879 als erster Nationalpark der Welt gegründet wurde. Zwischenzeitlich durch Buschfeuer stark in Mitleidenschaft gezogen, hat er sich wieder erholt und ist mit seinen rund 150 Kilometern Wanderwegen allemal ein lohnendes Ziel. Anders als die noch etwas südlicher gelegene Stahlstadt **Wollongong**, die man auf dem Weg an die South Coast getrost links liegen lassen kann.

… für australischen Lifestyle und Strandkultur

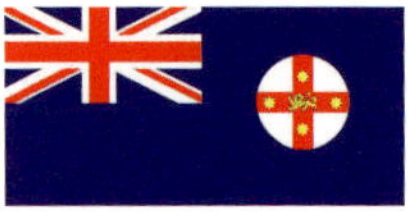

Flagge von New South Wales

Im Taronga Zoo (vgl. S. 36) findet sich die wohl ungewöhnlichste Herberge Sydneys. Hier kann man neuerdings am Wochenende bei tierischen Zimmergenossen übernachten – in schicken Zelten und mit Blick auf die Harbour Bridge (✆ 02-9978 4791, RoarAndSnore@zoo.nsw.gov.au, ab A$ 216 für mindestens zwei Personen).

Beliebt: der »Bridge Climb« über die Sydney Harbour Bridge in 134 Metern Höhe

SERVICE & TIPPS

ℹ Sydney Visitor Centre
Argyle & Playfair Sts.
The Rocks
Sydney, NSW 2000
✆ 1800 067 676
www.shfa.nsw.gov.au
Tägl. 9.30–17.30 Uhr

ℹ Sydney Visitor Centre Darling Harbour
Palm Grove zwischen Cookle Bay Wharf und Harbourside
Sydney, NSW 2000
✆ (02) 8273 000, 1800 067 676
Tägl. 9.30–17.30 Uhr

ℹ Manly Visitor Information Centre
The Forecourt, Manly Wharf
Manly, NSW 2095
✆ (02) 9976 1430
www.manlyaustralia.com.au
Mo–Fr 9–17, Sa/So/Fei 10–16 Uhr

The Rocks Walking Tours
Durch das historische Stadtzentrum gibt es tägl. 1,5-stündige Spaziergänge. Treff: 23 Playfair St., Rocks Sq. Führungen Mo–Fr 10.30, 12.30, 14.30 Uhr (Jan. 10.30, 14.30 Uhr), Sa/So um 11.30 und 14 Uhr (ca. A$ 30).

Öffentliche Verkehrsmittel
Die beliebtesten Touristenbusse sind der **Sydney-Explorer** und der **Bondi Explorer**, die im Zentrum und bis zum Bondi Beach unterwegs sind. In Sydney fährt man außerdem vom Circular Quay aus mit der **Fähre**, so etwa nach Manly, Darling Harbour, nach Double Bay oder zum Taronga Zoo – die Fahrten lohnen schon deshalb, weil man das Sydney Opera House und die Harbour Bridge vom Wasser aus sieht; ebenfalls auf dem Fluss unterwegs sind die **RiverCats**.

Für die Explorer-Busse, die Fähren, die öffentlichen Linienbusse und den Airport-Bus gibt es für 3, 5 oder 7 Tage den gemeinsamen **SydneyPass** (www.sydneypass.biz).

Yellow Water Taxis
✆ (02) 9299 0199
www.yellowwatertaxis.com.au
Alle 15 Min. starten die gelben Wassertaxis ab Darling Harbour zum Opera House, Zoo, Luna Park, zur großen oder kleinen Hafenrundfahrt (A$ 40/15) oder zur City Nightline Cruise.

🏛 Art Gallery of New South Wales
Art Gallery Rd., Sydney
NSW 2000
✆ (02) 9225 1700
www.artgallery.nsw.gov.au
Tägl. 10–17, Mi bis 21 Uhr
Eintritt ständige Ausstellung frei
Das im Park The Domain gelegene Museum beherbergt eine bedeutende Sammlung asiatischer und australischer Kunst sowie die bedeutendste Dauerausstellung von Aboriginal-Kunst.

🏛 Australian Centre for Photography
257 Oxford St., Paddington
Sydney, NSW 2021
✆ (02) 9332 0555
www.acp.org.au
Zentrum für Foto-Workshops, verschiedene Galerieräume für spannende Fotoausstellungen.

🏛 Australian Museum
6 College St.
Sydney, NSW 2010
✆ (02) 9320 4600
www.australianmuseum.net.au
Tägl. 9.30–17 Uhr

Eintritt A$ 15/8
Alles über Australiens Entwicklung von Natur bis Kultur sowie über Land und Leute im pazifischen Raum.

Museum of Applied Arts and Science (Powerhouse Museum)
500 Harris St., Ultimo
Sydney, NSW 2000
✆ (02) 9217 0111
www.powerhousemuseum.com
Tägl. 10–17 Uhr, in den Schulferien ab 9.30 Uhr
Eintritt A$ 15
Die Bandbreite der Ausstellungen ist groß. Sie reicht von griechischen Schätzen aus dem Athener Benaki-Museum bis zur »Herr der Ringe«-Show, bei der man erfährt, wie Spezialeffekte funktionieren. Ein beeindruckendes und unterhaltsames Museum, das Wissenschaft verständlich macht.

Es werden verschiedene Führungen angeboten und es gibt ein Kino.

Museum of Contemporary Art (MCA)
140 George St., The Rocks
Sydney, NSW 2000
✆ (02) 9245 2400
www.mca.com.au
Tägl. 10–17, Do bis 21 Uhr
Eintritt frei
Das MCA in einem interessanten Art-déco-Gebäude ist Australiens bedeutendstes Museum für Gegenwartskunst mit den wichtigen und stilbildenden Ausstellungen australischer und internationaler Künstler von Rang. Auch zeitgenössische Werke von den wichtigsten Aboriginal-Künstlern werden hier gezeigt.

National Maritime Museum
2 Murray St., Darling Harbour
Sydney, NSW 2000
✆ (02) 9298 3777
www.anmm.gov.au
Tägl. 9.30–17 Uhr
Eintritt A$ 27/16
Spektakulär am Wasser gelegenes Museum rund um christliche Seefahrt und Marine. Alles vom Surfboard über das Mini-U-Boot bis zum Zerstörer.

Harbour Bridge
Bridge Climb Sydney
3 Cumberland St., The Rocks
Sydney, NSW 2000
Tickets ✆ (02) 8274 7777
www.bridgeclimb.com.au
Die »Kleiderbügel« genannte, 134 m hohe Brücke gegenüber dem Opernhaus ist eines der Wahrzeichen von Sydney. Beliebt ist der *Bridge Climb*. Bei der geführten Besteigung, einem 3 1/2-Stunden-Abenteuer (ab A$ 258, Kinder ab A$ 168), erklimmt man im Einheitsoverall und an Sicherheitsleinen angekettet die Brücke.

Sydney Olympic Park
Visitor Centre: Showground Rd. & Murray Rose Ave.
Sydney, NSW 2127
✆ (02) 9714 7888
www.sydneyolympicpark.com.au
Das Olympiagelände der Sommerspiele 2000 bietet viele Freizeitmöglichkeiten und aktuelle Sportveranstaltungen sowie Konzerte.

1 **Sydney Opera House**
Bennelong Point
Sydney, NSW 2000
Infos ✆ (02) 9250 7111
Tickets ✆ (02) 9250 7777
www.sydneyoperahouse.com
Das bekannteste Gebäude Australiens und Wahrzeichen Sydneys, seit 2007 Weltkulturerbe der Unesco. Um die eigenwillige Segeldachkonstruktion kann man herumlaufen und die Fassade mit den perlfarbenen Keramikfliesen, die so effektvoll in der Sonne glänzen, von nahem betrachten. Die erste Aufführung fand am 28. September 1973 statt: 14 Jahre nach der Grundsteinlegung und sieben Jahre nachdem der Architekt, der Däne Jørn Utzon, aufgrund bürokratischer Hindernisse das Handtuch geworfen und Australien verlassen hatte. Offiziell hat er sein Meisterstück nie besichtigt.

Führungen (1 Std., A$ 20–37) tägl. 9–17 Uhr alle 30 Min.

Sydney Tower
100 Market St., Centrepoint
Sydney, NSW 2000
✆ (02) 9333 9222

Auch den Kleinsten …

… wird im Museum of Applied Arts and Science in Sydney Wissenschaft verständlich gemacht

Region 1
New South Wales

Das Vogel-Emblem von New South Wales: der Kookaburra, auch kurz »Kooky« genannt

Die empfohlenen Restaurants sind nach Preiskategorien gestaffelt, die jeweils für ein Hauptgericht stehen:
$ – bis 22 A$
$$ – 22 bis 35 A$
$$$ – über 35 A$

Die Geschäfte in Sydney sind in der Regel Mo–Fr 9–17, Do bis 21 und Sa 8–16 Uhr geöffnet, einige Läden auch sonntags. Supermärkte haben längere Öffnungszeiten, es gibt auch welche, die rund um die Uhr geöffnet sind.

www.sydneytower.com.au
Tägl. 9–22, im Winter bis 21.30 Uhr
Vom höchsten Punkt Sydneys hat man einen überragenden Rund-um-Blick. Außerdem im Turm: »OzTreck«, ein virtuelles Australien-Abenteuer in 3D. Restaurant in 300 m Höhe. Für A$ 70 kann man beim *Skywalk* einen 45-minütigen Spaziergang in 260 m Höhe machen (9.30–20.45 Uhr ca. alle 45 Min.).

Sydney Aquarium
Aquarium Pier
Sydney, NSW 2000
✆ 1800 199 657
www.sydneyaquarium.com.au
Tägl. 9–19 Uhr, Eintritt A$ 28–40, bei Online-Buchung 30 Prozent Rabatt
Das spektakuläre Riesen-Aquarium zeigt die ganze bunte Unterwasserwelt der Küsten Australiens.

Taronga Zoo
Bradleys Head Rd.
Mosman, NSW 2088
✆ (02) 9969 2777
www.taronga.org.au
Tägl. 9–17 Uhr (Sep.–April), 9–16.30 Uhr (Mai–Aug.)
Eintritt A$ 23-46
Wer fürchtet, keine Kängurus oder Koalas in freier Wildbahn anzutreffen, sollte unbedingt dem Zoo Australiens einen Besuch abstatten. Den Tierpark mit seiner grandiosen Aussicht auf die Bucht von Sydney erreicht man in einer knappen Viertelstunde mit der Fähre ab Sydney Harbour.

Spice Temple
10 Bligh St., Sydney, NSW 2000
✆ (02) 8078 1888
www.rockpool.com
Mo–Fr 12–15, 18–22, Sa 18–22 Uhr
Das neueste Restaurant von Starkoch Neil Perry: außergewöhnliches Design und zeitgemäße Interpretation chinesischer Küche. $$$

Tetsuya's
529 Kent St., Darling Harbour
Sydney, NSW 2009
✆ (02) 9267 2900
www.tetsuyas.com, Dinner
Tetsuya Wakuda ist einer der besten und berühmtesten Köche Australiens und sein Restaurant im Stil eines japanischen Pavillons ist absolut top – ausschließlich ein wechselndes 12-Gänge-Menü. $$$

Icebergs Dining Room & Bar
1 Notts Ave., Bondi Beach
Sydney, NSW 2026
✆ (02) 9365 9000, www.idrb.com
Di–So Lunch, Dinner
Cool gestyltes Restaurant und Bar mit guten Cocktails und leckerer australisch-italienischer Küche. Toller Blick auf den Bondi Beach. $$–$$$

Garfish
2/21 Broughton St.
Kirribilli, NSW 2061
✆ (02) 9922 4322
www.garfish.com.au
Mo–Sa ab 7.30, So ab 9 Uhr
Nettes, kleines Restaurant mit tollem Seafood, glutenfreien Gerichten und vegetarischen Menüs auf Vorbestellung, Filiale in Manly. $$

In the Mood for Thai
379 Crown St.
Surry Hills, NSW 2010
✆ (02) 9380 8097
www.inthemoodforthai.com.au
Tägl. Dinner, Mi–Sa auch Lunch
Schön-stylisches und beliebtes BYO-Thai-Restaurant mit gutem, preiswertem Essen. $–$$

Latteria
320 Victoria St., Darlinghurst
Sydney, NSW 2010
✆ (02) 9331 2914, tägl. 5–19.30 Uhr
Schmales Mini-Café mit gerade einmal einer Handvoll Plätzen drinnen, wo sich wie draußen auf den Hockern die *locals* zum Kaffeetrinken oder zum kleinen Sandwich-Salat-Lunch drängeln. $

Tropicana Caffee
227 Victoria St., Darlinghurst
Sydney, NSW 2010
✆ (02) 9360 9809
www.tropicanacaffe.com
Lunch, Dinner
In der »The Trop« genannten Institution ist immer etwas los. Besonders beliebt sind die *make-your-own-sandwiches*. Aber auch Pasta und andere typisch italienische

Region 1
New South Wales

Giraffengehege mit Aussicht im Taronga Zoo

Gerichte. Bestellt und gezahlt wird am Tresen. $

Wok on Inn
80 Oxford & Crown Sts.
Darlinghurst, Sydney, NSW 2010
✆ (02) 9332 4554
www.wokoninn.com.au
Tägl. 11.30–21.30, Fr/Sa bis 22 Uhr
Smart-moderne kleine Nudelbar mit schmackhaften Nudelsuppen und Asia-Nudel-Gerichten zum Selberzusammenstellen; auch Take away. $

The Cupcake Bakery
438 Oxford St., Paddington
Sydney, NSW 2012
✆ (02) 9332 4581
www.thecupcakebakery.com.au
Für Süßmäuler leckere kleine, Muffin-ähnliche Kuchen zum Vor-Ort-Verzehr oder als Take away.

Bar Coluzzi
322 Victoria St., Darlinghurst
Sydney, NSW 2010
✆ (02) 9380 5420, tägl. geöffnet
Kleine, geschäftige Schnuckel-Café-Bar mit Italo-Snacks und Boxerfotodeko u. a. von Muhammed Ali. $

Ariel
42 Oxford St., Paddington
Sydney, NSW 2000
✆ (02) 9332 4581
www.arielbooks.com.au
Gut sortierter Buchladen mit Schwerpunkt auf den schönen Dingen wie Mode, Design, Kunst etc.

Balmain Markets
St. Andrews Church, 217-223 Darling St., Balmain, NSW 2041
Sa 8.30–16 Uhr
Bei Einheimischen und Besuchern gleichermaßen beliebter Markt mit Secondhand, Antiquitäten, Büchern, Schmuck, Galerien etc. Ein bisschen Lifestyle, ein bisschen alternativ.

Bikini Island
38 Campell Parade
Bondi Beach
Sydney, NSW 2026
✆ (02) 9300 9446
www.bikiniisland.com.au
Hier findet Frau mit Sicherheit den passenden Bikini für den Strandtag am Bondi Beach.

The Cheese Shop
797 Military Rd., Mosman
Sydney, NSW 2088
✆ (02) 9969 4469

Für Fashionvictims sind die Stores der australischen Modedesigner in Paddington ein Muss: Alannah Hill (118–120 Oxford St.), Collette Dinnigan (33 William St., Easton Pearson (18 Elisabeth St.), Nicole Zimmermann (s. S. 38) und für Männer Peter Morrissey (372 Oxford St.). Lohnenswert sind auch die hohen Hausnummern der Oxford St. mit Szeneläden und Boutiquen.

Einer der bekanntesten Straßenmärkte Sydneys: Balmain Markets

Nachwuchs-Lifesaver am North Bondi Beach (Sydney)

Am Bondi Beach

Einer der typischsten Käse in Australien ist *Cheddar*. Den findet man in Sydneys ältestem Käsegeschäft genauso wie neue Sorten und französische Importe.

Dinosaur Designs
339 Oxford St., Paddington
Sydney, NSW 2021
✆ (02) 9361 3776
Handgemachtes, schönes und originelles Geschirr & Co. aus buntem, durchsichtigem und stabilem Plastik von *Aussie*-Designern.

Gary Castles
The Strand, Shop 30, 412–414
George St., Sydney, NSW 2000
✆ (02) 9232 6544
http://garycastles.wix.com/sydney
Der Schuhdesigner aus Sydney hat ein Händchen für schöne Schuhe; weitere Shops in Sydney, Perth, Melbourne.

Caspian Gallery
469 Oxford St., Paddington
Sydney, NSW 2021
✆ (02) 9333 1840
caspian@bigpond.net.au
Alteingesessene Galerie für Aboriginal-Kunst und Kunst aus dem südostasiatischen und pazifischen Raum in schmuckem altem Haus.

IV collective
37 William St., Paddington, Sydney, NSW 2021, ✆ 0404 298 240
www.ivcollective.com.au
Neuer Fashion-Store mit zehn australischen und internationalen Labels.

Global Gallery
5 Comber St., Paddington
Sydney, NSW 2021
✆ (02) 9360 5728
http://globalgallery.tumblr.com
Eine der größten Galerien in Paddington, spezialisiert auf zeitgenössische Künstler.

Just William
4 William St., Paddington
Sydney, NSW 2021
✆ (02) 9331 5468
www.justwilliam.com.au
Schöner, kleiner Schokoladenshop, ein Paradies für Naschkatzen.

Ken Done Gallery
1 Hickson Rd., The Rocks
Sydney, NSW 2000
✆ (02) 9247 2740
www.done.com.au
Der australische Künstler Ken Done steht auf Strände, Häfen, Riffe und das Outback – zu haben als Originalzeichnungen, in limitierter Auflage oder als Poster.

National Opal Collection
The Nationa Opal Collection
60 Pitt St, CBD, ✆ (02) 9247 6344
www.nationalopal.com
In dem Showroom gibt es den austalischen National-Edelstein in allen Facetten.

Paddington Markets
395 Oxford St. (zwischen Elizabeth St. und Newcombe St. Mall)
Paddington, Sydney, NSW 2021
www.paddingtonmarkets.com.au
Sa ab 10 Uhr, bei jedem Wetter
Künstler, Kunsthandwerker und Designer bestücken den bekannten samstäglichen Markt an der 1877 erbauten Uniting Church – ein Muss für Sydney-Besucher.

Queen Victoria Building (QVB)
455 George St., Syndey, NSW 2000
✆ (02) 9264 9209,
www.qvb.com.au, Mo–Sa 9–18, Do 9–21, So 11–17 Uhr
Das QVB von 1898 mit seinen Marmorböden, Mosaikfenstern und Glaskuppeln ist das schönste alte Shoppingcenter Sydneys. Die hängende Uhr im Inneren des prächtigen Baus ist die längste ihrer Art – und ein äußerst beliebtes Fotomotiv. Die rund 200 Läden offerieren alles von Antiquitäten und Schmuck über Homewear bis zu Mode von bekannten Labels und kleinen Boutiquen; dazu Bars, Cafés und Restaurants. Es werden Führungen angeboten (nach Anmeldung Di, Do, Sa 11.30 Uhr, A$ 15).

R. M. Williams
389 George St., Sydney, NSW 2000
✆ (02) 9262 2228
www.rmwilliams.com.au
Ausstatter fürs Outback-Outfit; mehrere Filialen.

The Rocks Market
www.therocksmarket.com
Im historischen Viertel The Rocks (www.therocks.de) ist am Wochenende (Sa/So 10–17 Uhr) Markt. Über 150 Stände bieten dann ihre Waren feil (zwischen George und Playfair Sts). Beim The Rocks Friday Foodie Market bieten regionale Produzenten ihre Produkte feil (Fr 9–15 Uhr, Jack Mundey Pl., Argyle & George Sts.).

Voi – Designer Warehouse Outlet
1/72 Castlereagh St.
Sydney, NSW 2000
✆ (02) 9221 9386, www.voi.com.au
Mo–Mi, Fr 10–18.30, Do 10–21, Sa 10–18, So 11–17 Uhr
Schicker Outlet-Store für internationale Marken.

Westfield
Bondi Junction, Sydney, NSW 2022
www.westfield.com/bondijunction
Mo–Mi, Sa 9.30–18, Do bis 21, Fr bis 19, So 10–18 Uhr
Schön, groß und modern ist das Westfield-Shoppingcenter. Kein Problem, sich hier einen ganzen Tag lang aufzuhalten. Auf mehreren Etagen findet man alles an Shops, was Shoppingfreaks brauchen, außerdem Supermärkte, Cafés und Fastfood-Stände. Viele Top-Modedesigner Australiens haben hier Boutiquen, ihre Kollektionen findet man auch bei den ebenfalls in Westfield vertetenen Kaufhäusern Myer und David Jones.

Zimmermann
Shop 2, Glenmore Rd.
Paddington, Sydney, NSW 2021
✆ (02) 9357 4700
www.zimmermannwear.com
Nicole Zimmermann führt die Riege der Topdesigner bei Bikinis und Badeanzügen an, macht aber auch klassischen City-Chic; Shops auch in Melbourne.

Zomp
Shop 4, 255 C Oxford St.
Paddington, Sydney, NSW 2021
✆ (02) 9360 1546
Ein Muss für Schuhfans, tolles Design und immer viele Angebote; auch in Melbourne und Perth.

Bondi Surf School
128 Ramsgate Ave.
North Bondi, NSW 2026
✆ (02) 9365 1800
www.letsgosurfing.com.au
Surfen lernen am bekanntesten Traumstrand Sydneys, ab A$ 99.

Manly Surf School
Manly Beach, Manly, NSW 2095
✆ (02) 9932 7000
www.manlysurfschool.com
Wer den australischen Volkssport einmal probieren möchte, ist hier in besten Händen. Tägl. Kurse.

Festival of German Films
www.goethe.de/ozfilmfest
Seit Anfang des Jahrtausends stellt das in Sydney und Melbourne ansässige Goethe-Institut Melbourne im April/Mai das deutsche Filmfestival auf die Beine. Das cineastische Event, das vornehmlich bekannte Produktionen zeigt, soll zum Kulturverständnis beitragen. Spielorte sind neben Sydney und Melbourne auch Perth, Hobart, Adelaide, Byron Bay und Brisbane.

Ausflugsziel:

Royal National Park
www.nationalparks.nsw.gov.au
Nur 30 km südlich der Stadt liegt an der Küste der zweite offizielle Nationalpark der Welt mit seinen zahlreichen Wanderwegen, spektakulären Ausblicken und palmenbewachsenen Stränden. Ein Buschfeuer richtete große Schäden an, der Park hat sich aber bereits wieder erholt.

Die Surfszene ist aus Bondi Beach nicht wegzudenken

Rosella-Sittich in den Blue Mountains

2 2 BLUE MOUNTAINS

Die Blue Mountains sind eine der meistbesuchten Sehenswürdigkeiten Australiens, was nicht nur an der spektakulären Landschaft, sondern auch an der Nähe zu Sydney liegt. Die blauen Berge lassen sich bequem bei einem Tagesausflug besuchen.

Ölpartikel von Eukalyptusbäumen verursachen den ganz speziellen Dunst, in dem sich das Licht bricht und so die Berge blau schimmern lässt, ein Effekt, der den Bergen ihren Namen gab.

Das Touristenzentrum der Blue Mountains ist, neben dem malerischen **Leura**, das in 1000 Metern Höhe gelegene **Katoomba**, wo es im Winter auch schon einmal schneien kann. In der Nähe des Ortes liegt die Hauptattraktion, die Felsformation **Three Sisters**. Vom Aussichtspunkt **Echo Point** ist der Blick auf die drei Felsspitzen grandios.

Die Attraktionen der Blauen Berge sind drei Kilometer außerhalb des Ortes in der **ScenicWorld** zusammengefasst. Dazu zählen die Scenic Skyway, Scenic Cableway, Scenic Railway, Scenic Walkway und Scenic Cinema. Man erlebt also die Naturschönheiten aus der Luft, auf der Schiene und zu Fuß. Ein absolutes Highlight ist die Fahrt mit der Scenic Skyway, die 300 Meter über einer Schlucht an den **Katoomba Falls** vorbei schwebt. Die komplett verglaste Kabine inklusive gläsernem Boden der hochmodernen Bahn ermöglicht einen optimalen 360°-Rund-um-Blick. Nicht minder erlebnisreich ist die Tour mit der Scenic Railway, die tief durch den Regenwald in das Jamison Valley (Weltnaturerbe) fährt. Dorthin schwebt auch die Scenic Cableway, und im Tal lässt sich der Regenwald auf dem Scenic Walkway erkunden. Die Fahrten mit der Gondel und der Eisenbahn lassen sich bestens miteinander kombinieren. Erlebnisreich ist auch die Fahrt mit der bereits 1869 gebauten **ZigZag Railway** mit ihren Serpentinen und Steigungen. Natürlich sind die Blue Mountains ein ideales Gebiet für Wanderer und Felskletterer.

Eine Top-Küche mit fantastischer Aussicht serviert das Solitary in Leura (90 Cliff Dr., ✆ 02-4782 1164, www.solitary.com.au $$$)

SERVICE & TIPPS

ℹ Blue Mountains Visitor Information Centre
Echo Point, Katoomba, NSW 2780
✆ 1300 653 408
www.visitbluemountains.com.au

ℹ Blue Mountains Visitor Information Centre
Great Western Hwy., Lithgow, NSW 2790, ✆ (02) 6350 3230

CityRail
✆ 131 500, www.cityrail.info
Ungefähr jede Stunde fährt ab Sydney Central Station ein Zug (ab ca. A$ 12) zur Katoomba Station mitten in die Blue Mountains; Fahrzeit ca. 2 Std.

Dramatische Felsformation: die Three Sisters (Blue Mountains)

Scenic World Blue Mountains
Violet St. & Cliff Dr.
Katoomba, NSW 2780
✆ (02) 4780 0200
www.scenicworld.com.au
Tägl. 9–17 Uhr, Discoverypass für Railway, Skyway, Cableway, Walkway A$ 35/18, Einzelfahrt für Wanderer A$ 16.

High-n-wild Mountain Adventures
3/5 Katoomba St.
Katoomba, NSW 2780
✆ (02) 4782 6224
www.high-n-wild.com.au
Dieser Spezialveranstalter bietet das komplette Berg-Abenteuer-Programm: *Abseiling*, Mountainbiking, Felsklettern und Kanutouren.

Mit der Scenic Skyway auf die Three Sisters

3 BROKEN HILL

Wenn Broken Hill hustet, hat Australiens Wirtschaft Grippe. Diese australische Binsenweisheit bezieht sich auf die wirtschaftliche Bedeutung der großen Minengesellschaft *Broken Hill Proprietary* (BHP), die seit 1885 die riesigen Silber- und Zink-Vorkommen bei Broken Hill ausbeutet. Die Silbererzlager im Outback von New South Wales sind die ergiebigsten der Welt. Daher wird Broken Hill auch *The Silver City* genannt, doch die Vorkommen gehen langsam zur Neige.

Der Run auf die Bodenschätze begann 1885, und in Broken Hills Hauptstraße sind noch etliche Gebäude wie das Hotel **The Imperial** aus jenen wilden Zeiten stehen geblieben. Auch einige alte Minen existieren noch in der 23 000 Einwohner zählenden Outback-Stadt und gewähren Besuchern Einblicke in die harte Arbeitswelt unter Tage.

In jüngerer Zeit ist Broken Hill für eine kreative Kunst- und Galerie-Szene bekannt geworden. So lebt und arbeitet der exzentrische Millionär und bekannte **Outback-Maler Pro Hart** in der Minenstadt. Er ist nur einer von 36 professionell arbeitenden Künstlern der Stadt. Seine Galerie ist leicht zu finden, vor der Tür steht ein von ihm bemalter Rolls-Royce. Eine ganz andere Attraktion ist die **Basis des »Royal Flying Doctor Service of Australia«**, die täglich besichtigt werden kann.

Anfang der 1990er Jahre schufen auf einem Hügel mitten in der Desert, sechs Kilometer außerhalb der Stadt, internationale Künstler, die sich vom Outback faszinieren ließen, ein Skulpturenfeld, die **Living Desert Sculptures**. Ein Ort, den man unbedingt und am besten bei unterschiedlichen Lichtverhältnissen gesehen haben sollte.

Die durch Erosion geformten Dünenketten im Mungo National Park gleichen einer Mondlandschaft

Große beeindruckende Skulpturen aus Sandstein: die Living Desert Sculptures außerhalb von Broken Hill

Obwohl in New South Wales gelegen, hat Broken Hill die gleiche Telefonvorwahl 08 wie Südaustralien. Auch die Uhren gehen gegenüber dem Rest des Bundesstaats anders, nämlich nach der Central Time von Adelaide und nicht nach der Eastern Time, die in Sydney gilt.

Die Bartagame hat sich den extremen Bedingungen des Outback angepasst

Nicht zuletzt hat das nicht weit entfernte **Silverton** dazu beigetragen, dass die Region ein etwas bizarres Image besitzt, denn die Szenerie in der Bilderbuch-Geisterstadt war Drehort für Filme wie »Mad Max 2«, »Priscilla – Königin der Wüste« oder »Razorback« sowie diverse Bier- und Auto-Werbespots. Im Silverton Hotel, einem scheinbar aus der Leinwand gesprungenen typischen Pub, wird übrigens immer noch ein kühles Bier ausgeschenkt, was man bei der Hitze im Sommer gut gebrauchen kann. Natürlich haben sich in dieser absurden Umgebung auch einige kreative Lebenskünstler niedergelassen.

Broken Hill ist auch Ausgangspunkt zu einigen der eindrucksvollsten ariden Nationalparks im Outback von New South Wales. So liegt nur etwa 130 Kilometer nordöstlich der Stadt der **Mootwingee National Park**, in dessen tiefen Schluchten einige der besten Felszeichnungen der Aborigines zu sehen sind. Noch einmal ungefähr die gleiche Distanz in dieselbe Richtung, und man gelangt nach **White Cliffs**, ein Outback-Nest, in dem nach wertvollen Opalen geschürft wird. Wie in Coober Pedy wurden hier *dug outs*, unterirdische Unterkünfte, in die Erde gegraben.

Gut 100 Kilometer südlich von Broken Hill kommt man zunächst zum **Kinchega National Park** bei **Menindee**, wo gleich mehrere Seen ein wahres Vogelparadies bilden, und von dort weiter nach Süden in die **Willandra Lakes World Heritage Area** (Weltnaturerbe), mit dem **Mungo National Park** als Mittelpunkt. Vor 15 000 Jahren konnten die Ureinwohner hier an den Seen noch fischen, heute macht sich allerorten Trockenheit breit. Der Nationalpark gehört zu den bedeutendsten Fundstätten von Zeugnissen aus der Vergangenheit der Aborigines. Etliche Spuren des Alltagslebens wurden in einer 26 Kilometer langen, durch Erosion geformten Dünenkette am Lake Mungo, den **Walls of China**, freigelegt.

SERVICE & TIPPS

ℹ **Broken Hill Visitor Information Centre**
Blende & Bromide Sts.
Broken Hill, NSW 2880
✆ (08) 8080 3560
www.visitbrokenhill.com.au

🏛 **Broken Hill Regional Art Gallery**
404 Argent St., Broken Hill
✆ (08) 8080 3440
www.bhartgallery.com.au
Tägl. 10–17 Uhr, Spende
Die örtliche Kunstgalerie wurde bereits 1904 gegründet. Sie ist somit die älteste und eine der bedeutenderen Regionalgalerien des Landes. Das Museum hat rund 1300 Werke vornehmlich einheimischer Outback-Künstler in seinem Fundus.

👁 **Delprat Underground Tours**
✆ (08) 8088 1604
Hinunter in die ursprüngliche BHP-Mine geht es Fr um 10.30 und Sa um 14 Uhr.

👁 **Pro Hart Gallery**
108 Wyman St.
Broken Hill
✆ (08) 8087 2441
www.prohart.com.au
Galerie des bekanntesten, 2006 verstorbenen, Künstlers der Outback-Stadt mit wirklich schönen Bildern, zu denen auch Kunstlaien leicht Zugang finden.

Ausflugsziele:

👁 **Daydream Mine**
Silverton Rd., 20 km von Broken Hill
✆ (08) 8088 5682,
Führungen 10 und 11.30 Uhr
Über das Visitor Centre von Broken Hill können einstündige Besichtigungstouren durch die historische Silbermine gebucht werden, Kosten A$ 22/10.

Absolut faszinierend: die Sanddüne »Walls of China« im Mungo National Park

Mungo National Park
Park Office, Sturt Hwy. & Melaleuca St., Buronga, NSW 2648
✆ (03) 5021 8900,
www.visitmungo.com.au
Eintritt A$ 7 Camping A$ 5/Pers.

Durch den Park führt eine etwa 60 km lange befahrbare Route, von der immer wieder kurze Wanderwege wie der Grassland Nature Trail abzweigen. So erlebt man die Highlights des Parks relativ bequem.

4 BYRON BAY

Byron Bay (6000 Einwohner) mit dem wenige Kilometer entfernten **Cape Byron** ist der östlichste Punkt des australischen Festlands und einer der nördlichsten Orte in New South Wales. Das Klima ist schon angenehm subtropisch mit warmen Sommern und milden, sonnigen Wintern. Zum Kap mit einem Bilderbuch-Leuchtturm und unver-

Cape Byron bildet den östlichsten Punkt von Festland-Australien

gleichlicher Aussicht führt eine kurvenreiche Straße. Oben muss man fürs Parken bezahlen, man wird jedoch mit einer herrlichen Aussicht in alle Richtungen belohnt.

Das herrlich gelegene Byron Bay mit schönen Surf- und Badestränden zieht ein buntes Publikum aus Hippiekultur, Alternativszene, Party-Volk, Backpackern, Surfern und Kitern an und besitzt obendrein einen Touch Schickeria. Kein Wunder, dass sich in dem zum Glück noch nicht verbauten Strandort, auch wenn in den letzten Jahren einige Resorts entstanden sind, ein lebendiges Nachtleben entwickelt hat und etliche Cafés und Restaurants ein erstaunlich gutes Niveau haben. Die Atmosphäre ist sehr relaxed, das Motto heißt hier *easy going*. Da passt es gut, dass hier immer Ende März das größte **Bluesfestival** der südlichen Hemisphäre stattfindet.

Ein beliebtes Ausflugsziel in der Umgebung ist das sehr schön gelegene Dorf **Bangalow**.

SERVICE & TIPPS

Byron Bay Visitor Centre
Old Stationmaster's Cottage
80 Jonson St.
Byron Bay, NSW 2481
✆ (02) 6680 8558
www.visitbyronbay.com

La La Land
6 Lawson St.
Byron Bay, NSW 2481
✆ (02) 6680 7070
http://lalalandbyronbay.com.au
Tägl. Lunch, Dinner
Angesagte Bar und Restaurant mit gutem Essen und angenehmer Atmosphäre bis spät in die Nacht. $$

Asia Joe Noodle Box
Feros Arcade, Jonson St.
Byron Bay, NSW 2481
Tägl. geöffnet
Fastfood-Station mit ein paar Sitzplätzen für den asiatischen Nudelhunger. $

Fishmongers
Bay Lane, hinter dem Beach Hotel,
Byron Bay, NSW 2481
✆ (02) 6680 8080
http://mongers.com.au
Tägl. geöffnet
Beliebte Adresse für handgeschnitzte Pommes, frische lokale Meeresfrüchte und Fisch als Fish & Chips & Co. Vor-Ort-Verzehr oder Take away. $

Sushi Wave
7 Lawson St.
Byron Bay, NSW 2481
✆ (02) 6680 9044
Tägl. geöffnet
Sushi-Station am Byron Pier. Sushi und Sashimi rollen auf einem Zug über den Tresen. $

Lucious Café
1–6 Tasman Way
Byron Bay, NSW 2481
✆ (02) 6680 8228
Mo–Mi 10–16, Do/Fr 10–19 Uhr
Nette Adresse zum Kaffeetrinken oder für Steinofenpizza.

Twisted Sista Café
Shop 1/4 Lawson St.
Byron Bay, NSW 2481
✆ (02) 6685 6810
Tägl. 7–17.30 Uhr
Freundliches kleines Café und BYO (*bring your own* – Alkohol selber mitbringen) zum Drinnen- und Draußensitzen mit gutem Angebot an Frühstück, Sandwiches, Muffins und Gnocchi. $–$$

Art Piece Gallery
70 Burringbar St.
Mullumbimby, NSW 2482
✆ (02) 6684 3446
www.artpiecegallery.com.au
Galerie unweit von Byron Bay, in der man Kunst und Kunsthandwerk in allen Preisklassen von verschiedenen australischen Künstlern kaufen kann.

Nach dem Aufstieg zum Bilderbuch-Leuchtturm am Cape Byron lässt sich …

The Bead Shop
22–27 Brigantin St.
Arts & Industrial Estate
Byron Bay, NSW 2481
✆ (02) 6685 8994
– 87 Jonson St.
Byron Bay, NSW 2481
✆ (02) 6685 5692
www.thebeadshop.com
Tägl. außer So 10–17 Uhr
Das Richtige für Schmuckliebhaber, im Bead Shop findet man Perlen, aus denen man seinen Schmuck selber machen kann. Angeboten werden auch entsprechende Kurse.

Byron Farmers' Market
Butler St., Byron Bay, NSW 2481
www.byronfarmersmarket.com.au
Jeden Donnerstag 8–11 Uhr bieten Farmer der Region ihre Waren feil.

Flying Goolie
3/52 Centennial Circuit, Byron Bay, NSW 2481
✆ (02) 6680 9033
Mo–Fr 11–16, Sa 11–13 Uhr
Wie eine eigene kleine Welt mutet der Galerie-Shop samt Garten und seinen lustigen Figuren und Skulpturen, teils aus recycelten Materialen, an – wer auf Ungewöhnliches steht, ist hier richtig und kann ab A$ 30 zuschlagen.

Glas Blowing Studio & Art Gallery
6 Acacia St., Byron Bay, NSW 2481
✆ (02) 6685 7044, http://farrell glassdesign.com
Tägl. geöffnet
Glasbläser bei der Arbeit; die schönen Gläser und Vasen sind käuflich zu erwerben.

Mina Mina Art Gallery
1/32 Mullumbimby St.
Brunswick Heads, NSW 2483
✆ (02) 6685 0229
www.minaminagallery.com
Die Galerie, etwa 15 Autominuten von Byron Bay, zeigt und verkauft zeitgenössische Aboriginal-Kunst aus verschiedenen Regionen.

Nurture with Nature
13 Acacia St., Arts & Industrial Estate, Byron Bay, NSW 2481
✆ (02) 6680 8859
www.nurture-with-nature.com
Outlet für handgemachte Seifen aus Kokosnuss-, Oliven- und Macadamia-Nuss-Öl.

Slingfings
13 Banksia Dr.
Byron Bay, NSW 2481
✆ (02) 6680 8633
www.slingfings.com.au
Originelle, selbst gemachte Taschen aus alten oder altmodisch wirkenden Stoffen; sonntags kann man sie auch auf den Märkten in Byron Bay und Bangalow finden. Angeblich Australiens erstes »klimaneutral« arbeitendes Unternehmen mit dem Werbespruch »eco meets retro«.

Black Dog Surfing
Shop 4/5 11 Byron St,
Byron Bay, NSW 2481
✆ (02) 6680 9828
www.blackdogsurfing.com
In Ein- oder Mehrtagesetappen kann man das Wellenreiten lernen. Die Surfschule bietet Kurse für Anfänger und Fortgeschrittene an. Außerdem werden Surfboards verliehen.

… im Juni/Juli oder von September bis November manchmal auf der ruhigen Meeresoberfläche auch die Flosse eines Buckelwals erspähen, zudem …

… wird man mit fantastischen Ausblicken auf den kilometerlangen Sandstrand von Byron Bay belohnt

Go Surfing!
84 Jonson St., Byron Bay, NSW 2481
✆ (02) 9365 1800
www.gosurfingbyronbay.com
Surfschule mit täglichen Einsteiger- und Fortgeschrittenenkursen, auch Einzel- und Gruppenunterricht.

Mountain Bike Tours
✆ (04) 2912 2504, 1800 122 504
www.mountainbiketours.com.au
Buchung auch über das Byron Bay Visitor Centre (vgl. S. 45)
Sofern das Wetter mitspielt, werden tägl. 9.30–17 Uhr Touren mit dem Mountainbike durch den Regenwald angeboten.

Go Sea Kayak @ Byron Bay
On The Park - Opposite 56 Lawson Street, Byron Bay, NSW 2481
✆ 1800 732 529
www.goseakayakbyronbay.com.au
Paddeln mit den Delfinen lautet das Motto, aber mit etwas Glück sieht man auch Wale und Schildkröten.

Byron Bay Writers Festival
✆ (02) 6685 5115
www.byronbaywritersfestival.com
Bei dem im August stattfindenden Festival für die schreibende Zunft kann man Lesungen lauschen, an literarischen Lunchs oder Workshops teilnehmen und diskutieren.

International East Coast Blues & Roots Festival
Belongil Fields
Byron Bay, NSW 2481
✆ (02) 6685 8310
www.bluesfest.com.au
Beim größten Bluesfestival Australiens trifft sich Mitte/Ende März die Szene; auch internationale Stars wie REM oder Violent Femmes waren schon dabei. Neue Festivalstätte ist die Tyagarah Tea Tree Farm, ca. 10 km nördlich von Byron Bay.

Ausflugsziele:

Byron Arts & Industry Park
Ca. 5 km außerhalb von Byron Bay, am Centennial Circuit, führt der »Artist Trail« zu 23 Studios, Ateliers und Showrooms von Künstler, Modemachern, Designern und Kunsthandwerkern, aber auch zu Restaurants und Coffee Shops.

Historical Society Museum
Bangalow, NSW 2481
✆ (02) 6687 1317
www.bangalowmuseum.com
Mi–Fr 10–15 Uhr, Spende
Ein denkmalgeschützter Bungalow mit umlaufender Terrasse von 1910, einst ein privates Wohnhaus, das in Brunswick Heads stand, befindet sich nun, gespickt mit alten Gerätschaften und Memorabilia, in Bangalow. Im umliegenden Park kann man spazieren, relaxen, picknicken oder im Byron Creek schwimmen.

The Macadamia Castle
Pacific Hwy.
Knockrow, NSW 2479
✆ (02) 6687 8432
www.macadamiacastle.com.au
Tägl. 8–17 Uhr, Eintritt ca. A$ 14/10
Zwischen Byron Bay und Ballina, etwa 15 Min. mit dem Auto von Byron Bay, dreht sich alles um die Macadamia-Nuss. Der Fun-Park lädt nicht nur zur Verköstigung ein, sondern bietet weitere Kurzweil: Regenwaldspaziergänge, Minigolf und einen Knuddel-Zoo.

Bewohner des subtropischen Regenwalds im Dorrigo National Park: der Perons Tree Frog

5 COFFS HARBOUR

Das Wahrzeichen des lebendigen Ferien- und Agrarstädtchens (18 500 Einwohner) zwischen Sydney und Brisbane ist die **Big Banana**, eine überdimensionale Bananenskulptur, die zeigt, wovon die Region zu einem bedeutenden Teil lebt. Touristische Aktivitäten sind unter anderem *whale watching*, Hochseeangeln, Tauchen, beispielsweise im **Solitary Islands Marine Park**, einem ausgezeichneten Tauchrevier, und alle

Dorrigo National Park: am Fuß eines mächtigen Giant Stinging Tree

anderen Arten von Wassersport. Darunter auch Ausgefallenes wie Surf Rafting in Gummibooten auf dem Meer oder Seakayaking. Natürlich kommt auch das Strandleben nicht zu kurz, und im Hinterland laden herrliche Nationalparks wie der **Dorrigo National Park** als Teil des *World Heritage Rainforest* zu ausgedehnten Wanderungen durch unverfälschte Natur ein. Ein Muss ist der *sky walk* durch das Dach des Regenwalds, von dem aus man bis zum Pazifik schauen kann. Zudem informiert ein interessantes Rainforest Centre im Nationalpark über den Regenwald.

Darüber hinaus bietet Coffs gute Einkaufsmöglichkeiten in etlichen Geschäften sowie zahlreiche ansprechende Cafés und Restaurants. Riesig ist das Einkaufszentrum Park Beach Plaza am Pacific Highway mit 120 Shops und einem ordentlichen *Food Court*.

Einen Besuch lohnt das 85 Kilometer von Coffs entfernte **Taylors Arms**, dessen uriger Pub durch den bekannten australischen Song »The Pub with no Beer« berühmt wurde – natürlich gibt es eiskalt gezapftes Bier.

SERVICE & TIPPS

Coffs Coast Visitor Information Centre
Pacific Hwy.
Coffs Harbour, NSW 2450
✆ (02) 6648 4990
www.coffscoast.com.au

Bunker Cartoon Gallery
Albany St. & Hogbin Dr.
Coffs Harbour
✆ (02) 6651 7343, Öffnungszeiten abhängig von Ausstellung
Die witzige Galerie in einem ehemaligen Bunker beherbergt die größte Privatsammlung zeitgenössischer Comics in der südlichen Hemisphäre und zeigt in wechselnden Ausstellungen australische und internationale Cartoons.

Big Banana Theme Park Horticultural World
351 Pacific Hwy., Coffs Harbour
✆ (02) 6652 4355
www.bigbanana.com
Tägl. 9–17 Uhr
Eintritt Gelände frei, Attraktionen extra
Vergnügungs- und Freizeitpark mit Wasserpark, Sommerrodelbahn und Eislaufhalle.

SSS BBQ Saloon
Pacific Hwy. & 8 Bray St.
Coffs Harbour
✆ (02) 6651 9166
www.sssbbq.com.au, nur Dinner
Erstklassige Steaks. $$

Lee Winkler's Surf School
Coffs Harbour
✆ (02) 6650 0050
www.leewinklerssurfschool.com.au
Bei dem ehemaligen Weltklasse-Surfprofi sind auch Anfänger in guten Händen. Treffpunkt: Park Beach, Harbour Surf Lifesaving Club.

6 HUNTER VALLEY

Im Hunter Valley wachsen bis zu 60 verschiedene Rebsorten

Nur zwei Stunden liegt eine der ältesten und zugleich renommiertesten Weinregionen Australiens von Sydney entfernt. So wundert es nicht, dass das Tal neben *Oversea*-Touristen vor allem am Wochenende viele *Sydneysider* anzieht. Zumal exzellente Unterkünfte und vorzügliche Restaurants ideale Bedingungen für den Wochenendtrip bieten. In dem lauschigen, leicht hügeligen Tal reiht sich Weinberg an Weinberg. Praktisch alle Top-Weingüter öffnen täglich ihre Kellertüren zum *wine tasting*, bieten zum Teil kuschelige Unterkünfte und erstklassiges Essen. Das Hunter Valley ist ganz eindeutig eine Region für Genießer. Auch wenn die Landschaft malerisch ist, so lohnen die farbenprächtigen **Hunter Valley Gardens** einen Besuch. Und wer gar nichts für Wein und gutes Essen übrig hat, kann auch auf den Ausflug verzichten oder sich auf eine Tagestour beschränken, die ab Sydney von zahlreichen Veranstaltern angeboten wird.

Neben Wein sind es in den letzten Jahren verstärkt Oliven, die im Tal angebaut werden, und es werden inzwischen Olivenöle produziert, die sich vor der mediterranen Konkurrenz nicht verstecken müssen. Beim Wein sind es vor allem Chardonnay, Shiraz und Cabernet Sauvignon, Semillon und Verdelho die besondere Aufmerksamkeit verdienen. Neben den Großen der Branche wie Lindemans, Rosemount oder Tyrrell's, die natürlich mit Weingütern im Hunter Valley vertreten sind, sind es vor allem die kleinen, individuell geführten *Boutique-Wineries*, die immer wieder mit außerordentlichen Qualitäten aufhorchen lassen.

SERVICE & TIPPS

Hunter Valley Wine Country Visitors Information Centre
455 Wine Country Dr.
Pokolbin, NSW 2325
✆ (02) 4990 0900
www.winecountry.com.au

Wine Country Express
✆ (02) 4990-1699 und -0600
www.rovercoaches.com.au
Täglicher Busservice von Sydney ins Hunter Valley.

Wine Country Tours
✆ (02) 9484 0477
www.winecountrytours.com.au
Tägliche Weintouren in kleinen Gruppen ab Sydney mit dem Önologen Richard Everett.
Ab A$ 150.

Im hügeligen Hunter Valley reiht sich Weinberg an Weinberg

Beyond Ballooning
Treffpunkt: 430 Wine Country Drive, Lovedale, NSW, 2325
✆ 1300 468 247
www.beyondballooning.com.au
Ballonfahrten über das Hunter Valley. Anmeldung erforderlich.

Grapemobile Bicycle Hire
Pokolbin Brothers Vineyard
Palmers Lane, Pokolbin, NSW 2325
✆ (04) 1840 4039
www.grapemobile.com.au
Hier werden gute Mountainbikes verliehen; A$ 35/Tag.

De Bortoli Wines
532 Wine Country Dr.
Pokolbin, NSW 2325
✆ (02) 4993 8800
www.debortoli.com.au
Eines der traditionsreichsten Weingüter, gegründet 1928 und in dritter Generation in Familienbesitz, und noch dazu eines mit den besten Weinen. Ab vier Gästen private Weinverkostung, Musikevents.

NSW Wine Centre
Broke Rd.
Pokolbin, NSW 2320
✆ (02) 4998 7751
www.nswwinecentre.com.au
Mo–Fr 9–17, Sa/So 10–17 Uhr
Im NSW Wine Centre können Weine von kleinen unabhängigen Weinproduzenten aus New South Wales unter einem Dach verkostet werden.

Hungerford Hill
1 Broke Rd.
Pokolbin, NSW 2325
✆ (02) 4998 7666
www.hungerfordhill.com.au
Weingut mit spektakulärer Architektur, erstklassigen Weinen, empfehlenswertem Restaurant Terroir (tägl. Lunch, Mi–Sa auch Dinner) und gut bestückter Weinbar (Mi–Sa ab 18 Uhr). Schöner Weinkeller mit Verkostungen So–Do 10–17, Fr/Sa 10–18 Uhr.

Hunter Valley Gardens
Broke Rd., Pokolbin
NSW 2320
✆ (02) 4998 4000
www.hvg.com.au
Tägl. 9–17 Uhr
Im Herzen des Hunter Valley eine farbenfrohe Pflanzenwelt auf über 25 ha.

Traditionsreiche Weingüter des Hunter Valley sind seit Generationen in Familienbesitz

Infuzion
The Sebel Kirkton Park
336 Oakey Creek Rd.
Pokolbin, NSW 2320
✆ (02) 4998 7680
Tägl. Frühstück, Lunch & Dinner
Moderne australische Küche mit einer ausgewogenen Mischung aus asiatischen und mediterranen Einflüssen, serviert im lockeren, aber sehr stilvollen Rahmen. $$$

Muse Restaurant & Café
Hungerford Hill Wines
Broke Rd, Pokolbin NSW 2320
✆ (02) 4998 6777
http://musedining.com.au
Mi–Sa Dinner, Sa/So Lunch
Kreative, moderne australische Küche von Küchenchef Troy Rhoades-Brown. $$$

Wer Abwechslung vom Wein sucht, der trinkt ein kühles Bier in der Bluetongue Brewery im Hunter Resort in Pokolbin.

Shakey Tables at the Hunter Country Lodge
1476 Wine Country Dr.
North Rothbury, NSW 2335
✆ (02) 4938 1744
www.shakeytables.com.au
Tägl. Dinner
Schönes, modern designtes Restaurant mit kreativer, einfallsreicher Küche. $$–$$$

Australian Regional Food Store & Café
McDonalds Rd.
Pokolbin, NSW 2325
✆ (02) 4998 6800

www.australianregionalfoods.com.au, tägl. 10–17 Uhr
Ausgesuchte australische Produkte – hier kann man einpacken, was man für ein ordentliches Picknick braucht – und ein nettes Café mit traditioneller und moderner australischer Küche. $–$$

Wine Glass Gallery
Hunter Valley
Gardens Village
Broke Rd., Pokolbin, NSW 2325
✆ (02) 4998 6888
In dem hübschen Shop dreht sich alles um, teils künstlerisch gestaltete, Weingläser und andere Wein-Accessoires.

Jazz in the Vines/ Opera in the Vineyards
www.jazzinthevines.com.au
Im Oktober geben sich Jazzgrößen auf dem Tyrrell's Weingut ein Stelldichein. Natürlich mit Wein und gutem Essen. Letzteres gibt es auch beim Opern-Event im Amphitheater des Wyndham Estate.

7 JERVIS BAY

Australias Natural Capital nennt sich Jervis Bay stolz, und in der Tat ist die Landschaft umwerfend schön. Die sandigen Strände sind strahlend weiß, das Meer ist glasklar und schimmert in intensiven Blautönen. Und vor der Küste, die wie gemalt aussieht, ziehen Delfine und Buckelwale verspielt ihre Kreise. Der Hyam Beach soll übrigens den weißesten Sand der Welt haben. Kein Wunder, dass in Jervis Bay schon der eine oder andere Werbespot gedreht wurde. Dabei bezeichnet Jervis Bay keinen eigentlichen Ort, sondern ein Gebiet rund um die gleichnamige Bucht, ein Eldorado für Segler, Taucher, Schnorchler und Naturliebhaber.

Am Beginn der Halbinsel mit dem malerischen **Booderee National Park** (Jervis Bay National Park) liegt der kleine Ort **Huskisson** mit einer bescheidenen, aber ausreichenden touristischen Infrastruktur. Ein besonderes Erlebnis ist es, auf einem der drei kleinen Campingplätze im Park zu campen, allerdings muss man dafür teilweise Monate im Voraus beim Besucherzentrum reservieren.

»Dolphin Watch Tour« in der Jervis Bay

SERVICE & TIPPS

Jervis Bay Visitor Information Centre
11 Dent St., Lady Denman Heritage Complex
Huskisson, NSW 2540
✆ (02) 4441 5999
www.jervisbaytourism.com.au

The Visitor Centre Booderee National Park
Jervis Bay, NSW 2540
✆ (02) 4443 0977

Dolphin Watch
50 Owen St.
Huskisson, NSW 2540

✆ (02) 4441 6311
www.dolphinwatch.com.au
Regelmäßige Ausfahrten zur Delfin- und Walbeobachtung ab A$ 35/22.

Jervis Bay Chinese Thai Restaurant
9 Murray St., Vincentia Golf Club
Vincentia, NSW 2540
✆ (02) 4441 5115, Di und So Lunch, Mi–Sa Lunch/Dinner
Restaurant auf dem Golfplatz mit angenehmer asiatischer Küche. $$

8 KIAMA

Der ruhige, in der Ferienzeit auch sehr lebhafte Urlaubsort liegt an der South Coast rund 90 Minuten südlich von Sydney an der Küste. Hauptattraktion ist das **Blowhole**, wo das Meer durch ein Loch im Felsen gepresst wird und eine 60 Meter hohe, nachts beleuchtete Fontäne erzeugt.

Südlich im Hinterland ist der 1829 gegründete Ort **Kangaroo Valley** sehenswert, der im **Pioneer Farm Museum** einen Einblick in das Leben der frühen Siedler bietet. In der Nähe steht Australiens älteste Hängebrücke, die 1898 erbaute **Hampden Bridge**. Einen Besuch lohnt auch der **Morton National Park** mit dichtem Regenwald und den Wasserfällen **Fitzroy Falls**.

Paragliding an der Küste zwischen Kiama und Wollongong

SERVICE & TIPPS

Kiama Visitor Centre
Blowhole Point
Kiama, NSW 2533
✆ (02) 4232 3322
www.kiama.com.au

Blowhole
Am Blowhole Point
Ein Felsen, wo die anstürmende See das Wasser durch ein Loch im Gestein presst und so, begleitet durch ein lautes *oomph*, verursacht durch die entweichende Luft, eine bis zu 60 m hohe Wasserfontäne entsteht – am stärksten bei Nord-Ost-Strömung.

Ritzy Gritz
The Terrace House
40 Collins St., Kiama
✆ (02) 4232 1853
www.ritzygritz.com.au
Do–So Lunch, Di–So Dinner
Netter Mexikaner mit angenehmer Kakteen-Deko, leckerem Essen und spritzigen Margheritas. $–$$

Zumo
127 Terralong St., Kiama
✆ (02) 4232 2222
Di–Fr Lunch, Di–So Dinner
Süditalienische Küche, Pizzas und hausgemachte Nudeln in lockerer Atmosphäre. $

Ausflugsziele:

Cathedral Rocks
Sehenswerte Felsformation
3 km nördlich von Kiama am südlichen Endes des Jones Beach. Schöner Blick vom Cliff Drive aus.

Fitzroy Falls Visitor Centre im Morton National Park
Nowra Rd., Fitzroy Falls, NSW 2577
✆ (02) 4887 7270, www.nationalparks.nsw.gov.au/visit-a-park/parks/Morton-National-Park

Ein Dorado für Schnorchler und Taucher: die South Coast von New South Wales

Das informative Besucherzentrum, im nördlichen Teil gelegen, ist ein guter Ausgangspunkt für den Besuch der Nationalparks an der South Coast und in den Southern Highlands. In der Nähe reizvolle Aussichtspunkte. Das Centre besitzt einen Shop und ein Café.

Seven Mile Beach National Park
Der bewaldete Nationalpark liegt 15 km südlich von Kiama an der Küste und geht in den schönen Seven Mile Beach über.

9 NEWCASTLE

Landschaftlich besonders interessant ist der Tourist Drive, der bei Bulahdehla vom Highway abzweigt und über Pacific Palms zwischen Seen und Stränden entlangführt und kurz vor Taree wieder auf den Highway trifft.

Newcastle (250 000 Einwohner im Großraum) ist nach Sydney die zweitgrößte Stadt in New South Wales. Sie liegt an der rund 1000 Kilometer langen *Pacific Coast Touring Route* von Sydney nach Brisbane. Vor den Toren Newcastles beginnt die lauschige Weinregion Hunter Valley, und nur wenig nördlich bei Nelson Bay liegt der aufstrebende Ferienort **Port Stephens** auf einer landschaftlich reizvollen Halbinsel. Doch die Hafenstadt selbst ist eindeutig eine Industriestadt und kein touristisches Ziel. Port Stephens lockt allein schon mit seinen langen Sandstränden, dem nahe gelegenen kleinen, aber feinen **Tomaree National Park** und seinen exklusiven Unterkünften. Port Stephens nennt sich selbst werbewirksam »Blue Water Paradise«, und da ist tatsächlich etwas dran. Noch etwas weiter nördlich erstreckt sich direkt hinter der Küste eine reizvolle Seenlandschaft. Am Myall Lake gibt es sogar weiße Sanddünen. Südlich von Newcastle ist der **Lake Macquarie**, ein großer Salzwassersee mit sehr guten Wassersportmöglichkeiten, ein beliebtes Ausflugsziel.

Newcastle ist vor allem als Hafen und Stahlproduzent für die australische Wirtschaft von Bedeutung. Es bietet alles, was eine moderne Großstadt braucht: einen Flughafen, große Einkaufszentren und natürlich eine Fußgängerzone, die Hunter Street. Zudem hat sich in den letzten Jahren nach der Schließung von Produktionsstätten einiges getan. In der Stadt wurde viel modernisiert und erneuert, sodass sich Newcastle heute durchaus nicht hässlich zeigt. Die Stadt besitzt einige sehenswerte Art-déco-Gebäude aus den 1920er Jahren wie die City Hall und das Art Deco Civic Theatre. Hamilton ist das pulsierende und kosmopolitische Herz der Stadt. Hier haben sich die ersten italienischen und griechischen

Blick auf die Nelson Bay

Einwanderer niedergelassen. In der quirligen Beaumont Street mit ihrer lebendigen Café- und Pub-Szene ist dieser mediterrane Einfluss noch deutlich zu spüren. Sehr lebhaft und mit vielen Galerien gibt sich auch der Innenstadtbezirk Cooks Hill. Durch den historischen Kern der Stadt, Newcastle East, führt ein gut ausgeschilderter Spaziergang, der *Newcastle East Heritage Walk*. Das historische Viertel lässt sich auch bei einer Fahrt mit der historischen Straßenbahn erkunden, die regelmäßig verkehrt und an den Sehenswürdigkeiten vorbeirattert.

Das größte Küstenseesystem in New South Wales: der Myall Lakes National Park zwischen Newcastle und Port Macquarie

Ein Schwarm Galahs im Tomaree National Park

SERVICE & TIPPS

ℹ **Newcastle Visitor Centre**
3 Honeysuckle Drive
Newcastle, NSW 2300
www.visitnewcastle.com.au
tourism@ncc.nsw.gov.au

ℹ **Port Stephens Visitor Information Centre**
Victoria Parade
Nelson Bay, NSW 2315
✆ 1800 808 900
www.portstephens.org.au

⑩ PORT MACQUARIE

Das 1821 gegründete Küstenstädtchen (34 000 Einwohner) hat sich einen Namen als Urlaubsort sowie als Ausrichter von Konferenzen, Tagungen und Sportveranstaltungen gemacht. Da kann es dann schon

Tacking Point Lighthouse von 1879, der drittälteste Leuchtturm Australiens, steht südlich von Port Macquarie

einmal schwierig werden, spontan ein freies Zimmer zu finden, wenn zeitgleich ein Ärztekongress und ein Junioren-Ländervergleich im Football oder Rugby stattfinden. Neben einigen schönen Stränden, die sich südlich des Ortes erstrecken und die zum Surfen und Schwimmen einladen, sind es besonders die guten Möglichkeiten zum Bootfahren und Fischen, die Touristen anziehen. Und natürlich die Koalas, von denen es rund um Port Macquarie mehr gibt als anderswo im Lande. Kranke Tiere werden im **Koala Hospital** wieder aufgepeppelt und können dort auch besucht werden. Das Hospital ist im historischen, 1890 erbauten **Roto House** untergebracht. Noch etwas älter ist das **Courthouse** von 1869. Für geschichtlich Interessierte gibt es noch zwei Museen, das **Historical Museum** und das **Maritime Museum**, die sich jedoch beide vorwiegend auf regionale Aspekte beschränken.

SERVICE & TIPPS

ℹ Visitor Information Centre
Clarence & Hay Sts.
Port Macquarie, NSW 2444
✆ 1300 303 155
www.portmacquarieinfo.com.au

🏛 Historical Society Museum
22 Clarence St.
Port Macquarie, NSW 2444
✆ (02) 6583 1108
Tägl. außer So 9.30–16.30 Uhr
Eintritt A$ 5/2
Recht interessantes Heimatmuseum.

Maritime Museum
Historic Pilot Station
6 William St.
Port Macquarie
✆ (02) 6583 1866, Tägl. außer So 10–16 Uhr, Eintritt A$ 5/2
Kleines Museum über die maritime Geschichte Port Macquaries mit einigen Relikten der zahlreichen Wracks vor der Küste.

Courthouse
Hay & Clarence Sts., Port Macquarie
✆ (02) 6584 1818
Tägl. außer So 10–16 Uhr
Geführte Touren durch das Justizgebäude.

Koala Hospital
Roto House, Off Lord St.
Port Macquarie
✆ (02) 6584 1522
www.koalahospital.org.au
Tägl. bis 16.30 Uhr geöffnet
Port Macquaries wohl bekannteste Sehenswürdigkeit. Hier werden verletzte und kranke Koalas wieder gesund gepflegt. Beliebt ist die tägliche Tour mit Fütterung um 15 Uhr.

Tommy's by the Beach
4 Flynn St.
Port Macquarie
✆ (02) 6583 5477
Tägl. außer So Dinner
Eines der besten Restaurants des Küstenstädtchens, spezialisiert auf Fisch, Meeresfrüchte und Steaks. $$

Panthers
Settlement City, 1 Bay St.
Port Macquarie
✆ (02) 6580 2300
www.panthersworld.com.au
Tägl. geöffnet
Großer Entertainment-Komplex mit diversen Bars und Restaurants, Kasino und Livemusik. $$

Auf Beobachtungsposten im Kangaroo Valley nördlich von Nowra

11 SHOALHAVEN

Zwischen Jervis Bay und Batemans Bay haben sich verschiedene kleinere Orte und Städtchen zur Shoalhaven City zusammengeschlossen. Hauptorte sind **Nowra** und das schmucke Hafenstädtchen **Ulladulla**, dessen Haupteinnahmequelle neben dem Tourismus auch der Fischfang ist. Hobbyangler können ihre Hochseerouten nach Blue Mor-

Am Pebbly Beach lassen sich wild lebende, aber dennoch recht zahme Kängurus am Strand sehen

wong, Snapper oder Kingfish auswerfen. Fast an jeder Ecke, ob im schickeren Restaurant oder an der einfachen Fish & Chips-Bude, kommen die schmackhaften Schuppentiere frisch auf den Tisch.

An der ganzen Küste der Shoalhaven-Region warten immer wieder herrliche Strände, die zumindest in der Nebensaison noch nicht überlaufen sind, auf Sonnenhungrige. Beliebtester Badeort mit erstklassigen Resorts und weitläufigen Stränden ist jedoch **Mollymook**.

Bootstour in der Shoalhaven-Region

Teilweise grenzen reizvolle Nationalparks wie der **Murramarang National Park** zwischen Ulladulla und Batemans Bay direkt an die Strände. Eine besondere Attraktion ist dabei der **Pebbly Beach**, zu dem eine Piste vom Princess Highway hinunterführt. Der traumhafte Strand ist bekannt dafür, dass es hier auch den Kängurus besonders gut gefällt. Sie kommen – ungewöhnlich genug – bis ans Meer, sonnen sich und gehen sogar baden, weswegen sogar von den *surfing kangaroos* gesprochen wird. Depot Beach und Durras Beach stehen dem Pebbly Beach an Schönheit kaum nach. An allen Stränden sind kleinere Campingplätze vorhanden.

Im Süden geht Shoalhaven in die **Eurobodalla Nature Coast** mit dem beliebten Familienferienort **Batemans Bay** über. Sie reicht etwa bis **Tilba Tilba**, einem praktisch nur aus einer einzigen Straße bestehenden, restaurierten Örtchen mit historischen Gebäuden, in denen Andenken und Kunsthandwerkläden auf Besucher warten.

SERVICE & TIPPS

Shoalhaven Visitor Information Centre
Princess Hwy. & Pleasant Way
Nowra, NSW 2541
✆ (02) 4421 0778
www.southcoast.com. au

www.shoalhavenholidays.com.au
Infos zur Region Shoalhaven.

The Harbourside Restaurant
45–84 Princess Hwy.
Ulladulla, NSW 2539
✆ (02) 4455 3377
Lunch/Dinner

Gute Seafood-Adresse.
$$

Tory's Seafood Restaurant
Wason St.
Ulladulla, NSW 2539
✆ (02) 4454 0888, Dinner
Der Fisch wird hier noch selbst gefangen und kommt frisch auf den Tisch mit Hafenblick. $$

Aussie Pancakes and Gallery
Shop 5, Promenade Plaza
1 Orient St.
Batemans Bay, NSW 2536
✆ (02) 4472 5727
Mal was anderes: leckere Pfannkuchen von 7 Uhr früh bis Sonnenuntergang und eine hübsche Galerie mit Gemälden und Fotografien. Noch dazu direkt am Wasser. $

Alpenflora in den Snowy Mountains

12 SNOWY MOUNTAINS

Die Snowy Mountains sind Teil der australischen Alpen. Wie der Name schon sagt, gibt es reichlich Schnee und damit auch Skigebiete. Die vielleicht besten Skiorte auf dem fünften Kontinent sind **Perisher Blue**, **Charlotte Pass** und **Thredbo**. Vor allem der letztgenannte Ort, rund 450 Kilometer südlich von Sydney im **Kosciuszko National Park** gelegen, glänzt auch im Sommer als Wanderzentrum und beliebtes Ziel für Fun- und Bergsportler. *Abseiling*, Rafting und Mountainbiking werden großgeschrieben, und Bergwanderer starten von hier zum Gipfel des Mount Kosciuszko. Doch es geht auch bequemer mit dem Wagen auf einem schönen Sightseeing-Rundkurs, dem **Snowy Mountains Drive**, durchs Gebirge.

SERVICE & TIPPS

Snowy Region Visitor Centre
Kosciuszko Rd.
Jindabyne, NSW 2627
✆ (02) 6450 5600
www.snowymountains.com.au

Thredbo
www.thredbo.com.au

Lagerfeuerromantik in den Snowy Mountains

Region 2
Canberra

CANBERRA – AUSTRALIAN CAPITOL TERRITORY (ACT)

DIE KÜNSTLICHE HAUPTSTADT

Offiziell ist Canberra das ACT, das Australian Capital Territory. Doch Australiens Hauptstadt Canberra (350 000 Einwohner) gilt auch bei den Australiern selbst nicht gerade als aufregende Stadt wie die Metropolen Melbourne oder Sydney, sondern vornehmlich als langweilig. Ein uralter Witz in Down Under sagt: »Das Aufregendste an Canberra ist Freitagnachmittag der Flug nach Sydney.« Aber natürlich stimmt das so nicht ganz.

Canberra: Blick vom Lake Burley Griffin zum 195 Meter hohen Telstra Tower auf dem Black Mountain

Entstanden ist Canberra durch den Streit der beiden großen australischen Metropolen um die Hauptstadtrolle. Da sich 1901, als die australischen Bundesstaaten sich vereinigten, keine der beiden Städte durchsetzen konnte, wurde beschlossen, in einem Tal zwischen Sydney und Melbourne eine neue Hauptstadt zu erbauen. Entworfen hat den neuen Regierungssitz der Amerikaner Walter Burley Griffin, der eine Gartenstadt für rund 25 000 Einwohner mit ringförmigen Straßen und vielen Grünanlagen plante; allerdings wurden seine Pläne immer wieder verändert. Die Bauarbeiten zogen sich über Jahre hin, und erst 1927 wechselte die Regierung von Melbourne, der »Interims-Hauptstadt«, nach Canberra.

Canberra ist eine Stadt mit hohem Lebensstandard und in gewisser Weise das geschichtliche, kulturelle und wissenschaftliche Zentrum, Archiv des Landes und Bewahrerin der australischen Kultur. Dafür stehen beispielsweise das **National Museum of Australia**, ein besonders auch architektonisch interessantes Gebäude auf der Acton-Halbinsel im Lake Burley Griffin, die Nationalbibliothek oder das Nationalarchiv sowie etliche weitere Museen und Archive wie das **Screen Sound Australia**, das 100 Jahre australische Filmgeschichte dokumentiert. Anlaufadressen zu den Themen Wissenschaft und Technik sind das **Questacon – The National Science and Technology Centre** oder das **CSIRO Discovery Centre**.

Zur Lebensqualität tragen neben vielen exzellenten Restaurants und Cafés sowie erstklassigen Shopping-Möglichkeiten auch die vielen Grün- und Parkanlagen wie die **National Botanic Gardens**, der **Commonwealth Park** oder der acht Hektar große **National Zoo & Aquarium** bei. Landschaftlich reizvoll sind das direkte Umland, das Capital Country, und die etwa zwei Autostunden entfernten Snowy Mountains (vgl. S. 57), die im Winter mit ausgedehnten Skigebieten locken. Auch der ausgesprochen schöne Küstenstreifen bei **Jervis Bay** (vgl. S. 50) mit traumhaften Stränden gehört zum Australian Capital Territory (ACT) – ursprünglich war festgeschrieben worden, dass die Hauptstadt immer einen Zugang zum Meer haben muss.

Ein quirliges Zentrum besitzt Canberra nicht. Stattdessen breitet sich in der Mitte der Hauptstadt der 1964 aufgestaute **Lake Burley Griffin** aus, der die Stadt teilt: Südlich vom See liegt das Regierungs-

Die winzigen Royal Bluebells, ein Hyazinthengewächs, sind das florale Emblem des Australian Capital Territory

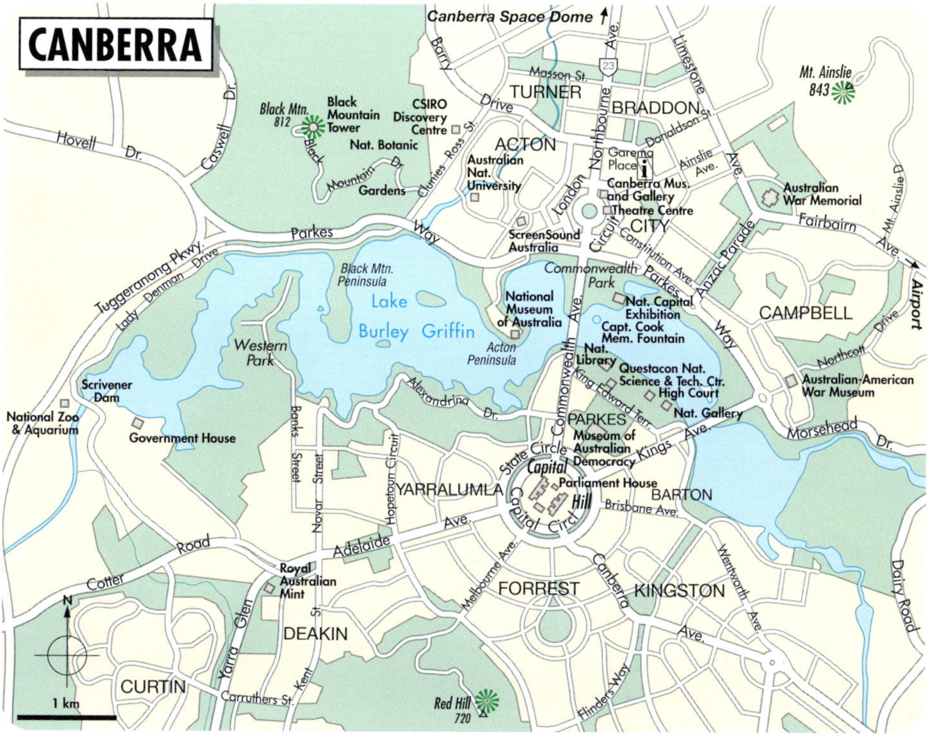

viertel, nördlich das Geschäftszentrum rund um den Vernon Circle. Natürlich kann man auf dem See auch Boot fahren.

Canberra ist keine Stadt, die sich leicht zu Fuß erkunden lässt. Gut geeignet ist allerdings das Fahrrad für die Stadterkundung, denn die Stadt hat viele Radwege angelegt. Das Parlamentsviertel zwischen Capital Hill und See kann aber noch recht gut erlaufen werden. Das erst 1988 fertiggestellte **Parliament House** wurde quasi in einen Hügel hinein- gebaut. Sehenswert ist dort ein Bodenmosaik der Aborigines. Vor dem Einzug in das neue Parlamentsgebäude kamen seit 1927 die Abgeordneten in dem nicht weit entfernten, im neoklassizistischen Stil erbauten **Old Parliament House**, heute **Museum of Australian Democracy**, zusammen. Sehr schön sind die üppigen Rosengärten des alten Parlaments, und das dort befindliche Restaurant tischt feine australische Küche auf. Einen guten Ruf hat die **National Gallery of Australia**, die sowohl Werke einheimischer als auch europäischer Künstler zeigt.

Australier zieht es meist auf die andere Seite des Sees, zu zwei nationalen Monumenten: zum **Australian War Memorial**, in dem sich ein Kriegsmuseum befindet, und das bis zu einem bestimmten Grad auch für den australischen Nationalstolz steht, sowie zum **Australian-American War Memorial**. Ebenfalls eine Attraktion ist die **Captain Cook Memorial Fountain**, eine 150 Meter hohe Wasserfontäne mitten im See. Den besten Rundum-Blick auf das Hauptstadt-Treiben hat man vom **Black Mountain Tower**.

Eine lebendige Restaurant- und Café-Szene hat sich in Civic rund um den **Garema Place** mit vielen Bars und Pubs, sowie entlang von City Walk und Bunda Street gebildet. Dabei sitzt *tout Canberra* natürlich immer gerne draußen, auch »*al fresco dining*« genannt.

Parliament House in Canberra

Im Melbourne Building in der West Row gibt es ebenfalls einige gute Restaurants. Im Vorort Dickson rund um die kleine Chinatown ist die Auswahl an asiatischen Restaurants besonders groß. Auch die Lonsdale Street in Braddon wartet mit einigen guten Restaurants und Bars auf, vor allem ist die belebte Straße jedoch eine beliebte Shopping-Meile mit Geschäften australischer Designer, ungewöhnlichen Kunsthandwerksläden und hübschen Galerien.

Canberra ist übrigens die Medaillenschmiede der Nation, denn das **Australian Institute of Sports** hat schon etliche Olympiasieger hervorgebracht.

Australiens Wappen ziert das Parlament in Canberra

SERVICE & TIPPS

Canberra and Region Visitors Centre
330 Northbourne Ave., Dickson
Canberra, ACT 2600
✆ (02) 6205 0044 und 1300 554 114
www.canberratourism.com.au
www.visitcanberra.com.au
Mo–Fr 9–17, Sa/So 9–16 Uhr

Bustour
Der Canberra Explorer Bus eignet sich hervorragend für die Stadterkundung. Er fährt stündl. ab Jolimont Centre und hält an 19 Stationen.

Mr Spokes Bike Hire
Barrine Dr., Acton
Canberra, ACT 2601
✆ (02) 6257 1188
www.mrspokes.com.au
Neben Fahrrädern können hier auch Inlineskates stunden- und tageweise gemietet werden.

Canberra Museum and Gallery
London Circuit & Civic Sq.
Canberra, ACT 2600
✆ (02) 6207 3968
www.museumsandgalleries.act.gov.au, Mo–Fr 10–17, Sa/So 12–17 Uhr, Eintritt frei
Das lebendige Museum mit Galerie präsentiert in einer Dauer- und in Wechselausstellungen die Sozial- und Kulturgeschichte sowie die bildenden Künste Canberras.

CSIRO Discovery Centre
Clunies Ross St., Black Mountain
Canberra, ACT 2601
✆ (02) 6246 4646
www.csiro.au/en/Locations/ACT/Black-Mountain-discovery
Mo–Fr 9–17 Uhr, Eintritt A$10/7
Auf spielerische Art und Weise und mit allerlei spektakulären Vorführungen kann man hier die neuen Technologien entdecken.

Museum of Australian Democracy
18 King George Terrace, Parkes
Canberra, ACT 2600
✆ (02) 6270 8222
www.moadoph.gov.au
Tägl. 9–17 Uhr, Eintritt A$ 2/1
Australiens altes Parlamentsgebäude (seit Mai 2009 Museum) beherbergt unter anderem eine Galerie mit Porträts bekannter australischer Persönlichkeiten.

National Gallery of Australia
Parkes Place, Parkes
Canberra, ACT 2600
✆ (02) 6240 6411
www.nga.gov.au, tägl. 10–17 Uhr
Dauerausstellung Eintritt frei
Dauerausstellung mit Sammlungen australischer Kunst von 1788 bis heute, Kunst der Aborigines und der Bewohner der Torres-Strait-Inseln sowie Kunst aus Asien, Europa und Amerika. Beliebt ist der Skulpturengarten. Regelmäßig machen große Ausstellungen aus Übersee hier Station; über 160 000 Kunstwerke gehören zum eigenen Bestand.

National Museum of Australia
Lawson Crescent
Acton Peninsula
Canberra, ACT 2600 (5 km außerhalb des Zentrums)
✆ (02) 6208 5000, www.nma.gov.au
Tägl. 9–17 Uhr, Eintritt frei
Ausschließlich Australiens Geschichte und Geschichten werden

Ein Meer von Schwertlilien und …

Alljährlich zu Ostern findet in Canberra das fünftägige National Folk Festival statt. Musik nonstop mit bekannten Bands und Musikern aus aller Welt.

spannend und unterhaltsam in fünf erstklassig multimedial aufbereiteten Ausstellungen in einem modernen Gebäude mit spannender Architektur präsentiert.

Questacon – The National Science and Technology Centre
King Edward Terrace, Parkes
Canberra, ACT 2600
✆ (02) 6270 2800
www.questacon.edu.au
Tägl. 9–17 Uhr, Eintritt A$ 23/17,50
Über 200 technisch-wissenschaftliche Attraktionen und Wissenschaftsshow. So kann man beispielsweise eindrucksvoll ein Erdbeben oder den freien Fall erleben.

National Film & Sound Archive
McCoy Circuit, Acton
Canberra, ACT 2601
✆ (02) 6248 2000
www.nfsa.gov.au
Mo–Fr 9–17, Sa/So 10–17 Uhr
Eintritt frei
100 Jahre australische Film-, Fernseh- und Radio-Geschichte, unterhaltsam dargebracht.

Australian War Memorial
Treloar Crescent, Campbell
Canberra, ACT 2612
✆ (02) 6243 4211
www.awm.gov.au
Tägl. 10–17 Uhr, Eintritt frei
Kriegsgeschichte und Geschichten aus australischer Sicht erzählt das Museum, das auch als das *spiritual heart of the nation* beschrieben wird, mit großer Sound- und Light-Show, auch Shop und Café.

Australian Institute of Sports
Leverrier Crescent, Bruce
Canberra, ACT 2617
✆ (02) 6214 1444
www.ausport.gov.au/tours
Viermal tägl. können Besucher bei den geführten Touren (10, 11.30, 13 und 14.30 Uhr, A$ 18/10) sehen, wo und wie Australiens beste Athleten gemacht werden.

Black Mountain Tower
Black Mountain Drive,
Acton, Canberra, ACT 2601
✆ 1800 806 718
Tägl. 9–22 Uhr
Eintritt A$ 7.50/3
Der höchste Aussichtspunkt der Stadt, 195 m hoch mit 360-Grad-Blick.

National Zoo & Aquarium
Scrivener Dam
999 Lady Debnman Dr.
Yarralumba
Canberra, ACT 2611
✆ (02) 6287 8400
www.nationalzoo.com.au
Tägl. 10–17 Uhr
Eintritt A$ 40/23
Schöner Zoo mit der größten Anzahl an Raubkatzen in Australien; nur 5 Min. vom Stadtzentrum entfernt.

The Hermitage Restaurant and Winebar
70 London Circuit
Canberra, ACT 2601
✆ (02) 6230 0857, Dinner
Stilvoll und minimalistisch eingerichtetes Restaurant am Canberra Theatre Centre. Serviert wird eine zeitgemäße, moderne australische Küche. $$–$$$

The Hellenic Club
Matilda St., Woden
Canberra, ACT 2606
✆ (02) 6281 0899
www.hellenicclub.com.au
Tägl. geöffnet
Der beliebte Club besitzt gleich drei Restaurants: ein Bistro, eine griechische Taverne und ein chinesisches Restaurant. $$

Benchmark Wine Bar
65 Northbourne Ave, Canberra City
✆ (02) 6262 6522
www.benchmarkwinebar.com.au
Tägl. geöffnet
Sehr angenehme Weinbar mit Tapas und über 400 verschiedenen Weinen. Regelmäßig DJs.

Hippo Co
Garema Place, Canberra City.
✆ (02) 6247 7555,
www.hippoco.com.au
Klassische Bar mit guten Cocktails und Whiskeys sowie regelmäßigem Live Jazz.

Canberra Centre
Bunda Street, Canberra, ACT 2601
www.canberracentre.com.au
Mo–Do 9–17.30, Fr 9–21, Sa 9–17, So 10–16 Uhr
Großes Einkaufszentrum mit zahlreichen Geschäften gut bestücktem *Food Court*.

Fyshwick Fresh Food Markets
Dalby St., Fyshwick
Canberra, ACT 2609
Do–So 8–17.30 Uhr
Ein schöner Markt mit einem interessanten Angebot an regionalen Produkten über frische Pasta bis zu asiatischen Spezialitäten.

Old Bus Depot Markets
21 Wentworth Ave., Kingston
Canberra, ACT 2604
✆ (02) 6292 8391
www.obdm.com.au
So 10–16 Uhr, Dez. auch Sa
Lebendiger Markt in einem schönen ehemaligen Busdepot. Das Angebot, über 200 Stände, reicht von Kunsthandwerk bis Feinkost.

Paula Hilyard
30 Lonsdale St., Braddon
Canberra, ACT 2612
✆ (02) 6262 8288
Die bekannte Designerin macht nicht nur ihre eigene Mode. Die Boutique bietet auch australische und neuseeländische Labels, neben Klamotten auch Handtaschen und Schmuck.

Canberra Theatre Centre
Civic Sq., London Circuit
Canberra, ACT 2608
✆ (02) 6243 5711
www.canberratheatre.org.au
Tickets ✆ (02) 6275 2700
Im 1965 eröffneten Theatre Centre sind mit dem Canberra Theatre, dem Playhouse und dem Courtyard Studio drei Bühnen untergebracht. Gespielt wird alles von Shakespeare oder »Madame Butterfly« bis zu experimentellen Performances, denn das Centre ist der wichtigste Auftrittsort für Theater, Oper, Ballett, Tanz und Konzerte in der Hauptstadt.

… Tulpen – Canberra zeigt sich beim farbenprächtigen »Floriade Festival« von seiner Schokoladenseite

Blick entlang der ANZAC Parade auf das Parliament House (Canberra)

Region 3
Queensland
Der Süden

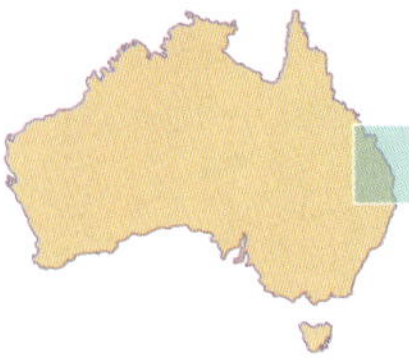

QUEENSLAND – DER SÜDEN

DER TRENDIGE SUNSHINE STATE

Der Süden von Queensland boomt! Die Hauptstadt Brisbane ist die am schnellsten wachsende Metropole des fünften Kontinents, und in den angrenzenden Regionen, Surfers Paradise südlich und Sunshine Coast nördlich, sind wirtschaftlicher Aufschwung und Bevölkerungszuwachs nicht geringer. Große Unternehmen verlegen ihre Firmensitze in den sonnigen Bundesstaat. Heute sind es nicht mehr nur die Rentner, sondern hoch qualifizierte Arbeitskräfte, die von Sydney oder Melbourne in die aufstrebende Region ziehen, die sich zudem durch eine hohe Le-

Die Cooktown-Orchidee ist das florale, …

bensqualität und einen modernen, trendigen Lifestyle auszeichnet. So wartet Brisbane mit einer sehr lebendigen Kunst- und Kulturszene auf, die auch von Seiten des Staates gefördert wird.

Die Touristen profitieren von dem, was auch die *locals* schon immer zu schätzen wissen: Lockeres *easy going*, traumhafte kilometerlange Strände, spektakuläre Inseln, atemberaubende Nationalparks im Hinterland, gutes Essen und Trinken, Top-Sport- und Unterhaltungsmöglichkeiten. Und wem an der Küste zu viel Rummel ist, der kann ja noch in das riesige Outback Queenslands flüchten.

In diesem Reiseführer orientiert sich die Grenze zwischen dem Süden und Norden Queenslands am Wendekreis des Steinbocks, der ungefähr bei Rockhampton verläuft und den Sonnenstaat in einen eher subtropischen Teil im Süden und den tropischen Norden trennt, auch wenn der Übergang natürlich fließend ist.

... der Koala das Tier-Emblem von Queensland

1 BRISBANE

Brisbane, die rasant wachsende Metropole Queenslands am Brisbane River, galt bis vor wenigen Jahren noch als eher langweilig und uninteressant, vor allem im Vergleich zu Melbourne und Sydney, zumal es nicht einmal direkt am Meer liegt. Bestenfalls als Einfallstor für ausländische Touristen auf dem Weg nach Norden ins tropische Queensland und zum Great Barrier Reef oder für die Japaner als Basis zur Eroberung der Gold Coast schien Brisbane von einiger Bedeutung. Den Ausverkauf australischer Unternehmen in Queensland fürchteten vor allem die konservativen Australier jahrzehntelang.

Das hat sich inzwischen ein wenig geändert. Brisbane ist mittlerweile auch für die australische Wirtschaft interessant geworden, die bereits damit begonnen hat, ihre Unternehmenszentralen hierher zu verlegen. Die Hauptstadt von Queensland entwickelt sich ganz allmählich zu einer pazifischen Metropole im besten Sinne, mit allem, was dazugehört: ein überdurchschnittliches Wirtschaftswachstum, eine kreative, sich immer stärker etablierende Kunst- und Kulturszene – Brisbane hat in den letzten Jahren immens in neue Kultureinrichtungen investiert – und ein moderner urbaner Lifestyle mit schicken Restaurants, witzigen Cafés, ausgefallenen Events, mit Mode und Design.

North Stradbroke Island vor den Toren von Brisbane, von den Aussies kurz »Straddie« genannt

Die Aussies stehen auf Tierskulpturen. In Darwin sind es lustige Schweine in der Fußgängerzone, in Brisbane können sich Passanten an Kängurus (Adelaide/George St.) erfreuen. Die Skulptur der vier metallenen Beuteltiere namens »City Ross« schuf Christopher Trotter im Jahr 1999.

Der Emblem-Vogel von Queensland, der Brolga-Kranich, kann ausgewachsen eine Flügelspanne von fast 2,50 Meter haben

Die City bildet quasi ein Dreieck. Die Spitze bilden die **Botanic Gardens**, der älteste Park Queenslands (1828), und der Brisbane River, der wenige Kilometer hinter der Stadt in den Ozean mündet, die beiden Seiten des Dreiecks. Erst in den letzten Jahren wurden die Flussufer in der City für das urbane Leben entdeckt und Restaurants und Cafés am Fluss eröffnet.

Der **Central Business District** (CBD) konzentriert sich rund um die größte Fußgängerzone Brisbanes, die Queen Street Mall. Das schmucke Myer Centre an der Mall vereint auf sechs Etagen 200 Shops unter einem Dach und ist eine der beliebtesten Shopping-Adressen der Stadt. Ebenfalls an der Mall liegen das Wintergarden Centre und die Brisbane Arcade mit Läden australischer Designer.

Nur wenige historische Gebäude sind in Brisbane erhalten geblieben: das 1868 eröffnete **Parliament House** im französischen Renaissance-Stil, das **Old Government House** an der George Street, die neogotische **St. Stephen's Roman Catholic Cathedral** von 1850 an der Elizabeth Street und das rund um die Uhr geöffnete **Treasury Casino**, ein Sandsteinbau, der 1928 fertiggestellt wurde und hinter dessen Mauern man auch äußerst komfortabel übernachten kann.

Besonders profitiert hat Brisbane von der Weltausstellung 1988. So verbindet heute die Victoria Bridge die CBD-Halbinsel mit **South Bank**, einem neu angelegten Kultur-, Freizeit- und Vergnügungsstadtteil auf dem ehemaligen, 125 Hektar großen Expo-Gelände direkt am Brisbane River. Kernstück von South Bank ist das **Queensland Cultural Centre** mit dem **Queensland Museum**, dem **Performing Arts Complex**, der **State Library** und der **Queensland Art Gallery**. Doch das ist noch längst nicht alles in Sachen Kultur. 260 Millionen Dollar investierte die Regierung in ihr fünfjähriges »Millennium Arts Project« (MAP), zu dem nun die neue **Queensland Gallery of Modern Art** (QGOMA) und die State Library of Queensland gehören. Zusammen mit der benachbarten Queensland Art Gallery beherbergt das neue Museum die größte Sammlung moderner Kunst in Australien. In dem neuen Musentempel gibt es Ausstellungen moderner und zeitgenössischer Kunst, Aboriginal-Kunst sowie Präsentationen asiatischer und pazifischer Kunst.

Neben zahlreichen Cafés, Restaurants (von asiatisch bis südamerikanisch), unterschiedlichsten Geschäften, den *Parklands* mit einem Regenwaldpfad und Open-Air-Bühne gibt es auch einen künstlichen Strand mit Salzwasserlagune. Natürlich frönen hier viele *Aussies* ihrer Leidenschaft, dem Picknicken und Grillen. Viele zieht es aber auch in den **New Farm Park**, wo sich auch Brisbanes jüngster kultureller Anziehungspunkt befindet: das **Powerhouse**, ein Zentrum für zeitgenössische Kunst von Musik über Kabarett bis Multimedia.

Als *In*-Bezirk für Musik, Kunst und Ausgehen gilt **Fortitude Valley**, ein wenige Kilometer nördlich vom CBD gelegener lebendiger Stadtbezirk. Hier gibt es ein – wenn auch kleines – **Chinatown**. Jede australische Stadt scheint ein chinesisches Viertel zu haben, und Brisbane bildet da keine Ausnahme. Die zwischen Wickham und Ann Street gelegene Enklave – angelegt 1987 als eine Art Fußgängerzone – gilt als die authentischste ihrer Art, sie soll das beste Feng Shui unter den australischen Chinatowns haben. Neben Cafés und Restaurants haben sich in Fortitude Valley rund um die szenige **Brunswick Street** auch viele spezielle Shops und Galerien angesiedelt – es gibt ein richtiges kleines Galerienviertel.

Hobbyköche sollten unbedingt dem **James Street Market** (www.jamesstmarket.com.au), einem schmucken, halboffenen Küchenläden-Feinkost-Gastro-Komplex in Fortitude Valley, einen Besuch abstatten.

Die Flagge von Queensland, des flächenmäßig zweitgrößten Bundeslandes des australischen Kontinents

Die Hauptstadt von Queensland: Brisbane an den Ufern des gleichnamigen Flusses

Zumeist trinkt man in Queensland das kultige XXXX-Bier

Außer einer Kochschule und der exzellenten Weinbar Cru gibt es hier verschiedene Geschäfte rund ums Essen und Trinken. Eine gute kulinarische Adresse ist die James Street aber auch im Ortsteil New Farm.

Rund sieben Kilometer außerhalb Brisbanes liegt der **Mount Coot-tha Lookout**. Von dort bietet sich der beste Blick auf die Stadt. Nicht versäumen sollte man einen Ausflug auf die nahe gelegenen Inseln **Moreton Island** mit der wohl höchsten Sanddüne der Welt und **North Stradbroke Island**. Beide Inseln locken mit schönen Stränden und viel Natur.

SERVICE & TIPPS

Brisbane City Information
Queen Street Mall
Brisbane, QLD 4001
✆ (07) 3006 6200
www.queenslandholidays.com.au/destinations/brisbane/

Airtrain
www.airtrain.com.au
Tickets einfach A$ 17, Kinder bis 14 Jahre in Begleitung frei
Zwischen dem Flughafen und Brisbane City (Entfernung ca. 20 Min.) gibt es eine Bus- und Bahnverbindung (ca. 5–22 Uhr); der Zug hält an sechs Stationen in der Stadt. Der neue Airtrain verbindet auch die Gold Coast mit Brisbane Airport.

Translink
✆ 131 230, www.translink.com.au
Einzeltickets A$ 4,80–30,90
Translink heißt das Nahverkehrssystem (umfangreiches Bahn-, Bus- und Fährennetz) in Brisbane und an der Gold Coast. Die Fahrkartenpreise richten sich nach Zonen und Streckenlänge.

In der City von Brisbane kommt man gut mit den Bussen oder Fähren auf dem Brisbane River voran, auch beim Sightseeing. Mit einem Tagesticket für die Fährboote CityCat und CityFerry kann man den Brisbane River entlangschippern und von verschiedenen Haltestellen aus die Sehenswürdigkeiten Brisbanes erkunden.

Morgan & Wacker
54 Ross St., Newstead
Brisbane, QLD 4000
✆ (07) 3252 5691
www.morganandwacker.com.au
Echte Biker kennen nur einen fahrbaren Untersatz: eine Harley-Davidson. Die kann man hier mieten, um Brisbane und die Gold Coast zu erkunden.

Commissariat Store Museum
115 William St., City
Brisbane, QLD 4000
✆ (07) 3321 4198
Di–Fr 10–16 Uhr, Eintritt A$ 6/3
Museum im kleinen Haus der Royal Historical Society Queensland.

The James and Mary Emelia Mayne Centre
The Mayne Centre, St. Lucia
Brisbane, QLD 4067
✆ (07) 3365 3046
www.artmuseum.uq.edu.au
Tägl. 10–16 Uhr, Eintritt frei
2500 Werke der wichtigsten australischen Künstler von der Kolonialzeit bis heute sind in dem University Arts Museum auf dem Uni-Campus versammelt, außerdem zu sehen: die nationale Sammlung von Künstler-Selbstporträts.

Museum of Brisbane (MoB)
City Hall, King George Sq.
Brisbane, QLD 4000
✆ (07) 3403 8888
www.museumofbrisbane.com.au
Tägl. 10–17 Uhr, Eintritt frei
Das Museum im Erdgeschoss der City Hall widmet sich der Geschichte, den Künsten und dem Design. Zum Museum gehört auch eine Galerie, in der lokale Künstler sich auf vielfältige Art mit Stadtgeschichte und -kultur auseinandersetzen.

Im MoB Store kann man sich mit den zeitgenössischen Arbeiten lokaler Künstler und Designer eindecken. In der City Hall fährt man mit dem restaurierten alten Lift zum Glockenturm hoch und genießt den Ausblick auf das Zentrum. Die City Hall lädt regelmäßig zu Konzerten (gratis).

🏛 Queensland Art Gallery and Gallery of Modern Art
Stanley Place, Cultural Precinct, South Bank
South Brisbane, Brisbane, QLD 4001
✆ (07) 3840 7303
www.qagoma.qld.gov.au
Tägl. 10–17 Uhr, meist Eintritt frei, Gratis-Führungen tägl. 10.30, 11, 12, 13 (außer So) und 14.30 Uhr, zu den Highlights der Sammlung 13 Uhr (Treffpunkt Info-Counter Melbourne St.)
Die Sammlung umfasst über 10 000 australische und internationale Bilder, Skulpturen, Objekte von der Kolonialzeit bis heute; außerdem Kunst von in Queensland beheimateten Aboriginal- und Torres-Strait-Islander-Künstlern. Wechselausstellungen zeitgenössischer Werke, Fotoausstellungen, Kunst aus dem asiatisch-pazifischen Raum, hinzu kommen Lesungen und Kinderprogramme.

🏛 Queensland Maritime Museum
South End, South Bank Parklands
Brisbane, QLD 4101
✆ (07) 3844 5361
www.maritimemuseum.com.au
Tägl. 9.30–16.30 Uhr
Eintritt A$ 16/7
Das Museum lädt ein zur Reise durch die maritime Geschichte von früheren Zeiten bis heute. Vor dem Museum liegen restaurierte Schiffe vor Anker.

🏛 Queensland Museum South Bank & Sciencentre
Grey & Melbourne Sts., South Bank, South Brisbane
Brisbane, QLD 4101
✆ (07) 3840 7555
www.qm.qld.gov.au
Tägl. 9.30–17 Uhr
Eintritt A$ 14,50/11,50 für das Sciencecentre, Museum frei
Wie es um Naturwissenschaften und Technik in Australien bestellt ist, erfährt man in diesem Museum. Highlights sind ein in Queensland gefundenes Dinosaurierskelett und das Flugzeug, mit dem Bert Hinkler als erster Mensch alleine von England nach Australien flog. Im Sciencentre kann man experimentieren.

🏛 QUT Art Museum
2 George St., Brisbane, QLD 4001
✆ (07) 3138 5370
www.artmuseum-qut-edu.au
Di–Fr 10–17, Sa/So 12–16 Uhr
Eintritt frei
Eine der größten Sammlungen von Aboriginal-Kunst und zeitgenössischen Werken in Queensland. Neben Ausstellungen lädt das Museum auch zu Lesungen und Gesprächsrunden mit Künstlern ein.

✿ City Botanic Gardens
Auf einer Landzunge des Brisbane River liegt der Botanische Garten (Zugang über George St., Edward St. oder Goodwill Bridge). Exotische und einheimische Gewächse machen ihn zu einem innerstädti-

Im Number 19 in Brisbane (Shop 1, Grey St., Southbank, ✆ 07-3844 1922), dem größten Männer-Day-Spa Australiens, dreht sich alles um den Herrn. Das Spa wird vom prominenten Footballer Jamie Charman mit der Rückennummer 19 (daher der Name) und der Star-Friseurin Caroline Haddad betrieben und setzt auf ganzheitliche Anwendungen für Männer. Angeboten werden Haar-Styling, Gesichts- und Körperbehandlungen, Cocoon Hydrotherapie und Heißer-Stein-Therapien.

Was die Harbour Bridge für Sydney, ist die Story Bridge für Brisbane

schen Naherholungsgebiet für Spaziergänger und Jogger; wie in Australien üblich, gibt es auch Grillplätze. Er ist rund um die Uhr bei freiem Eintritt geöffnet.

Conrad Treasury Brisbane
Top of the Queen Street Mall
Brisbane, QLD 4000
✆ (07) 3306 8888
www.conrad.com.au
Das zu den größten historischen Gebäuden Australiens zählende Conrad Treasury ist heute Luxusherberge und Vergnügungsstätte: Neben dem Fünf-Sterne-Hotel Conrad Treasury Brisbane haben hier das Kasino, mehrere Restaurants und Bars ihren Sitz. Der schöne Bau steht unter Denkmalschutz.

Customs House
399 Queen St., Brisbane, QLD 4001
✆ (07) 3365 8999
wwww.customshouse.com.au
Das restaurierte Haus am Brisbane River mit seinen korinthischen Säulen gehört der Universität. Es wird als Kulturstätte genutzt. Neben Veranstaltungsräumen beherbergt es einen Ballsaal, ein Restaurant und eine Kunstgalerie.

Der Tropical Display Dome in den City Botanic Gardens (Brisbane)

Old Government House
2 George St., Brisbane, QLD 4000
✆ (07) 3138 8005
www.ogh.qut.edu.au
Tägl. außer Sa 10–16 Uhr
Eintritt frei
Die 1868 erbaute und bis Anfang des 20. Jh. von den Gouverneuren Queenslands genutzte Residenz ist eines der ältesten Gebäude des Bundesstaates. Bei einem Rundgang durch das Haus kann man sich über die Lokalgeschichte informieren.

RiverWalk
Über 34 km führen Spazierwege, Straßen und Brücken am Brisbane River lang – ein Eldorado auch für Radler, Jogger und Rollerblader. Spannend ist der **Floating Walkway**, ein 850 m langer, auf dem Fluss schwimmender Steg (zwischen Boundary St. und New Farm).

Roma Street Parklands
Haupteingänge: Roma St. (hinter Transit Centre und Holiday Inn), Wickham Terrace, Gregory Terrace Collage Rd.
✆ (07) 3006 4545
www.romastreetparkland.com
Tägl. geöffnet, Eintritt frei
Rund um die Uhr geöffnet ist der mit 75 Mio. A$ erbaute, größte subtropische Park der Welt.

Story Bridge
✆ 1-300-254 627, www.story bridgeadventureclimb.com.au
Was die Harbour Bridge für Sydney, ist die Story Bridge für Brisbane. 1,3 km ist sie lang und an ihrem höchsten Punkt reckt sie sich 74 m, das entspricht in etwa einem 22-stöckigem Haus, gen Himmel.

Gebaut 1935–1940, hieß sie erst *Jubilee Bridge* (nach dem Silberjubiläum von König George V.), später nach John Story, der das Amt des Public Service Commissioner innehatte. Wie schon seit einigen Jahren auf der Harbour Bridge ist es möglich, mit dem Story Bridge Adventure Climb auf die Brücke zu klettern (A$ 99–130) und auf einer über dem Brisbane River gelegenen Plattform den Panoramablick zu genießen.

XXXX Ale House
Black & Paten Sts., Milton
Brisbane, QLD 4000
✆ (07) 3361 7597
www.xxxxalehouse.com.au
Tägl. außer So, Anmeldung erfoderflich, A$ 32/18
Zumeist trinkt man in Queensland das kultige XXXX-Bier. Hier kann man auf zwei Touren die Heimat eines der beliebtesten australischen Biere besichtigen.

Brisbane Philharmonic Orchestra
www.brisbanephil.org.au
Nach Konzertterminen und Auftrittsorten des Philharmonischen Orchesters erkundigt man sich am besten online.

Brisbane Powerhouse – Centre for the Live Arts
119 Lamington St., New Farm
Brisbane, QLD 4005
✆ (07) 3358 8400
www.brisbanepowerhouse.org
Geöffnet je nach Event
Einst Kraftwerk, heute für 17 Mio. A$ umgebautes Kulturzentrum. Das am Brisbane River gelegene Powerhouse mit seinem Mix aus Backsteinen, Glas, Metall und 20 Jahre alten Graffiti ist eine Top-Adresse für Theater, Konzerte, Ausstellungen und mehr. Schön auch das Restaurant Watt.

Circa: Rock 'n' Roll Circus Ensemble
Circa Studio, Level 3 im Judith Wright Centre of Contemporary Arts, 420 Brunswick St., Fortitude Valley, Brisbane QLD 4006
✆ (07) 3852 3110, www.circa.org.au
Circa bringt begeisternde Zirkusshows und unterhält eine Zirkusschule, in den Ferien auch mit Drei-Tage-Kursen. Ob mit drei oder 93 Jahren, beim Zirkustraining kann jeder seine artistischen Fähigkeiten ausbauen.

Gardens Theatre
2 George St., Brisbane, QLD 4001
✆ (07) 3138 4455
www.gardenstheatre.qut.edu.au
Karten: Gardens Tix box office, Mo–Fr 9–17 Uhr
Bühne für Drama, Komödie und Kindertheater.

The Judith Wright Centre of Contemporary Arts
420 Brunswick St., Fortitude Valley, Brisbane, QLD 4006
✆ (07) 3872 9000
www.jwcoca.qld.gov.au
15 Mio. A$ teures Kulturzentrum mit dem Institute of Modern Art und über einem Dutzend kleiner privater Galerien sowie dem Mango-Restaurant. Zeitgenössisches Theater, kleine Konzerte, Festivals.

La Boite
6–8 Musk Ave., Kelvin Grove
Brisbane, QLD 4059
✆ (07) 3007 8600
www.laboite.com.au
Das kugelrunde Roundhouse Theatre wird von der La Boite Theatre Company bespielt.

Queensland Performing Arts Complex (QPAC)
Grey & Melbourne Sts.
South Bank, South Brisbane
Brisbane, QLD 4000
✆ (07) 3840 7444, 136 246 (Tickets)
www.qpac.com.au
1985 eröffneter, riesiger Multi-Kulturkomplex für internationale und nationale Bühnenkunst, für Konzerte, Schauspiel, Comedy und Tanz; ein Museum gibt es außerdem. Im Lyric Theatre mit seinen 2000 Plätzen, in der Concert Hall (1800 Plätze), im Playhouse und im Cremorne Theatre sind große Namen zu erleben, so die *Queensland Theatre Company*, das Tournee-freudige *Queensland Ballet*, einer von drei australischen Profi-Balletttruppen, das auf große Klassiker setzende und mit Gaststars auftretende *Queensland Orchestra* und die kleine Musicals und Konzerte aufführende *Opera Queensland*. Das Lavazza-Café und das Lyrebird Restaurant im Basement-Level unter dem Lyric

In South Bank hat sich die Little Stanley Street zu einer netten und gepflegten Restaurantstraße mit Cafés, Restaurants und Bars entwickelt.

Theatre sind gut für einen kulinarischen Stopp und warten mit einer Riesenterrasse auf.

Queensland Theatre Company
78 Montague Rd., Bille Brown Studio, South Brisbane
Brisbane, QLD 4000
✆ (07) 3010 7600, 1-800-355 528
www.qldtheatreco.com.au
Die Theatertruppe gibt sich vielfältig: zeitgenössisches Theater, Comedy, Musicals und Neuinszenierungen berühmter Stücke. Die Company tritt auch im Playhouse und im Cremorne Theatre im QPAC in South Brisbane.

E'cco
100 Boundary St.
Brisbane, QLD 4000
✆ (07) 3831 8344
www.eccobistro.com
Di–Fr Lunch & Dinner, Sa Dinner
Maître Philip M. Johnson hat viel fürs kulinarische Renommé von Queensland getan. Er kann nicht nur gut kochen, sondern hat auch schon zwei Kochbücher veröffentlicht. $$$

Cha Cha Char
Shop 5, Plaza Level
Eagle Street Pier
Brisbane, QLD 4000
✆ (07) 3211 9944
www.chachachar.com.au
Tägl. Dinner, Mo–Fr Lunch
Schickes Steakhaus mit Flussblick, auch gute Weine. $$–$$$

Gerards Bistrot
14/15 Gerard's Labe, James St., Fortitude
Valley Brisbane, QLD 4006
✆ (07) 3852 3822
www.gerardsbistro.com
Di–So 12 Uhr bis open end
Sa/So auch 8–11 Uhr Frühstück
Schön designtes Szene-Restaurant mit anspruchsvollem Mix aus mediterraner, libanesischer und nordafrikanischer Küche. $$–$$$

Dell'Ugo
693 Brunswick Street, New Farm
Brisbane, QLD 4000
✆ (07) 3254 2188
www.dellugo.com.au
Einer der besten und beliebtesten Italiener in Brisbane. $$

Fix Restaurant
Edward & Magaret Sts.
Brisbane, QLD 4000
✆ (07) 3221 0072
So geschl.
www.portofficehotel.com.au
Schönes Restaurant und Weinbar mit lockerer Atmosphäre und modernem Styling. Essen und Weinkarte können sich sehen lassen. $$

Jade Buddha
1 Eagle St./Eagle Street Pier
Brisbane, QLD 4000
✆ (07) 3221 2888
www.jadebuddha.com.au
Tägl. geöffnet
Lounge, Bar und Restaurant im schicken Asia-Buddha-Styling. $$

Watt
Brisbane Powerhouse
119 Lamington St.
New Farm, Brisbane, QLD 4000
✆ (07) 3358 5464
www.wattrestaurant.com.au
Frühstück Sa/So 8–10.30, Lunch tägl. außer Mo ab 12, Dinner tägl. außer Mo ab 18 Uhr
Modern-leichte australische Küche im Erdgeschoss des Kulturzentrums Powerhaus mit Terrasse und Flussblick. $$

Vitamindosis für unterwegs: schuppige gelbe oder rote Pitaya, Drachenfrüchte, aus Brisbane

Cru Bar and Cellar
22 James St., James Street Markets
Fortitude Valley
Brisbane, QLD 4000
✆ (07) 3252 2400, www.crubar.com
Tägl. 11 Uhr bis open end
Gestylte Weinbar mit Onyx-Bar und großer Veranda. Einer der Top-Spots fürs Sehen und Gesehenwerden. Das Ganze bei Chefkoch Paul Hoffmanns leichter Küche und Top-Weinen aus Australien, Neuseeland und Europa. $$

Toro Bravo
455 Brunswick Street
Fortitude Valley, 4006 QLD
✆ 07 3852 353
http://torobravo.com.au
Tägl. Lunch/Dinner
Sehr gute Steaks und kalte und warme Tapas. $$

Montezuma's
Shop 4, 455 Brunswick St.
New Farm, Brisbane, QLD 4000
✆ (07) 3257 7118
www.montezumas.com.au
Tägl. Lunch und Dinner
Ableger der mexikanischen Restaurantkette für preisgünstiges Tex-Mex-Essen. $–$$

Tibetan Kitchen
45 Brunswick St., Fortitude Valley
Brisbane, QLD 4000
✆ (07) 3358 5906
www.tibetankitchen.com.au
Tägl. ab 17.30 Uhr
Gelb-blaues BYO-Restaurant (geringes Korkgeld) mit tibetanischer Küche, auch Take away. $

Cirque Café
618 Brunswick St.
New Farm, QLD 4005
✆ (07) 3254 0479
Mo–Sa 7–17, So 7–15 Uhr
Das Frühstückscafé am Wochenende – wer einen Platz auf einer der beiden schmalen Etagen bekommen will, muss Wartezeit einplanen.

The Pancake Manor
18 Charlotte St.
Brisbane, QLD 4001
✆ (07) 3221 6433
www.pancakemanor.com.au
In der St. Luke's Church von 1903 gibt es heutzutage Pfannkuchen und Crêpes – von der süßen bis zur Mexiko-Variante sowie als ganzes Menü. Zudem hat das große Eierkuchen-Restaurant im Pub-Style rund um die Uhr geöffnet.

Merlo Coffee
104 McLachlan St., Fortitude Valley
Brisbane, QLD 4006
✆ (07) 3257 0465
www.merlo.com.au
Mo–Fr 7–17.30, Sa/So 8–17 Uhr
In der kleinen Kaffeerösterei mit Lagerhallencharme duftet es wunderbar nach den schwarzen Bohnen. Einige wenige Tische laden zur Kaffeepause vor Ort ein, es gibt auch hausgemachtes Eis; verkauft werden auch Kaffeemaschinen und Zigarren aus dem Humidor. Im Garden's Theatre gibt's die **Bar Merlo** (Espresso-Bar, Lunch, Dinner).

Black Bear Lodge
Level 1 322 Brunswick Street
Fortitude Valley Mall
Brisbane, QLD 4006
www.blackbearlodge.com.au
Mi–So 19 Uhr bis open end
Nightspot mit Bar, Club und regelmäßiger Live-Musik.

Fringebar
Ann & Constance Sts.
Fortitude Valley
Brisbane, QLD 4006
✆ (07) 3252 9833
www.fringebar.net
Mi, Do 11.30–24, Fr 11.30–5, Sa 16–5 Uhr
In Olivegrün, Braun und Rotbraun gehaltener Eckladen über zwei Ebenen mit Bar und Lounge.

Märkte
Ein Muss ist der Besuch der **Powerhouse Farmers Markets**, der jeden 2. und 4. Samstag im Monat (6 Uhr bis mittags) vor dem Powerhouse stattfindet; er gilt als einer *der* Märkte Australiens. Hier bekommt man, was die Farmer und Lebensmittelproduzenten im Südosten des Kontinents zu bieten haben – von Ziegenkäse bis zu Chutneys und wildem Honig.

Zu Schmuck verarbeitete australische Opale aus der Queen Street in Brisbane

In den Einkaufszentren gibt es zumeist die sogenannten Food Courts oder Food Halls mit einem großen kulinarischen Angebot (Imbissstände, Suppenküchen, Sushi-Bars etc.) rund um einen zentralen Platz.

Zum kleinen Restaurant-Zentrum hat sich das Emporium, ein Geschäfts-Shopping-Gastro-Komplex mit gleichnamigem Hotel in Fortitude Valley (1000 Ann St.) entwickelt. Die Restaurants sind mit einer großen, halb überdachten Terrasse verbunden, auf der es an warmen Abenden schwer ist, einen Platz zu finden. Dort kann man australisch, asiatisch und türkisch essen. Der Italiener am Platz ist das Capri (Di–So Lunch und Dinner, Emporium 18, ✆ 07-3257 0404).

Mit Souvenirs, lokalem Kunsthandwerk, Mode, Schmuck und mehr kann man sich beim **South Bank Lifestyle Market** eindecken (jeweils Fr 17–22, Sa 10–17, So 9–17 Uhr).

Am Wochenende (jeweils 8–16 Uhr) finden **The Valley Markets** statt (Brunswick St. & Chinatown Malls).

Mode, Schmuck, Souvenirs, Homewear, Food und Spielzeug werden auf dem **Eagle Street Pier Craft & Deli Market** angeboten (Eagle & Mary Sts., So 8–15 Uhr).

Wintergarden
171–209 Queen St. Mall
Brisbane, QLD 4001
✆ (07) 3229 9755
www.wgarden.com.au
Mo–Do 9–17.30, Fr 9–21, Sa 9–16, So 10.30–16 Uhr
Über 90 Boutiquen, Shops und einen kleinen Food Court findet man unter dem Dach des edlen, mitten in der Fußgängerzone gelegenen, Shoppingcenters.

Crocs
Shop 5, 66–75 Queen St.
Brisbane, QLD 4000
✆ (07) 3210 6669
www.crocs.com.au
Filiale für die lustigen Krankenschwester-Gummischuhe, auch gefüttert für kalte Tage.

Easton Pearson
510 Adelaide St.
Brisbane, QLD 4000
✆ (07) 3839 3188
Einer der besten australischen Fashion-Exports ist das Label von den Brisbane-Designerinnen Pam Easton und Lydia Pearson; eine Boutique gibt es auch in Sydney (18 Elizabeth St., Paddington).

The Great Aussie Sweet
Shop 30BD, Stanley Street Plaza
The Parklands
South Bank, Brisbane QLD 4000
✆ (07) 3844 8165, tägl. geöffnet
Süßwaren-Paradies.

IMA Institute of Modern Art
420 Brunswick Street, Fortitude Valley, Brisbane QLD 4006
✆ (07) 3252 5750
www.ima.org.au
Sehenswerte Ausstellungen zeitgenössischer Kunst und interessante Publikumsveranstaltungen.

Jan Murphy Gallery
486 Brunswick St., Fortitude Valley, Brisbane, QLD 4006
✆ (07) 3254 1855
www.janmurphygallery.com.au
Seit rund zwölf Jahren ist die Galerie eine der führenden Institutionen im Segment der zeitgenössischen Kunst. Mitten im Galerienviertel von Fortitude Valley.

Lucid Laundry
15, James St., Fortitude Valley
Brisbane, QLD 4006
Wer seinen Kleiderschrank mit hipper Streetwear und coolen Accessoires aufpeppen will, wird hier fündig.

Lush
Shop 149A, Myer Centre Queen Street Mall, Brisbane, QLD 4000
✆ (07) 3210 2888, www.lush.com.au
Herrlich duftende Seifen, die teils wie Lebensmittel aussehen, außerdem Kosmetik aus Schokolade und Honig sowie Badeseifen für jeden Gemütszustand.

Brisbane ist bekannt für seine Kunsthandwerker-Märkte: der Sunday Craft Market findet am Eagle Street Pier statt, …

Nine West
Myer Centre Queen Plaza und als Outlet, 1 Airport Dr. Brisbane Airport, Brisbane, QLD 4000
Nine-West-Shops gibt es vielerorts; die Klamotten, Schuhe und Handtaschen sind trendy und gut bezahlbar.

The Nut Market
James Street Market
22 James St., Fortitude Valley
Brisbane, QLD 4006
✆ (07) 3257 4699
Schöner duftender Laden voller Gewürze und selbst gerösteter Nüssen im James Street Market.

Perfect Potion
230 Albert St, cnr Adelaide & Albert Sts, Brisbane, QLD 4000
✆ (07) 3012 7470
www.perfectpotion.com.au
Australischer Naturkosmetikproduzent, der ohne Tierversuche arbeitet, und seine Produkte als *vegetarisch*, teils *vegan* beschreibt. Filialen auch in Melbourne (z. B. Shop 37, Pran Central, 325 Chapel St.) und Sydney (u.a. Shop 62, EG, Queen Victoria Building, 455 George St).

Philip Bacon Galleries
2 Arthur St., Fortitude Valley
Brisbane, QLD 4006
✆ (07) 3358 3555
www.philipbacongalleries.com.au
Malerei aus dem 19. Jh. sowie zeitgenössische Werke australischer Künstler.

quench
James Street Market
22 James St., Fortitude Valley
Brisbane, QLD 4006
✆ (07) 3252 9922
Super leckere, gesunde, frisch gepresste Säfte.

Quilpie Opals
266 George St., Brisbane, QLD 4000
✆ (07) 3221 7369
www.quilpieopals.com.au
95 % der weltweiten Opalproduktion kommen aus Australien, aus Lightning Ridge in NSW, Coober Pedy in SA und Quilpie im westlichen Queensland. Quilpie Opals sind seit über 30 Jahren im Geschäft.

Sass & Bide
46 James St., Fortitude Valley
Brisbane, QLD 4006
✆ (07) 3252 2511
www.sassandbide.com
Boutique-Filiale des bekannten Designer-Duos Sarah-Jane Clarke

... der Night Market in den South Bank Parklands

und Heidi Middleton – Mode und Accessoires.

The Teddy Bear Shop
Shop 3, Elizabeth St.
Brisbane, QLD 4000
✆ (07) 3210 6226
Teddybären en masse – da leuchten Kinderaugen.

Wheel & Barrow
James Street Markets
22 James St., Fortitude Valley
Brisbane, QLD 4006
✆ (07) 3252 5950
www.wheelandbarrow.com.au
Tolle Homewear in modernem Design.

Festivals
Musik hören, relaxen und Wein trinken sind die Hauptbeschäftigungen beim **Manly Jazz Festival** im Oktober.

Das **Brisbane Festival** mit Tanz, Musik, Oper, Multimedia und bildender Kunst findet im Sept./Okt. statt (www.brisbanefestival. com. au). Im Juni feiert die schwul-lesbische Gemeinde das **Pride Brisbane Festival** (www.pridebris bane.org. au). Das **Riverfestival Brisbane** steht im Sept. auf dem Programm (www.riverfesti val.com.au).

Im Juli feiern die 25 000 Griechen Brisbanes das **Paniyiri Greek Festival** (South Brisbane, Musgrave Park).

Queensland Winter Racing Carnival
Von Ende April bis Ende Juli ist in Brisbane Pferderenn-Saison (www.queenslandracing.com.au).

Ausflugsziele:

Australia Zoo
1638 Steve Irwin Way
Beerwah, QLD 4519
✆ (07) 5436 2000
www.australiazoo.com.au
Tägl. 9–17 Uhr, Eintritt A$ 59/35
Ein schöner Ausflug – etwa 45 Min. mit dem Auto von Brisbane – führt zu den Glass House Mountains, wo sich der Zoo der australischen *Crocodile Hunters* Terri und Steve Irwin, der 2006 bei einem tragischen

Von Brisbane aus leicht mit der Fähre zu erreichen: Moreton Island

Unfall ums Leben kam, befindet. Neben Krokodilen leben hier Koalas, Kängurus, Schlangen, Dromedare, Riesenschildkröten, Dingos und Tasmanian Devils.

Mount Coot-tha Forest
Eine Viertelstunde vom Stadtzentrum entfernt liegt der das äußerst beliebte Naherholungsziel. Ein offener Eukalyptuswald und Buschland laden zum Relaxen, Picknicken oder Spazierengehen auf einem der Wanderwege ein. »Coot-tha« geht auf den Namen zurück, den die Aborigines der Gegend gegeben haben und bedeutet so viel wie »Honig« oder »Ort des wilden Honigs«. Ausführliche Infos Wandertipps auf: www.brisbane.qld.gov.au.

Moreton Island National Park
www.nprsr.qld.gov.au/parks/moreton-island
38 km lang und 9 km breit ist die reizvolle Sand- und Waldinsel mit ihren klaren Frischwasserlagunen. Der 285 m hohe Mount Tempest ist eine der höchsten stabilen Sanddünen der Welt.

Springbrook National Park
Springbrook QLD 4213
✆ (61) 13 74 68, www.nprsr.qld.gov.au/parks/springbrook
Der Nationalpark begeistert mit üppigem Regenwald, spektakulären Wasserfällen und beeindruckenden Ausblicken. Er liegt etwa 80 bis 100 Kilometer südlich von Brisbane in der Gondwana Rainforests of Australia World Heritage Area.

Ein eher ausgefallenes Vergnügen: »Sandboarding« auf den Dünen von Moreton Island

Trauer im Australia Zoo: Steve Irwin kam bei Dreharbeiten am 4. September 2006 bei einer Stachelrochen-Attacke ums Leben. Die Trauerfeier fand unter großer Anteilnahme im Zoo statt. Ganz Australien trauert um seinen Nationalhelden.

2 AGNES WATER/TOWN OF 1770

Town of 1770, etwa sechs Kilometer von ihrer Schwesterstadt Agnes Water (zusammen 3000 Einwohner) entfernt, ist quasi der Geburtsort Queenslands. Im Jahr 1770 – daher der Ortsname – soll Captain Cook mit seiner »Endeavour« hier angelandet sein und zum ersten Mal die Küste Queenslands betreten haben. Fährt man den Captain Cook Drive bis ans Ende und läuft dann etwa zehn Minuten an die Spitze des Kaps, erreicht man einen schönen Aussichtspunkt und wandelt wahrscheinlich auf Captain Cooks Spuren.

Agnes Water und 1770, bis vor ganz kurzem noch echte Geheimtipps, haben weit über 200 Jahre in ziemlicher Abgeschiedenheit gelebt. 60 Kilometer sandiger Treck haben die Orte vor der Zivilisation beschützt. Einst kamen nur Backpacker und Surfer, inzwischen sind sie auch bei Familien und Rentnern beliebt, denn vor einigen Jahren wurde die Straße dorthin geteert (seitdem gibt es hier auch TV) – und nun kommen die Investoren. So sind mit dem »Sansara«-Projekt millionenteure Luxusapartments am Strand von 1770 entstanden. Resorts und Apartments werden überall gebaut – Town of 1770 soll die am schnellsten wachsende Feriendestination an der Ostküste werden.

Picassofisch am Fitzroy Reef: seine an moderne Kunst erinnernde Farbzeichnung und Form brachte diesem schönen Drückerfisch seinen Namen ein

Aber noch ist es sehr schön, was auch an dem traumhaften, sechs Kilometer langen Sandstrand liegt, übrigens der nördlichste Surfstrand Queenslands. Zudem ist, von Norden her gesehen, dieser Strand einer der ersten Strände, die frei vom gefährlichen Box Jellyfish sind, weshalb hier gefahrlos das ganze Jahr über ohne Stinger-Netz im Meer geschwommen werden kann. Rund um den Hauptstrand und die vielen kleinen Strände der beiden malerischen Küstenorte breiten sich reizvolle Nationalparks aus, die beispielsweise zum Wandern und zu Geländewagen-Touren einladen.

Ein besonderes Abenteuer, gerade für Kinder, ist ein Ausflug mit dem LARC, einem mit riesigen Gummireifen bestückten Amphibienfahrzeug, das zu einsamen Stränden und Buchten unterwegs ist.

SERVICE & TIPPS

Agnes Water Visitor Information Centre
71 Springs Road
Agnes Water, QLD 4677
✆ (07) 4902 1533
www.gladstoneregion.info

Agnes Water Museum
Springs Rd., Agnes Water
✆ (07) 4974 9511
www.agneswatermuseum.com
Mo, Mi–Sa 13–16, So 10–16 Uhr
Eintritt A$ 3, Kinder frei
Das kleine Museum befasst sich mit der Geschichte von Agnes Water und Town of 1770, mit Captain Cook und der »Endeavour«. Ausgestellt wird auch Kunsthandwerk der Aborigines und es gibt eine Mineral- und Fossiliensammlung. Ein Spazierweg führt vom Museum bis ins Hinterland.

Bezaubernde Unterwasserwelt am Fitzroy Reef

Yok Attack
Shop 22, Endeavour Plaza
Agnes Water
✆ (07) 4974 7454, tägl. geöffnet
Super Thai mit BYO. $–$$

Saltwater Café
Captain Cook Dr., Town of 1770
Tägl. geöffnet
Das Café neben den Bambus-Bungalows Beach Shaks ist vornehmlich eine große Veranda mit Thailand-Touch, den tollen Ausblick gibt's gratis – einziges Café mit Meerblick. $–$$

The Deck
384 Captain Cook Dr.
Town of 1770
✆ (07) 4974 9157, tägl. geöffnet
Nette Bar und Bistro mit frischem Seafood und schöner Aussicht. $$

1770 Larc Tours
1770 Via Miriam, Captain Cook Dr.
Town of 1770
✆ (07) 4974 9422
www.1770larctours.com
Das LARC ist ein quitschrosafarbenes Reptilien-Schwimmauto, das zu Lande und zu Wasser unterwegs ist. Bei den siebenstündigen Sightseeingtouren (Mo, Mi, Sa 9 Uhr, A$ 155) geht es über Strände und ins Meer und zum Eurimbula National Park, Picknick und Sandboarden auf den Dünen der Middle Islands inklusive. Auf Anfrage wird eine einstündige Sunset Cruise angeboten.

Fitzroy Reef
Ein wunderbares Schnorchelrevier.

Trauminsel inmitten des Great Barrier Reef: Lady Musgrave Island mit puderzuckerweißem Sandstrand und kristallklarem Wasser

3 BUNDABERG

Bundaberg (48 000 Einwohner) kennt wohl jeder Australier, denn hier kommt der »Bundy« her, Australiens beliebtester und bekanntester Rum. Natürlich kann man die Destillerie besichtigen wie auch die Produktionsstätte des »Ginger Beer«, der zweiten Getränkespezialität der Stadt. Rund um Bundaberg erstrecken sich riesige Zuckerrohrfelder, 20 Prozent der australischen Produktion kommen hierher und werden vom riesigen Zuckerrohrhafen aus verschifft.

Besuchen kann man auch die **Hinkler Hall of Aviation**, die dem bekanntesten Sohn der Stadt, Bert Hinkler, gewidmet ist, dem 1928 der erste Alleinflug von England nach Australien gelungen war. Von der typischen Provinzstadt aus, die im Zentrum auch einige historische Gebäude bewahrt hat, lohnt ein Ausflug nach **Lady Musgrave Island**, eine der südlichen Inseln des Great Barrier Reef.

Flugpionier Bert Hinkler, 1892 in Bundaberg geboren, unternahm im Jahr 1928 den ersten Soloflug von London nach Darwin.

SERVICE & TIPPS

Visitor Information Centre
271 Bourbong St.
Bundaberg, QLD 4670
✆ (07) 4153 8888
www.bundabergregion.info

Hinkler Glider Museum
Im Bundaberg West Visitor Information Centre
Bourbong & Mulgrave Sts.
Bundaberg West, QLD 4670
Tägl. 9–17 Uhr
Ausstellung über die Geschichte des Flugpioniers.

Hinkler Hall of Aviation
Mount Perry Rd. & Young St.
Bundaberg North, QLD 4670
✆ (07) 4130 4400
www.hinklerhallofaviation.com
Tägl. 9–16 Uhr, Eintritt A$ 18/10
Ende 2008 eröffnete neue Ausstellung im Botanischen Garten. Hier ist auch das im englischen Southampton ab- und hier wieder aufgebaute Wohnhaus des Flugpioniers zu sehen. Mehr als nur Museum - eher eine Ruhmeshalle mit Ausstellungen und Mulitmediashows für Bert Hinkler. Zu sehen sind auch ein Flugsimulator und Flugzeuge.

Heritage Walk
Durchs Zentrum – Quay St., Bourbong St., Woongarra St. – führt ein ausgeschilderter Weg vorbei an den historischen Gemäuern Bundabergs, zum ältesten öffentlichen Gebäude der Stadt, der School of Arts von 1888, zum Post Office mit seinem 30 m hohen Uhrenturm und der Veranda im Kolonialstil, zur wie ein römischer Tempel anmutenden Holy Rosary Catholic Church und zum einstigen Customs House, heute das Bundaberg Arts Centre.

Bundaberg Rum Visitors Centre

Bundaberg Rum Visitors Centre
Avenue St., Bundaberg, QLD 4670
✆ (07) 4131 2999
www.bundabergrum.com.au
Führungen Mo–Fr, Sa/So 10–14 Uhr, Eintritt A$ 13.50/6.75
Seit 1888 wird in Bundaberg Rum produziert. Wer mehr über das berühmteste Getränk der Stadt wissen will, besucht daher die alte Destillerie und das in einem restaurierten Queensländerhaus untergebrachte Bundaberg Rum Visitor Centre mit Rum-Souvenir-Shop.

Bundaberg Ginger Beer Visitors Centre
147 Bargara Rd.
Bundaberg, QLD 4670
✆ (07) 4154 5480
www.bundaberg.com
Mo–Sa 9.30–16.30, So 10–15 Uhr
Eintritt A$ 12.50/5.50
Führungen jede volle Stunde Mo–Fr 10–15, Sa/So 10–14 Uhr
Rum ist die eine, Ginger-Bier die andere Spezialität aus Bundaberg – über 45 Mio. Flaschen des ungewöhnlichen Gerstensafts werden jährlich getrunken. In der Ginger Beer Factory am Stadtrand erfährt man Wissenswertes und kann Kostproben erwerben.

Tropical Wines
78 Mount Perry Rd., am Gin Ging Hwy., North Bundaberg, QLD 4670
✆ (07) 4151 5993
Mo–Sa 9–17, Jan. auch So 9–17 Uhr
Wer wissen will, wie Wein aus heimischen Mangos, Ananas oder Erdbeeren schmeckt, kann es hier testen und flaschenweise kaufen.

4 3 FRASER ISLAND

Vor über 5000 Jahren besiedelten Aborigines vom Bochalla-Clan diese weltweit größte Sandinsel. Noch bis 1830 sollen rund 2000 Ureinwohner hier gelebt haben. Sie nannten die Insel *k' gari* – »Paradies«. Den heutigen Namen erhielt Fraser Island (UNESCO-Welterbe) von der Frau des Kapitäns James Fraser, der 1836 mit seinem Schiff »Sterling Castle« auf ein Korallenriff auflief. Die Besatzung strandete auf Fraser Island, wo sie von Aborigines gefangen genommen wurden. Der Captain und ein Großteil der Mannschaft starben, die schwangere Kapitänsgattin Eliza Fraser wurde nach sieben Wochen gerettet.

Zur Walbeobachtung vor Hervey Bay

1992 wurde die rund 123 Kilometer lange und über 30 Kilometer breite Insel in die *World-Heritage*-Liste aufgenommen. Sie ist ein einzigartiges Fleckchen Erde und fasziniert durch den **Great Sandy National Park** im Norden, den Regenwald im Inselinneren, die langen Strände, die farbigen Sanddünen und die einmaligen Frischwasserseen in den Dünen. Ein Bad in einem der über 40 teils aus Regen-, teils aus Grundwasser gespeisten Frischwasserseen ist ein besonderes und erfrischendes Erlebnis. Jeder See hat zudem eine andere Farbe. Der Lake McKenzie ist beispielsweise kristallklar mit weißem Sandboden und weißen Stränden, andere sind türkis-, dunkel- oder hellblau. Über die gesamte Ostküste der Insel erstreckt sich der **Seventy Five Mile Beach** am offenen Pazifik – ein endloser Strand, an dem auch die Unterkünfte des Eilands und die farbigen Sanddünen liegen. Den Regenwald, der das Innere der Insel bedeckt, durchziehen Walking-Trecks. Auf Fraser Island gibt es keine Straßen, deshalb braucht man ein Allradfahrzeug sowie ein *Permit* für den Nationalpark.

Die Insel liegt an der neuerdings sogenannten Fraser Coast. Ruhiger Hauptort der Küste, aber eher eine Ansammlung kleinerer Siedlungen wie Urangan und Torquay, ist an der gleichnamigen Bucht das unspektakuläre **Hervey Bay**. Von hier aus verkehren die Fähren zur Sandinsel und werden die meisten Touren angeboten, und zwar nicht nur mit dem Geländewagen nach Fraser Island, sondern auch mit dem Schiff raus aufs Meer zur Walbeobachtung. Hervey Bay nennt sich zu Recht *Whale Watching Capital of the World*, es ist also der beste Ort, um Wale zu beobachten. Rund 20 Veranstalter bieten Bootsfahrten zur Walbeobachtung an.

Rostendes Ausflugsziel auf Fraser Island: das Wrack des einstigen Passagierdampfers »Maheno«

SERVICE & TIPPS

Fähren nach Fraser Island
Die Insel ist mit verschiedenen Fähren von Rainbow Beach, River

Auf Fraser Island leben etwa 200 Dingos, australische Wildhunde

Heads (nahe Hervey Beach) oder Urangan (direkt Hervey Bay) aus einfach zu erreichen.

Hin- und Rückfahrten nach Fraser Island kosten mit der Fähre für ein Auto und bis zu vier Personen ca. A$ 170, ab Rainbow Beach A$ 110, die Inselerlaubnis fürs Auto ca. A$ 45. Wer campt, zahlt pro Person und Nacht um A$ 6.

Hervey Bay selbst verfügt über 14 km Sandstrände.

Infos im Web
www.hervey.com.au

Hervey Bay Visitor Information Centre
227 Maryborough-Hervey Bay Road
Hervey Bay 4655, QLD
✆ 1800 811 728
www.visitfrasercoast.com

Hervey Bay Historical Museum
13 Zephyr St.
Hervey Bay, QLD 4655
✆ (07) 4128 4804
www.herveybaymuseum.com.au
Fr/Sa 13–16.30, So 10.30–16.30 Uhr
1974 wurde das historische Museum eröffnet, inzwischen zählen 14 alte Gebäude dazu. So leben etwa in einem alten Klassenzimmer und einer Schmiede vergangene Zeiten wieder auf.

Sea Shell Museum
322 Esplanade Scarness
Hervey Bay, QLD 4655
✆ (07) 4124 7229
Tägl. 9–17 Uhr, Eintritt A$ 4/2
Das größte Exponat wiegt 200 kg, insgesamt finden sich hier über 50 000 Muscheln. Angeschlossen ist ein Souvenirshop.

Reefworld
Pulgul St., Urangan
Hervey Bay, QLD 4655
✆ (07) 4128 9828
Tägl. 9.30–16 Uhr
Eintritt frei
Das schöne Aquarium zeigt das vielfältige Unterwasserleben in der bunten Korallenwelt: von Seeschildkröten über große Rifffische bis zu Krebsen. Mutige gehen mit den Haien tauchen.

Juice Shakes Sandwich Bar
1 Pier St., Urangan,
Hervey Bay, QLD 4655
Tägl. geöffnet
Der nette Imbiss am Pier hat gute Sandwiches und ist zugleich eine freundliche Info-Börse.
$

Autovermietung und Touren
Allradfahrzeuge und *Permits* für den Nationalpark erhält man bei den verschiedenen Autovermietern in Hervey Bay. Angeboten werden auch komplett organisierte Touren mit und ohne Übernachtung. Auf der Insel kann auf Campingplätzen und teilweise auch wild am Strand gecampt werden etwa von:

Safari
102 Harbour Dr.
Hervey Bay, QLD 4655
✆ (07) 4124 4244 und
1800 689 819
www.safari4wdhire.com.au
Sowohl Mietwagen als auch organisierte Touren nach Fraser Island werden angeboten.

5 GLADSTONE

Die 26 000 Einwohner-Stadt am Bruce Highway ist eine typische, nicht besonders aufregende Provinzstadt, durch die die meisten Reisenden schnell durchfahren oder die gute Infrastruktur zum Übernachten oder Einkaufen auf dem Weg hinauf zur Ostküste nutzen. Sehenswert sind in jedem Fall, wenn man hier Station macht, die **Tondoon Botanic Gardens**.

Die Stadt besitzt einen geschäftigen Hafen und ist Versorgungszentrum für die Landwirtschaft Zentral-Queenslands. Zudem hat Gladstone einen kleinen Flughafen und man kann von hier aus bereits die südlichsten Inseln des Great Barrier Reef wie beispielsweise Lady Musgrave Island erreichen. Insgesamt unternimmt die Region um Gladstone in jüngster Zeit im Tourismus einige Anstrengungen, kann sie doch auch mit schönen Landschaften inklusive guten Stränden aufwarten.

Seerose in den Tondoon Botanic Gardens (Gladstone)

SERVICE & TIPPS

Visitor Information Centre
An der Marina, Bryan Jordan Dr.
✆ 07 4972 400
www.gladstoneregion.info

Bootstouren zum Great Barrier Reef
Ab Marina Ferry Terminal, Bryan Jordan Dr.
✆ 07-4972 4000

Tondoon Botanic Gardens
Gladstone, QLD 4680
✆ (07) 4971 4444
Okt.–März Mo–Fr 7–18, Sa/So 9–18 Uhr, April–Sept. Mo–Fr 7–17.30, Sa/So 8.30–17.30 Uhr
Eintritt frei
Am Mount Biondello liegt der 83 ha große botanische Garten mit Regen- und Eukalyptuswäldern, vielen Wildpfanzen, Bushwalk-Wegen und Orchideenhaus. Der Lake Tondoon ist Heimat verschiedener Wasservögel. Man kann vorab geführte Touren buchen; wer Pause machen will, besucht das Lakes Café.

Abendstimmung am Yachthafen von Gladstone

Jede noch so kleine Ortschaft am Strand wartet mit einer »Lifesaver«-Organisation auf. Ihre »Olympischen Spiele«, die Surf Carnivals, finden im Sommer an vielen Stränden Australiens statt

6 GOLD COAST

Die Gold Coast, eine knappe Stunde südlich von Brisbane, ist rund um **Surfers Paradise** mit seiner charakteristischen Hochhaus-Skyline ein wahres Urlaubs- und Freizeitparadies, jedenfalls für Feriengäste, die keine Ruhe, sondern Strandvergnügen, Shopping, Freizeitparks, Wassersport oder Nightlife suchen. Inzwischen leben über 500 000 Menschen, es werden ständig mehr, an der Goldküste. Alljährlich kommen etwa 4,5 Millionen Urlauber, darunter sehr viele aus Asien, an die kilometerlangen, breiten und feinen Sandstrände zwischen Coolangatta im Süden und Southport im Norden. Kein Wunder, scheint hier doch bei angenehmen Temperaturen praktisch das ganze Jahr über die Sonne. Besonders beliebt sind neben Surfers Paradise, das bereits in den 1930er Jahren ein quirliger Ferienspot war, auch die Strandorte **Broadbeach** und **Burleigh Heads**.

Trotz allen Rummels an der Küste bieten die zahlreichen kleineren Nationalparks im Hinterland wie der **Lamington National Park** oder der **Springbrook National Park** auch Ruhe und landschaftliche Idylle. Die Parks mit ihrer hügeligen Vulkanlandschaft und ihrem subtropischen Regenwald zählen als Teil der sogenannten **Central Eastern Rainforest Reserves World Heritage Area** zum Weltnaturerbe. Aber die wenigsten Besucher bekommen die Naturwunder zu sehen.

An den Stränden dominiert das typisch australische Strandleben mit Körperkult, Surfern und *Lifesavers*; in den zahlreichen Pubs und Bars geht es locker zu. Familien mit Kindern zieht es vorrangig in die großen Themenparks **Dreamworld, Sea World, Wet 'n' Wild Water World** und **Warner Bros. Movie World**. Jeder von ihnen bietet auf seine Art viel Vergnügen. Doch Freizeitspaß findet sich an der Gold Coast bald an jeder Ecke, ebenso wie Shops, Boutiquen, Bars und Restaurants. Dazwischen gibt es auch die eine oder andere nette Galerie wie die **Art Gallery Collections**, die, ganz Gold Coast Lifestyle, mit einer stilvollen Weinbar kombiniert ist. Und es gibt amüsante Museen wie das **Ripley's Believe It or Not!** oder das **Wax Museum**.

Bummeln, shoppen und im Café sitzen sind für viele neben Strand und Wassersport die beliebtesten Urlaubsbeschäftigungen. Die angesagtesten Cafés und Restaurants sind dabei derzeit in **Main Beach**. Hier ist alles etwas schicker als in Surfers Paradise. Das Shopping- und Ausgeh-Mekka in Main Beach ist die Tedder Avenue.

Surfers Paradise ist Boomtown. Wie stark die Gold Coast bei den Australiern im Trend liegt, ist unschwer an der sich verändernden Skyline, die immer weiter in den Himmel wächst, zu erkennen. So wurde

Pazifikbrandung vor der Skyline von Surfers Paradise

2005 in zweiter Strandreihe das mit 78 Stockwerken und 323 Metern Höhe höchste Wohngebäude der Welt fertiggestellt. Und kurz danach entstand mit dem 77-stöckigen »Soul« in unmittelbarer Nähe des **Queensland Number One Towers** (kurz **Q1 Tower**) ein zweiter Wolkenkratzer, der als Aparthotel auch von Gästen bewohnt werden kann – die beiden Türme werfen einen mächtigen Schatten auf den Strand. Und das sind nicht die einzigen Projekte. Wo immer es geht, werden die letzten alten Motels und Hotels abgerissen und an ihre Stelle neue 50 bis 60 Stockwerke hohe Neubauten gestellt.

Rettungsbretter für die Rettungsschwimmer an der Gold Coast

SERVICE & TIPPS

Information Centre
– Cavill Mall.
Surfers Paradise, QLD 4217
✆ 1300 309 440
– Griffith St.
Coolangatta, QLD 4225
✆ 1300 309 440
www.surfersparadise.com

Translink
✆ 131 230,
www.translink.com.au
Einzeltickets A$ 4.70–33.90
Translink heißt das Nahverkehrssystem (umfangreiches Bahn-, Bus- und Fährennetz) in Brisbane und an der Gold Coast. Die Fahrkartenpreise richten sich nach Zonen und Streckenlänge.

Ripley's Believe It or Not!
Cavill Mall
Surfers Paradise, QLD 4217
✆ (07) 5592 0040
www.ripleys.com/surfersparadise
Tägl. 9–23 Uhr, Eintritt A$ 23/12.50
Ein Museum der ungewöhnlichen Art. Das Spaßmuseum zeigt alles außer Normalem z. B. übergroße wie übergewichtige Figuren, erzählt Mysteriöses und spielt unvergessliche Filme ab.

The Wax Museum
56 Ferny & Elkhorn Aves.
Surfers Paradise, QLD 4217
✆ (07) 5538 3975
www.waxmuseum.com.au
Tägl. 10–22 Uhr, Eintritt A$ 29/22
Die australische Antwort auf Londons Madame Tussaud; seit rund vier Jahrzehnten gibt es das Wachsmuseum inzwischen. Showbiz-Stars sind hier ebenso verewigt wie große Namen aus Wissenschaft und Geschichte sowie literarische Berühmtheiten à la Frankenstein und Dracula.

Dreamworld
Dreamworld Pkwy., Coomera
Gold Coast, QLD 4209
✆ (07) 5588 1111
www.dreamworld.com.au
Tägl. 10–17 Uhr, Eintritt A$ 69/45
Rummelartiger Vergnügungspark mit gigantischen Fahrattraktionen und Streichelzoo.

Sea World
Sea World Dr., The Spit, Main Beach
Gold Coast, QLD 4217
✆ (07) 5588 2205
www.seaworld.myfun.com.au
Tägl. 10–17.30 Uhr
Eintritt A$ 79/64
Im großen Erlebnispark rund um die maritime Welt haben sogar Eisbären ein Zuhause. Hier zeigen Delfine und Robben ihr akrobatisches Können. Weitere Spaßstationen sind das Piratenschiff und der Wasserpark mit Wildwasserrutsche.

Warner Bros. Movie World
Pacific Motorwax, Oxenford
Gold Coast, QLD 4210
Info ✆ 13 33 86

Die drei Erlebnisparks Movie World, Wet 'n' Wild und Sea World haben eine gemeinsame Internetseite themeparks.com.au. Mit dem drei Park Super Pass gibt es eine gemeinsame Eintrittskarte, die für A$ 99,99 unbegrenzten Eintritt in die drei Parks ermöglicht.

www.movieworld.myfun.com.au
Tägl. 10–17 Uhr
Eintritt A$ 79/64
Der Warner-Brother-Vergnügungspark lockt mit vielen Shows und Attraktionen, so gibt es die Mega-Achterbahn, man kann eine abenteuerliche Berg-Wasser-Fahrt durch eine Wildwest-Szenerie machen, bei Stuntshows zuschauen und auf Kinohelden à la *Batman* und *Bugs Bunny* treffen.

Wet 'n' Wild Water World
Pacific Hwy., Oxenford
Gold Goast, QLD 4210
Info ✆ 13 33 86
www.wetnwild.myfun.com.au
Tägl. ab 10, meist bis 16/17 Uhr
Eintritt A$ 64/49
Totaler Wasserspaß mit Riesenrutschen, an vielen Abenden kann man sogar auf Luftmatratzen im Pool Kino gucken.

Currumbin Wildlife Sanctuary
Gold Coast Hwy.
28 Tornewin St.
Currumbin, QLD 4223
✆ (07) 5534 1266
www.cws.org.au
Tägl. 8–17 Uhr
Eintritt A$ 49/35
Familienprogramm mit einheimischen Tiere en masse, Wildlife-Shows mit Greifvögeln, Krokodilen und Schlangen, Bimmelbahn sowie Aboriginal-Tänzen.

Oskars
43 Goodwin Terrace
Burleigh Heads, QLD 4220
✆ (07) 5576 3722
Tägl. Lunch/Dinner, Sa/So ab 7 Uhr Frühstück
Super Seafood mit super Aussicht. Alles frisch, täglich wechselnde Karte und schickes Design. $$–$$$

Amimoto Japanese Restaurant
24 Orchid Ave.
Surfers Paradise, QLD 4217
✆ (07) 5538 7816
Tägl. geöffnet

Shopping Mall am Gold Coast Highway in Surfers Paradise: Chevron Renaissance

Leckere Lunch- und Sushi-Boxen. $–$$

Gino's Trattoria
128 Lae Dr.
Runaway Bay, QLD 4216
✆ (07) 5537 3750
http://ginostrattoria.com.au
Di–Sa nur Dinner
BYO und lizensierter Italiener mit preiswerter Pasta, Seafood und Fleischgerichten etwas abseits des Trubels. Gleich nebenan ist die **Noodle Bar** eine auswahlreiche, günstige Nudelsuppen-Fastfood-Station. $–$$

Raj Palace
Level 1, Marina Village
74 Sea World Dr.
Main Beach, QLD 4217
✆ (07) 5531 1600
Tägl. Lunch & Dinner
Preiswerter Inder mit allem – vom Tandoori Chicken bis zum vegetarischen Curry. Do/Fr abends mit Buffet. $–$$

Southport Surf Lifesaving Club
MacArthur Parade
Main Beach Southport
QLD 4217
✆ (07) 5591 5083
www.sslsc.com.au
Tägl. geöffnet
Riesige Seafood-Portionen im Club der Lebensretter. $–$$

Conrad Jupiters
Broadbeach Island
Gold Coast, QLD 4218
✆ (07) 5592 8303
www.conrad.com.au
Großes Hotel mit vollem Nachtprogramm: Kasino, Theater, Dinnershows, Nachtclub und Bars.

Markt
Mi und Fr 17.30–21 Uhr wandelt sich die Esplanade (Strandende Cavill Ave.) in Surfers Paradise zu den abendlichen **Beachfront Markets**.

The Spirit of Australia Gallery
Piazza On The Boulevard,
Elkhorn Ave.
Surfers Paradise, QLD 4217
✆ (07) 5538 3724
www.spiritofaustraliagallery.com
Große Auswahl an traditionellen und zeitgenössischen Aboriginal-Kunst, große Didgeridoo-Sammlung, außerdem Keramik und Schmuck.

Harbour Town
Gold Coast Hwy. (Brisbane Rd.) & Oxley Dr., Biggera Waters Gold Coast, QLD 4216
✆ (07) 5529 1734
www.harbourtown.com.au
Täglich geöffnetes Shoppingcenter mit über 80 Outlet-Geschäften.

Ripcurl
Showroom 1, 177–207 Reedy Creek Rd., West Burleigh, QLD 4219
✆ (07) 5576 3977
In Burleigh, zwischen Gold Coast Hwy. und Pacific Hwy., kann man sich mit den Surf- und Beachklamotten des bekannten Labels eindecken.

Sundaze
Centro, Shop 240, Caville Ave. & Surfers Paradise Blvd.
Surfers Paradise, QLD 4217
✆ (07) 5504 6844
Schwimm- und Beachwear aus Australien, Neuseeland und Übersee.

Aquaduck
7 A Orchid Ave.
Surfers Paradise, QLD 4217
✆ (07) 5539 0222
www.aquaduck.com.au
Fahrpreis A$ 35/26
Was sieht aus wie Bus, Schiff und Ente gleichzeitig? Die Aquaduck. Der mit Entengesicht angemalte Bus rollt nicht nur an der Gold Coast entlang, sondern tuckert auch im Wasser weiter – eine Gaudi für die ganze Familie.

Surfers Paradise Parasail
Southport QLD 4215
Gold Coast Highway gegenüber Australia Fair Trade Shopping Centres
✆ 0404 184 616
www.surfersparasail.com
Parasailing, Jet Ski und Jet Boat Fahrten. Die Runde Parasailing kostet A$ 70, ein Jet Ski A$ 100.

Strandvergnügen der etwas anderen Art

Von edlem Sushi über die üblichen Burger bei McDonalds und Hungry Jacks bis zu gefüllten Teigtaschen an zahlreichen Döner-Kebab-Buden – Fast Food gibt es in Surfers Paradise an jeder Ecke.

Festivals
Sportfans feuern Anfang Juli beim **Gold Coast Marathon** die Läufer an (www.gold coast-marathon.com.au). Tausende heimische und internationale *Lifesaver* treten Mitte März zu den **Australian Surf Life Saving Championships** an der Gold Coast an (www.slsa.asn.au).

Blues on Broadbeach
✆ (07) 5539 8416
www.bluesonbroadbeach.com
Seit 2004 gibt es dieses Bluesfestival Mitte/Ende Mai im Strandort und es soll dauerhaft im Eventkalender der Gold Coast verankert werden. Der Besuch sämtlicher Konzerte des viertägigen Festivals ist kostenlos.

7 MAROOCHYDORE

Das kurz *Maroochy* genannte Maroochydore liegt im Zentrum der Sunshine Coast. Es ist der größte (48 000 Einwohner) und älteste Ferienort der Urlaubsküste und wächst stetig weiter. Das Städtchen mit Promenade und einem langen Sandstrand, bevölkert von Familien und jugendlichen Surfern, wird dominiert von großen Hotels, Apartmenthäusern und Einkaufszentren. Touristisch geht es hier also eher lebhaft zu. Gleiches gilt für die südlichen, etwas ruhigeren **Alexandra Heads** und **Mooloolaba**, die alle drei inzwischen ineinander übergehen. Mooloolaba mit einem weitläufigen Strand, attraktiver Promenade und gepflegten Geschäften, Cafés und Restaurants ist dabei der angenehmste Ort für einen Aufenthalt an diesem Teil der Küste.

Die Freizeitmöglichkeiten sind vielfältig, so kann Mooloolaba mit der **Under Water World**, einem der größten Aquarien der südlichen Hemisphäre, inklusive einem 80 Meter langen gläsernen Tunnel aufwarten.

Surfers Paradise: populäre Ferienstadt an der Gold Coast

Nach Norden in Richtung Noosa empfiehlt sich das noch ruhigere **Coolum Beach** unterhalb des charakteristischen Kegelbergs Mount Coolum mit einem langen, schönen und nicht überlaufenen Sandstrand und den ausgezeichneten Golfplätzen des Palmer Resort Coolum, des ehemaligen Hyatt, für einen eher erholsamen Aufenthalt.

SERVICE & TIPPS

Mooloolaba Visitor Information Centre
First Ave. & Brisbane Rd.
Mooloolaba, QLD 4557
✆ (07) 5458 8844
www.visitsunshinecoast.com.au

Maroochy Tourism & Travel (Maroochydore)
Sixth Ave. & Melrose Parade
Maroochydore, QLD 4558
✆ (07) 5458 8842
www.visitsunshinecoast.com.au

Under Water World
Parkyn Parade
Mooloolaba, QLD 4557
✆ (07) 5458 6280
www.underwaterworld.com.au
Tägl. 9–16.30 Uhr
Eintritt A$ 39/26
Auch die Sunshine Coast hat ihre unterhaltsame Unterwasser welt samt Robbenbecken, Froschwelt, Streichelbecken und einem begehbaren Unterwassertunnel.

The Post Office
10 Ocean Street, Maroochydore, QLD 4558, ✆ (07) 5443 5443
Tägl. 10 Uhr bis open end
Gelungene Kombination aus Restaurant, Biergarten und Bar im ehemaligen Postamt. $$.

Scene Seafood & Wine Bar
1748 David Low Way
Coolum Beach
QLD 4573
✆ (07) 5471 7477
Lunch/Dinner
Gutes Seafood-Restaurant mitten in Coolum und praktisch direkt am Pazifik; Spezialität ist das Seafood-Barbecue.
$$

Scuba World
The Wharf Parkyn Parade
Mooloolaba, QLD 4557
✆ (07) 5444 8595
www.scubaworld.com.au
Gutes Tauchzentrum, das neben Tauchkursen und Tauchgängen im Meer auch das bekannte Shark Dive im benachbarten Under Water World betreibt. Im Angebot auch *Haitauchen* (ab A$ 195).

Australian PGA Championship
http://palmercoolumresort.com.au
Einen reizvollen, strandnahen 18-Loch-Golfplatz, auf dem bereits die Australian PGA Championship, ausgetragen wurden, besitzt das Palmer Resort Coolum, das ehemalige Hyatt.

»Waiting for the Surf«

Für das Hinterland der Sunshine Coast wurde eine neue Tour entwickelt. Bei der A1 Transfer's Wine and Cheese Tour erfahren Interessierte mehr über den Weinanbau und die Käseherstellung in der Region.

8 MARYBOROUGH

Maryborough (26 000 Einwohner) ist auch so eine Provinzstadt, noch dazu im Landesinneren, die gerne links liegen gelassen wird. Doch zu Unrecht, denn Maryborough ist eine der wenigen Städte, die mit recht viel Historie aufwarten kann. Es ist die drittälteste Stadt Queenslands, die ersten Siedler kamen bereits 1842. Etliche historische Gebäude, auch in der typischen Queenslander-Architektur, sind noch erhalten. Den Namen hat die Stadt vom nahen Fluss Mary, benannt zu Zeiten von Governor Fitzroy nach dessen Gattin Lady Mary Fitzroy. Aber der Governor ist nicht die wichtigste Persönlichkeit in der Geschichte der

»Mary Poppins« in Maryborough, der Geburtsstadt von Pamela L. Travers, Schöpferin des mit magischen Fähigkeiten ausgestatteten Kindermädchens mit dem Regenschirm

Die Mary-Poppins-Skulptur kann man sich an der City Hall (Mo–Fr 9–17 Uhr) ansehen. Außerdem gibt es im Juli ein Mary-Poppins-Festival, Filmnächte, Markttage und vieles mehr.

Stadt. Das ist Pamela L. Travers, die Autorin von »Mary Poppins«, die am 9. August 1899 hier geboren wurde. Daher gibt es auch einen sehr schönen **Mary-Heritage-Spaziergang**, auf dem man die historischen Sehenswürdigkeiten kennenlernt. Dazu zählen beispielsweise das **Bond Store Museum** im historischen Wharf Street Precinct, das die Geschichte der Region von den frühen Tagen bis heute erzählt, oder das kulturhistorische **Customs House Museum**. Sehr schön ist auch das **Brennan & Geraghty's Store Museum**, in dem man in einen Einkaufsladen von vor 100 Jahren zurückversetzt wird. Maryborough versteht sich mit seinem Flughafen auch als Tor zur Fraser Coast mit Fraser Island.

SERVICE & TIPPS

Tourist Information Centre
– City Hall, Kent St.
Maryborough, QLD 4650
✆ (07) 4190 5742, 1800 214 789
www.visitmaryborough.info
Mo–Fr 9–17, Sa/So 9–15 Uhr
– Maryborough South Travel Shop
Bruce Hwy.
Maryborough, QLD 4650
Mo–Fr 8.30–17, Sa/So 10–16 Uhr

Mary-Heritage-Spaziergang
Mo–Fr 9 Uhr, Infos in der Tourist Information
Beim einstündigen morgendlichen wirft sich die Stadtführerin in ein historisch anmutendes Kostüm und zeigt Interessierten die Sehenswürdigkeiten.

Heritage Walk
Der ausgeschilderte Heritage Walk, für den man etwa 1,5 Std. braucht, führt an rund 28 historischen Sehenswürdigkeiten vorbei, so auch am ehemaligen Customs House Hotel von 1868, das 1989 Kulisse für den Film »The Delinquents« mit Kylie Minogue war.

Bond Store Museum
101 Wharf St.
Maryborough, QLD 4650
✆ (07) 4123 1523
www.maryboroughopenhouse.com.au
Tägl. 10–16 Uhr, Eintritt A$ 2
In dem Backsteinbau aus der zweiten Hälfte des 19. Jh. geht es seit 1993 um die Geschichte und Entwicklung des Hafens und der Stadt.

Brennan & Geraghty's Store Museum
64 Lennox St.
Maryborough, QLD 4650
✆ (07) 4121 2250
Tägl. 10–14.30 Uhr, Eintritt A$ 5/2
Wie ein alter, verstaubter Koloni-

alwarenladen mutet das ungewöhnliche Museum an, aufgezeigt wird Kaufmannsgeschichte von 1871 bis 1972.

Customs House
116 Wharf St.
Maryborough, QLD 4650
Die Geschichte Maryboroughs in Wort, Bild und Exponaten.

Grand Shirl's Doll & Toy Museum
123 Walker St.
Maryborough, QLD 4650
✆ (07) 4121 2051
So 9.30–16 Uhr und auf Nachfrage
Über 150 Jahre sind so manche Puppen und Spielzeuge alt, die in dem niedlichen Cottage ausgestellt sind.

Brolga Theatre
5 Walker St.
Maryborough, QLD 4650
✆ (07) 4122 6600
www.brolgatheatre.org
Einen schmucken, modernen Theaterbau am Mary River mit über 900 Plätzen hat sich die Stadt geleistet, das Theaterrestaurant ist das Café Bella.

Markt
Donnerstag ist Markttag, beim **Wochenmarkt** (Adelaide & Ellena Sts., 8–13.30 Uhr) werden lokale Produkte und Kunsthandwerk angeboten. Am Markttag hat das **Whistle Stop Rail Museum** an der alten Bahnstation von 1882 (gegenüber Lennox & Ellena Sts., ✆ 07-4121 0444) 9–13 Uhr geöffnet. Man kann mit der alten **Dampflok Mary Ann** fahren (Sussex St., am Ende des Queens Park, Do und letzter So im Monat 9–13 Uhr).

Mary Poppins Festival
Jedes Jahr im Juli wird in den Straßen Marybourouhgs die Zeit von Mary Poppins bei Veranstaltungen in historischen Kostümen wieder lebendig.

9 NOOSA HEADS

Noosa (36 000 Einwohner), das Saint-Tropez Australiens, ist eigentlich nicht nur eine Stadt, sondern eine Ansammlung mehrerer Noosa-Orte wie **Noosa Heads**, **Noosaville** oder **Noosa Waters**, die sich rund um die Mündung des **Noosa River** gruppieren. Vor allem in Noosa Heads, dem lebendigsten Ortsteil, ist alles etwas schicker und mondäner, dennoch bleibt die Atmosphäre immer locker und ungezwungen. Das fällt an der klimaverwöhnten Sunshine Coast natürlich leicht: im Winter um die 19, im Sommer um 25 Grad, kurzum Shorts-, Sarong- und Röckchen-Wetter. So wundert es nicht, dass Noosa boomt und immer mehr neue luxuriöse Resorts entstehen.

Geschäftige Flaniermeile, auch zum Sehen und Gesehenwerden, ist in Noosa Heads die **Hastings Street**. Sie ist gepflastert mit Cafés, Eisdielen, Bars, Restaurants, Shops für Sonnenbrillen, Sonnenhüte und junge Mode, Surfläden, Galerien, Hotels, Immobilienmaklern und Zeitungsläden.

Dennoch ist Noosa auch ein schöner Fleck Erde für Naturliebhaber. Rundherum gibt es üppige Natur, viele Spazier- und Radwege und mit Fluss und

Freizeitvergnügen ist angesagt in Noosa Heads: ein Ritt auf dem Dromedar am Sandstrand entlang

Meer viel Wasser für Surfer und andere Wassersportler. Mit dem **Noosa Heads Nationalpark**, der sich bis an die Spitze des Kaps erstreckt, befindet sich ein herrliches Naturrefugium mit ausgedehnten Wanderwegen ganz in der Nähe. Badefreunde und Sonnenanbeter relaxen an den weißen Stränden der Halbinsel.

Kulinarisch ist Noosa ebenfalls weit vorne: Im **Noosa Shire** werden rund 150 Restaurants gezählt, und natürlich kommt auch das Nachtleben nicht zu kurz.

Einen kleinen, aber feinen Online-Restaurant-Guide über Noosa findet man im Internet unter: www.noosaeguide.com.

SERVICE & TIPPS

Info-Kiosk
www.tourismnoosa.com.au
Das Informationsbüro (tägl. 9–17 Uhr) befindet sich 61 Hastings Street, Noosa Heads, neben dem Surf Club.

Sunbus
✆ 131 230
In Noosa ist der blaue Sunbus unterwegs, der bis ins Hinterland fährt. Er verkehrt täglich, manche Linie von frühmorgens bis spätabends. Zeitpläne gibt es bei den Busfahrern oder in den Touristeninformationen. Die Busse kann man an den offiziellen Bushaltestellen oder auf Handzeichen auch auf freier Strecke zwischendurch (auf sichere Haltemöglichkeit achten) anhalten.

Noosa Heads National Park
www.nprsr.qld.gov.au/parks/noosa/
Der 477 ha große Park soll der meistbesuchte des Kontinents sein. Wer dafür sorgen will, dass dies so bleibt, kann ihn auf verschiedenen Wegen erkunden. Fünf Hauptwanderwege von 1 bis 4 km Länge gibt es. Am Ende der Park Rd. in Noosa steht ein Kiosk, wo man sich informieren kann.

Noosa River
Der Noosa River ist beliebt: als Badespot für die ganze Familie, als Wassersportrevier und als Picknickkulisse. Es werden Bootstouren angeboten, und natürlich lieben es die australischen Angelfreunde, auf dem Fluss zu fischen.

Noosa Arts Theatre
163 Webya Rd., Noosaville, QLD 4566, ✆ (07) 5449 9343
www.noosaartstheatre.org.au
Kleines Theater, das Anfang der 1970er Jahre von Amateuren gegründet wurde.

Rickys River Bar & Restaurant
2 Noosa Wharf Quamby Place
Noosa Heads, QLD 4567
✆ (07) 5447 2455, tägl. 12–24 Uhr
Ausgezeichnete gestylte Bar und Grill mit mediterran beeinflusster Küche und exzellenter Weinkarte, direkt am Wasser. $$$

Bistro C Beach Bar
»On The Beach«, Hastings St.
Noosa Heads, QLD 4567
✆ (07) 5447 2855, tägl. geöffnet
Der Name und die Location sagen schon fast alles, das Essen ist okay, der Sonnenuntergang fantastisch. $$

Sails Restaurant
75 Hastings St.
Noosa Heads, QLD 4567
✆ (07) 5447 4235
www.sailsnoosa.com.au
Tägl. ab 12 Uhr
Leckeren Fisch und Seafood wie *Mooloolaba King Prawns* oder

Eisverkauf am Main Beach in Noosa Heads

Hervey Bay Scallops gibt es direkt am Strand. $$

Season
25 Hastings St., Noosa Heads, QLD 4567, ✆ (07) 5447 3747
Tägl. ab 7.30 Uhr
Trendiges Restaurant mit guter moderner australischer Küche zentral in der quirligen Hastings St. $$

Wasabi
Noosa Warf, Quamby Place
Sunshine Beach, QLD 4567
✆ (07) 5449 2443
www.wasabisb.com
Mi–So ab 17, Fr, So auch ab 12 Uhr
Erstklassige, traditionelle japanische Küche, BYO möglich. $$

Flux Restaurant
3/255 Gympie Terrace
Noosaville, QLD 4566
✆ (07) 5455 6540
http://fluxlounge.com.au
Tägl. geöffnet
Moderne australische Küche in einer entspannten Atmosphäre mit Blick auf den Noosa River. $–$$

A Taste of Spice
36 Sunshine Beach Rd.
Noosa Heads, QLD 4567
✆ (07) 5448 0311
Gute, günstige malaysisch-chinesische Küche und BYO. $

Back Beach Coastal Collectibles
Lanyana Way & Arcadia Walk
Noosa Junction, QLD 4567
✆ (07) 5473 5676
www.backbeach.net.au
Hier dreht sich alles ums Surfen: viel Skurriles und Kunstvolles

Beach Studio
Seahaven Complex, Hastings St.
Noosa Heads, QLD 4567
✆ (07) 5447 4432
Beachwear, Bikinis, Badeanzüge u. a. von australischen Labels.

Bellissima
75 Hastings St.
Noosa Heads, QLD 4567
✆ (07) 5447 3977
Klamotten, Schuhe und Accessoires verschiedener Marken, auch Shop in Brisbane (101 Edward St.).

Festivals
Beim **Noosa Festival of Surfing** Anfang März treffen sich Heroen des Beachsports. Im Juni/Juli steht im Noosa Shire das **Noosa Long Weekend** mit Kultur, Unterhaltung und kulinarischen Events an. Jazz, Dixie, Swing, Funk, Rhythm & Blues erklingen beim **Noosa Jazz Festival** im Sept.

Per Charter zum Hochseeangeln aufs Meer hinaus

Ausflugsziele:

Eumundi
Mittwochs und Samstags erwacht das verschlafene Eumundi zum Leben. Der einige Kilometer südwestlich von Noosa gelegene Ort ist dann Schauplatz der **Eumundi Markets**, mit über 500 Ständen einer der bekanntesten Märkte für Regionales, Kunsthandwerk, Geschenke und Möbel (210 Memorial Dr., www.eumundimarkets.com.au, Mi 8–13.30, Sa 7–14 Uhr).

Eine Institution im Hinterland ist der Feinkostladen (auch Frühstück und Lunch) **Eats Restaurant & Gourmet Deli** im 86 Memorial Dr., Eumundi.

Maleny und **Montville**
Die alten Örtchen im Hinterland von Brisbane sind ein lohnendes Ausflugsziel.

Man kann durch Galerien und Shops schlendern, in Cafés sitzen und den schönen Ausblick übers Tal bis zum Meer genießen.

⑩ ROCKHAMPTON

Rockhampton (60 000 Einwohner) befindet sich fast genau am Wendekreis des Steinbocks, rund 40 Kilometer von der Küste entfernt, die sich hier Capricorn Coast nennt. Es ist fast schon eine echte Outback-Stadt, wenn auch eine recht große, die zudem am Fitzroy River liegt, einem beliebten Anglerparadies. Doch zuallererst ist Rockhampton eine echte Rinderstadt, die bedeutendste in Australien. Aus der »Beef Capital of Australia« kommen die fantastischen Steaks, die so oft auf dem Barbecue landen. So überrascht es nicht, dass »Bazza the Bull« das Maskottchen der Touristeninformation ist und das am Highway ein überlebensgroßes Denkmal zweier Rinderbullen steht – unterschiedlicher Rassen übrigens, wovon ursprünglich die eine nur südlich, die andere nur nördlich des Wendekreises vorkam. Ein kleiner Spaziergang führt durch das alte Zentrum mit einigen schönen historischen Gebäuden. Auch den **Zoo**, den **Botanischen Garten** und die **Archer Park Station** mit dem **Steam Tram Museum** kann man sich ansehen. Keinesfalls sollte man jedoch auf dem Highway am etwas außerhalb gelegenen **Dreamtime Cultural Centre** vorbeifahren, einem wirklich interessanten Kulturzentrum der Aborigines.

Olsens Capricorn Caverns nördlich von Rockhampton: die Kalksteinhöhle am Wendekreis des Steinbocks

Von Rockhampton ist man schnell an der Capricorn Coast in Yeppoon und von hier aus in kurzer Zeit auf den Inseln des Great Barrier Reef wie dem beliebten Great Keppel Island. Im Inland lohnen die Fahrt nach **Mount Morgan** und, ein absolutes Muss, die Tour zum **Carnarvon National Park**, wo man, so jedenfalls die vollmundigen Ankündigungen, im Carnarvon Creek das seltene Schnabeltier, das Platypus, antreffen soll. Aber auch ohne das Platypus ist vor allem die **Carnarvon Gorge** ein Erlebnis.

SERVICE & TIPPS

The Tropic of Capricorn Spire Visitor Information Centre
Gladstone Road, Rockhampton 4700, ✆ 1800 676 701
www.capricornholidays.com.au
Tägl. 9–17 Uhr

Dreamtime Cultural Centre
Bruce Hwy.
Rockhampton, QLD 4700
✆ (07) 4936 1655
www.dreamtimecentre.com.au
Mo–Fr 9–15.30 Uhr
Führungen tägl. ab 10.30 Uhr
Australiens ältestes Kulturzentrum der Aborigines, gelegen auf altem Stammesland, beschäftigt sich mit der Kultur der Aborigines und Torres Strait Islander. Im Shop gibt's Bumerangs und Didgeridoos.

Rockhampton Art Gallery
62 Victoria Parade
Rockhampton, QLD 4700
✆ (07) 4927 7129, www.rockhamptonartgallery.com.au
Di–Fr 10–16, Sa/So 11–16 Uhr
Eintritt frei
Kunst aus Australien und Queensland, Ausstellung lokaler Künstler.

Archer Park Rail Museum
Archer Park Station
Rockhampton, QLD 4700
✆ (07) 4922 2774
http://steamtram.rockhampton.qld.gov.au, Mo–Do 10–15, So 9–13 Uhr
Eintritt A$ 9/5.50
Fahrten mit der dampfbetriebenen Straßenbahn, der Purrey Steam Tram möglich: So 10–13 Uhr (außer Nov.–Anfang Jan.).

Rockhampton Heritage Village
Bruce Hwy., nördlich der Stadt
Rockhampton, QLD 4700
✆ (07) 4936 1026
Mo–Fr 9–15, Sa/So 10–16 Uhr
Eintritt A$ 11/7
In dem Museumsdorf im Stil einer frühen Queensland-Siedlung werden alte Zeiten mit Darstellern in Originalkostümen wieder lebendig.

Botanic Gardens & Zoo
Spencer St., Rockhampton
QLD 4700, ✆ (07) 4936 8254
Tägl. 8–16.30 Uhr, Eintritt frei
Seit 1869 gibt es den Botanischen Garten, 1982 kam der Japanische Garten hinzu. Zum Park gehört auch der Zoo mit seinen begehbaren Vogelkäfigen.

Ausflugsziele:

Mount Archer National Park
www.nprsr.qld.gov.au/parks/mount-archer
Wanderwege führen durch den Park, man kann picknicken und schöne Ausblicke genießen.

Mount Morgan
www.mountmorgan.org.au
Ein schöner Abstecher führt in das etwa 40 km südlich gelegene Mount Morgan. Exakt 101 Jahre lang wurde bis 1982 in der alten Minenstadt nach Gold gegraben. Zu einem Ausflug in die Vergangenheit laden das **Mount Morgan Museum** oder die angebotenen Minenbesichtigungen ein. An der restaurierten **Mount Morgan Railway Station** fährt an Wochenenden für Touristen noch die alte Eisenbahn – sonst kann man mit einer Art Minenwagen die Strecke entlangfahren.

Carnarvon National Park
www.nprsr.qld.gov.au/parks/carnarvon-gorge
Höhepunkt des im Consuelo Tableland gelegenen Nationalparks ist die etwa 30 km lange Sandsteinschlucht **Carnarvon Gorge** mit einer einmaligen Vegetation und Felsszenerie. In der Schlucht kann man an verschiedenen Stellen, z.B. in der Art Gallery, mehrere Tausend Jahre alte Felszeichnungen der Ureinwohner sehen.

Wanderer am Clematis Ridge im Carnarvon National Park

Ein Informationszentrum und ein Campingplatz befinden sich etwa 3 km hinter dem Schluchteingang.

Scenic Drive
Der Scenic Drive zwischen Rockhampton und Yeppoon lohnt die Fahrt. Er führt über mehrere Kilometer an der Küste entlang und zieht sich durch beschauliche Landschaften mit viel Grün, Palmen und säuberlich aufgereihten Häusern.

In keiner Kunstgalerie der Welt zu finden: mehrere Tausend Jahre alte Felszeichnungen der Ureinwohner im Carnarvon National Park

⓫ SUNSHINE COAST

Die Sunshine Coast nördlich von Brisbane entwickelt sich bei Australiern immer mehr zur beliebten Ferienregion; bei ausländischen Urlaubern ist sie hingegen nicht so bekannt wie die südlicher gelegene Gold Coast. Aber die Region holt auf, vielerorts entstehen neue komfortable Resorts.

Die Sonnenscheinküste beginnt im Süden bei **Caloundra**, einem Ort mit vielen Galerien für Kunsthandwerk und einem sehenswerten Schiffswrack von 1863 an der Küste, und reicht im Norden bis **Noosa**. Dazwischen liegen die beliebten Ferienorte **Mooloolaba**, **Maroochydore** (vgl. S. 88 f.) und **Coolum**. Trotz der rasanten touristischen Entwicklung finden sich jedoch auch noch ruhigere Ecken, sowohl vereinzelt an der Küste als auch im grünen Hinterland.

Der Glass House Mountains National Park im Hinterland der Sunshine Coast ist wegen seiner schroffen Wände ein geschätztes Revier der Bergsteiger

ℹ Information
www.visitsunshinecoast.com.au
www.tourismsunshinecoast.com.au

⓬ TOOWOOMBA

Über 150 Parks und Gärten – damit darf sich Toowoomba stolz »Gartenstadt Queenslands« nennen. Eines der Highlights ist **Ju Raku En**, der Japanische Garten der University of Southern Queensland.

800 Meter hoch auf der Great Dividing Range und über dem Locker Valley liegt der Ort, den man in etwa 1,5 Autostunden von Brisbane aus erreicht. Mitte Januar bis Mitte Februar lohnt der Besuch ob der bunt blühenden Sommerblumen, im September wegen des *Carnival of Flowers* – das Jahr über zum Spazieren, Fischen, Bötchen fahren oder Bummel entlang der historischen Gebäude, durch Museen, Antiquitätenläden und Galerien. Und natürlich wegen des restaurierten **Empire Theatre** von 1911.

SERVICE & TIPPS

ℹ Toowoomba Visitor Information Centre
James & Kitchener Sts.
Toowoomba, QLD 4350
✆ 1800 331 155
www.toowoomba.qld.gov.au
www.southernqueenslandcountry.com.au

🏛 Cobb & Co. Museum
27 Lindsay St.
Toowoomba, QLD 4350
✆ 07 4659 4900
www.cobbandco.qm.qld.gov.au
tägl. 10–16 Uhr, Eintritt A$ 12.50/6.60
Das in der Nähe des Queens Parks gelegene Museum nimmt die Besucher mit auf eine Reise in die Zeit der Pferdekutschen; hier findet sich die größte Kutschensammlung Australiens. Außerdem ist es ein Forum für die Aboriginal-Kultur.

Milne Bay Aquatic Centre
Herries & Victoria Sts.
Toowoomba, QLD 4350
✆ (07) 4637 1900
Mo–Fr 5.30–21, Sa/So 7–19 Uhr
Baderatten können sich richtig austoben, Pools gibt es drinnen und draußen.

Empire Theatre
56 Neil St.,Toowoomba, QLD 4350
✆ 1-300-655 299
www.empiretheatre.com.au
Vor bis zu 1500 Zuschauern ist das bildhübsche Theater Bühne für Opern, Schauspiel und Ballettaufführungen.

13 YEPPOON/GREAT KEPPEL ISLAND

Yeppoon liegt etwa 40 Kilometer von Rockhampton entfernt an der sogenannten Capricorn Cost. Der ruhige Ferienort mit schönem Strand und langer Promenade ist das Tor zu den küstennahen Keppel Islands, einer Gruppe von 19 Inseln im Great Barrier Reef. Die Fähren zum größten Eiland der Inselgruppe, **Great Keppel Island**, legen etwas außerhalb vom Rosslyn Bay Boat Harbour mehrmals täglich ab. Die Insel gehört zu den beliebtesten Urlaubszielen, gibt es doch insgesamt 18 Kilometer traumhafte Strände, hervorragende Wassersportmöglichkeiten und Unterkünfte in allen Preislagen vom luxuriösen Resort bis zur Jugendherberge. Besonders jüngere Leute und Familien zieht es auf das *Fun-Island*. Eine Zeit lang war die Insel für ihre wilden Partys berüchtigt, inzwischen überwiegt der Familienspaß.

Ein Eldorado ist Great Keppel vor allem für Schnorchelfans und Taucher, die sich hier an den Korallenriffen richtig austoben können. Wer lieber an Land bleibt, kann auf ausgedehnten Wanderwegen das Inselinnere erkunden.

Zentrum des touristischen Lebens mit Shops, Restaurants und Unterkünften ist **Fisherman Beach**, wo auch die Fähren von Yeppoon ankommen.

Great Keppel Island – ein Eldorado für Schnorchelfans und Taucher

SERVICE & TIPPS

Anreise
✆ (07) 4933 6888
www.freedomfastcats.com
Die Überfahrt mit den **Freedom Fast Cats** nach Great Keppel und zurück kostet etwa A$ 55/35 ein *coral cruise* genannter Tagesausflug ab Great Keppel ca. A$ 90/60.

Capricorn Coast Visitors Centre
Ross Creek Roundabout
Yeppoon, QLD 4703
✆ (07) 4939 1696
www.capricorncoast.com.au

The Strand
Anzac Parade & Normanby St.
Yeppoon, QLD 4703
✆ (07) 4939 1301
Typisches Hotel mit Kneipe, Restaurant, Motel und Bottle Shop.
$–$$

Ausflugsziel:

Keppel Islands
Ein Geheimtipp sind noch die kleineren Eilande der Inselgruppe. Ein Besuch erfordert ein wenig Initiative, aber lohnt sich unbedingt. Unter anderem darf auf Humpy Island, Miall Island, Middle Island, Pided Island und Pelican Island gecampt werden. Allerdings muss man alles inklusive des Trinkwassers mitnehmen. Informationen unter ww.nprsr.qld.gov.au oder ✆ 13 74 68. Buchungen: www.qld.gov.au/camping

Nine Mile Beach in Yeppoon

QUEENSLAND – DER NORDEN

OUTBACK, RIFF UND REGENWÄLDER

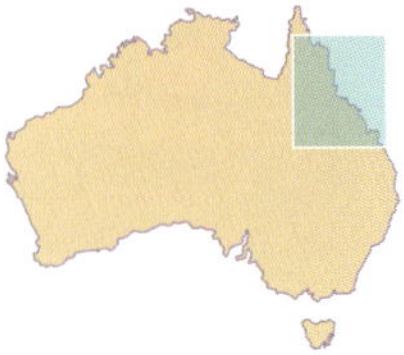

NQ oder auch Tropical North nennen die Australier den Norden Queenslands. Das Outback, der Regenwald, das Great Barrier Reef – das sind von West nach Ost die Attraktionen des *Sunshine State.* Alle drei geografischen Gebiete haben ihren ganz eigenen Reiz und sollten bei einem Queensland-Urlaub unbedingt dazu gehören. Im Outback erlebt man eine karge, aber spektakuläre Landschaft und kommt dem *australian spirit* auf die Spur. In den Regenwäldern der nördlichen Wet Tropics, in die Liste des UNESCO-Weltnaturerbes aufgenommen, fasziniert eine einzigartige Fauna und Flora. Am Great Barrier Reef lässt sich auf tropischen Inseln ein Traumurlaub mit viel Wassersport und Relaxen unter Palmen verbringen. Überall besteht eine perfekte touristische Infrastruktur, und die Freundlichkeit der Queenslander und der lockere Lifestyle machen den Aufenthalt erst recht angenehm.

1 AIRLIE BEACH

Airlie Beach, auf einer palmenbewachsenen Halbinsel, umgeben von weißen Stränden und türkisblauem Meer, ist ein angenehmer subtropischer Ferienort und das Sprungbrett zu den **Whitsundays**, einer traumhaften Inselwelt mit 74 Inseln und hervorragendem Segelrevier. Vom nahe gelegenen **Shute Harbour** starten Segeljachten zu ein- und

Die Inselgruppe der Whitsunday Islands: sanfte grüne Hügel und lagunenartige Buchten

mehrtägigen Törns und legen Fähren regelmäßig zu den Insel-Resorts wie **Hamilton Island**, **Daydream Island** oder **Long Island** ab. Zu einigen Inseln sind auch Tagesausflüge möglich. Andere wie **Brampton Island**, **Hayman Island** oder **Lindeman Island** sind reine Luxusinseln und nur einer exklusiven, zahlungskräftigen Gästeschar vorbehalten. Zumindest eines von beiden, eine Segeltour oder einen kurzen Inselurlaub, sollte man von Airlie Beach aus in jedem Fall unternehmen. Günstige

und kurzfristige Pauschalarrangements – oft werden sogenannte *standby rates* angeboten – für Segeltörns wie für mehrtägige Inselaufenthalte gibt es häufig in einem der zahlreichen Reisebüros an der lebhaften Hauptstraße von Airlie Beach, der **Shute Harbour Road**. Auf der geschäftigen Flaniermeile spielt sich Tag und Nacht das touristische Leben ab. Hier wird gebummelt, man sitzt in angenehmen Cafés und Restaurants und nachts zieht es die junge Szene zu Partys in die flippigen Backpacker-Hostels.

Eine der größten und beliebtesten Ferieninseln der Whitsundays ist **Hamilton Island**. Sie ist auch eine der wenigen Inseln, auf der es Unterkünfte in allen Preiskategorien inklusive Hochhaus-Hotel gibt. Praktischerweise wird Hamilton von Billigfluglinien beispielsweise ab Sydney oder Melbourne direkt angeflogen, denn die Insel besitzt sogar einen eigenen Flughafen. Aktivitäten wie alle erdenklichen Arten von Wassersport werden großgeschrieben, und auch sonst stimmt die touristische Infrastruktur. So gibt es allein zehn verschiedene Restaurants und mehrere Take-aways. Doch auch bei Seglern ist das Eiland beliebt, besitzt es doch eine Marina mit 180 Liegeplätzen, und im August findet mit der *Hahn Premium Racing Week* eine der größten Segelveranstaltungen Australiens statt.

Ausführliche Informationen zu den Nationalparks von The Wet Tropics of Queensland bietet die Homepage www.wettropics.gov.au.

Durch das Archipel der Whitsundays mit dem Segelkatamaran

SERVICE & TIPPS

ℹ The Whitsunday Information Centre
192 Main Street,
Proserpine, QLD 4800
✆ (07) 4945 3967
www.tourismwhitsundays.com.au
Infos zu den Whitsunday-Inseln und Airlie Beach. Am Abzweig vom Highway nach Airlie Beach gelegen.

ℹ The Whitsundays Central Reservations Centre
259 Shute Harbour Rd.
Airlie Beach, QLD 4802
✆ (07) 4946 5299, 1 800 677 119
www.airliebeach.com

ℹ Hamilton Island
✆ 13 73 33 (in Australien)
✆ (02) 9433 0444
www.hamiltonisland.com.au

☒ Barcelona Tapas
Abell Point Marina
South Village, Shingley Drive
Airlie Beach QLD 4802
✆ (07) 4946 4277
www.barcelonatapas.com.au
Tägl. geöffnet
Modern und angenehm gestaltetes Restaurant mit guter Tapas-Auswahl. $$

☒ 🍸 Mangrove Jacks Café Bar
Airlie Beach Hotel, The Esplanade & Coconut Grove
Airlie Beach, QLD 4802
✆ (07) 4946 4199
Beliebte Ganztags-Location mit leckerer Holzofen-Pizza und gelegentlicher Livemusik.
$$

☒ Airlie Thai
Beach Plaza, 6 The Esplanade
Airlie Beach, QLD 4802

✆ (07) 4946 4683, tägl. 17–21 Uhr
Gutes thailändisches Essen in einer entspannten Atmosphäre am Strand. $–$$

Capers
The Esplanade
Airlie Beach, QLD 4802
✆ (07) 4946 1777, tägl. ab 7 Uhr
Klasse zubereitetes, frisches Seafood genießt man direkt am Wasser und in lockerer Atmosphäre. Nach 22 Uhr wandelt sich das zum Airlie Beach Hotel gehörende Bistro-Restaurant zu einer Party- und Dance-Bar. $–$$

Sidewalk Café
The Esplanade
Airlie Beach, QLD 4802
✆ (07) 4946 6425
www.sidewalkcafe.net.au
Tägl. 6.30–22 Uhr
Unkomplizierte Küche, ausgesuchte Weine und gute Cocktails. $–$$

Mr Bones
Lagoon Plaza, 263 Shute Harbour Road, Airlie Beach, QLD 4802
✆ 0416 011 615, Di–Sa 9–21 Uhr
Beliebte Anlaufstelle für Frühstück, Tapas zu jeder Tageszeit, vor allem aber Pizza. $

Sorrento
Shop 22, Shingley Dr Airlie Beach, QLD 4802,
✆ (07) 4946 7454
www.sorrentowhitsunday.com
Tägl. Lunch, Dinner, Sa/So auch Frühstück
Gute italienische Küche mit einem modernen australischen Einfluss. $

Fat Frog Beach Café
44A Coral Esplanade, Airlie Beach, QLD 4802
✆ 0471 979 960
Tägl. Frühstück, Lunch
Neues Café in bester Lage mit abwechslungsreichem Frühstück, healthy food und schönem Meerblick. $–$$

Markt
Sa 8–12 Uhr
Markttreiben am Strand von Airlie Beach.

Salty Dog Sea Kayaking
✆ (07) 4946 1388
www.saltydog.com.au
Ein Einerkajak gibt es für A$ 70 am Tag, einen Doppelsitzer für A$ 100 und eine geführte Tagestour kostet inklusive Boot und Essen A$ 130.

Cruise Whitsundays
Maritime Terminal at Port of Airlie
Airlie Beach, QLD 4802
✆ (07) 4846 7000
www.cruisewhitsundays.com
Cruise Whitsundays bietet nicht nur Fährverbindungen und Trips zu einzelnen Inseln (z. B. Hamilton Island) an, sondern auch zur Reefworld, einer am Hardy Reef fest installierten Plattform, auf der man auch übernachten kann.

Ein Tagestörn dorthin kostet etwa A$ 230, mit Übernachtung ab 423, eine Tour nach Daydream Island A$ 105/70, Transfer, Lunch und Schnorchelausrüstung inklusive.

Segeltörns
www.sailingwhitsunday.com
Es gibt zahlreiche Anbieter, die eine Vielzahl verschiedener Segeltörns auf unterschiedlichsten Segelbooten – von der Rennjacht bis zum Schoner – anbieten.

Ein günstiges Angebot für einen dreitägigen Segeltrip liegt bei etwa A$ 450, für die Luxusversion in einer komfortablen Doppelkabine mit Bad sind etwa A$ 1000 zu zahlen.

Es bestehen auch Möglichkeiten, Segelboote mit und ohne Skipper zu chartern.

ProSail
✆ (07) 4946 7533, 1 800 810 116
www.prosail.com.au
Professionell geführter Segeltörnanbieter.

Whitsunday Fantasea Reef Festival
www.whitsundayreeffestival.com.au
Das alljährlich im Juli/Aug. zelebrierte Fest gilt dem Great Barrier Reef. Mit Sandskulpturen, buntem Umzug, Feuerwerk und Life-Musik.

Wenn Gefahr droht, verspritzt Australiens blau geringelte Zwergkrake ein tödliches Gift

Rundflüge über das Outer Reef und zum Whitehaven Beach bietet ab Airlie Beach und Hamilton Island Aviation Tourism Australia (✆ (07) 4946 9102, www.avta.com.au) mit Helikoptern und Wasserflugzeugen an.

Mit der Kuranda Scenic Rail durch den Regenwald

2 CAIRNS

Cairns ist die Metropole von Far North Queensland. Wobei Metropole bei einer Stadt von gerade einmal etwas über 20 000 Einwohnern sicherlich etwas abgehoben klingt, doch die Rolle, die die einzige größere Urbanisation im tropischen Norden spielt, vor allem natürlich im Tourismus und als Versorgungszentrum für Industrie und Landwirtschaft, kommt der einer Metropole doch recht nahe. Zudem ist sie das Einfallstor für Tausende asiatische Touristen, die hier auf Tausende Backpacker auf ihrem Zug entlang der Ostküste treffen. Sie tummeln sich gemeinsam an der **Esplanade** mit ihrer bunten Mischung aus Shops, Cafés, Restaurants, Reisebüros, Unterkünften und nicht zuletzt einer der Attraktionen, den wuseligen Markthallen, in denen abends die **Night Markets** stattfinden. Wer völlig abgespannt ist, kann sich an einem der Stände mit einer Thai-Massage wieder fit machen lassen. Obwohl Cairns am Meer liegt, verläuft die Esplanade leider nicht am Wasser. Neben der Esplanade zieht auch die Fußgängerzone die Besucher an.

Einfach mal abtauchen. Auf der Seite www.dive-queensland.com.au finden sich detaillierte Beschreibungen aller wichtigen Tauchregionen Queenslands, besonders ausführlich natürlich das Great Barrier Reef.

Hauptattraktion von Cairns ist natürlich das 4 **Great Barrier Reef** mit seinen Korallenriffen und herrlichen Inseln. Es liegt hier so nah vor der Küste wie an kaum einer anderen Stelle – toll zum Anschauen, ein

Ein Schwarm Schwarztupfen-Süßlippen am Great Barrier Reef

Ausflugsziele:

Kuranda Koala Gardens
Kuranda Heritage Markets
✆ (07) 4093 9953
www.koalagardens.com.au
Tägl. 9–16 Uhr, Eintritt A$ 17/8,50
Direkt im Dorfzentrum gibt es Koalas ganz nah, zum Anfassen.

Kuranda Heritage Markets
Rob Veivers Dr.
Kuranda, QLD 4881
✆ (07) 4093 8060
www.kurandamarkets.com.au
Tägl. 9–15 Uhr
Von Essen über Souvenirs bis zu Aboriginal-Kunsthandwerk reicht das bunte Angebot.

3 CAPE TRIBULATION

Etwa 140 Kilometer nördlich von Cairns liegt dieses grüne, landschaftlich faszinierende Kap, wo der **Daintree Rainforest** (vgl. S. 109 f.) auf den Ozean trifft (»where the rainforest meets the ocean«). Wunderschön ist auch der breite Sandstrand, doch das Schwimmen im Meer empfiehlt sich über weite Teile des Jahres (etwa Oktober bis Mai) wegen der ungemein gefährlichen, in großer Zahl vorkommenden Quallen, der Box Jellyfish, nicht. Cape Tribulation ist ein beliebtes Ziel bei den internationalen Backpackern, die von Cairns mit Bussen hierher kommen. Daher gibt es preiswerte Unterkünfte und ein breites Freizeitangebot, das von *sea kayaking* bis zu Allradtouren *(4WD-Adventures)* reicht. Inzwischen ist die Straße trotz jahrelanger Proteste von Umweltschützern sogar bis Cooktown asphaltiert, und so wird die Traveller-Karawane vom Kap aus noch weiter nach Norden ziehen.

Traumstrand am Cape Tribulation, dem »Kap des Leidens«. So nannte James Cook das Kap 1770, nachdem sein Schiff auf dem Great Barrier Reef vor der Küste katastrophal aufgesetzt hatte

❹ COOKTOWN

Der Name sagt es bereits: Captain Cook war einst in dem entlegenen Städtchen auf der unzugänglichen Cape York Peninsula. Bis vor kurzem war die trinkfreudige Gemeinde nur aus der Luft und mit Geländewagen zu erreichen, doch inzwischen ist trotz heftigen Widerstands von Umweltschützern die 326 Kilometer lange Inlandsroute von Cairns nach Cooktown, die durch ein Weltnaturerbe-Gebiet führt, komplett asphaltiert. So ist das Städtchen an der Mündung des Endeavour River bequem in vier Stunden von Cairns aus zu erreichen. Allerdings sind weder die Fahrt noch der Aufenthalt dort oben während der *Wet Season* zu empfehlen, wenn das Klima einfach nur brutal schwül-heiß und nass ist und wenn Überflutungen und Zyklone drohen.

»Endeavour« hieß das Schiff von Captain Cook, mit dem er hier von Juni bis August 1770 vor Anker lag, um Reparaturarbeiten auszuführen. Sein Denkmal steht auf der Charlotte Street. Natürlich ist das **James Cook Historical Museum** eine der Attraktionen des Ortes. Seinen größten Boom erlebte Cooktown während des Goldrauschs Ende des 19. Jahrhunderts. Damals soll die tropische Siedlung über 30 000 Einwohner und fast 100 Kneipen gezählt haben. Einige historische Gebäude stehen noch an der Charlotte Street.

Natürlich ist Cooktown ein guter Ausgangspunkt für eine abenteuerliche Tour über die Halbinsel bis zum nördlichsten Punkt des Kontinents, dem **Cape York**. Vor allem die Fahrt dorthin ist das Aufregende, nicht der Blick und die Aussicht am Kap.

Die Cape York Peninsula ist ein Rückzugsgebiet verdrängter Aborigines und reich an Aboriginal-Kultstätten

SERVICE & TIPPS

Tourist Information Centre
Im Nature's Power House im historischen Botanischen Garten
Cooktown, QLD 4871
✆ (07) 4069 6004
www.cooktownandcapeyork.com

James Cook Historical Museum
Helen St., Cooktown, QLD 4871
✆ (07) 4069 5386
Tägl. 9.30–16 Uhr
Eintritt A$ 10/3
Interessantes Museum in restauriertem historischen Gebäude; u. a. gibt es den Anker und die Kanone der »Endeavour« zu sehen.

Das Museum ist übrigens nicht mit dem wesentlich kleineren Cooktown Museum an der Ecke Helen & Walker Sts. zu verwechseln.

Nature's Power House
Finch Bay Rd.,
im botanischen Garten,
Cooktown, QLD 4871
✆ (07) 4069 6004
www.naturespowerhouse.com.au
Tägl. 9–17 Uhr
Eintritt A$ 3.50
Das Nature's Power House beherbergt die Charlie Tanner Gallery, die sich mit der Tierwelt des tropischen Nordens beschäftigt, und die Vera Scarth-Johnson Gallery, die Illustrationen der Pflanzenwelt der Region zeigt.

Charlotte Street
Die Straße ist Cooktowns Pub- und Restaurant-Meile. Hier finden sich gute Ess-Stuben wie das Seagren's Inn und urige Kneipen wie das Cooktown Hotel.

The Verandah Cafe
Im Nature's Power House
Cooktown, QLD 4871
Tägl. Lunch
Hübsches Lunch-Café im botanischen Garten.

Rainbow Lorikeets (Regenbogen-Lories) sind in den Baumkronen nur schwer zu entdecken

5 DAINTREE RAINFOREST

Der Daintree Rainforest erstreckt sich über eine Fläche von 1200 Quadratkilometern auf der **Cape York Peninsula**, vom **Daintree River** im Süden bis **Cooktown** im Norden, vom Ozean im Osten bis zum Höhenzug der Great Dividing Range im Westen. Es ist der größte zusammenhängende tropische Regenwald in Australien. Er zählt wegen seiner einzigartigen Flora und Fauna seit 1988 zum UNESCO-Weltnaturerbe der **Wet Tropics of Queensland**. Insgesamt hat man 13 verschiedene Typen von Regenwald identifiziert. Obwohl das Gebiet lediglich 0,1 Prozent der Fläche Down Under einnimmt, leben hier 65 Prozent der in Australien beheimateten Fledermaus- und Schmetterlingsarten, ebenso 30 Prozent der Frösche, Beuteltiere und Reptilien und 20 Prozent der Vogelarten. Allein 70 Tier- und 700 Pflanzenarten kommen ausschließlich hier im tropischen Norden vor, dazu gehören etwa zwölf der 19 weltweit vorkommenden primitiven blühenden Pflanzen *(primitive flowering plants)* wie die erst 1970 entdeckte *Idiot Fruit* (Idiospermum australiense).

Über den Daintree River wird mit einer ständig pendelnden kleinen Autofähre übergesetzt – ein echtes Erlebnis. Außerdem werden auf

Vorsicht, Helmkasuar kreuzt! Genauso blitzartig wie er auftaucht, verschwindet er auch wieder im Regenwald

Flusserkundungstour auf dem Daintree River

Schmetterlinge flattern in allen Farbschattierungen im tropischen Queensland

dem Fluss verschiedene Bootstouren angeboten. Danach führt eine schmale, asphaltierte und kurvenreiche Straße durch den dichten Regenwald bis zum **Cape Tribulation** (s. S. 107). An Stellen, an denen sich der Wald etwas lichtet, finden sich Kaffee- und Teeplantagen. Mitten im Rainforest steht auch das **Daintree Discovery Centre** mit dem Canopy Tower, einem 23 Meter hohen Beobachtungsturm, und dem Aerial Walkway, einem Steg durch luftige Regenwaldhöhen.

Restaurants, Geschäfte, Souvenirshops und Unterkünfte finden Besucher im idyllisch am Fluss gelegenen **Daintree Village**. Von dort aus werden Touren mit dem Geländewagen in den Regenwald und Flussfahrten auf dem Daintree River organisiert, bei denen man durchaus Alligatoren sehen kann.

SERVICE & TIPPS

Daintree Discovery Centre
Cape Tribulation Rd. &
Tulip Oak Rd.
Cow Bay, QLD 4873
✆ (07) 4098 9171
www.daintree-rec.com.au
Tägl. 8.30–17 Uhr
Eintritt A$ 32/16

Der Abzweig zum Discovery Centre liegt rund 10 km nördlich der Fähre. Neben dem Aussichtturm Canopy Tower und dem Aerial Walkway – einer Brücke, die auf mittlerer Baumhöhe durch den Regenwald führt – gibt es noch verschiedene *boardwalks* und Aussichtspunkte im Regenwald und die Möglichkeit zu einer *self-guided* Audio-Tour.

6 HINCHINBROOK ISLAND

Etwas nördlich der beschaulichen Zuckerstadt **Ingham** legen in Port Hinchinbrook bei Cardwell die Schiffe nach Hinchinbrook Island, Australiens größtem Insel-Nationalpark, ab. Die Insel, die vom 1142 Meter hohen Mount Bowen überragt wird, ist ein absolutes tropisches Naturparadies mit Regenwald, Mangrovensümpfen und traumhaften Strän-

Weibliches Salzwasserkrokodil im Schlamm des Daintree River

den – Hinchinbrook zählt wegen seiner einzigartigen Flora und Fauna inzwischen zum Welterbe. Die Einsamkeit in der Natur (Handys funktionieren nicht) ist absolut fantastisch, die oft menschenleeren Strände sind genauso herrlich wie die durch das Inselinnere führenden *bushwalks*. Auf dem 40 Quadratkilometer großen Eiland gibt es keinen Ort, sondern nur ein luxuriöses Eco-Resort mit spektakulären Baum-Bungalows. Zudem kann eine begrenzte Zahl von Besuchern auch auf der Insel campen.

Sein Gift kann tödlich sein: der Rotfeuerfisch mit gefiederter Rückenflosse und Brustflossen, die an Flügel erinnern

SERVICE & TIPPS

Rainforrest and Reef
Visitor Information Centre
142 Victoria St, Cardwell, QLD 4849
✆ (07) 4066 8601
www.greatgreenwaytourism.com

Hinchinbrook Ferries
31 Bruce Hwy., Cardwell, QLD 4849
✆ (07) 4066 8270
www.hinchinbrookferries.com.au
Neben Fährfahrten gib es auch Tagestouren nach Hinchinbrook Island (A$ 175).
Zudem verkehren Boote nach Goold Island und Garden Island.

Australian-Italian Festival
www.australianitalianfestival.com.au
Mitte August
Mit Umzügen und italienischer Küche in Ingham gefeiert. Dort hat jeder zweite Bewohner italienische Wurzeln.

7 MACKAY

Die schon etwas größere und lebhaftere Stadt (74 000 Einwohner) liegt am südlichen Ende der Whitsunday Coast und somit lassen sich die südlichen Whitsunday Islands von hier aus gut erreichen. Wirtschaftliches Rückgrat ist neben dem Tourismus das Zuckerrohr – Port Mackay ist der größte Zuckerhafen der Welt. Besondere Sehenswürdigkeiten hat die Stadt nicht zu bieten, allerdings gibt es gute Einkaufsmöglichkeiten in den Shoppingcenters und rund um die Fußgängerzone, wo sich auch eine interessante Café- und Restaurant-Szene etabliert hat. Nett draußen sitzen und essen kann man auch in der Mackay Marina. In der Umgebung finden sich einige gute Strände und aufstrebende Ferienorte wie Sarina.

Es lohnt sich auf jeden Fall, die Küste einmal zu verlassen und sich im landschaftlich schönen Hinterland umzusehen. Hier locken Nationalparks wie der **Eungella National Park** Naturfreunde und Wanderer an.

Birdwing Butterfly

SERVICE & TIPPS

Mackay Visitor Information Centre
The Mill, 320 Nebo Rd.
Mackay, QLD 4740
✆ 1-300-130 001
www.mackayregion.com.au

Mackay Museum
3 Casey Ave., South Mackay, QLD 4740, ✆ (07) 2223 7172, Do 10–14 Uhr, jeden 1. und 3. So im Monat 10–14 Uhr
Die Geschichte von Mackay und der größten Zuckerrohrgegend Australiens.

Malerische Buchten auf Magnetic Island nur wenige Kilometer von Townsville entfernt

☒ **BURP eat drink**
86 Wood Street, Mackay,
QLD 4740
✆ 07 4951 3546
http://www.burp.net.au
Di–Fr 11.30–15, 18 Uhr bis open end (auch Sa)
»Food Lovers Hotspot« mit zeitgemäßer australischer Küche von Küchenchef Adrian Connors und kreativen Gerichten wie »Mud Crab Ravioli mit Bouillabaisse-Sauce und Kräuterpaste«. $$–$$$

Ausflugsziel:

Eungella National Park
www.nprsr.qld.gov.au/parks/eungella
Der beeindruckende Park liegt ca. 85 km westlich von Mackay in gebirgiger Landschaft rund um den 1280 m hohen Mount Dalrympie. Hier hat sich seit Tausenden von Jahren ein Stück isolierter subtropischer Regenwald erhalten, durch den Wanderwege führen.

Etwas Besonderes auf Magnetic Island sind die herrlichen Strandritte

8 MAGNETIC ISLAND

Auf der liebevoll *Maggie* genannten Insel vor Townsville boomt es gerade. Ende 2005 waren 600 neue Unterkünfte im Bau und die Preise etwa in Nelly Bay sind von Ende der 1990er Jahre bis heute um bis zu 50 Prozent in die Höhe geschnellt. Aber die wegen der größten Kolonie wild lebender Koalas auch *Koala Capital* genannte Insel mit ihren 23 wunderbaren Buchten und Stränden ist auch ein herrliches Fleckchen – über 50 Prozent der Inselfläche nimmt ein Nationalpark ein. Neben den putzigen Nationalbärchen leben hier auch Felswallabies und Possums, die teilweise sehr zutraulich werden. Eine einzige asphaltierte Straße verbindet die drei Buchten Horseshoe Bay, Picnic Bay und Nelly Bay. Urlauber können sich zur Fortbewegung sogenannte *Mini Mokes* mieten. Neben Faulenzen und Wassersport, beispielsweise Schnorcheln, Tauchen, Jetski oder *sea kayaking*, kann man seine Zeit auch in netten Cafés und Restaurants verbringen. Da die Insel auch bei Backpackern beliebt ist, gibt es fast schon so etwas wie ein Nachtleben.

SERVICE & TIPPS

Fähre nach Magnetic Island
Die Fähren nach Magnetic Island fahren ab Townsville etwa alle 45–60 Min. von der Marina und vom Anleger an der Flinders Street East. (Überfahrt ca. 25 Min.). Mit Sealink vom Breakwater Terminal kostet die Hin- und Rückfahrt A$ 32/16.

MI Wheels
138 Sooning St., Nelly Bay
Magnetic Island, QLD 4819
✆ (07) 4758 1111
www.miwheels.com.au
Mit knuffigen, kleinen offenen Gefährten *(Mini Mokes)* kann man über Magnetic Island düsen: Mindestalter 21 Jahre und internationaler Führerschein vorausgesetzt.

Moke Magnetic
Am Ferry Terminal
Magnetic Island, QLD 4819
✆ (07) 4778 5377
www.mokemagnetic.com
Weiterer Vermieter der lustigen *Mokes*, um A$ 73.

Mexican Munchies
37 Warboy St., Nelly Bay
Magnetic Island, QLD 4819
✆ (07) 4778 5658
Authentischer Mexikaner mit BYO. $–$$

Pleasure Divers
10 Marine Parade, Arcadia
Magnetic Island, QLD 4819
✆ (07) 4778 5788
www.pleasuredivers.com.au
Tauchkurse ab A$ 349, auch Verleih von Schnorchelausrüstungen.

Ein Orangestreifen-Drückerfisch knabbert an einer Koralle

9 MISSION BEACH

Mission Beach ist eine ruhige Feriendestination, die noch ein wenig verschlafen wirkt. Dabei ist der endlos wirkende Sandstrand fantastisch und das Hinterland fast schon ein Abenteuerland, werden doch ab Mission Beach gerne allerlei Adventure-Touren wie das beliebte Rafting angeboten. Auch *sea kayaking* ist hier äußerst populär. So kann man mit dem Kajak den 4 **Great Barrier Reef Marine Park** erkunden und beispielsweise auf einer Tagestour zum traumhaften **Dunk Island** (nur 4,5 Kilometer von der Küste entfernt) herüberpaddeln und dabei Delfine und Schildkröten betrachten.

Nicht so leicht zugänglich ist hingegen das nahe gelegene **Bedarra Island**: Für einen der 16 luxuriösen Bungalows braucht man eine großzügige Reisekasse.

Bekannt ist die Region auch für einen ganz seltsamen Vogel, den Cassowary. Die riesigen, gefährlich dreinblickenden Vögel werden über 60 Kilogramm schwer und kommen in Massen vor. Daher warnen auch an jeder Straße Schilder vor querenden Cassowaries.

Eine nicht zu verpassende, etwas seltsam anmutende Sehenswürdigkeit in der Nähe ist der **Paronella Park**, eine üppige tropische Gar-

Bedarra Island: Um in diesem luxuriösen Resort zu relaxen, braucht man eine großzügige Reisekasse

tenanlage mit der Ruine des in den 1930er Jahren von José Paronella erbauten Schlösschens im spanischen Stil. Ein Stück nördlich von Mission Beach liegt das schon etwas größere Städtchen **Innisfail** (8500 Einwohner), wo die Krokodilfarm zusammen mit dem Zuckermuseum mit Galerie die wohl größte Attraktion darstellt. Zudem besitzt die Stadt, die nach der Zerstörung durch einen Zyklon in den 1920er und 1930er Jahren wieder aufgebaut wurde, einige schön restaurierte Gebäude im Art-déco-Stil. Es gibt auch einige lohnende *Scenic Drives* in die nähere Umgebung etwa zur Ella Bay.

Die Region um Mission Beach ist bekannt für den leuchtend blau gefärbten Helmkasuar oder Cassowary

SERVICE & TIPPS

Mission Beach Visitor Information Centre
Porter Promenade
Mission Beach, QLD 4852
✆ (07) 4068 7099
www.missionbeachtourism.com
www.innisfail.oz-e.com.au

Australian Sugar Heritage Centre
Bruce Hwy. & Peregrine St.
Mourilyan, Innisfail, QLD 4860
✆ (07) 4063 2656
www.sugarmuseum.com.au
Mo–Fr 9–17, Sa/So 9–13.30 Uhr
Eintritt A$ 12/6
Zucker ist das Hauptprodukt dieser Region. Das südlich von Innisfail gelegene Museum widmet sich der Geschichte und Technik der Zuckergewinnung. Außerdem gibt es ein Café und einen Museumsshop.

Paronella Park
Japoonvale Rd. (Old Bruce Hwy.)
Mena Creek, QLD 4871

✆ (07) 4065 3225
www.paronellapark.com.au
Tägl. 9–19.30 Uhr, Eintritt A$ 43/22
Die 45-minütige Tour zu den Highlights des Parks startet alle 20 Min. Außerdem regelmäßige *Bush Tucker Walks* und Vorführungen der örtlichen Aborigines.

Babinda Munro Theatre
97–101 Munro St, Babinda, QLD 4861
✆ (07) 4067 1438
www.babindacentre.com.au
Eintritt A$ 8
Historisches, sehr schön restauriertes Filmtheater mit der größten Leinwand im Norden Queenslands.

Licuala State Forest
Der Licuala State Forest ist Teil der *World Heritage Area* »The Wet Tropics of Queensland«, einem zerstückelten Regenwald-Gebiet, das sich von Cooktown bis Townsville erstreckt.

Im Nationalpark gibt es verschiedene Wanderwege wie den 4,6 km langen **Rainforest Walk** oder den **Bicton Hill Walk** mit 4 km Länge und fantastischen Ausblicken auf die Küste. Für Kinder gibt es den 350 m kurzen **Childrens Walk**, wo sie auch noch einiges über die Cassowaries lernen können.

Oliveri's Continental Deli
41 Edith St., Town Center
Innisfail, QLD 4860
✆ (07) 4061 3354
www.oliverisdeli.com.au
Mo–Fr 8.30–17.15
Sa 8.30–12.30 Uhr
Auf jeden Hunger eingestelltes Deli, mittags sind die *Lunch Rolls* zu empfehlen, als Snack ein Stück Schinken und eine Portion Oliven.
$

RnR White River Rafting
✆ (07) 4041 9444
www.raft.com.au
Täglich geht's morgens um 8 Uhr von Mission Beach zum wilden Tully River (Tagestour ab A$ 179) oder ab 14 Uhr zu einer Halbtagestour (ab A$ 113) auf dem etwas ruhigeren Barron River.

Coral Sea Kayaking
2 Wall St., South Mission Beach
QLD 4852
✆ (07) 4068 9154
www.coralseakayaking.com.au
Tagestour nach Dunk Island A$ 136, halbtägiger Küstentrip A$ 80. Auch mehrtägige Touren im Angebot, z. B. drei Tage Tropical Islands (A$ 815). Außerdem Bootsverleih: Doppelsitzer A$ 120 am Tag.

Das Great Barrier Reef – seit 1981 Weltnaturerbe der UNESCO

Great Barrier Reef: das wohl schönste Tauchrevier der Erde

4 GREAT BARRIER REEF

Das Great Barrier Reef, bereits seit 1981 Welterbe, erstreckt sich über gut 2300 Kilometer entlang der Küste Queenslands von knapp südlich des Wendekreis des Steinbocks bis etwas nördlich des Cape York. Südlichste Insel ist **Lady Elliot Island** rund 75 Kilometer nordöstlich von Bundaberg, nördlichstes Eiland ist **Lizard Island**, eine perfekte Tauch- und Schnorchelinsel. Das Reef verläuft am östlichen Rand des Kontinentalsockels und ist zwischen 30 Kilometer bei Cairns und 250 Kilometer bei Gladstone von der Küste entfernt. Es ist das größte Korallenriff der Welt und somit auch die größte natürliche Lebensform und sogar noch vom Mond aus zu erkennen. Sein Alter wird auf ungefähr zwei Millionen Jahre geschätzt. Gebaut wird das Riff immer weiter von kleinen Polypen, die in Kolonien leben und Kalk absondern. Wenn sie sterben, bleiben ihre Skelette als Korallen zurück, auf denen sich dann wieder neue Artgenossen niederlassen. Insgesamt besteht das Riff aus einer Kette von etwa 2900 Einzelriffen.

Die bunte Unterwasserwelt des Reef wird inzwischen durch Umweltverschmutzung und durch den mit der globalen Erwärmung verbundenen Anstieg der Wassertemperatur gefährdet; zu hohe Wassertemperaturen vertragen die Korallen genauso wenig wie zu kühle. Gefährdet ist das Reef auch durch diverse Hafenprojekte an der Ostküste etwa in Abbot Point, Mackay und Bowen. Australien will die größten Kohlehäfen der Welt bauen. Dabei werden Millionen Tonnen Schlamm und Sand im Meer verklappt. Die Unesco sieht bereits den Status des Great Barrier Reef als Weltnaturerbe gefährdet. Noch ist das Riff jedoch Heimat für eine unglaubliche Vielzahl von Pflanzen und Tieren und daher das wohl schönste Tauch- und Schnorchelrevier der Welt. Die Schätzungen über die Zahl der Bewohner gehen teilweise sehr weit auseinander. Man kann aber von ungefähr 400 Korallenarten ausgehen – das Abbrechen von Korallen ist strengstens verboten –, über 200 verschiedenen Vögeln, etwa 1500 Fischarten vom Hai bis zum Barsch und 1200 Schwammarten. Darüber hinaus ist es Lebensraum für Wale, Schildkröten, Delfine, Seekühe, sogenannte *Dugongs*, und Tausende verschiedene Schnecken und Muscheln.

Das Great Barrier Reef gilt als eine der artenreichsten Regionen der Welt

Am Great Barrier Reef zählt man insgesamt etwa 1000 Inseln. Einige wie die Whitsunday Islands sind die aus dem Meer ragenden Gipfel ehemaliger Gebirgsketten, andere wie Dunk Island oder Orpheus Island sind reine Koralleninseln. Auf etlichen Inseln breitet sich eine üppige Regenwald-Vegetation aus. Von der Familieninsel über die Tauch- und Schnorchelparadiese bis hin zu den Refugien der Reichen und Schönen reicht das faszinierende Inselspektrum. Auf manches nah an der Küste gelegene Eiland wie Green Island gelangt man nur per organisiertem Tagesausflug. Viele Veranstalter bieten Tauch- und Schnorchelfahrten im Great Barrier Reef von allen größeren Küstenorten aus an. Am beeindruckendsten ist das Great Barrier Reef allerdings aus der Luft – nur so ist seine ganze Schönheit richtig wahrzunehmen.

Birdsville im »Never Never«

⑩ OUTBACK QUEENSLAND

Der größte Teil Queenslands ist weites, dünn besiedeltes Schaf- und Rinderland, Outback eben. Der Küstenstreifen, an dem die Mehrzahl der Menschen leben, ist schmal und wird vom Gebirgszug der Great Dividing Range vom Outback getrennt. Für den australischen Mythos der weißen Bewohner des fünften Kontinents ist das Outback und die Geschichte seiner Eroberung von entscheidender Bedeutung. Dabei will garantiert so gut wie kein moderner *Aussie* dort leben und meist nicht einmal im Urlaub dorthin fahren. Ja, der Großteil der Australier war noch niemals im Outback – dennoch ist es immer noch der Sitz der australischen Seele.

Zwei für die Entwicklung Queenslands und ganz Australiens wichtige Orte sind **Winton** und **Longreach**. Beide liegen irgendwo im Nirgendwo am Matilda Highway. In Winton wurde 1920 die australische Airline Qantas gegründet. Viel wichtiger ist aber, dass Banjo Paterson 1895 in Winton erstmals öffentlich seinen Song »Waltzing Matilda« sang, inzwischen so etwas wie Australiens inoffizielle Nationalhymne. Ein Besuch im **Waltzing Matilda Centre** ist somit Pflicht. Ein anderer bekannter Australier wurde auf einer einsamen Schaffarm in der Nähe von Winton gefunden. »Elliot« tauften die Forscher das etwa 95 bis 98 Millionen Jahre alte Dinosaurier-Skelett, das sie dort ausgruben. In der Nähe sollen noch weitere Skelette warten, ein zweites, »Mary«, wurde inzwischen gefunden.

»You'll come a-waltzing Matilda with me!…« – »Waltzing Matilda«, so die Bezeichnung für eine aufgerollte Schlafdecke, ist die inoffizielle Nationalhymne Australiens

In Longreach hat Qantas die ersten Flugzeuge gebaut, und auf dem Flughafen führt das **Qantas Founders Outback Museum** zurück in die Frühzeit der Fliegerei. Pilgerstätte für alle, die den australischen Pioniergeist vermeintlich oder tatsächlich im Herzen tragen, ist die **Stockman's Hall of Fame**, die den Entdeckern und Besiedlern des Outbacks ein eindrucksvolles Denkmal setzt. Wobei *stockmen* quasi die Cowboys Australiens sind, die mit ihrem Vieh das unwirtliche Land erobert haben.

Auf der Suche nach Bodenschätzen und nicht nach Vieh ist man im weiter nordwestlich gelegenen **Mount Isa**. Mit dem neuen **Outback at Isa** hat man in der Minenstadt eine Top-Attraktion geschaffen. Zu dem Komplex gehört beispielsweise auch das **Riversleigh Centre**, das in beeindruckender Weise die World-Heritage-Stätte **Riversleigh**, 250 Kilometer nördlich von Mount Isa, präsentiert, wo etwa 30 Millionen Jahre alte Fossilien von urzeitlichen Vögeln, Beuteltieren, Kängurus und noch nicht zu bestimmenden Spezies gefunden wurden.

Berühmt ist auch das abgelegene **Birdsville**, mitten im »Never Never« an der südaustralischen Grenze. Legenden sind das örtliche Pub Birdsville Hotel und das berühmte **Birdsville Race** Anfang September. Zu diesen Pferderennen strömen die wettverrückten Australier zu Tausenden ins Outback. In dem Outback-Nest beginnt auch der **Birdsville Track**, eine der berühmtesten Pisten, die von hier durch die Einsamkeit nach Süden führt. Die – nicht besonders harte – Strecke ist ein beliebter Tummelplatz für Urlauber, die Touren mit dem Geländewagen lieben.

Wer mehr über Queenslands prähistorische Funde erfahren möchte, begibt sich auf den Australia Dinosaur Trail (www.australiasdinosaurtrail.com). Die 540 km lange Tour führt auf den Spuren der Dinosaurier nach Winton, Hughenden und Richmond.

SERVICE & TIPPS

Longreach Visitor Information Centre
Qantas Park, Eagle St.
Longreach, QLD 4730
✆ (07) 4658 4150
www.longreachtourism.com.au

Informationen und Bilder zu den Dinosauriern bei Winton sind im Internet auf der Seite von *The Winton Dinosaur Project* zu finden: www.uq.edu.au/dinosaurs/

Outback at Isa
19 Marian St.
Mount Isa, QLD 4825
✆ (07) 4749 1555
www.outbackatisa.com.au
Tägl. 8.30–17 Uhr
Zum Komplex gehören außer dem Riversleigh Fossil Centre (Eintritt A$ 10/6.50) auch das Informationsbüro, die Ausstellung *Isa Experience* über die Bergbaugeschichte der Region, die Hard Times Mine, eine Schaumine mit 1,2 km langen Stollen, ein Outback-Park mit Veranstaltungen, Shop und Café.

Stockman's Hall of Fame
Landsborough Hwy.
Longreach, QLD 4730
✆ (07) 4658 2166
www.outbackheritage.com.au
Tägl. 9–17 Uhr
Eintritt A$ 32/15, Show A$ 20/10
In fünf verschiedenen Galerien wird mit Diashow, Bildern, Gegenständen und audiovisuellen Präsentationen jeweils ein Aspekt der Geschichte der Outback-Pioniere vorgestellt. Eine Show zeigt Szenen aus dem Alltag der *stockmen*. Außerdem verschiedene Shops und Restaurant.

Waltzing Matilda Centre
50 Elderslie St., Winton, QLD 4735
✆ (07) 4657 1466
www.matildacentre.com.au
Mo–Fr 9–17, Sa/So 9–15 Uhr
Eintritt A$ 23.50/11.75
Seit 1998 bilden Matilda Centre, Qantilda Museum und die Outback Regional Gallery (bedeutende Ausstellung australischer Malerei) einen gemeinsamen Ausstellungskomplex.

Birdsville Race
www.birdsvilleraces.com
Die legendären Pferderennen in Birdsville finden jedes Jahr Anfang September statt.

Roadtrain im Outback von Queensland

⑪ PALM COVE

Region 4
Queensland
Der Norden

Der besonders bei deutschen Urlaubern beliebte Ferienort zwischen Cairns und Port Douglas wächst enorm. So wurden neue komfortable Resorts wie das Sea Temple oder das Outtrigger gebaut und weitere sind noch geplant. Dennoch hat sich Palm Cove viel Stil und tropischen Charme bewahrt. Trotz der vielen Hotelbetten hat man nie das Gefühl, dass es hier zu voll ist. Der schöne Strand – er wurde zweimal zum saubersten Australiens gewählt – und die sich parallel dazu den Ort entlangziehende Promenade wirken eher stets etwas verschlafen. Das liegt daran, dass die meisten Gäste entweder in den Resorts bleiben oder auf Ausflügen zum Great Barrier Reef und in den Regenwald unterwegs sind. Ein besonderes Plus von Palm Cove sind die zahlreichen exzellenten Restaurants wie beispielsweise das NuNu. Angeblich gibt es in keinem anderen Ferienort eine größere Anzahl von Esstempeln, die in Restaurantführern ausgezeichnet wurden.

Majestätische Palmen in Palm Cove

SERVICE & TIPPS

Tourist Information & Accommodation Centre
Shop 9, Paradise Shopping Village
Palm Cove, QLD 4879
✆ (07) 4055 3376
www.palmcovetouristinfo.com.au
Im Shoppingcenter von Palm Cove sitzt auch die Tourist Information – hier kann man Unterkünfte und Ausflüge buchen oder Autos mieten.

Cairns Tropical Zoo
Captain Cook Hwy., Palm Cove, QLD 4879, ✆ (07) 4055 3669
Tägl. 8.30–16 Uhr, Eintritt A$ 34/17
www.cairnstropicalzoo.com.au
Im Zoo mit zahlreichen Tieren gibt es mehrmals täglich Vorführungen, z. B. eine Schlangenshow, eine Vorführung mit Koalas oder eine Känguru-Fütterung.

Hartley's Crocodile Adventures
Hartley's Creek, zwischen Palm Cove und Port Douglas, QLD 4879
✆ (07) 4055 3576
www.crocodileadventures.com
Tägl. 8.30–17 Uhr
Eintritt A$ 37/18.50
Hier sind sie entstanden, die Krokodil-Fütterungsshows. Der Park kann auf Stegen zu Fuß oder mit Booten erkundet werden.

NuNu
123 Williams Esplanade
Outrigger Beach Club
Palm Cove, QLD 4879
✆ (07) 4059 1880
www.nunu.com.au
Frühstück bis Dinner
Die beste Adresse in Palm Cove für eine kreative, moderne australische Küche, die auf erstklassige Produkte setzt und mediterrane wie asiatische Einflüsse mit einbezieht.
$$$

Apres Beach Bar & Grill
119 Williams Esplanade
Palm Cove, QLD 4879
✆ (07) 4059 2000
http://apresbeachbar.com.au
Tägl. ab 7.30 Uhr
Beliebtes Pub mit Terrasse und preisgünstiger ordentlicher Küche von Seafood über Pasta bis zum Riesensteak.
$–$$

Palm Cove Tavern
Veivers Rd. & Williams, Esplanade
Palm Cove, QLD 4879
✆ (07) 4059 1339
Tägl. 18.30–21 Uhr
Preiswert und bodenständig kann man in der großen Pub-Taverne essen, daher bei Familien beliebt. Große Terrasse und nebenan Bottle-Shop.
$–$$

Unter www.palmcove.net gibt es ausführliche Informationen zu Unterkünften, Shops, Spas und Wellness, Touren und Restaurants.

Cocky's at the Cove
Cove Shopping Village
Esplanade
Palm Cove, QLD 4879
✆ (07) 4059 1691, tägl. 7–16 Uhr
Die Frühstücksadresse in Palm Cove – immer rappelvoll, zudem Lunch und Afternoon Tea. $

Jungara Gallery
111–117 Williams Esplanade Shopping Village, Palm Cove, QLD 4879
✆ (07) 4059 2899
Tägl. 14–21.30 Uhr
Galerie und Shop für Kunst der Aborigines.

Paradiso Resortwear
Williams Esplanade, Outrigger Beach Club, Palm Cove, QLD 4870
✆ (07) 4059 1335, tägl. geöffnet
Wem noch das passende Beach-Outfit fehlt, der kann hier nach schicken Teilchen stöbern.

⑫ PORT DOUGLAS

Port Douglas (knapp 6000 Einwohner) ist vielleicht der nobelste Ferienort in North Queensland. Auch wenn immer mehr Luxushotels entstehen, ist er ein sehr angenehmes Fleckchen Erde geblieben. Die Herbergen bemerkt man kaum, verteilen sie sich doch ganz gut und sind meist perfekt in die tropische Landschaft integriert. Rummel kennt man jedenfalls nicht in Port Douglas, auch nicht in der kleinen sympathischen Hauptstraße, die über die schmale Halbinsel, auf der Port Douglas liegt, quer durch den Ort verläuft. An dem einen Ende erstreckt sich der palmengesäumte **Four Mile Beach**, am anderen Ende liegen der kleine Hafen und die Mirage Marina. Dazwischen finden sich Shops, Cafés, Restaurants, Unterkünfte, Infobüro und Supermarkt. Stimmung kommt bei Livemusik in der Iron Bar auf, einer außen mit Eisenplatten und Blechen verkleideten urigen Kneipe.

Die meisten Urlauber trifft man allerdings nicht auf der Straße oder im Café, sondern über oder unter Wasser. Port Douglas ist ein absolutes Tauch- und Schnorchelparadies, und das äußere Riff ist von der Marina aus gut zu erreichen. Verschiedene Veranstalter bieten entsprechende Touren an. Segelfreunde haben hier jedoch genauso ihren Spaß.

Zur Abwechslung vom Wassersport bietet sich ein Besuch des Landschafts- und Tierparks **Wildlife Habitat** an, wo man wahrscheinlich einen besseren Eindruck vom Regenwald bekommt als in der freien Wildbahn. Aber natürlich ist die Fahrt von Port Douglas zur **Mossman Gorge** und durch den Daintree Rainforest zum Cape Tribulation ein absolutes Highlight eines jeden Urlaubs in North Queensland.

Abendstimmung im tropischen Port Douglas

SERVICE & TIPPS

Visitor Centre
23 Macrossan St.
Port Douglas, QLD 4871
✆ (07) 4099 4588
www.pddt.com.au

Wildlife Habitat
Port Douglas Rd.
Port Douglas, QLD 4871
✆ (07) 4099 3235
www.wildlifehabitat.com.au
Tägl. 8–17 Uhr
Eintritt A$ 33/16,50
Hier können Besucher alle vier Vegetationsformen von North Queensland (Regenwald, Feuchtgebiete, Wald und Grasland) und über 180 Tierarten in ihrer natürlichen Umwelt erleben.

2 Fish Restaurant
7–20 Wharf St.
Port Douglas, QLD 4871
✆ (07) 4099 6350
www.2fishrestaurant.com.au
Lunch und Dinner
Moderne Fischküche mit allem, was das Herz begehrt: Austern, Krebse, Prawns, Crayfish, Red Snapper und vieles mehr. $$–$$$

On the Inlet
3 Inlet Rd.
Port Douglas, QLD 4871
✆ (07) 4099 5255
www.portdouglasseafood.com
Lunch/Dinner
Gutes Seafood-Restaurant direkt am Wasser mit europäischen und asiatischen Einflüssen. Spezialität ist die Seafood-Platte, die man 24 Stunden im Voraus vorbestellen muss. $$–$$$

Gone Banana
87 Davidson St.
Port Douglas, QLD 4871
✆ (07) 4099 5400, Dinner
Mediterasian nennt man hier die Küchenrichtung, die das Gone Banana kreiert hat. Absolute Seltenheit: Warme Küche gibt es hier bis 1 Uhr nachts. $$

Iron Bar
5 Macrossan St.
Port Douglas, QLD 4871
✆ (07) 4099 4776
www.ironbarportdouglas.com.au
Mo–Fr 8–17 Uhr
In dem originellen Kneipen-Restaurant finden dreimal in der Woche die beliebten Kröten-Rennen statt. Außerdem Livemusik und große Fleischportionen. $$

Markt
Anzac Park, Port Douglas
So 8.30–13.30 Uhr
Schöner Markt am Ende der Macrossan St.

Quicksilver Connections
Marina Mirage
Port Douglas, QLD 4871
✆ (07) 4087 2100
www.quicksilver-cruises.com
Quicksilver hat das komplette Tauch- und Schnorchelangebot im Programm. Gestartet wird von Cairns und Port Douglas zu verschiedenen Riffs. Ein Tagesausflug zum Agincourt Ribbon Reef kostet z. B. A$ 232/116.

Ausflugsziele:

Mossman Gorge
www.mossmangorge.com.au
Das beliebte Ausflugsziel wenig nördlich von Port Douglas ist Teil des zum Welterbe zählenden Daintree Rainforest. Der Mossman River fließt an dieser Stelle stufenartig über Granitfelsen und bildet dabei auch Wasserlöcher, in denen man baden kann.

Ein 2,7 km langer Pfad führt durch den Regenwald zu den schönsten Stellen der Schlucht. Die einheimischen Kuku Yalanji, denen das Land inzwischen wieder gehört, bieten geführte Wanderungen an.

Daintree Rainforest
www.daintreerainforest.net.au
Touren in den Daintree Rainforest bietet beispielsweise Reef & Rainforest Connections (✆ 07-4099 5333,www.reefandrainforest.com.au). Eine ganztägige Safari mit Geländewagen (4WD-Adventure-Safari) kostet A$ 177.

Einem Urzeitdrachen nicht unähnlich: Eidechse (Lizard) in der Mossman Gorge

Eine Vielzahl schicker Geschäfte und verschiedene Restaurants gibt es direkt am Wasser in der Mirage Marina von Port Douglas.

⑬ TOWNSVILLE

Townsville (190 000 Einwohner) ist die größte Stadt Australiens nördlich des Wendekreises des Steinbocks. Die richtige Großstadt spielt eine bedeutende Rolle für die Landwirtschaft und die Minen-Industrie im Outback. Sie ist auch Universitätsstadt, Navy-Standort und Touristendestination, so dass sich eine ganz eigene, interessante Mischung ergibt. Besonders schön ist Townsville an der nördlich des Zentrums verlaufenden Promenade **The Strand**, die nach einem verheerenden Zyklon erst 1999 wieder hergestellt wurde. Hier gibt es neben einem Strand und einem großzügig angelegten Grünstreifen auch angenehme Unterkünfte und abwechslungsreiche Cafés und Restaurants.

Das weltgrößte Korallenriff-Aquarium im Reef HQ in Townsville

Die Fußgängerzone der Stadt mit den meisten, aber nicht unbedingt aufregenden Geschäften ist die **Flinders Mall**. Ihre Verlängerung, die Flinders Street, zieht sich bis zum Hafen hinunter, wo auch die Fähren nach Magnetic Island ablegen. In der Flinders Street East stehen in Hafennähe auch noch einige alte Gebäude, heute häufig Restaurants oder Bars. Eine auch bei den Einheimischen beliebte Restaurant- und Café-Szene hat sich in den letzten Jahren nach der Restaurierung historischer Gebäude ebenso auf der anderen Flussseite in der nahe gelegenen **Palmer Street** etabliert.

In der Flinders Street liegen Townsvilles größte Attraktionen nebeneinander und sind sogar baulich miteinander verbunden: zum einen das **Museum of Tropical Queensland**, das nicht nur Fans von Schiffswracks fasziniert, und zum anderen **Reef HQ**, eine spektakuläre Präsentation der Unterwasserwelt des Great Barrier Reef.

Einen besonders schönene Ausblick über die Stadt und die Küste genießt man vom Castle Hill, dem Hausberg von Townsville.

SERVICE & TIPPS

ℹ Townsville Bulletin Square Visitor Information Centre
Flinders Mall
Townsville, QLD 4810
✆ (07) 4721 3660
www.townsvilleholidays.info

ℹ Townsville Southern Highway Information Centre
Bruce Hwy.
South of Townsville, QLD 4810
✆ (07) 4780 4397 und 1800 801 902
www.townsvilleholidays.info

ℹ Reef & National Park Visitors Centre
Northtown Shopping Centre
Flinders Mall
Townsville, QLD 4810
✆ (07) 4721 3660

🏛 Museum of Tropical Queensland
70–102 Flinders St.
Townsville, QLD 4810
✆ (07) 4726 0600
www.mtq.qm.qld.gov.au
Tägl. 9.30–17 Uhr, Eintritt A$ 13.50/8
Auf der Suche nach der »Bounty« ging die »Pandora« unter, ihr nachgebauter Bug kann im Museum bestaunt werden. Zu sehen gibt es geborgene Funde, außerdem eine Computerdatenbank über andere Schiffwracks vor der Küste. Das Museum widmet sich zudem den Bewohnern, der Fauna und Flora des tropischen Queenslands und dem Meer.

Reef HQ
2–68 Flinders St.
Townsville, QLD 4810
✆ (07) 4750 0800

www.reefHQ.com.au
Tägl. 9.30–17 Uhr, Das weltgrößte lebende Korallenriff-Aquarium sollte man gesehen haben, wenn's auch ein paar Dollar kostet (A$ 28/14). Dabei spaziert man durch einen langen Unterwasser-Tunnel und kann zusehen, wenn die Meeresbewohner gefüttert werden.

Jam Corner
1 Palmer Street
Townsville QLD 4810
✆ (07) 4721 4900
www.jamcorner.com.au
Di–Sa 7 bis open end, So 7–15 Uhr
Innovative australische Küche, sehr gutes Frühstück, entspannte Atmosphäre. $$–$$$

Seaview Hotel
56 The Strand
Townsville, QLD 4810
✆ (07) 4771 5005
www.seaviewhotel.com.au
Mo–Sa 11.30–14.30 und 17.30–21, So 11.30–21 Uhr
Pizzas und saftige Steaks sind die Spezialitäten des angesagten Hotels an der Promenade. Schöner Biergarten, Pub und Bar. $$

A Touch of Salt
86 Ogden Street
Townsville, QLD 4810
✆ (07) 4724 4441
www.saltrestaurants.com.au
Di–Sa ab 18, Fr auch ab 12 Uhr
Moderne angesagte Location am Fluss mit abwechslungsreicher Karte. Auch vegane Gerichte. $$

The Brewery
242 Flinders St.
Townsville, QLD 4810
✆ (07) 4724 2999
www.townsvillebrewery.com.au
Tägl. geöffnet
In einem restaurierten historischen Gebäude hat sich die stimmungsvolle Hausbrauerei zu einem echten Renner entwickelt.

Embassy
13 Sturt St.
Townsville, QLD 4810
✆ (07) 4724 5000
Beliebte Nightlife-Adresse, modernes Ambiente, engagierte DJs.

The Bank
169 Flinders St. East
Townsville, QLD 4810
✆ (07) 4721 3332
Tägl. außer So/ Mo 21–5 Uhr
Der angesagteste Club der Stadt. Alles was hip ist.

Cotters Market
Der Market findet mit einem großen Warenangebot – von Lebensmitteln bis zu Kunsthandwerk – sonntags 8.30–13 Uhr in der Fußgängerzone statt.

Ausflugsziele:

Fähre nach Magnetic Island
www.magnetic-island.com.au
Die Fähren nach Magnetic Island fahren ab Townsville etwa alle 45–60 Min. von der Marina und vom Anleger an der Flinders Street East ab (Abfahrtszeiten auf o.a. Website). Sie benötigen rund 20 Min. für die Überfahrt.

Queensland Rail Travel Centre
502 Flinders St.
Townsville, QLD 4810
✆ (07) 4722 8358
www.queenslandrailtravel.com.au
Hier gibt es Tickets für zwei beeindruckende Zugreisen: Mit dem *Sunlander* geht es nach Cairns, mit dem *Inlander* reist man durchs Outback nach Mount Isa.

Während der Whale-Watching Season im australischen Winter sollte man in Townsville einen halben Zusatztag einplanen

Region 5
NT – Das Rote Zentrum

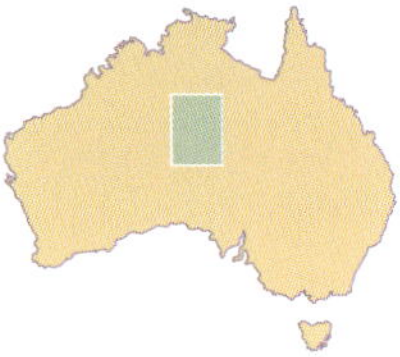

NORTHERN TERRITORY (NT)

DAS ROTE ZENTRUM

Das Rote Zentrum (Red Centre) heißt das riesige, vorwiegend trockene Landesinnere des fünften Kontinents. Seinen neuen Namen erhält die faszinierende, aber teilweise lebensfeindliche Region vom roten, eisenhaltigen Sand seiner Trockengebiete und Wüsten. Erst 1861 gelang John Stuart die erste Durchquerung des Zentrums von Süden nach Norden entlang der Strecke, die heute als Stuart Highway seinen Namen trägt. Trotz der Hitze im Sommer, Sandstürmen, sintflutartigen Regenfällen und kalten

Obwohl das rote Riesenkänguru fast in ganz Australien vorkommt, hat das Northern Territory es zu seinem Emblem-Tier erkoren

Nächten im Winter haben sich die Ureinwohner Australiens, die inzwischen wieder im Besitz von einem Drittel des Landes sind, seit Jahrtausenden an die extremen Umweltbedingungen angepasst. Für den Europäer ist der Zeitraum von Mitte Mai bis Ende August die optimale Reisesaison. Viele kommen dabei nur für ein oder zwei Tage eingeflogen, um eines der meistfotografierten Motive Australiens, den Uluru (Ayers Rock), möglichst bei Sonnenauf- oder Sonnenuntergang zu sehen, zu filmen und zu knipsen.

Neben dem Uluru gehört Kata Tjuta – beides übrigens heilige Stätten der Aborigines – zum Pflichtprogramm. Andere Besucher folgen den Spuren der frühen Eroberer und durchqueren den Kontinent von Adelaide nach Darwin oder umgekehrt. Sie nutzen die Möglichkeit, in Alice Springs ihre Vorräte aufzufüllen. Dann gibt es da noch diejenigen, die sich Zeit lassen, der Faszination der Desert erliegen und eine längere Tour ins Outback zum Finke River, zum Kings Canyon oder sogar in die Simpson Desert starten.

1 ALICE SPRINGS

Alice Springs (29 000 Einwohner), kurz »The Alice« genannt, ein etwas verschlafenes, aber sympathisches Städtchen, ist die einzige Stadt und das Versorgungszentrum des Roten Zentrums, das zum Bundesstaat Northern Territory gehört.

Die geschäftige Outback-Stadt liegt am Fuß der bis zu 600 Meter hohen **MacDonnell Range** und etwa fünf Fahrstunden vom **Uluru**, dem **Ayers Rock**, entfernt. Die Distanz nach Adelaide beträgt rund 1600 Kilometer, erst 1987 wurde der Highway asphaltiert, und nach Darwin ist es etwa genauso weit. Seit 2004 fährt ein neuer Zug, *The Ghan*, regelmäßig in rund 48 Stunden quer über den Kontinent von Adelaide über Alice nach Darwin. Der Name *Ghan* leitet sich ab von *Afghanistan Express* und ist eine Reminiszenz an die afghanischen Kameltreiber, die bei der Erschließung und Versorgung des Landesinneren mit ihren Wüstenschiffen von großer Bedeutung waren. Gegründet wurde Alice 1888 noch unter dem Namen *Stuart* als Telegrafenstation – heute eine der Sehenswürdigkeiten – und spielte bei der Er-

Einst wurden die Dromedare für die Erschließung des Landesinneren nach Australien eingeführt, heute sollen sich Hunderttausende wilde Höckertiere in den Weiten Australiens tummeln. Im Red Centre zählen Kamelritte zu den touristischen Attraktionen

Flagge des Northern Territory

oberung der inneren menschenleeren Gebiete des Kontinents eine wichtige Rolle.

Das kompakte Zentrum beschränkt sich auf etwa fünf Straßen zwischen Todd River und Stuart Highway. Die Geschäfte und Restaurants konzentrieren sich dabei rund um die **Todd Mall**, die nach Geschäftsschluss praktisch ausgestorbene Fußgängerzone von Alice.

Sehenswürdigkeiten in Alice sind etwa die Basis der **Royal Flying Doctors**, die Kranke über Tausende Meilen auf den Farmen medizinisch betreuen, einige historische Gebäude in der Parson Street, der **Anzac Hill** am nördlichen Ende der Todd Street, der eine schöne Aussicht bietet, und der reizvolle **Alice Springs Desert Park**. Auch die bekannte **School of the Air**, die über Funk die Kinder weit draußen im Outback unterrichtet, hat in Alice eine Station. Allerdings wird der Funk immer mehr durch das Internet abgelöst, in das die Farmen via Satellit einsteigen können.

Zudem gibt es in Alice Springs etliche Galerien mit Aboriginal-Kunst, ein guter Ort also, um einen Bumerang oder ein Didgeridoo als Mitbringsel zu kaufen. Das **Sounds of Starlight Theatre** lohnt in jedem

❷ DEVILS MARBLES

Ohne Zweifel ein magischer Ort: die »Murmeln des Teufels« – Devils Marbles am Stuart Highway

In einem weiten Tal rund 105 Kilometer südlich von Tennant Creek am Stuart Highway liegt eine der meistfotografierten Sehenswürdigkeiten im Zentrum Australiens, die Devils Marbles. Für die Warumungu ist der Platz mit den wild in der Landschaft verstreut liegenden Granitkugeln und -brocken ein heiliger Ort. Teilweise tanzt ein Fels mit der Spitze auf einem anderen. Hier laufen mehrere Traumpfade (vgl. S. 6) zusammen und die Felskugeln sollen die Eier der Regenbogenschlange aus der Traumzeit sein. Praktisch gesehen bietet die Schatten spendende Felslandschaft einen günstigen Lebensraum für Flora und Fauna in dem ansonsten knochentrockenen Gebiet.

❸ FINKE GORGE NATIONAL PARK

Seinen Namen hat der Finke Gorge National Park vom häufig ausgetrockneten Finke River erhalten, mit einem Alter von 1,1 Milliarden Jahren einer der ältesten Flüsse der Welt. Die Attraktion des Nationalparks ist das spektakuläre **Palm Valley**. Die natürliche Oase inmitten einer einzigartigen ariden Landschaft ist Heimat der nur hier vorkommenden Livistona-Palme. Aber auch andere Arten gedeihen rund um die Finke Gorge. Allein im Palm Valley werden über 3000 Palmen gezählt. Erreichbar ist der faszinierende Ort nur mit einem Allradfahrzeug – organisierte Touren werden ab Alice Springs angeboten. Wer die schöne und nicht allzu abenteuerliche Tour auf eigene Faust unternehmen möchte, sucht sich einen schönen Ort zum Campen und schlägt sein Lager beispielsweise am Boggy Hole auf.

Farbenspiel der Natur: eine besonders schön gezeichnete Eidechse vor einer leuchtend rot blühenden Sturt's Desert Pea (Sturts Wüstenerbse)

Felsmassiv im Palm Valley (oben rechts)

❹ TENNANT CREEK

Seinen Ursprung hat das isoliert gelegene Tennant Creek (3500 Einwohner) wie Alice Springs in einer Telegrafenstation, die bereits 1872 etwa sieben Kilometer nördlich des heutigen Zentrums errichtet wurde. Einen Boom erlebte das Städtchen in der Barley Region ab 1934, als in der Nähe Gold entdeckt wurde. Dies war der wohl letzte große Goldrausch in Australien, weshalb sich die Stadt den Ehrentitel *Australias Last Goldrush Town* zulegte. Über die Geschichte der Goldförderung informiert das **Battery Hill Mining Centre** 1,5 Kilometer östlich der Stadt; hier befindet sich auch das Visitor Centre.

Vom Bill Allen Lookout bietet sich der beste Blick auf die Stadt und das Umland.

Die nach und nach immer weiter asphaltierte, Mereenie Loop genannte Straße verbindet den größten Teil der hier aufgeführten Natursehenswürdigkeiten im Red Centre.

SERVICE & TIPPS

Visitor Information Centre
Tennant Creek Battery Hill Regional Centre, Peko Rd.
Tennant Creek, NT 0860
✆ 1800 500 879
www.barklytourism.com.au

Battery Hill Mining Centre
Peko Rd., Tennant Creek, NT 0860
✆ 1800 500 879
Tägl. 9–17.30 Uhr
Eine alte Goldmine ist zu besichtigen, man kann selber Gold schürfen und es gibt ein kleines Geschichts- und Mineralienmuseum.

Nyinkka Nyunyu Cultural Centre
Paterson St. (Stuart Hwy.)
Tennant Creek
NT 0860
✆ (08) 8962 2699
www.nyinkkanyunyu.com.au
Mo–Fr 8–17, Sa 9–16, So 10–14 Uhr, Eintritt frei
Interessantes Kunst- und Kulturzentrum der örtlichen Warumungu People mit Museum, Galerie, Shop, Café und Außengelände, das während einer Führung vorgestellt wird (A$ 15).

Ausflugsziel:

Pebbles
6 km nördlich der Stadt liegt die sehenswerte Felsformation Pebbles (auch Kunjarra). Von den Warumungu wird der Platz *Kundjarra* genannt. Er spielt eine wichtige Rolle bei ihren Traumzeit-Zeremonien.

5 5 ULURU-KATA TJUTA

Die wohl markanteste und berühmteste Attraktion Australiens ist neben dem Sydney Opera House der **Uluru** oder **Ayers Rock**, wie der gewaltige Stein im westlichen Kulturkreis zumeist genannt wird. Eindrucksvoll ragt der Fels ziemlich einsam aus der staubigen, platten Landschaft im Inneren Australiens in den Himmel. Das faszinierendste ist sein wunderbares Farbenspiel. Je nach Sonneneinstrahlung wechselt der Uluru seine Farbe von schmutzig-fahlem Orange-Braun bis zu glühendem Rot, was dem Fels etwas Lebendiges gibt. Sehr beliebt ist denn auch der Besuch bei Sonnenauf- oder Sonnenuntergang, um den Uluru leuchten zu sehen, zum Beispiel vom stets gut besuchten **Sunset Point** aus. Verschiedene Tourveranstalter bieten dann sogar Champagner-Frühstück vor der mystischen Kulisse an.

Entstanden ist der gewaltige Monolith – er ist 348 Meter hoch und hat einen Umfang von 9,4 Kilometern – vor mindestens 600 Millionen Jahren. Als erster Weißer sah ihn der Landeserforscher Ernes Giles im Jahr 1872. Benannt wurde er nach dem damaligen Außenminister Südaustraliens Henry Ayers. Für den Aboriginal-Stamm der Anangu ist der Uluru seit über 10 000 Jahren eine heilige Stätte, die erst seit 1985 offiziell wieder in ihrem Besitz ist. Die Ureinwohner haben deshalb auch ein Mitspracherecht in der Parkverwaltung. Man sollte ihr Heiligtum auch insoweit respektieren, als dass man den Uluru nicht besteigt, denn für Unglücke aller Art, die am Uluru passieren, fühlen sich die Aborigines verantwortlich. Und es passieren jährlich viele Unfälle am Ayers Rock, vor allem nach Regenfällen, wenn der Fels glitschig ist. Man begnügt sich also besser mit der zehn Kilometer langen Wanderung rund um den Monolithen, bei der auch verschiedene Felszeichnungen zu sehen sind. Oder man bucht gleich einen der Aussichtsflüge im Hubschrauber oder Kleinflugzeug – ein zwar nicht billiges, aber unvergessliches Erlebnis. Kürzere Wanderwege zum Fuß des Felsens gibt es am Mala Car Park (2 km) oder am Mutitjulu Car Park (1 km).

Am Ayers Rock/Uluru, was in der Sprache der hiesigen Aborigines »schattiger Platz« bedeutet

Der isolierte und platte Stein, der seit den 1950er Jahren touristisch vermarktet wird, ist die eine Attraktion des seit 1987 auf der World-Heritage-Liste der UNESCO stehenden **Uluru-Kata Tjuta National Park** im Roten Zentrum. Das andere, etwas mehr von den Touristenscharen verschonte Highlight sind die **Olgas (Kata Tjuta)**. Die höchste Erhebung des 30 Kilometer vom Uluru entfernten Gebiets ist der immerhin 1066 Meter hohe Mount Olga. Die Olgas sind kein Monolith wie der Ayers Rock, sondern eine Ansammlung gigantischer, verwitterter und bizarrer roter Kuppelsteine mit Schluchten, Spalten und Tälern. Ge-

Ein Monolith von erhabener Schönheit – der Ayers Rock/Uluru mitten in der riesigen roten Wüste im Zentrum des fünften Kontinents

Region 5
NT – Das Rote Zentrum

Kata Tju̲ta, »Viele Köpfe«, heißen die Olgas bei den Aborigines

übte Wanderer kämpfen sich in drei bis vier Stunden durch die Steinformation zum **Valley of the Winds** vor, in dem schon so mancher Besucher erfahren musste, dass das Tal seinen Namen nicht aufgrund von Legenden, sondern real existierender Sandstürme hat. Genauso wie den Ayers Rock taucht die auf- und untergehende Sonne die Olgas in ein magisches Lichtspiel.

SERVICE & TIPPS

Ulu̲ru-Kata Tju̲ta National Park Cultural Centre
1 km vor dem Ayers Rock an der Straße von Yulara, NT 0872
✆ (08) 8956 1128
www.parksaustralia.gov.au/uluru
Tägl. 7–18 Uhr
Eintritt Cultural Centre frei, National Park für 3 Tage A$ 25 (ab 16 J.) Wenn Temperaturen über 36 °C erwartet werden, sind die Kletterwege am Ulu̲ru bereits ab 8 Uhr und der Weg ins Valley of the Winds ab 11 Uhr gesperrt.

Zum Besucherzentrum gehören auch ein Shop und eine Galerie mit Kunst und Kunsthandwerk der Aborigines.

6 WATARRKA NATIONAL PARK

Der gut 230 Kilometer südwestlich von Alice Springs gelegene Nationalpark wird auch Kings Canyon National Park genannt, denn die gewaltige Schlucht ist der Mittelpunkt des Schutzgebietes. Die Szenerie mit steil abfallenden Felswänden, gewaltigen Schluchten und den Wasserlöchern des **Garden of Eden** ist spektakulär. Besucher haben die Wahl zwischen einem nur rund einen Kilometer langen Weg bis zu einem schönen Aussichtpunkt und einer anstrengenderen, aber auch lohnenderen sechs Kilometer langen Wanderung entlang dem oberen Rand des Kings Canyon mit fantastischen Ausblicken. Eine weitere Naturattraktion ist eine **Lost City** genannte Sandsteinformation.

Für einen etwas längeren Aufenthalt bietet sich das Kings Canyon Resort an.

Am Ormiston Gorge im West MacDonnell National Park

Das Ringtail Possum (Ringschwanzbeutler) bewohnt Gebiete mit dichtem Gebüsch

Der Kings Canyon im Watarrka National Park hat spektakuläre Aussichtsbalkone

7 WEST MACDONNELL NATIONAL PARK

Die bis zu 600 Meter hohe Bergkette der **West MacDonnell Range** mit uralten Gesteinsformationen und zahllosen Schluchten ist auf guter Straße von Alice Springs aus schnell zu erreichen und wird daher besonders gern von Tagesausflüglern und Wanderern besucht – unzählige Tracks durchziehen das Gebiet. Beliebt sind beispielsweise **Standley Chasm**, eine enge Schlucht mit Schwindel erregend hohen, steilen Wänden, und **Ormiston Gorge**, Heimat seltener Pflanzenarten, wo es auch eine Rangerstation gibt.

❽ YULARA (AYERS ROCK RESORT)

Das Outback bildet die perfekte Kulisse für eine Ballonfahrt

Yulara ist die nächste Ansiedlung in der Nähe von **Uluru** (20 km) und **Kata Tjuta** (54 km) und das touristische Zentrum der Region. Hier stehen zu nicht ganz niedrigen Preisen Unterkünfte aller Kategorien vom Campingplatz bis zum Fünf-Sterne-Resort zur Verfügung. Zahlreiche Tourveranstalter haben hier ihren Sitz; Ausflüge können im zentralen Tour & Information Centre gebucht werden. Ein besonderes Erlebnis ist beispielsweise die Fahrt mit dem Heißluftballon über den Uluru und das rote Outback, die mehrere Unternehmen im Angebot haben – wahlweise auch stilvoll mit Champagner-Frühstück. Der Flughafen mit Verbindungen in alle großen Städte an der West- und Ostküste liegt fünf Kilometer nördlich des Ortes.

Wanderung im Kata Tjuta National Park

SERVICE & TIPPS

Voyages Travel Centre
✆ (08) 8296 8010
www.ayersrockresort.com.au
Mo–Fr 8–18.30, Sa 9–17 Uhr
Hier können Touren fast aller örtlichen Tourveranstalter gebucht werden. Ein besonders eindrucksvolles Erlebnis sind Rundflüge über Uluru und Kata Tjuta mit kleinen Flugzeugen oder im Helikopter. Die Preise für Rundflüge beginnen bei A$ 115.

◁ *Maximal neun Meter breit ist die Standley Chasm im West MacDonnell National Park*

NORTHERN TERRITORY (NT)

TOP END

»Top End« nennen die Australier den äußersten Nordwesten ihres Kontinents mit Darwin, der Hauptstadt des Northern Territory. Ein bisschen klingt das nach Ende der Welt, und zumindest die Ostküsten-Bewohner empfinden das auch so. Auch der Ausdruck »Never Never«, den die Australier für trostlose, abgelegene Outback-Gebiete verwenden, hat im Northern Territory seinen Ursprung. Er beruht auf dem Roman von Jeannie Gunn »We of the Never Never«, der das Leben auf einer Outback-Farm im Norden Anfang des 20. Jahrhunderts schildert. Folgerichtig wirbt das Top End mit dem Slogan »You'll never never know if you never never go« für einen Besuch ihrer tropischen Region.

Doch genau diese Einsamkeit und die landschaftliche Schönheit der großen Nationalparks wie des Kakadu National Park, UNESCO-Welterbe, oder des Litchfield National Park machen den Reiz des Top End aus. Dabei muss man jedoch auf die Reisezeit achten, denn das Top End liegt in tropischen Regionen. Das bedeutet, dass in der *Wet Season* von Mitte November bis Anfang April große Flächen der Region überflutet und nicht alle Sehenswürdigkeiten erreichbar sind. Zudem ist es sehr heiß und schwül. Die *Dry Season* von Mai bis Oktober ist zu ihrem Höhepunkt in den Monaten Juni bis August die beste Reisezeit.

Zwischen Regen- und Trockenzeit gibt es jeweils eine Art Mischperiode. Gefürchtet ist die sogenannte *build up period* im Oktober und November, wenn es immer schwüler wird, sich Wolkengebirge auftürmen und sich schließ-

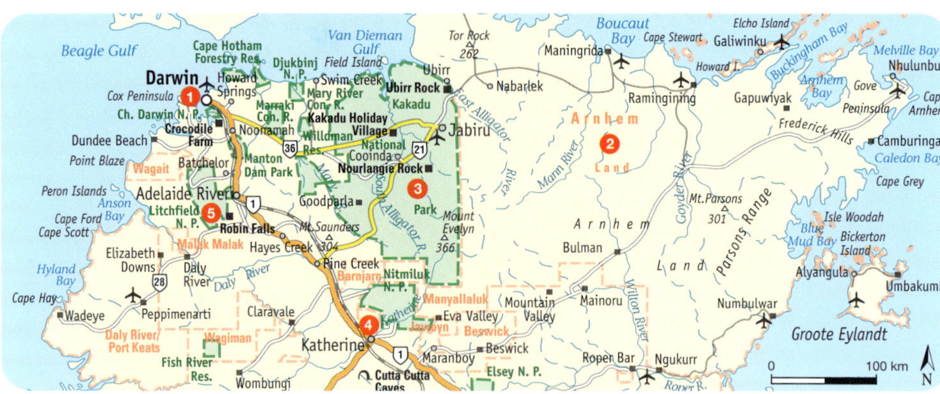

lich heftige Tropengewitter entladen. Generell ist es in Darwin zumeist außergewöhnlich heiß und feucht, so dass nicht jeder das Klima im Top End verträgt.

1 DARWIN

Die Sturt's Desert Rose, die Staatsblume des Northern Territory

Die tropische Hauptstadt des Northern Territory ist so etwas wie eine kleine Boomtown und Australiens Tor nach Asien. Kein Wunder, ist es doch beispielsweise nach Papua-Neuguinea nur ein Katzensprung, während Melbourne oder Sydney ein paar Tausend Kilometer entfernt liegen. Immerhin ist der Anschluss Darwins an den Rest Australiens durch die Eröffnung der Bahnstrecke – hier verkehrt der legendäre Zug *The Ghan* – von Adelaide quer über den Kontinent und Alice Springs bis Darwin wesentlich besser geworden.

Darwin ist heute eine moderne, etwas gesichtslose Stadt – als Folge der Zerstörungen durch den Wirbelsturm »Tracy«, der am Weihnachtsabend 1974 über Darwin wütete und 90 Prozent der Stadt vernichtete. Die Bombardements der Japaner im Zweiten Weltkrieg richteten dagegen vergleichsweise weit weniger Schaden an. Lediglich einige wenige historische Gebäude wie das 1883 erbaute **Hotel Darwin**, immer noch ein zünftiges Pub, und das **Lyons Cottage**, heute Museum der **British Australian Telegraph Company**, blieben stehen.

Darwin ist die einzige Stadt im Nordwesten, die sich immer mehr auch in wirtschaftlicher Hinsicht zu Australiens Tor nach Asien entwickelt. Das Zentrum mit vielen Restaurants, Cafés, Kneipen und Geschäften konzentriert sich rund um **Mitchell** und **Smith Street**, Letztere mit einer kleinen Fußgängerzone. Auch die Backpacker-Szene hat sich in der City, zum Beispiel im Cavenagh, niedergelassen, gilt doch

Wenn »The Ghan« in flimmernder Hitze die Hauptstadt des Northern Territory, Darwin, erreicht, hat er von Adelaide eine Strecke von 2979 Kilometern zurückgelegt

die Tropenstadt unter Rucksackreisenden als Party Town, in der man die Nächte gut durchfeiern und die Tage gut durchschlafen kann – jedenfalls, wenn das Zimmer eine Klimaanlage hat.

Vom Zentrum ist es nur ein kleiner Spaziergang zum **Darwin Harbour** und zum **Wharf Precinct**, einem restaurierten, heute wieder stimmungsvollen Werftgelände mit einer Art *Food Court* am Ende des breiten Holzstegs und der **Australian Pearling Exhibition** am Beginn des Geländes. Im selben Gebäude befindet sich auch das **Aquarium**. Am Hafen können zudem die **Oil Storage Tunnel**, ein eindrucksvolles Relikt des Zweiten Weltkriegs, besichtigt werden. Ebenfalls am Wasser und mit einigen netten Restaurants ist wenige Kilometer außerhalb des Zentrums die **Cullen Bay** mit ihrer Marina ein beliebtes Ziel. Kulturinteressierte haben mit dem **Museum & Art Gallery of the Northern Territory**, vier Kilometer von der Stadtmitte entfernt, einen interessanten Anlaufpunkt, an dem man sich einen guten Überblick über

die Kultur und Lebensweise der *indigenous people* verschaffen kann. Interessant sind jedoch auch die regelmäßigen Wechselausstellungen und die anderen Abteilungen dieses bedeutendsten Museums des Northern Territory, unter anderem über den Zyklon »Tracy«. Im Herbst 2007 soll zudem in Darwin ein neues Veranstaltungs- und Ausstellungszentrum eröffnet werden.

Der tropische Nordwesten ist Krokodilland. Da sich die gefürchteten Salzwasserkrokodile im Meer in den küstennahen Gewässern tummeln, kann man an den schönen Stränden Darwins nicht ohne Weiteres schwimmen. Die riesigen *Salties* sollte man sich daher besser in aller Ruhe auf der **Darwin Crocodile Farm** oder im **Crocodylus Park** aus der Nähe ansehen. Eine weitere Gefahr besteht wie überall im Norden Australiens von Oktober bis Mai durch den Box Jellyfish, der in den gesamten tropischen Breiten Australiens vorkommt. Die Berührung mit den langen Tentakeln des quallenartigen Meeresbewohners, der ein Nervengift absondert, kann zum Tode führen. Kleine Schwimmareale an den Stränden werden in dieser Zeit durch Netze gesichert.

Kinder haben dafür im **Aquascene** in Darwin ihre Freude, wo ihnen die Fische aus der Hand fressen. Vielfältiges Unterwasserleben, besonders das des Darwin Harbour, ist auch im Aquarium **Indo Pacific Marine** zu erleben. Unterhaltsam für alle ist der beliebte **Mindil Beach Sunset Market**, einer der buntesten Märkte Australiens mit den unterschiedlichsten Ständen sowie Kleinkunst- und Musikdarbietungen am schönen Mindil Beach.

Die Bewohner Darwins gelten im Übrigen als die größten Biertrinker – mit einem durchschnittlichen Pro-Kopf-Verbrauch von 244 Litern im Jahr. So versteht es sich von selbst, dass hier die berühmte **Beer Can Regatta** ausgetragen wird, bei der aus Bierdosen gebaute Boote an den Start gehen.

Ein beliebtes Naherholungsziel in der Nähe der Stadt ist der **Territory Wildlife Park**, ein schönes Gelände, wo die vielfältige Fauna und Flora des Northern Territory von der Wüste bis zu den tropischen Breiten bestaunt werden kann.

Einen 3,5 km langen Rundgang durch die Stadt vorbei an allen historischen Gebäuden erläutert die im Visitor Centre erhältliche Broschüre »Walk through Historical Darwin«.

Schwimmer haben es in Darwins Gewässern nicht leicht: Die aggressiven Salzwasserkrokodile, »Salties«, halten sich sowohl im Salz- als auch im Süßwasser auf

Auf der Smith Street Mall in Darwin

Darwins Botanischer Garten besitzt einen der besten Tropengärten weltweit

SERVICE & TIPPS

Darwin Visitor Centre
Tourism Top End
6 Bennet St., Darwin, NT 0800
✆ (08) 8980 6000, 1-300-138 866
www.tourismtopend.com.au

Australian Pearling Exhibition
Stokes Hill Wharf
Darwin, NT 0800
✆ (08) 8999 6573, tägl. 10–15 Uhr
Gezeigt wird die Geschichte der lokalen Perlenindustrie. Unter einem Taucherhelm kann man eine Unterwasser-Simulation erleben.

The Australian Aviation Heritage Centre
557 Stuart Hwy., Winellie
Darwin, NT 0800
✆ (08) 8947 2145
www.darwinsairwar.com.au
Tägl. 9–17 Uhr, Eintritt A$ 14/7
Geschichte der Luftfahrt. Ausstellung von Zivil- und Militärflugzeugen.

Museum & Art Gallery of the Northern Territory
19 Conacher St., Bullocky Point
Fannie Bay, Darwin, NT 0801
✆ (08) 8999 8264
www.magnt.net.au
Mo–Fr 9–17, Sa/So 10–17 Uhr
Eintritt frei
Das sehr schöne und interessante Museum beschäftigt sich mit Natur, Kunst, Kultur und Geschichte des Northern Territory und im Besonderen der Aborigines des Nordens und der Torres Strait Islands.

Lyons Cottage – British Australian Telegraph Company
The Esplanade, Darwin, NT 0800
✆ (08) 8981 1750
Tägl. 10–17 Uhr, Eintritt frei
Das Cottage ist ein schönes Beispiel für Darwins frühe Architektur.

WWII Oil Storage Tunnel
Kitchener Dr.
Wharf Precinct, Darwin, NT 0800
✆ (08) 8985 6333
www.darwintours.com.au/ww2tunnels
Mai–Sept. tägl. 9–16, Okt.–April Di–So 9–13 Uhr, Eintritt A$ 7/4
Nach der Bombardierung der oberirdischen Öltanks am Hafen durch die Japaner während des Zweiten Weltkriegs wurden diese Tunnel Ende 1942 zur Öllagerung mit Hacke und Schaufel in den Fels gegraben und können heute begangen werden.

Aquascene
28 Doctors Gully Rd.
Darwin, NT 0800
✆ (08) 8981 7837
www.aquascene.com.au
Fütterungszeiten vgl. Website
Eintritt A$ 15/10
Hier gibt's Fische zu erleben, die der ganzen Familie Spaß machen und die bei Flut ans Ufer schwimmen, um sich füttern zu lassen.

George Brown Darwin Botanic Gardens
Gilruth Ave., Darwin, NT 0801
✆ (08) 8981 1958
www.parksandwildlife.nt.gov.au/botanic, tägl. 7–19 Uhr, Eintritt frei
Über 400 Arten tropischer Pflanzen, darunter besonders schöne Exemplare von Flaschenbäumen, eine Orchideenfarm und eine repräsentative Regenwald- und Sumpflandvegetation im Kleinausschnitt des Northern Territory. Außerdem gibt es eine Freiluftbühne, auf der Konzerte stattfinden.

Crocodylus Park
815 McMillans Rd.
Berrimah, Darwin, NT 0828
✆ (08) 8922 4500
www.crocodyluspark.com.au
Tägl. 9–17 Uhr
Eintritt A$ 40/20
Schöner Krokodilpark mit 30 Jahren Erfahrung. Auch andere einheimische Tiere sowie Löwen, Tiger und Leoparden sind zu sehen.

Indo Pacific Marine
29 Stokes Hill Rd., Darwin, NT 0800
✆ (08) 8981 1294
www.indopacificmarine.com.au
April–Okt. tägl. 10–16, Nov.–März tel. erfragen
Eintritt A$ 24/10

Jedes der Aquarien im Indo Pacific Marine ist ein eigenständiges Ökosystem, so gibt es z. B. ein lebendes Korallenriff. Regelmäßige Abendtouren mit Seafood-Buffet.

The Jetty
Stokes Hill Wharf
Darwin, NT 0800
✆ (08) 8942 1500, tägl. Dinner
Frisches Seafood und saftige Steaks direkt am Wasser auf einer Terrasse mit Panoramablick. $$

The Pearl
The Mall, Darwin, NT 0800
✆ 435 821 648
So/Mo 7.30–16, Di–Sa 7.30–0.30 Uhr
Stylisches Restaurant mit kreativer Aussie-Küche mitten in der City. $$

Chow!
19 Kitchener Drive
Darwin, NT 0800
✆ (08) 89 41 76 25
www.chowdarwin.com.au, tägl. 11.30–14.30 und 17.30–21.30 Uhr
Sehr gute vietnamesische Küche in entspanntem Ambiente. $–$$

The Deck Bar
22 Mitchell St., Darwin, NT 0800
✆ (08) 8942 3001
www.thedeckbar.com.au
Tägl. ab 11 Uhr
Nicht nur bei Backpackern beliebter Treff zu jeder Tages- und Nachtzeit. $–$$

Bay Seafood Café
Marina Blvd., Cullen Bay
Darwin, NT 0800
✆ (08) 8981 8789
Leckerer Fish & Chips. $

The Cavenagh
12 Cavenagh St., Darwin, NT 0800
✆ (08) 8941 6383
www.thecavenagh.com
Tägl. ab 7 Uhr
In der Bar dieser angesagten Backpacker-Bleibe wird häufig schon am frühen Abend auf dem Tisch getanzt. Das Essen und die Drinks sind günstig und es gibt einen gut bestückten Bottle Shop.

Top End Hotel
Mitchell & Daly Sts.
Darwin, NT 0800
✆ (08) 8981 6511
www.topendhotel.com.au
Mehrere Bars, Biergarten, Dance-Club, Live-Bands und Sports Bar, im Top End ist immer etwas los. Auch moderne Motelzimmer mit Pool.

Skycity
Gilruth Ave., Mindil Beach
Darwin, NT 0800
✆ (08) 8943 8888
www.skycitydarwin.com.au
Skycity am Mindil Beach ist ein neuer moderner Vergnügungskomplex mit Kasino, Bars, Discos, Live-Entertainment und Hotel.

Entertainment Center
93 Mitchell St., Darwin, NT 0800
✆ (08) 8980 3333
www.yourcentre.com.au
Ticketschalter Mo–Fr 10–17.30 Uhr und 1 Std. vor Veranstaltungsbeginn
Darwins Veranstaltungshalle für Konzerte, Musicals und mehr.

Mason Gallery
7/21 Cavenagh St.
Darwin, NT 0800
✆ (08) 8981 9622
www.masongallery.com
Gut eingeführte Galerie für Aboriginal-Kunst, die zudem gute Qualität bietet.

Mindil Beach Sunset Market
Mindil Beach, Darwin, NT 0801
www.mindil.com.au

Unterhaltung und …

Ein kostenloser Shuttlebus fährt von Mai bis August ungefähr achtmal täglich von der City zum Casuarina Square, einem der größten Shoppingcenter mit 170 Geschäften.

… Spaß auf dem Mindil Beach Market in Darwin

April/Mai, Okt. Do 17–22, So 16–21 Uhr
Der bunte Markt mit Ess-Ständen, Kleinkunst und Musik ist eine der Attraktionen Darwins.

The Pearl Shop
Shop 11–13, Darwin Wharf Precinct, Darwin, NT 0801
✆ (08) 8981 2744
Perlenschmuck aus aller Welt.

The Rugby Shop
Mitchell Centre, 52 Mitchell St.
Darwin, NT 0800
✆ (08) 8981 1433
Mo–Sa 9–21, So 10–20.30 Uhr
Souvenirs rund um Rugby, eine der beliebtesten Sportarten auch im Northern Territory.

Territory Colours
Shop 16, 21 Knuckey St.
Darwin, NT 0800
✆ (08) 8981 1803
www.territorycolours.com
Kunsthandwerk, Bilder, Schmuck, Vasen, Holz- und Glasarbeiten von australischen Künstlern.

Adelaide River Queen Cruises
Adelaide River Bridge, Arnhem Hwy. via Humpty Doo
✆ (08) 8988 8144
www.jumpingcrocodilecruises.com.au
Bootstouren mit Krokodil-Watching auf dem Adelaide River. Die 1-Std.-Tour kostet A$ 40/25.

Beer Can Regatta
www.beercanregatta.org.au
Seit 1974 findet alljährlich im Juli oder Anfang August vor Zehntausenden begeisterten Zuschauern am Mindil Beach eine Regatta statt, zu der nur Fortbewegungsmittel – Boote mag man sie kaum nennen – zugelassen sind, die aus Bierdosen gebaut wurden.

Ausflugsziele:

Mandorah
Mit der Sea Cat, einer schnellen Fähre, geht es etwa 10 mal pro Tag von der Cullen Bay Marina in 20 Min. hinüber auf die Cox Peninsula in den netten Strandort Mandorah.

Charles Darwin National Park
Der nach dem berühmten Naturforscher benannte Nationalpark liegt nur etwas außerhalb der City an der Francis Bay und beheimatet einen Großteil der in Nordaustralien vorkommenden Mangrovenarten. Einige Bunker zeigen, dass die Australier hier im Zweiten Weltkrieg eine Verteidigungslinie gegen die Japaner aufgebaut hatten.

de Ökosystem. Wer Glück hat, kann dabei aus dem sicheren Boot schon einmal einem ausgewachsenen Alligator in die Augen blicken. Ganz in der Nähe befinden sich das **Warradjan Aboriginal Cultural Center** und verschiedene Übernachtungsmöglichkeiten in **Cooinda**.

Im Nationalpark sind an verschiedenen abgelegenen Kultstätten Tausende, teilweise bis zu 20 000 Jahre alte Felszeichnungen der Aborigines zu finden. Die bekanntesten sind in **Ubirr** an der Grenze zum **Arnhem Land** zu sehen. Die natürliche Grenze zwischen Kakadu und Arnhem Land bildet eine 30 bis 200 Meter hohe Felsbarriere. Von dem Plateau oberhalb der Rock-Art-Stätte bietet sich ein weiter Blick auf die *Wetlands*, die großen Überflutungsgebiete des Arnhem Land. Während der Wintermonate bieten die Park Rangers informative Touren der Rock-Art-Stätte an. Weitere heilige Kultstätten der örtlichen *indigenous people* finden sich beispielsweise am **Nourlangie Rock**, mit den vielleicht schönsten und interessantesten Felsmalereien des Nationalparks.

Die Sümpfe machen den Kakadu National Park zu einem Paradies für Vögel

Die meisten Highlights des Parks sind in der Regel auch in der Regenzeit über asphaltierte, etwas erhöht angelegte Straßen leicht erreichbar. Eine Ausnahme machen die spektakulären Wasserfälle **Jim Jim Falls** und **Twin Falls**. Für die Fahrt dorthin braucht man auch in der Trockenzeit ein Allradfahrzeug. Man kann sich aber auch einer organisierten Tour ab Darwin oder Yellow Waters anschließen oder die Fälle bei einem Rundflug aus der Luft betrachten – besonders eindrucksvoll in der Regenzeit.

SERVICE & TIPPS

Bowali Visitors Centre
Kakadu National Park
Jabiru, NT 0886
✆ (08) 8938 1121
www.environment.gov.au/parks/kakadu, tägl. 8–17 Uhr
Das im Park bei Jabiru gelegene Besucherzentrum informiert über alles Wissenswerte rund um den Kakadu National Park. Hörenswert ist die 20-minütige Audio-Präsentation. Angeschlossen sind auch ein Café und die Marrawuddi Gallery mit Kunst und Kunsthandwerk, Büchern und Souvenirs im Angebot.

Warradjan Aboriginal Cultural Centre
1 km von Cooinda
Yellow Waters, NT 0886
✆ (08) 8975 0051, tägl. 9–17 Uhr
Das Zentrum bei Yellow Waters bietet Ausstellungen, Videovorführungen und eine Kunstgalerie. Es informiert über die Geschichte und Kultur der Bininj, der traditionellen Besitzer des Gebiets.

Yellow Waters Cruises
Kakadu Hwy., Kakadu National Park, Jim Jim, NT 0886
✆ 1800 500 401
www.gagudju-dreaming.com
Yellow Waters bietet sowohl in der Trocken- wie in der Regenzeit mehrmals tägl. ein- und zweistündige Bootsfahrten über den South Alligator River an. Die 2-Std.-Tour kostet ab A$ 90/62.

Bootsfahrt auf dem South Alligator River im Kakadu National Park

4 KATHERINE

Katherine (10 000 Einwohner) ist neben Tennant Creek die einzige bedeutende Ansiedlung zwischen Darwin und Alice Springs. Eine Hauptstraße, auf der alles Nötige, was der Reisende braucht, zu finden ist, einige Nebenstraßen drumherum, ein paar Caravan-Parks und Motels, einige Restaurants und Cafés und die eine oder andere Galerie – das ist Katherine. Wer nach einem anstrengenden Tag *on the road* ankommt, kann in den **Hot Springs**, 32 Grad Celsius warmen, natürlichen Wasserbecken, nur fünf Fahrminuten außerhalb, ein entspannendes Bad nehmen. Ebenfalls in Ortsnähe, acht Kilometer südwestlich, liegt das sehenswerte **Springvale Homestead**, das älteste erhaltene, 1879 erbaute Anwesen im Top End.

Die Stadt profitiert stark von der nahe gelegenen **Katherine Gorge** im **Nitmiluk National Park**. Sie ist nicht nur Katherines größte Attraktion, sondern Anziehungspunkt für fast jeden Touristen, der das Top End besucht. Die Gorge ist eine Reihe von 13 hintereinander folgenden Schluchten auf einer Länge von etwa 30 Kilometern mit steilen Felswänden, an denen stellenweise einige sehr alte Felsmalereien der Aborigines zu betrachten sind.

Auf den vor Ort angebotenen Bootstouren kann man in wenigen Stunden die ersten zwei oder drei Schluchten besuchen oder selber mit einem gemieteten Kanu tiefer in das Schluchtensystem eindringen. Auch die ersten Schluchten sind schon sehr reizvoll und bieten ein landschaftlich sehr schönes Erlebnis, das man allerdings noch mit relativ vielen Menschen teilt. Je tiefer man dann jedoch in das Schluchtensystem eindringt, desto reizvoller wird die Landschaft und desto leerer und unberührter wird die Szenerie.

Unterschlupf von Fledermäusen: die Cutta Cutta Caves südlich von Katherine

Katherine ist auch Ausgangspunkt für Touren in weitere sehenswerte, aber abgelegene Nationalparks wie den **Gregory National Park** und den **Flora River Nature Park** oder – auf dem Weg hinüber nach Westaustralien – den **Keep River National Park**. Wer dorthin will, sollte zuvor in Katherine den nötigen Reiseproviant (von Wasser bis Klopapier) für ein paar Tage einkaufen und sich vor der Weiterfahrt nach den Verhältnissen in den Parks erkundigen.

SERVICE & TIPPS

Katherine Region Tourist Association
Lindsay St. & Katherine Terrace
Katherine, NT 0850
✆ (08) 8972 2650, 1-800-653 142
www.visitkatherine.com.au

Führungen
In den Nationalparks finden verschiedene Veranstaltungen für die Besucher statt, z. B. kostenlose Führungen und Gespräche mit den Nationalpark-Rangern, Wanderungen, etc. Infos auch beim Park and Wildlife Commission Office in Darwin, ✆ (08) 8999 4432.

Nitmiluk Tours
Nitmiluk National Park
Katherine, NT 0850
✆ (08) 8972 1253, 1800 089 103
www.nitmiluktours.com
Angeboten werden verschiedene Touren in die Schluchten der Katherine Gorge. Für abenteuerlustigere Naturen werden Kanus vermietet, auch über Nacht.

Nitmiluk Centre
Katherine Gorge Rd.
Katherine, NT 0850
Tägl. 7.30–20 Uhr
Das Nitmiluk Centre befindet sich am Beginn der Schlucht und verfügt über Infobüro, Café, Souvernirshop und einen Campingplatz. Es können Boote ausgeliehen werden, mit denen man die Schluchten erkunden kann, und hier beginnen die organisierten Touren in die Gorge.

School of the Air
Giles St., Katherine, NT 0850
✆ (08) 8972 1833
www.schools.nt.edu.au/ksa
Mitte März–Mitte Dez. Mo–Fr Touren um 9, 10, 11, 13 und 14 Uhr
Man kann die Schule besuchen und sehen, wie die Kinder im Outback, inzwischen auch über Internet, unterrichtet werden.

Kumbidgee Lodge Tea Rooms
10 km auf der Gorge Rd.
Katherine, NT 0850
✆ (08) 8971 0699

◁ *Die Katherine Gorge im Nitmiluk National Park ist Anziehungspunkt für fast jeden Touristen im Top End*

Bootstour auf Poppy's Pool: in den Monaten der Dry Season sind nur die Pools zwischen den Schluchten der Katherine Gorge mit Wasser gefüllt

Barramundi, Steaks und Burger sind die Spezialitäten der von Buschland umgebenen Lodge. $-$$

Diggers Den Tavern & Restaurant
7 Victoria Hwy., Katherine, NT 0850
✆ (08) 8971 0422
Tägl. durchgehend geöffnet
Gute Auswahl an Pizza und Pasta, auch Lieferservice. Fr und So Live-Musik. $

Mimi Aboriginal Arts & Crafts
6 Pearce St., Katherine, NT 0851
✆ (08) 8971 0036
Mo–Fr 8.30–16.30 Uhr
Mimi repräsentiert hauptsächlich Kunst und Kunsthandwerk der Aborigines der Katherine-Region.

Das Flechten von Körben hat bei den Frauen aus dem Aboriginal-Stamm der Nitmiluk Tradition

Katherine Country Music Muster
Ein Highlight im jährlichen Veranstaltungskalender ist das Festival am ersten Mai-Wochenende. Drei Tage Country-Musik live mit bekannten Sängern und Bands.

Ausflugsziele:

Flora River Nature Park
Nur 90 km über den Highway und anschließend 45 km Sandpiste sind es von Katherine, dennoch ist dieser kleine Naturpark fast noch ein Geheimtipp. In der Nähe des Flora River gibt es einen idyllischen Natur-Campingplatz und es können kleine Wasserfälle erwandert werden. Man kann sein Boot zu Wasser lassen, vom Schwimmen ist wegen der vielen Krokodile aber abzuraten.

Gregory National Park
Dieser riesige, in zwei Sektionen unterteilte Nationalpark wird noch sehr wenig besucht und ist in weiten Teilen wild, wenig erschlossen

und ein Paradies für Fans von Geländewagentouren. Es führen einige Tracks durch das zwischen halbtrockener und tropischer Region gelegene Gebiet. Es gibt zwei oder drei von den Rangern ausgewiesene Campingmöglichkeiten. Zum Nationalpark gehört auch **Victoria River Crossing**, wo der Highway inmitten einer spektakulären Sandsteinlandschaft den Victoria River quert. Das dort gelegene **Victoria River Roadhouse** ist ein beliebter Stop-Over mit anständigem Restaurant und Übernachtungsmöglichkeiten. Es werden vor Ort auch unterhaltsame Bootstouren angeboten.

Keep River National Park
Direkt an der Grenze zu Westaustralien und am Victoria Highway liegt dieser während der Trockenzeit auch mit konventionellen Fahrzeugen zugängliche Nationalpark, der bekannt ist für seine Sandsteinfelsen-Formationen, gute Wandermöglichkeiten und einige Stellen mit Felszeichnungen der Aborigines.

5 LITCHFIELD NATIONAL PARK

Nur etwas über 100 Kilometer südlich von Darwin beim kleinen Ort **Batchelor** mit einigen Unterkünften, Shops und einer Tankstelle liegt der reizvolle Litchfield National Park. Er ist mit seinen eindrucksvollen Felsformationen, Schluchten, Wasserlöchern und Wasserfällen wie den **Wangi Falls** wohl einer der schönsten Nationalparks. In den Wangi Falls kann man ohne Gefahr herrlich baden, allerdings nur in der Trockenzeit, und in der Umgebung sehr schön campen. Schwimmen und Zelten sind auch bei den kaum minder schönen **Florence Falls** möglich. Faszinierend sind die Kolonien von Flughunden, die eng an eng in der Nähe der Wasserlöcher in den Bäumen hängen – manche Menschen empfinden diese Flattertiere allerdings auch als bedrohlich.

Weitere Landschaftsattraktionen sind die **Buley Rockholes**, eine Reihe kleiner Fälle und Kaskaden, unterbrochen von mit Felsen umrahmten Wasserlöchern, und **The Lost City**, eine herausragende Sandsteinfels-Formation, die nur mit dem Geländewagen zu erreichen ist. Überall in der Landschaft verteilt stehen zudem die für den Norden so charakteristischen bizarren und bis zu zwei Meter hohen Termitenhügel.

Termitenbau im Litchfield National Park

WESTERN AUSTRALIA (WA)

MITTE UND NORDEN

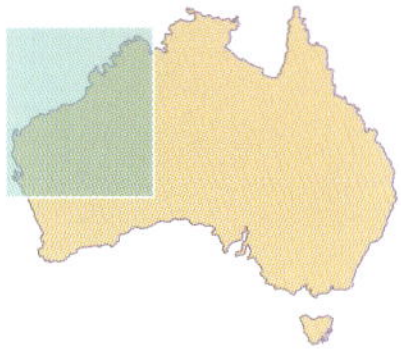

Flagge von Western Australia

Die Mitte und der Norden Westaustraliens sind praktisch zu 100 Prozent dünn besiedeltes Outback mit so unterschiedlichen Regionen wie der fantastischen *World Heritage Area* Shark Bay und dem nördlich davon gelegenen Ningaloo Reef, wo man eine fast unvergleichliche Unterwasserwelt vorfindet. Und das praktisch ohne jeden touristischen Trubel, obwohl es Bestrebungen gibt, auch hier den Tourismus zu intensivieren. So wie dies auf angenehme Art und Weise in der alten Perlentaucherstadt Broome geschehen ist, die mit dem Cable Beach einen der wundervollsten Strände Australiens besitzt. Ökotourismus und Abenteuertouren sind noch weiter nördlich in den wilden Kimberleys zu Hause, einer Landschaft etwa so groß wie England, vollgestopft mit Naturschönheiten wie der Windjana Gorge.

Eine echte Sensation, vor allem aus der Luft, sind auch Purnululu, die von den Weißen Bungle Bungle genannten bienenstockförmigen Sandsteinformationen. Einen Besuch sollte man auch dem Karijini National Park abstatten, dessen Felsformationen zu den ältesten der Erde zählen. Nur die Abenteuerlustigsten wagen sich allerdings auf der Canning Stock Route von Wiluna nach Halls Creek an die Durchquerung der Great Sandy Desert mit ihren roten Riesendünen.

Kamelritt am Cable Beach in Broome

Selten verirren sich Touristen an die Spitze von Cape Leveque zwischen Broome und Derby

❶ BROOME

Wenn Perth die einsamste Metropole ist, dann ist Broome (15 000 Einwohner) vielleicht der entlegenste Ferienort der Welt. Und das kleine nette Küstenstädtchen mit dem traumhaften, 22 Kilometer langen **Cable Beach** hat richtig Charme. Der herrliche, selbst in der Hochsaison nie überfüllte Strand ist bekannt für seine tollen Sonnenuntergänge, die man entspannt von der Bar des Cable Beach Resorts betrachten kann. Sehr beliebt ist das dort angebotene Kamelreiten über den Strand vor dem Abendhimmel der untergehenden Sonne. Neben dem Beach ist **Chinatown**, das schmucke Zentrum mit zahlreichen Cafés und Restaurants, eine der Attraktionen. Die Chinesen, Malaien und Japaner kamen gegen Ende des 19. Jahrhunderts als Händler und Perlentaucher an die Westküste. Broome war damals die Welthauptstadt der Perlen; auch heute lassen sich in den Juwelierläden günstig Perlen und Perlenschmuck erstehen. Damals wurde jedoch noch unter Einsatz des Lebens nach den Perlen getaucht – die Gräber der Opfer des gefährlichen Geschäfts sind auf dem **Japanischen Friedhof** zu sehen. Heute stammen die Preziosen aus Perlenzuchtfarmen.

Sehenswert ist auch **Sun Pictures**, das älteste noch in Betrieb befindliche Open-Air-Kino der Welt. Bereits seit 1916 werden hier Filme gezeigt. Ein natürliches Lichterschauspiel hingegen ist zwischen März und Oktober zu beobachten: **Staircase to the Moon**. Bei extremer Ebbe reflektiert das Mondlicht so auf dem Meeresboden, dass die Illusion einer Treppe zum Mond entsteht. Hingegen werden bei Niedrigwasser die versteinerten Dinosaurier-Fußspuren am **Gantheaume Point** sichtbar, die bis zu 130 Millionen Jahre alt sind. Übrigens betrieb der aus dem Fernsehen bekannte, 2010 verstorbene Abenteurer Malcolm Douglas am Cable Beach einen Krokodilpark, der im Wilderness Wildlife Park weiter besteht.

Doch in Broome nur am Strand zu relaxen wäre zu schade, denn das Urlaubsstädtchen ist das Tor zu den **Kimberleys**, eine der faszinierendsten, kaum erschlossenen Landschaften Australiens, die man von Broome aus mit einem Allradfahrzeug auf der **Gibb River Road** durchqueren kann. Ein landschaftlich besonders eindrucksvolles Erlebnis ist auch die vierstündige Geländewagentour über rote Pisten zum **Cape Leveque** an der Spitze der **Dampier Peninsula** mit seiner fantastischen Szenerie. Eine Attraktion auf halbem Weg ist die **Sacred Heart Church** in Beagle Bay mit ihrem muschelbesetzten Altar. Direkt am Kap kann man im traumhaft gelegenen Resort Kooljaman, das sich im Besitz der örtlichen Aborigines befindet, campen oder in komfortablen Hütten übernachten. Wer nicht selber fahren möchte, bucht in Broome eine organisierte Tour.

SERVICE & TIPPS

Broome Visitor Centre
1 Hamersley St.
Broome, WA 6725
✆ (08) 9195 2200
www.visitbroome.com.au

Town Bus Service
www.broomebus.com.au
Mo–Sa 7.10–18.40, So ca. 10.20–18.40 Uhr
Einzelticket A$ 3.50, 5er-Ticket A$ 16
In Broome verkehrt täglich zwischen Chinatown, den wichtigen Hotels, Einkaufszentren und Cable Beach stündlich ein Bus.

The Shell House
76 Guy St., Broome, WA 6725
✆ (08) 9192 1423
Tägl. 9–17 Uhr
Eintritt frei
Fast 30 Jahre gibt es sie bereits, die inzwischen australienweit mit über 6000 Exponaten größte private Muschelsammlung. Im Showroom kann man Schmuck und Kunsthandwerkliches aus Perlen, Perlmutt und Muscheln erwerben.

Ein Wunderwerk der Natur: das Gehäuse einer Fass-Schnecke

Cape Bougainville
Cape Londonderry
Joseph Bonaparte Gulf
Bonaparte Archipelago
Admiralty Gulf
Kalumburu River
Carson River
Kalumburu
Drysdale River N. P.
Oombulgurri
Ord River Nat. Res.
Biggs Island
Mt. Anderson 485
Carson Escarpment
Drysdale R.
Vlotti Peak 381
Brunswick Bay
Heywood Islands
Prince Regent Nature Reserve
Wyndham
Kuri Bay
Beagle Reef
Adele Island
Buccaneer Archipelago
Montgomery Islands
Kunmunya
Drysdale River
Kununurra
Dunham River
Doon Doon
Kimberley
Gibb River Road
Pantijan
Yampi S.
Wotjalum
Beverley Springs
Blue Face Ranges
Chamberlain R.
Swan Point
Ponder Bay
Lombadina
Oobagooma
Kupingarri
Mt. Barnett
King Leopold Ranges
Bow River
Pender Bay
King Sound
Pastoral Lease
Purnululu N. P.
Lacepede Islands
Beagle Bay
Shoals
Derby
Windjana Gorge N. P.
Bell Gorge
Mt. Ord 947
Mt. Wells 983
Violet Valley
Dampier Land
Mowanjum
Kimberley
Tunnel Ck. N. P.
Leopold Downs
Landsdowne
Point Coulomb Nat. Res.
Pandanas Park
Mount Anderson
Leopolds Downs
Geikie Gorge N. P.
Koongie Park
Broome
Roebuck Bay
Ellendale
Looma
Noonkanbah
Fitzroy Crossing
Mt. Amhurst 689
Mount Louisa
Pierre Downs
Halls Creek
Thangoo
Barbrongan Tower 363
Mt. Tuckfield 312
Christmas Creek
Bohemia Downs
Ruby Plains
Wolfe Creek
Christmas Creek
Sturt Creek
Frazier Downs
Millijiddie
Mt. Bannerman 449
Eighty Mile Beach
Frazier Downs
Anna Plains
Billiluna
Lake Betty
Dragon Tree Soak Nat. Res.
Mandora
Sandfire Roadhouse
Cape Keraudren
Lake Gregory
Balgo
Great Sandy Desert
Kearney
Shay Gap
De Grey River
Callawa
Coongan
Gregory Range
Percival Lakes
Stansmore Range
Mt. Edgar 371
Marble Bar
Braeside
Lake Waukarlycarly
Shaw R.
Nullagine R.
Lake Tobin
Paterson Range
Throssell Range
Telfer Mine
Central Australia
Hillside
Nullagine
Lake Dora
Rudall River National Park
Lake Auld
Kanawarratji
Maruwa
Noreena Downs
Lake Blanche
Kiwirrkurra
Roy Hill
Lake Winifred
Ngaanyatjarra Land Council
Marillana
Ethel Creek
Ophthalmia Range
Walagunya
Lake Disappointment
Kurlkuta
Newman
Jigalong
Lake Anec
Deadman Hill 731
Mundiwindi
Gibson Desert
Little Sandy Desert
Lake Newell
Giles Meteorological Station
Lofty Range
Gibson Desert Nature Reserve
Charles Knob 547
Rawlinson Ranges
Collier Range Nat. P.
Kumarina Roadhouse
White Lake
Mt. Essendon
Lake Burnside
Mungilli
Beetwood
Carnarvon Range 906
Glenayle
Southern Central Reserve
Central Reserve
Neds Creek
Lake Nabberu
Granite Peak
Lake Buchanan
Herbert Wash
Tjirrkarli
Warburton
Warburton
Mt. Talbot 619
Peak Hill Ranges
Lake Gregory
Lake Teague
Carnegie
Wongawol
Lake Carnegie
Lake Gillen
Cunyu
Windidda
Windidda
Mt. Alice West 656
Princes Ranges
Lyell Brown Bluff 524
Lake Wells
Yapuparra
Baker Lake
Wiluna
Lake Way
Barwidgee
Mt. Townsend 661
Wanjarri Nat. Res.
Lake Maitland
Mt. Maiden 590
De La Poer Range Nat. Res.
Lake Throssel
Point Lilian 430
Yeelirrie
Yandal
Bandya
Great Victoria Desert
Yeo Lake N. R.
Yeo Lake
Lake Mason
Lake Darlot
Melrose
Cosmo Newberry
Point Salvation 508
Neale Junction Nat. Res.
Sandstone
Agnew
Mt. Redcliffe 576
White Cliffs
Bulga Downs
Laverton
Lake Raeside
Lake Carey
Lake Rason
Jubilee Lakes
Carlisle Lakes
Lake Ilma
Glenorn
Leonora
548
Mt. East
Lake Noondie
Youngarra
Perrinvale
Lake Ballard
Kookynie
Yandamindra
Lake Minigwal
Plumridge Lakes N. R.
Plumridge Lakes
Great Victoria Desert Nat. Res.
Find
Lake Barlee
Lake Marmion
Lake Shepperd
Adelong
Diemals
Menzies
Yakadunga
Newman
Wyndham
Kununurra
1
95
138
1
3
5
7
11
12
13
14
17
20

Im Broome Crocodile Park

Broome Crocodile Park
Broome Highway, Broome
WA 6725
✆ (08) 9193 6580
www.malcolmdouglas.com.au
Eintritt A$ 35/20, tägl. 14–17 Uhr
Der Krokodilpark des verstorbenen Outback-Experten Malcom Douglas; regelmäßige Krokodilfütterungen.

Cable Beach
Der Cable Beach heißt so, weil hier das erste Unterwasser-Telekommunikationskabel angelandet wurde. Er ist mit Sicherheit einer der schönsten Strände Australiens und so weitläufig, dass sich die Touristen großzügig verteilen. Legendär sind die Sonnenuntergänge am Strand, ein Erlebnis ein Kamelritt über den Beach.

Broome Camel Safaris
Cable Beach, Broome, WA 6725
✆ (04) 1991 6101
www.broomecamelsafaris.com.au
Ein Kamelritt bei Sonnenuntergang über den traumhaften Cable Beach ist eine der Attraktionen in Broome. 30 Min. am Nachmittag A$ 45/30. 1 Std. bei Sonnenuntergang A$ 80/65.

The Aarli
16 Hamersly St., Broome, WA 6725
✆ (08) 9192 5529
http://theaarli.com.au, tägl. ab 8 Uhr
Zeitgemäße Gastanlandestation mit moderner australischer Küche. $$

Out of the Blue Seafood Beach Bar
4 Sanctuary Drive
Broome, WA 6725
✆ (08) 9192 6622
Tägl. Lunch, Dinner
Auch bei Locals beliebtes Seafood-Restaurant, regelmäßig Livemusik. $$

The Wharf
Am Hafen, Broome, WA 6725
✆ (08) 9192 5700
Tägl. 11–22 Uhr
Frischer Fisch – Austern, Lobster, Barramundi, Tintenfisch – in ungezwungener Restaurant-Imbiss-Location, auch Take away. $–$$

Matso's Broome Brewery
60 Hamersley St.
Broome, WA 6725
✆ (08) 9193 5811
www.matsos.com.au
Tägl. ab 7 Uhr
Nicht nur Perlen finden sich in Broome, sondern auch hausgebrautes Bier. Zum Gerstensaft und ordentlichen Essen gibt es den Blick auf die Roebuck Bay gratis. $$

Sunset Bar & Grill
Im Cable Beach Resort
Cable Beach Rd., Broome, WA 6725
✆ (08) 9192 0400
www.cablebeachclub.com
Tägl. Fühstück ab 6 Uhr, Dinner ab 17.30 Uhr
Die Sunset Bar ist wohl der angenehmste und auch der beliebteste Ort, um den einmaligen Sonnenuntergang am Cable Beach bei einem kühlen Drink zu genießen.

The Broome Factory
9 Farell St., Broome, WA 6725
✆ (08) 9192 6243
www.thebroomefactory.com.au
Mo–Fr 10–14 Uhr
Mehrere Designer und Künstler unter einem Dach, u. a. Möbeltischler, Juweliere, Hutmacher.

Courthouse Markets
Frederick & Hamersley Sts.
Broome, WA 6725
www.broomecourthousemarkets.com.au, Sa 8–13, Ostern–Okt. auch So 8–13 Uhr
Straßenmarkt mit breitem Angebot von Kitsch bis gutem Essen.

Hidden Valley Handcrafts
2 Harriet Road
Blue Haze Light Industrial Area
Broome, WA 6725
✆ (08) 9193 7036, www.hiddenvalleyhandcrafts.com.au
Bekannt für ihre selbstgemachte Seife aus natürlichen Stoffen.

Kailis
Shop 3, 23 Dampier Terrace
Broome, WA 6725
✆ (08) 9192 2061
www.kailisjewellery.com.au
Mitte der 1970er Jahre hat die Kailis-Familie den ersten Perlen-

Showroom in Broome eröffnet, inzwischen gibt es auch einen Shop in Fremantle (Marine Terrace & Collie St.).

Lane Markets
Johnny Chi Lane, Broome
So ab 8.30 Uhr
Markttreiben in Chinatown.

Linneys
25 Dampier Terrace
Broome, WA 6725
✆ (08) 9192 2340
www.linneys.com.au
Bekannter Juwelier, neben Schönem und Ungewöhnlichem aus Perlen gibt es auch herrliche Stücke aus Argyle-Diamanten und Kalgoorlie-Gold; zu finden auch in Perth (Subiaco, 37 Pokeby Rd.).

Magabala Books
1 Bagott St.
Broome, WA 6725
✆ (08) 9192 1991
www.magabala.com
Der Verlag hat sich auf die Werke der Ureinwohner spezialisiert, seit 1987 wurden die Werke von über 80 Autoren verlegt.

Short Street Gallery
2 Short St.
Broome, WA 6725
✆ (08) 9192 2658
http://shortstgallery.com.au
Galerie in einem kleinen, über 100 Jahre alten Haus mitten in Chinatown; zudem ist es das letzte erhaltene Haus mit einem Windtunnel. Gezeigt wird zeitgenössische Kunst der Ureinwohner.

2 CORAL BAY

Der kleine, hübsche Ferienort Coral Bay (1000 Einwohner) liegt am südlichen Teil des 7 **Ningaloo Reef**, direkt am Wendekreis des Steinbocks. Er besteht eigentlich nur aus einem kleinen Zentrum mit einigen Geschäften und Tauchshops, zwei großen Camping Resorts an einer türkisblauen Lagune und einigen weiteren kleinen Unterkünften. Das Reef liegt hier sehr dicht vor der Küste und so ist Coral Bay ein Paradies für Schnorchler, Taucher und Angler. Lange Zeit tobte hier ein harter Kampf um den Bau einer großen Marina mit Hotels, Sport- und Freizeiteinrichtungen, was nach Ansicht vieler Naturschützer das Ningaloo Reef gefährdet hätte. Die großen Pläne sind scheinbar vom Tisch.

Coral Bay ist bei westaustralischen Urlaubern sehr beliebt, so dass sich auch außerhalb der Ferienzeit eine Reservierung für die Caravan Parks empfiehlt.

Umschwärmt: Qualle im Ningaloo Reef Marine Park

SERVICE & TIPPS

Infos
www.coralbay.org
Ein richtiges, offizielles Visitor Centre gibt es in Coral Bay nicht, aber praktisch alle Shops in der Coral Bay Arcade halten Infos zu Sport- und Freizeitmöglichkeiten, Unterkünften und Ausflügen bereit. So z. B. der Shop inklusive Internetcafé von **Coastal Adventure Tours**, die u. a. Schnorchel-Trips, Quad-Trecks und Allradtouren anbieten.

An der Talbot Bay nördlich von Derby: Ebbe und Flut bilden an der westaustralischen Küste ungewöhnliche Landschaftsbilder

Im Prison Tree in Derby wurden früher Aborigines gefangen gehalten

3 DERBY

»Gateway to the Gorges« (Eingang zu den Schluchten), das ist der Titel, den das etwas verschlafen wirkende Derby (ca. 3600 Einwohner) für sich in Anspruch nimmt. Sollen doch die wilden Kimberleys erst hier richtig beginnen, genauso wie die **Gibb River Road** (s. S. 164 f.), jene ehemalige Viehtreiber-Strecke, die heute eine der populärsten Touristenrouten ist. Und so ist es von Derby relativ nah zu Naturattraktionen wie **Windjana Gorge** oder **Tunnel Creek**, und vor der Küste liegen die 800 bis 1000 Felsinseln mit weißen Stränden des **Buccaneer Archipelago**.

Ein Erlebnis ist auch die Beobachtung von Ebbe und Flut, hat doch die westaustralische Küstenstadt mit zwölf Metern den höchsten Tidenhub in Australien und einen der höchsten weltweit – am besten vom langen, inzwischen stillgelegten Landungssteg zu beobachten. Viel besucht wird der ein paar Kilometer vor dem Ortseingang gelegene Gefängnisbaum, der **Prison Tree**, ein 1000 Jahre alter, dicker und innen hohler Boab-Baum, in den man früher gefangene Aborigines steckte.

SERVICE & TIPPS

i **Derby Visitor Centre**
2 Clarendon St.
Derby, WA 6728
✆ (08) 9191 1426
und 1800 621 426
www.derbytourism.com.au

❹ EXMOUTH

In Exmouth (2400 Einwohner), erbaut 1967 als Versorgungszentrum für die Harold E. Holt Naval Communication Station, über die die Kommunikation der amerikanischen Pazifikflotte abgewickelt wird, gibt heute eindeutig der Tourismus den Ton an. Besucher, die hierher kommen, wollen den 1987 gegründeten, 260 Kilometer Küstenlinie umfassenden 7 **Ningaloo Reef Marine Park** und das ebenso lange **Ningaloo Reef** mit seiner bunten Unterwasserwelt besuchen, tauchen (mehrere Tauchschulen) und schnorcheln, Boot fahren und fischen oder von März bis Juni Walhaie *(whale sharks)* beobachten.

Das Ningaloo Reef ist einer der wenigen Orte, wo diese größten Fische der Meere, die bis zu zwölf Meter lang und elf Tonnen schwer werden, recht nah an der Küste vorbeiziehen. Doch das Reef hat noch weitere Superlative zu bieten. Neben Buckelwalen (August bis November), Walhaien, Riesenschildkröten (November bis Januar) und Mantas tummeln sich noch über 500 weitere Fischarten im seichten Wasser zwischen den 250 verschiedenen Korallenarten. Die Ankunft der Walhaie fällt mit einem anderen Ereignis zusammen. Immer etwa eine Woche nach dem Vollmond im März/April beginnt das dreitägige zeitgleiche Laichen aller Korallen am Reef, und das verspricht reichlich Nahrung für die Riesenfische.

Whale Shark Season am Ningaloo Reef ist jährlich von März/April bis Juni: Walhai-Touren sind häufig lange vorher ausgebucht

Es gibt zudem kein anderes großes Korallenriff auf der Welt, das so nah an eine kontinentale Landmasse heranreicht wie das Ningaloo Reef. An manchen Stellen sind es gerade einmal 100 Meter vom Strand bis zum Riff. An Land, dem Riff gegenüber, erstreckt sich der **Cape Range National Park** mit traumhaften Stränden wie der **Turquoise Bay** mit weißem Sand und türkisblauem, kristallklarem Wasser.

An einigen Stränden des Nationalparks kann reizvoll gecampt werden; Informationen hierüber und über Cape Range und Ningaloo erteilen die freundlichen Ranger im **Milyering Visitor Centre**. Die Parkwächter raten auch dringend davon ab, die Furt des nahe gelegenen **Yardie Creek** mit dem Geländewagen zu durchqueren. Zum Fischen und Bootfahren jedoch ist der Fluss, in den das Meer bei Flut stark hereindrückt, ein gutes Revier.

Exmouth selber bietet neben Motels, Hotels und Apartments besonders viele Unterkünfte auf etlichen schattigen Campingplätzen mit gutem Komfort. Zur Ferienzeit kommen jedoch so viele Wohnwagen aus Perth die Küste hoch, dass selbst der örtliche Football-Platz voll gestellt wird. Sonst hält sich der Touristenansturm auf den freundlichen Ort doch stark in Grenzen. Am etwa zwei Kilometer außerhalb gelegenen **Sunrise Beach** sind eine neue Marina, das Sunrise Beach Resort und ein Novotel Resort entstanden.

Mit seinem kräftigen »Schnabel« beißt der Papageienfisch Stücke der steinharten Korallen ab und zermalmt sie zu Korallensand

SERVICE & TIPPS

Exmouth Visitor Centre
Murat Rd.
P.O. Box 149
Exmouth, WA 6707
✆ (08) 9949 1176 und 1800 287 328
www.exmouthwa.com.au

Ningaloo Starlight Cinema
HEH Naval Base, Murat Rd.
Exmouth, WA 6707
Ein besonderes Erlebnis ist eine Vorführung in dem Freiluftkino unter dem Sternenhimmel auf der ehemaligen Militärbasis. Klassiker und aktuelle Kinohits.

Ein besonders farbenprächtiger Bewohner des Ningaloo Reef ist der Pfauenkaiserfisch

The Sailfish
Naval Base, Murat Rd.
Exmouth, WA 6707
✆ (08) 9949 1800
Gutes Restaurant auf dem Gelände der historischen Naval Base. Natürlich steht auch lokaler Fisch auf der Karte. $$

Strände
Die Strände in der Nähe von Exmouth bieten für jeden etwas. Zum Baden fährt man an den **Pebble Beach** (ca. 13,5 km südlich) oder zur **Turquoise Bay**, einer herrlichen Lagune mit kristallklarem Wasser, in dem man wunderbar schnorcheln kann (gut 60 km). Surfspot ist **Surfers Beach** (rund 17 km entfernt), und wer es bequem mag, legt sich an den **Town Beach**.

Glasbodenboot-Touren
Mehrere Veranstalter bieten Touren mit dem Glasbodenboot zur Schildkröten- und Walbeobachtung am Ningaloo Reef an. Und natürlich sind auch Tauch- und Schnorchelfahrten im Angebot., z. B. bei

– Coral Viewing & Snorkel Tours
✆ (08) 9949 2255
www.ecology.com.au
– Ocean Quest Charter
✆ (08) 9949 1111
www.oceanquest.com.au

Exmouth Diving Centre
Payne St., Exmouth, WA 6707
✆ (08) 9949 1201
www.exmouthdiving.com.au
Tägliche Tauchausflüge für Anfänger und Profis rund um das Nord-West-Kap und zweimal wöchentlich Tauchkurse.

Anfang Mai findet in Exmouth das **Ningaloo Whaleshark Festival** mit einem bunten Programm von Sport über Kunst bis Livemusik und Performance statt.

Ausflugsziel:

Milyering Visitor Centre
Exmouth, WA 6707
✆ (08) 9949 2808
Informationszentrum des **Cape Range National Parks** und des **Ningaloo Marine Parks**.

Strandszene im Cape Range National Park westlich von Exmouth

5 FITZROY CROSSING

Das kleine Örtchen Fitzroy Crossing (1500 Einwohner) in den West Kimberleys, dort wo der Highway den Fitzroy River überquert, ist besonders wegen der nahe gelegenen **Geike Gorge** Ziel oder vielmehr häufig Durchgangsstation der meisten Besucher, die zwischen Perth und Darwin unterwegs sind. Es kann vorkommen, dass während der *Wet Season* der Highway, an dem sich im Ort auch das Visitor Centre befindet, hier unpassierbar wird.

Die Geike Gorge liegt nur 18 Kilometer nördlich von Fitzroy Crossing und ist auf gut ausgebauter Straße leicht zu erreichen – mit ein Grund für ihre Beliebtheit. Die Schlucht ist dort entstanden, wo sich der **Fitzroy River** durch ein schätzungsweise 350 Millionen Jahre altes Korallenriff, das sogenannte **Devonian Reef**, gegraben und dabei eine fantastische Landschaftsszenerie geschaffen hat. Auch die nahe gelegenen, ebenso beeindruckenden **Windjana Gorge** und **Tunnel Creek** sind Teil dieses Riffs. Häufig werden alle drei Nationalparks in einer Tour angeboten und lassen sich auch mit dem eigenen Fahrzeug gut kombinieren, zumal von Fitzroy Crossing eine Verbindungspiste zur Gibb River Road hinüberführt.

Ein Goulds-Waran im Outback von Western Australia

6 GERALDTON

Geraldton, 429 Kilometer nördlich von Perth, ist die einzige etwas größere Stadt (25 000 Einwohner) auf dem langen Weg die Westküste hinauf und Zentrum der sogenannten **Batavia Coast**, einer besonders bei Besuchern aus Perth beliebten Ferienregion. Neben einem ganzjährig milden, mediterranen Klima und schönen Stränden sind es die ausgezeichneten Wassersportmöglichkeiten, die Geraldton beliebt machen – die Stadt gilt zu Recht als eine Kite- und Windsurf-Hochburg. Doch Geraldton ist auch ein wichtiger Hafen für die Landwirtschaft des mittleren Westens und die Fischindustrie.

Ihren Namen erhielt die Batavia Coast von dem holländischen Schiff »Batavia«, das hier 1629 auf ein Riff lief. Doch die Überlebenden hatten an ihrer Rettung nicht viel Freude: Unter ihnen brach eine Meuterei aus, die 125 Geretteten das Leben kostete. Das »Batavia«-Wrack wurde 1963 gefunden; seine Geschichte erzählt eindrucksvoll das **Western Australian Museum Geraldton** an der neuen Batavia Coast Marina. Doch die »Batavia« ist längst nicht das einzige Wrack, die Küste war immer gefährlich. Allein bei den der Küste vorgelagerten **Houtman Abrolhos Islands** sind 16 gestrandete Schiffe entdeckt worden. Gefunden wurde 2008 auch das Wrack der »HMAS Sydney«, die 1941 in einem Gefecht mit einem deutschen Kriegsschiff irgendwo zwischen Geraldton und Carnarvon sank und 645 Seeleute mit in den Tod riss. Ein Denkmal erinnert an ihr Schicksal.

Im belebten Stadtkern sind einige schöne historische Gebäude noch gut erhalten, so das 1859 erbaute **Old Geraldton Gaol**, heute ein Kunsthandwerkszentrum, der **Bill Sewell Complex**, einst ein Krankenhaus, später ein Gefängnis, heute u. a. das Visitor Centre, oder die Geraldton Town Hall (1907), in der sich nun die **Geraldton Regional Art Gallery** befindet.

Region 7
WA – Mitte und Norden

Von Mitte November bis Ende Juni ist vor der Küste Westaustraliens Hummerfang-Saison. Dann ist in Geraldton am **Fishermen's Wharf**, wo die Fischerboote ablegen und ihren Fang anlanden, richtig was los. Wie es mit den edlen Meeresbewohnern weitergeht, kann man in der **Rock Lobster Factory** hautnah erleben.

Während der Hummerfang-Saison ist in Geraldton richtig was los

SERVICE & TIPPS

Geraldton Visitor Centre
246 Marine Terrace
Geraldton, WA 6530
✆ (08) 9956 6670
www.visitgeraldton.com.au

Geraldton Regional Art Gallery
24 Chapman Rd.
Geraldton, WA 6530
✆ (08) 9964 7170
http://artgallery.cgg.wa.gov.au
Di–Sa 10–16, So/Fei 13–16 Uhr
Eintritt frei, Spende erbeten
Wechselnde Ausstellungen regionaler, australischer, aber auch internationaler Künstler sowie Workshops.

Western Australian Museum Geraldton
1 Museum Place, Batavia Coast Marina, Geraldton, WA 6530
✆ (08) 9921 5080
www.museum.wa.gov.au
Tägl. 9.30–16 Uhr
Eintritt frei
Modernes Museum direkt am Wasser mit mehreren unterschiedlichen Austellungen. Interessant sind beispielsweise die Schiffswrack-Galerie und die Aboriginal-Galerie.

Geraldton Lobster Factory
Fishermans Wharf
Geraldton, WA 6530
✆ 0418 919 748
Führungen Mitte Nov.–Mitte Aug. Mo, Mi, Fr 10 Uhr, A$ 10/5
Hier wird der frisch gefangene Hummer der Geraldtoner Fischerei-Kooperative verarbeitet. Spannende Tour.

Ausflugsziel:

Houtman Abrolhos Islands
Die Inselgruppe mit 122 Eilanden erstreckt sich über rund 100 km. Die Inseln sind einer der besten Hummer-Fanggründe für Geraldtons Fischereiflotte, aber auch Sportangler kommen auf ihre Kosten. Die nur 65 km vor Geraldton gelegenen traumhaften Inseln sind ebenso für Ruhesuchende, Schnorchler, Taucher und sogar Windsurfer ein Erlebnis.

Informationen und Buchungen z. B. bei **Abrolhos Adventures** (✆ 08-9921 6416) oder über das Visitor Centre.

Eine Gedenkstätte in Geraldton erinnert an die 645 Opfer des 1941 gesunkenen Kreuzers der Royal Australian Navy »HMAS Sydney«

7 HALLS CREEK

Halls Creek ist wirklich kein aufregender, etwas trostlos wirkender Ort (1200 Einwohner) am Great Northern Highway und Endpunkt der Abenteuerpiste **Canning Stock Route** durch die **Great Sandy Desert**. Und auch von Alice Springs endet eine Piste, die Tanami Desert Road, in der ehemaligen Gold Town, in der Ende des 19. Jahrhunderts 15 000 Menschen lebten. In erster Linie dient Halls Creek heute den Farmen im Outback als Versorgungspunkt, auch wenn große Supermärkte und Shops Fehlanzeige sind. Und obwohl sich Halls Creek »Das Tor zu den Bungle Bungle« nennt, die etwa zwei Autostunden entfernt liegen, halten sich die touristischen Attraktionen stark in Grenzen. Aber jeder, der die Kimberleys besucht, kommt fast zwangsläufig hier vorbei.

Eine Sehenswürdigkeit, die allerdings aus der Luft eindrucksvoller wirkt als vom Boden, ist der **Wolfe Creek Crater** im gleichnamigen Nationalpark. Knapp 150 Kilometer südlich von Halls Creek liegt dieser zweitgrößte Meteoritenkrater der Welt. Über Rundflüge informiert das Touristenbüro. Zwei ortsnahe Attraktionen sind **China Wall**, eine weiße Quartzformation, die an die Chinesische Mauer erinnern soll, und **Caroline's Pool**, ein zum Schwimmen und Picknicken beliebtes Wasserloch.

Weite Aussicht: Murchison River Gorge (Kalbarri National Park)

SERVICE & TIPPS

ℹ **Halls Creek Visitor Centre**
Great Northern Hwy.
Halls Creek, WA 6770
✆ (08) 9168 6262
www.hallscreektourism.com.au
April–Nov. Mo–Fr 8–16.30 Uhr

8 KALBARRI

Kalbarri ist ein beliebtes, außerhalb der Hochsaison etwas verschlafenes, Ferienresort etwa 600 Kilometer nördlich von Perth an der Mündung des Murchison River. Es ist auch ein guter Platz für einen Zwischenstopp auf der Tour nach oder von Norden, zumal man sich hier mit allem Notwendigen für die Reise eindecken kann.

Neben dem Meer mit guten Möglichkeiten zum Schwimmen, Fischen und Bootfahren ist der **Kalbarri National Park** die Hauptattraktion, der sich rund um den Flusslauf des Murchison River vom Buschland bis zur Küste erstreckt. Beliebte Ziele im Nationalpark sind die spektakulären Schluchten, die der Fluss in Jahrmillionen durch das Küstengebirge gegraben hat, wie **The Loop** und **Z-Bend.** Wer Mühen nicht scheut, kann in die Schlucht hinabklettern und in ruhigen Wasserlöchern baden. Es werden aber auch Kanutouren auf dem Fluss angeboten und an der Z-Bend ist sogar *Abseiling* möglich.

Ebenfalls beliebte Ausflugsziele sind südlich des Ortes an der Küste Klippenformationen wie **Red Bluff** oder **Natural Bridge**.

Der Kalbarri National Park ist auch bekannt für seine vielen Wildblumenarten

SERVICE & TIPPS

Kalbarri Visitor Centre
Allen Community Centre
Kalbarri, WA 6536
✆ 1800 639 468
www.kalbarriwa.info

Natural Window am Murchison River im Kalbarri National Park

Black Rock Café
80 Grey St., Kalbarri, WA 6536
✆ (08) 9937 1062
http://blackrockcafe.com.au
Di–So ab 17, Di, Sa/So auch Frühstück und Lunch
Beliebtes Restaurant. Abends moderne australische Küche und gute australische Weine. $$

Kalbarri Motor Hotel
188 Gray St., Kalbarri, WA 6536
✆ (08) 9937 1000
Populäres Pub-Restaurant mit Steaks und Seafood; am Wochenende Livemusik. $$

The Jetty Seafood Shack
Shop 1, Marina Shopping Centre, Grey St., Kalbarri, WA 6536
Tägl. 16.30–20.30 Uhr, in Nebensaiosn unregelmäßig
Bodenständiger Imbiss gegenüber dem Steg. Serviert werden Fish & Chips, die man draußen an einfachen Tischen isst. $$

9 KARIJINI NATIONAL PARK

Die Weano Gorge im Karijini National Park ▷

Der in der isolierten Pilbara-Region gelegene Karijini National Park, früher auch Hamersley Ranges National Park genannt, ist eines der reizvollsten Schutzgebiete Westaustraliens. Neben den Naturschönheiten des Nationalparks befinden sich rund um den Nationalpark und den Hauptort, die Minenstadt **Tom Price**, einige der größten Eisenerzminen Australiens. Von Tom Price aus lassen sich herrliche Touren – ein Allradfahrzeug ist von Vorteil – durch die Hamersley Ranges und in den Karijini National Park unternehmen. Die meisten Naturschönheiten – dazu zählen rauschende Wasserfälle, pittoreske Wasserlöcher und zerklüftete Schluchten – liegen im nördlichen Teil des Nationalparks und sind über die raue Schotterpiste des **Banyjima Drive** zu erreichen. Einen Stopp lohnen in jedem Fall die Wasserfälle **Fortescue Falls**, das auch zum Schwimmen geeignete Wasserloch **Circular Pool** oder die reizvolle **Kalimina Gorge**, in die ein halbstündiger Fußmarsch hinunterführt zu einem Wasserloch. Praktisch an allen reizvollen Plätzen des Parks können größere Wanderungen oder auch nur kleinere Spaziergänge etwa zu eindrucksvollen Aussichtspunkten unternommen werden. Nicht versäumen sollte man den Ausblick vom spektakulären **Oxers Lookout**. Von hier aus lassen sich wiederum zu Fuß die **Weano Gorge** und die **Hancock Gorge** erkunden. In jedem Fall sollte man sich für den Nationalpark, der teils mit Einschränkungen auch in der Regenzeit zugänglich ist, mehrere Tage Zeit lassen.

Beweise für die Besiedlung der Region des Karijini National Park durch Aborigines datieren mehr als 20 000 Jahre zurück

Vorsicht ist allerdings in der Geisterstadt **Wittenoom** am nördlichen Rand des Nationalparks geboten. Die Luft hier gilt nicht gerade als gesund, wurde doch in der Gegend lange Zeit Asbest abgebaut, und besonders an windigen Tagen flirren Asbestfasern und -partikel durch die Luft. Es ist daher ratsam, nicht auszusteigen und die Fenster des Autos geschlossen zu halten. Dennoch leben hier noch einige wenige Menschen.

SERVICE & TIPPS

ℹ **Tom Price Visitor Centre**
Central Rd.
Tom Price, WA 6751
✆ (08) 9188 5488
www.tomprice.org.au

ℹ **Karijini Visitor Centre**
Banyjima Dr.
Karijini National Park, WA 6751
✆ (08) 9189 8113
Das Besucherzentrum des Nationalparks findet sich am Banyjima Drive, ca. 8 km nach dem Dales-Gorge-Eingang (Eintritt A$ 12) zum Nationalpark.

ℹ Infos über den **Eisenerzabbau** im Internet unter www.pilbarairon.com

10 KARRATHA

Die erst 1968 gegründete Industriestadt an der Küste, 1575 Kilometer nördlich von Perth, lebt zum einen von den Minen in der **Pilbara-Region**, einer der ältesten Gesteinsformationen der Erde, zum anderen von dem riesigen Gasfeld (North-West Shelf Gas Project) vor der Küste, Australiens größter Energieressource. Der Anblick der illuminierten Förderanlagen und der brennenden Gasfackeln nachts ist schon etwas Besonderes. Karratha selbst ist ebenso wie der benachbarte Ha-

fen **Dampier** nicht gerade attraktiv, zumal das Klima hier in der Hurrikanzone sehr heiß und schwül ist. Doch die Stadt eignet sich gut, um von hier aus die Pilbara-Region mit dem **Karijini National Park** und dem **Millstream-Chichester National Park** oder auch die 42 vorgelagerten Inseln des **Dampier-Archipels** zu erkunden, die nicht nur für Sportfischer ein Eldorado sind.

SERVICE & TIPPS

ℹ **Karratha Visitor Centre**
Karratha Rd., Karratha, WA 6714
✆ (08) 9144 4600
www.karrathavisitorcentre.com.au
Mo–Fr 8.30–16.30, Sa/So/Fei 9–14 Uhr

11 8 KIMBERLEYS

Zwischen **Wyndham** bzw. **Kununurra** und **Derby** verläuft der frühere Viehtreiber-Track, die **Gibb River Road**, vorbei an zahlreichen Natur-Highlights quer durch die wilden Kimberleys, ein abgelegenes, fast unberührtes Gebiet dreimal so groß wie England. Während der Regenzeit von November bis März ist die über 660 Kilometer lange Gibb River Road unpassierbar und geschlossen. Erst wenn sie getrocknet und wieder neu planiert wurde, etwa im April, wird die Sandpiste wieder geöffnet und die Touristen nehmen die Strecke mit ihren Allradcampern in Besitz. Meist ist die Piste in ordentlichem Zustand und viele Australier befahren sie auch mit ihren normalen Autos. In einige Schluchten führen allerdings nur echte Allradtracks. Jedenfalls ist die Strecke längst nicht mehr das ganz große Abenteuer wie vielleicht

Naturdesign im Schwemmland bei Wyndham in den nördlichen Kimberleys

noch vor einigen Jahren, aber dafür ein grandioses Naturerlebnis. Und beim Campen an einer der Schluchten wie der spektakulären **Windjana Gorge** kommt in jedem Fall Abenteuerromantik auf. Allerdings kann man entlang der Route auch recht komfortabel übernachten, beispielsweise in der bekannten **El Questro Station**.

Die Schluchten wie die etwas abseits der Piste gelegenen Windjana Gorge mit ihren in der Abendsonne rot glühenden Steilwänden, **Geiki Gorge** oder auch **Tunnel Creek** sind die Überreste eines vor 350 Millionen Jahren entstandenen, 1000 Kilometer langen Korallenriffs, denn der Nordwesten Australiens war zu jener Zeit zum großen Teil von einem tropischen Meer bedeckt. Lohnend sind kurze Abstecher von der Hauptroute zu spektakulären Naturschönheiten wie den **Manning Falls**, **Emma Gorge** oder **Barnett River Gorge**, in denen man, wenn sie »krokodilfrei« gegeben worden sind, auch baden kann.

Seit Jahrtausenden lassen sich die Aborigines durch die sie umgebende Landschaft zu ihrer Kunst aus Punkten, Linien und Schraffuren inspirieren

Von der Gibb River Road zweigt ein rauer Track zum **Mitchell Plateau** ab, einer 115 000 Hektar großen, abgelegenen Region von bizarrer Schönheit. Besonders spektakulär sind die Wasserfälle **Mitchell Falls**. Ganz ohne Strapazen erlebt man die faszinierende Landschaft aus der Luft oder bei einer Kreuzfahrt in die Buchten des Mitchell Plateaus.

Ein beliebter Stopp im Norden der Kimberleys ist außerhalb der Regenzeit der an der Gibb River Road gelegene **El Questro Wilderness Park** (www.elquestro.com.au). Einst war das 400 000 Hektar große Gelände eine Rinderfarm. Heute ist das ehemalige Homestead eine komfortable Unterkunft. Man kann aber auch am Fluss campen oder in den Zelthütten des Emma Gorge Resort übernachten. Es werden zahlreiche Aktivitäten wie geführte Wanderungen, Fischen, Picknick im Busch oder Rundflüge angeboten. Besonders beliebt sind auch die Thermalquellen der **Champagne Springs**.

⓬ KUNUNURRA

In den 1960er Jahren wurde die Stadt in den östlichen Kimberleys unweit der Grenze zum Northern Territory als Versorgungszentrum im Rahmen des Projektes der Regulierung des Ord River erbaut. Der Fluss wurde südlich der Stadt gestaut und es entstand mit dem **Lake Argyle** Australiens größtes Süßwasserreservoir, das ein riesiges Bewässerungssystem speist. Natürlich ist der See auch ein beliebtes Ausflugsziel, Kanutouren auf dem Ord River sind ein besonderes Erlebnis. Wassersport ist aber auch auf dem ortsnahen **Lake Kununurra** möglich, an dessen Ufer es auch schöne Holiday-Parks gibt, und bei Sonnenuntergang leuchtet am Seeufer glühend rot die Steinformation des Liegenden Buddha, **The Laying Buddha**. Südwestlich der Stadt (etwa 120 Kilometer) wird in der **Argyle Diamond Mine** – es ist die größte Diamantenmine der Welt – unter höchsten Sicherheitsmaßnahmen nach den Edelsteinen geschürft. Von dort geht die Fahrt weiter zu den Bungle Bungle, zu denen von Kununurra aus auch Rundflüge angeboten werden.

»Pink Diamond«, ein rosa Diamant, aus der Argyle Diamond Mine südwestlich von Kununurra

SERVICE & TIPPS

Kununurra Tourist Bureau
Coolibah Dr.
Kununurra, WA 6743

Australiens größtes Süßwasserreservoir: Lake Argyle

✆ (08) 9168 1177
www.visitkununurra.com

Slingair
319 Laine Jones Dr.
Kununurra, WA 6743
✆ (08) 9169 1300
www.slingair.com.au
Das Unternehmen führt Rundflüge *(scenic flights)* über die fantastische Landschaft der Kimberleys und Bungle Bungle durch.

Go Wild
✆ 1300 663 369
www.gowild.com.au
Spezialisiert auf Kanutouren auf dem Ord River von einem Tag bis zu einer Woche, aber auch Felsklettern und *Abseiling*.

Zebra Rock Bar & Restaurant
Im Hotel Kununurra
37 Messmate Way
Kununurra, WA 6743
✆ (08) 9168 0400
www.hotelkununurra.com.au
Tägl. ab 6 Uhr geöffnet
Das Restaurant serviert solide australische Hausmannskost. $$

13 LAVERTON

Knapp 1000 Kilometer von Perth entfernt und 350 Kilometer nordöstlich von Kalgoorlie am Rand der Great Victoria Desert liegt dieses typische kleine 440-Seelen-Outback-Städtchen. Im 19. Jahrhundert waren es zu Zeiten des Goldrauschs einmal wesentlich mehr. Wie so viele Goldgräberstädte erlebte damals auch Laverton einen ungeheuren Aufschwung. Doch es teilte nicht deren späteres Schicksal,

wurde nicht zur totalen Geisterstadt: Heute sind in der Nähe noch zwei Goldminen und eines der weltgrößten Nickelbergwerke in Betrieb. Nickel war erst 1969 am Mount Windarra entdeckt worden und hatte einen Boom ausgelöst. Eine Katastrophe ereignete sich in Laverton 1995, als ein Zyklon seinen Weg über den Ort nahm und ihn für fast drei Monate überflutete. Dennoch sind einige historische Gebäude erhalten geblieben und restauriert worden wie etwa Bahnhof, Polizeistation und Gefängnis.

Laverton ist der nördlichste Punkt des **Golden Quest Discovery Trails**, einer 965 Kilometer langen, attraktiven Touristenroute durch die westaustralischen Goldfields. Überhaupt ist die Goldtown ein idealer Ausgangspunkt für abenteuerliche Outback-Touren. So führt etwa eine 1200 Kilometer lange ungeteerte, aber fahrbare Piste, der sogenannte **Outback Highway**, von hier zum Uluru (Ayers Rock). Ungefähr auf halber Strecke passiert man inmitten des Ngaanyatjarra Aboriginal Lands den Flecken **Warburton**.

Neben dem unverzichtbaren Roadhouse zur Ergänzung der Vorräte gibt es hier in der Central Desert seit dem Jahr 2000 das interessante **Tjulyuru Cultural and Civic Centre**, das den wenigen, die Wüsten durchquerenden Besuchern Kunst, Kultur und Geschichte der hier seit Urzeiten lebenden Ngaanyatjarra-Aborigines näher bringt.

SERVICE & TIPPS

Laverton Tourist Centre
MacPherson Place, Laverton
WA 6440, ✆ (08) 9031 1750
www.laverton.wa.gov.au

The Great Beyond – Australia's Inland Explorer Centre
✆ (08) 9031 1361, Mo–Fr 9–16.30, Sa/So 9–13 Uhr, Eintritt A$ 10/5
Das Centre beherbergt neben dem Visitor Bureau auch die Hall of Fame, die sich der Erkundung und Erschließung des Inneren Australiens widmet.

Tjulyuru Cultural and Civic Centre
Warburton, PMB 71
Kalgoorlie, WA 6430
✆ (08) 8956 7966
www.ngaanyatjarraku.wa.gov.au
Interessantes Kulturzentrum der Aborigines in der Central Desert. Zu sehen sind Kunst/Kunsthandwerk wie die Warburton Arts Collection, die wichtigste Sammlung von Aboriginal-Kunst, die sich im Besitz und unter der Verwaltung der Ureinwohner befindet. Im Warta Shop können regionale Produkte der Ngaanyatjarra erworben werden.

Fahrradtour durch das Outback von Westaustralien

Region 7
WA – Mitte und Norden

Briefkasten im Outback

⓮ LEONORA

Leonora (1000 Einwohner) und die nur drei Kilometer entfernte Geisterstadt **Gwalia** versprechen Outback-Vergnügen pur. Wie Laverton (124 km östlich) verdankten auch diese beiden Städte ihren Aufschwung dem Goldrausch im 19. Jahrhundert. So besaß Gwalia damals die zweitgrößte Goldmine Westaustraliens, das zweite öffentliche Freibad des Landes und die erste Straßenbahn. Herbert Hoover, der spätere Präsident der USA, war hier 1896 erster Manager der »Sons of Gwalia«-Mine. In seinem ehemaligen, 2004 renovierten Wohnhaus befindet sich heute ein Bed & Breakfast mit historischem Ambiente. Doch eigentlich ist inzwischen praktisch der gesamte Ort mit Goldminen und Gebäuden ein Museum. Auch in Leonora selbst gibt es einige stattliche alte Häuser. Im Wappen des *Shire of Leonora* wird anhand der Abbildungen deutlich, was hier im westaustralischen Outback wichtig ist. Es zeigt Schaufel und Spitzhacke, einen Förderturm, ein Känguru mit seinem Jungen und ein Schaf.

SERVICE & TIPPS

Leonora Visitor Centre
Tower St., Leonora, WA 6438
✆ (08) 9037 7016
www.leonora.wa.gov.au

The Leonora Gwalia Museum & Historical Precincts
Tower St., Gwalia
Leonora, WA 6438
www.gwalia.org.au, Museum tägl. 9–16 Uhr, Eintritt A$10/5
Zu sehen sind u. a. die ehemalige »Sons of Gwalia«-Tagebaumine, historische Maschinen und Gerätschaften, das Hoover House, ein Museum und die alte Ghost Town.

⓯ POINT SAMSON

Das ruhige Küstenörtchen an der Spitze der gleichnamigen Halbinsel ist ein beliebtes Ausflugsziel der Bewohner von Karratha. Es besitzt schöne Sandstrände, die durch ein vorgelagertes Riff geschützt werden und ideal zum Schwimmen und Schnorcheln sind, wie die ruhige Bucht Honeymoon Cove. Sehr gut sind in Point Samson auch die Bedingungen für Sportfischer und Bootscharter. Es gibt einige nette Bed & Breakfast-Unterkünfte, ein Resort, Campingplätze und einfache Restaurants.

SERVICE & TIPPS

Sport Phantom Point Samson Charters
56 Point Samson Rd.
Point Samson, WA 6720
✆ 0418 937 207
www.pointsamsoncharters.com.au
Die »Phantom« des Bootscharterunternehmens bringt Angler und Sportfischer zu den besten Fischgründen in der Pilbara-Region.

⓰ PORT HEDLAND

Als wichtigster Industriehafen Westaustraliens – hier wird das Eisenerz aus der **Hamersley Range** verschifft – ist Port Hedland nur von geringem touristischem Reiz. Am ehesten lohnt der Aufenthalt, um von hier aus einen Abstecher in die südlich gelegene Hamersley Range und den **Karijini National Park** zu unternehmen. Oder die 220 Kilometer in das abgelegene **Marble Bar** zu fahren, um einmal in der offiziell heißesten Stadt Australiens gewesen zu sein. Zudem kann man in Port Hedland auf dem langen Highway-Trip gut seine Vorräte ergänzen und eine Ruhepause einlegen.

SERVICE & TIPPS

Port Hedland Visitor Centre
13 Wedge St., Port Hedland
WA 6721
✆ (08) 9173 1711
www.visitporthedland.com
Am Visitor Centre beginnt die »BHP Billiton Iron Ore Plant Tour« durch die Anlagen des bedeutendsten Industriehafens Westaustraliens.

---

17 PURNULULU NATIONAL PARK (BUNGLE BUNGLE)

Lange galt die an riesige Bienenkörbe erinnernde Gesteinsformation als eines der bestgehüteten Naturgeheimnisse des Kontinents, das erst Anfang der 1980er Jahre gelüftet wurde. Seit 2003 gehört nun der Purnululu National Park zum UNESCO-Welterbe. Die gestreiften, je nach Sonneneinstrahlung in den unterschiedlichsten Rottönen leuchtenden Felsendome aus weichem Sandstein wurden in den letzten 20 Millionen Jahre durch Erosion und eine Anhebung des Bodens geschaffen. Am besten erschließt sich die Naturschönheit aus der Luft oder beim Wandern in einer der Schluchten wie der Cathedral Gorge oder der Echidna Chasm.

In der Sprache des Aboriginal-Stammes der Kija bedeutet Purnululu »Sandstein«.

SERVICE & TIPPS

Visitor Centre
http://parks.dpaw.wa.gov.au/park/purnululu
Mitte April–Mitte Okt. tägl. 8–12 und 13–16 Uhr, Anfang Jan.–März geschl., Eintirtt pro Auto A4 12
Das Besucherzentrum am Beginn des Nationalparks hält Informationen über Wanderungen, Rundflüge, Camping etc. bereit. Es gibt einen kleinen Shop und ein Kartentelefon. Die Strecke zum Nationalpark, einst eine harte Herausforderung für Allradfahrzeuge, wurde zu einer zahmen Sand- und Lehmpiste planiert, dennoch wird Allradantrieb weiterhin verlangt.

Rundflüge
✆ (08) 9169 1300
www.aviair.com.au
Helikopter-Flüge über die Bungle Bungle starten vom kleinen Bellburn Strip. Bitte buchen.

Die Schönheit der Bungle Bungle erschließt sich am besten aus der Luft

⑱ ROEBOURNE

Das 1866 gegründete Roebourne (1000 Einwohner) auf der Point Samson Peninsula ist die älteste Stadt an der Nordwestküste und war das Zentrum der frühen Minen- und Viehindustrie in der Pilbara-Region. Im Ort stehen noch einige historische Gebäude wie das alte Gefängnis, die Holy Trinity Church und das Victoria Hotel.

Wenige Kilometer entfernt liegt der ehemalige, in vergangenen Zeiten boomende Perlenhafen **Cossack**, heute eine Geisterstadt, an der Mündung des Harding River. Etliche Häuser wurden vorbildlich restauriert, so auch das Courthouse Museum. In einem befindet sich nun ein hübsches Café, in einem anderen eine Backpacker-Unterkunft, im alten Laden eine Aboriginal-Galerie. Vom historischen Hafen aus werden Bootstouren angeboten.

Nur rund 150 Kilometer gen Süden fährt man von Roebourne bis zum sehenswerten **Millstream-Chichester National Park**. Der **Fortescue River** bildet in der an sich trockenen, felsigen Landschaft fast nie austrocknende Wasserlöcher, um die sich eine üppige Vegetation mit Palmen und exotischen Blumen ausbreitet. Einige solcher Oasen sind **Python Pool**, **Crossing Pool** mit einer der schönen Campingmöglichkeiten im Nationalpark oder **Chinderwarriner Pool**.

SERVICE & TIPPS

Roebourne Visitor Centre und Old Gaol
Old Gaol, Queen St., Roebourne, WA 6718, ✆ (08) 9182 1060
www.roebourne.wa.gov.au
Die Besucherinformation ist im historischen Gefängnis untergebracht, das auch noch ein kleines Museum beherbergt.

Millstream Visitor Centre
✆ (08) 9184 5144, http://parks.dpaw.wa.gov.au/park/millstream-chichester, tägl. 8–16 Uhr
Das Besucherzentrum im Millstream-Chichester National Park informiert über das Ökosystem des Nationalparks genauso wie über seine Geschichte und die Kultur des örtlichen Volks der Yinjibarndi.

Die Stromatolithen an der Shark Bay zählen zu den ältesten Zeugnissen von Leben auf der Erde

⑲ SHARK BAY WORLD HERITAGE AREA

Bei Monkey Mia kommen regelmäßig kleine Gruppen von Delfinen an den Strand und suchen den Kontakt zu den Menschen

Seit 1991 ist die Region Shark Bay, etwa 800 Kilometer nördlich von Perth, Teil des UNESCO-Welterbes der Menschheit. Das geschützte Gebiet umfasst rund 23 000 Quadratkilometer, einschließlich **Shark Bay Marine Park**, **Francois Peron National Park**, **Hamelin Pool Marine Nature Reserve**, **Zuytdorp Nature Reserve** und zahlreicher geschützter Inseln. Kernstück des Gebietes ist die Shark Bay (Haifischbucht), eine bis zu neun Meter tiefe, stark durch unzählige Sandbänke und kleine Inseln zerteilte Meeresbucht. Ihren Namen erhielt die Shark Bay nicht deshalb, weil sie etwa haiverseucht wäre.

In der Bucht tummelt sich eine Vielzahl von einzigartigen Meeresbewohnern, wie etwa 10 000 Dugongs (Gabelschwanzseekühe), das sind zehn Prozent des weltweiten Gesamtbestandes. Das Gebiet ist Lebensraum für 26 bedrohte Säugetierarten, über 230 Vogel- und nahezu 100 Reptilienarten und beherbergt mit einer Fläche von über 4000 Quadratkilometern die größte bekannte Seegrasfläche.

Im **Hamelin Pool**, im Süden der Bucht, leben Mikroben, die **Stromatolithen** bilden. Stromatolithen sind die ältesten Fossilien der Welt und existieren seit etwa 3,5 Milliarden Jahren. Damit gehören sie zu den ersten durch Organismen aufgebauten Strukturen, deren Erbauer Photosynthese betrieben und dadurch wesentlich zur Freisetzung von Sauerstoff in die ursprünglich sauerstofffreie Erdatmosphäre beigetragen haben. Man vermutet gar, dass ohne die Stromatolithen gar kein menschliches Leben möglich geworden wäre. Von einem Steg mit zahlreichen Schautafeln, der am Hamelin Pool über das Wasser in die Bucht

Landbewohner der Shark Bay: eine Gruppe Emus

hinausführt, lassen sich die Stromatolithen, die die Australier *Stumpies* nennen, hervorragend betrachten – schon allein die Landschaft ist ein einmaliges Erlebnis.

Bei **Monkey Mia** mit einem sehr schönen Ferienresort kommen jeden Tag zahlreiche Delfine und Rochen an den wunderbaren Strand und lassen sich von Touristen füttern. Wer hier übernachten möchte, sollte unbedingt vorher reservieren. Es besteht auch die Möglichkeit, ins 25 Kilometer entfernte **Denham** auszuweichen. Der kleine Hauptort an der Shark Bay ist die westlichste Stadt Australiens mit zahlreichen Unterkünften vom Campingplatz am Meer bis zu komfortablen Apartments an der Promenade. Von Denham und Monkey Mia nach Norden bis zum Cape Peron North erstreckt sich der nur mit Allradfahrzeug zugängliche **Francois Peron National Park**.

Denham gegenüber auf der anderen Seite der Meeresbucht liegt **Steep Point**, der westlichste Punkt des Kontinents, zu dem ein schöner Allradtrack führt und der eine spektakuläre Küstenlandschaft bietet. Die Straße zur Shark Bay biegt vom West Coastal Highway beim bekannten **Overlander Roadhouse** ab. Direkt hinter dem Abzweig beginnt bereits die *World Heritage Area*.

Die Population der Meeresschildkröten in der Shark Bay wird periodisch auf 6000 geschätzt

SERVICE & TIPPS

ℹ Infos im Internet
– www.sharkbay.org
Offizielle Homepage der Shark Bay World Heritage Area mit vielen Informationen über den einzigartigen Naturraum.
– www.sharkbay.wa.gov.au
Offizielle Seite des Landkreises Shire of Shark Bay beinhaltet auch touristische Informationen.

ℹ Denham & Monkey Mia Visitor Information Centre
53 Knight Terrace
Denham, WA 6537
✆ (08) 9948 1590, tägl. 9–18 Uhr

☒ Boughshed Restaurant
Im Monkey Mia Dolphin Resort
Monkey Mia, WA 6537
✆ (08) 9948 1171
www.monkeymia.com.au
Tägl. ab 7 Uhr
Das Restaurant des Resorts liegt direkt am Strand. Die Plätze auf der Terrasse haben einen wunderschönen Meerblick. Serviert wird schmackhafte moderne australische Küche. Gute westaustralische Weine. $$–$$$

Das unbewohnte Dirk Hartog Island liegt in der Shark Bay und zählt seit 1991 zum UNESCO-Welterbe. Hier herrscht das größte Seegrasvorkommen der Welt, weshalb sich Delfine, Haie, Seekühe und viele weitere Meeresbewohner in der Bucht tummeln. Seit neuestem gibt es Tagestouren ab Denham.

⑳ WYNDHAM

Wyndham ist eine ruhige kleine Stadt am Mündungszusammenfluss von fünf Flüssen in den Cambridge Gulf. Einen herrlichen Blick über das gemeinsame Delta der Flüsse Ord, King, Durack, Forest und Pentecost River und auf den gewaltigen Tidenhub bietet der **Five River Lookout**, ein Aussichtspunkt auf dem etwa 400 Meter hohen Mount Bastion oberhalb der Stadt. Sonst kann Wyndham gut als Ausgangspunkt für die Tour über die **Gibb River Road** durch die 8 **Kimberleys** dienen. Meist fährt man jedoch schon von **Kununurra** aus los und macht, wenn Zeit genug ist, den etwa 60 Kilometer kurzen Abstecher nach Wyndham und biegt dann erst auf dem Rückweg, kurz bevor man wieder den Great Northern Highway erreichen würde, in die Gibb River Road ab.

SERVICE & TIPPS

ℹ **Wyndham Tourist Information Centre**
(Kimberley Motors)
Great Northern Highway
Wyndham, WA 6740
✆ (08) 9161 1281
www.australiasnorthwest.com
Auch Informationen über 4WD-Touren und die Wetter- und Straßenbedingungen.

Wandern in der Kimberley-Region empfiehlt sich eher in der Dry Season von Mai bis Oktober

WESTERN AUSTRALIA (WA)

DER SÜDEN

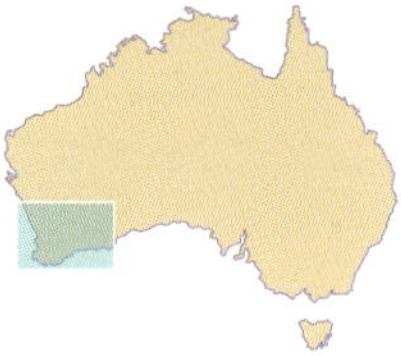

Der Süden Westaustraliens verspricht Lifestyle und Outback-Abenteuer gleichermaßen. Im Süden entwickelt sich das Weingebiet rund um Margaret River immer mehr zu einer der beliebtesten Urlaubsregionen. Aber Massentourismus sucht man vergebens. Hier setzt man auf individuelle Urlauber mit Stil, die erstklassige Weine, Restaurants und Unterkünfte zu schätzen wissen. Nicht umsonst reisen viele Besucher aus Perth für ein schickes Wochenende an. Die Hauptstadt Westaustraliens ist mit ihrer fantastischen Lage zwischen Indischem Ozean und Swan River die vielleicht schönste, in jedem Fall aber die abgelegenste Metropole Australiens. Die »City of Lights«, wie sie auch genannt wird, besitzt traumhafte Strände, ein lebendiges Kulturleben und nicht zuletzt ein fast perfektes Klima mit heißen, trockenen Sommern und milden Wintern. Nicht versäumen darf man die bizarren Kalksteinsäulen der Pinnacles unweit von Perth.

Wer die Einsamkeit und das Outback sucht, der begibt sich von Perth aus nach Norden oder nach Osten ins Landesinnere beispielsweise nach Kalgoorlie in den Goldfields. Hier wird die Zeit des großen Goldrauschs wieder lebendig. Noch nicht so richtig entdeckt wurde bisher die Südküste, und so sind die herausragenden Nationalparks dort, etwa bei Esperance, noch fast Geheimtipps.

Perth vom Kings Park aus gesehen: Knapp zweieinhalb Millionen Menschen leben im Ballungsgebiet der Hauptstadt Westaustraliens

1 PERTH

Die Sydneysider und Melbournians können die Begeisterung europäischer Australien-Urlauber für Perth meist ganz und gar nicht verstehen. Für sie liegt die Hauptstadt Westaustraliens am Ende der Welt, ist todlangweilig, konservativ, irgendwie hinterwäldlerisch und in jedem Fall überhaupt nicht mit den Ostküsten-Metropolen zu vergleichen. Für viele Besucher ist Perth hingegen die vielleicht schönste Stadt Australiens, und das hat viele gute Gründe: das sonnige mediterrane Klima – Perth gilt als sonnigste Stadt Australiens –, die perfekte Lage zwischen Indischem Ozean, Swan River und der Darling Range, traumhafte Strände, schicke Restaurants und Cafés, lockere Atmosphäre und ein insgesamt sehr angenehmer Lebensstil. Zudem ist Perth ein idealer Ausgangspunkt für Touren in die Lifestyle-Region rund um Margaret River im Südwesten, ins Outback, nach Monkey Mia und zum Ningaloo Reef oder ganz nach Nordwesten in die Kimberleys. Zugleich ist die 2,5-Millionen-Einwohner-Stadt die wohl einsamste Metropole der Welt. Die nächste Großstadt, Adelaide, ist 2700 Kilometer entfernt. Singapur ist näher als Sydney.

Offiziell wurde Perth 1856 gegründet, doch bereits 1829 rief Captain Stirling an der Mündung des Swan River die Swan River Colony ins Leben, nach Albany die zweitälteste Siedlung Westaustraliens. Mit dem westaustralischen Goldrausch in den 1890er Jahren kam auch für Perth der Aufschwung. Einwanderer und Geld strömten in die Stadt und Perth entwickelte sich rasch zum Versorgungs- und Wirtschaftszentrum des Westens Australiens. Dieser Trend verstärkte sich im 20. Jahrhundert durch Funde weiterer Bodenschätze wie Eisenerz, Diamanten, Nickel, Kupfer und in jüngerer Zeit Gas vor der Nordwestküste bei Karratha. Eine wichtige Rolle spielen Perth und der nahe Hafen Fremantle bis heute auch auch noch für die Landwirtschaft – vor allem

»Red and Green Kangaroo Paw« (Rote und grüne Känguru-Tatze): das florale Emblem von Western Australia

Der Trauerschwan ist das offizielle Wappentier Westaustraliens

Weizen, Schafe, Rinder, aber auch Wein, Oliven und Obst gehen von hier in alle Welt.

Das Stadtzentrum von Perth, **CBD** (Central Business District), liegt direkt am **Swan River**, dort wo sich der Fluss zu einem See verbreitert. In der City dominieren moderne Hochhäuser. Dass Perth Boomtown ist, wird an den vielen innerstädtischen Baustellen wie dem neuen unterirdischen Nahverkehrsbahnhof sichtbar. Die wenigen historischen Gebäude und kolonialen Überbleibsel ducken sich regelrecht in den Schatten der Wolkenkratzer, wie das **Government House** (1859–1864), die **Old Perth Boys' School** (1853), das **His Majesty's Theatre** (1904), ein herrlicher Bau, in dem heute unter anderem die WA Opera und das WA Symphony Orchestra auftreten. Fast schon pittoresk wirkt die im Tudor-Stil erbaute Shoppingpassage **London Court**, ein Stück *Old*

England in der neuen Welt. Die exklusivste Einkaufsstraße im CBD ist jedoch die **Kings Street**, Fußgängerzonen mit allen großen Geschäften wie Myers und David Jones sind **Hay Street Mall**, **Murray Street Mall** und **Forrest Place**. Nur wenige Fußminuten entfernt, auf der anderen Seite des Bahnhofs, spielt sich in **Northbridge** das Nachtleben in zahlreichen Pubs, Clubs, Discos und Ethno-Restaurants ab. Allerdings hat der Ruf in jüngster Zeit ein wenig gelitten. Außerdem befindet sich in diesem Viertel das **Perth Cultural Centre** mit dem **Western Australian Museum**, der **Art Gallery of Western Australia**, dem **Institut für zeitgenössische Kunst** und dem **Fotografie-Museum** – es ist das wohl interessanteste Museum und Kulturzentrum von Perth.

Marina in Perth: Segeln ist in Perth, wo der Swan River einen stattlichen See bildet, ein beliebtes Freizeitvergnügen

Westlich der City grenzt der **Kings Park**, eine recht naturbelassene Parklandschaft, die zum Joggen und Wandern einlädt und eine hervorragende Aussicht auf das Zentrum bietet, an des quirlige Viertel **West End**. Mit seinen zahlreichen neuen Geschäften, Boutiquen, Cafés und Restaurants wird es immer beliebter. Ebenso das benachbarte **Subiaco**, eine etwas schickere Szene-Gegend. Sportfans sollten im Subico Oval, dem Stadion, unbedingt ein *Footie*-Match besuchen – *Australian Rules Football* gilt als Nationalsport der Australier.

»Australian Rules Football« gilt als Nationalsport der Australier

Von Subiaco ist es nur ein Katzensprung nach **Cottesloe**, dem wohl elegantesten Strandvorort. Am breiten und kilometerlangen Beach lässt sich australischer Lifestyle pur erleben, hier tummeln sich taffe Surfjungs und braun gebrannte Bikini-Mädels ebenso wie picknickende Großfamilien. Eine gute Adresse für Lunch und Dinner ist das Indiana Tea House (99 Marine Parade), ein neokoloniales Gebäude direkt am Strand. Nach Cottesloe wie nach Subiaco oder Fremantle gelangt man bequem mit dem Metro-Zug. Weitere beliebte Strände sind **City Beach**, **Swanbourne**, **Sorrento Beach** und **Scarborough**, wo es auch eine lebendige Restaurant- und Nightlife-Szene gibt.

Die landschaftlich reizvolle Umgebung von Perth bietet die Gelegenheit zu einigen schönen, nicht so anstrengenden Ausflügen. Nur 20 Minuten vom City Center entfernt liegt das **Swan Valley**, die Hochburg des Weinanbaus, der Oliven, des guten Essens und Trinkens in der Perth Area. Hier gibt es etliche gute Weingüter, die alle ihre Kellertüren für Besucher öffnen und oft auch Restaurants besitzen. Aber es gibt auch kleine Hausbrauereien, Käsereien, Schokoladenfabriken sowie Golf- und Reitmöglichkeiten. Von CBD werden Bootsfahrten den Swan River hinauf angeboten, meist mit Lunch und Weinprobe.

Ebenfalls mit dem Schiff geht es von CBD oder Fremantle nach **Rottnest Island**, einer herrlichen Insel etwa eine Bootsstunde vor der Küste gelegen. Auf dem Eiland, einer Insel mit Sanddünen, Surfstränden und bizarren Felsbuchten mit türkisblauem Wasser leben die *Quokkas*, nur hier vorkommende, knuffig-putzige Beuteltiere, die sehr neugierig sind und den Besuchern permanent auf die Pelle rücken – man sollte sie daher auch nicht füttern. Die Insel ist autofrei, man fährt mit Fahrrädern (Helmpflicht!), die ganz in der Nähe des Schiffsanlegers verliehen werden. Natürlich kann man auf dem Eiland auch komfortabel übernachten und zwei, drei Tage lohnen sich in jedem Fall. Es gibt Pubs und Restaurants und die Insel ist auch Partyinsel der jungen Szene, die im Sommer hier gerne feiert.

SERVICE & TIPPS

Western Australia Visitor Centre
55 Williams St.
Perth, WA 6000
✆ (08) 9483 11 11, 1800 812 808
http://bestof.com.au/wa
www.westernaustralia.com
Einen Informationskiosk gibt es auch direkt in der Fußgängerzone.

Perth im Internet
www.gtp.com.au
www.perthtourist.com.au
www.perthtouristcentre.com.au

Flughafentransfer
Mit den Transperth-Bussen kommt man von der City zum internationalen und nationalen Flughafen; sie verkehren alle 40–50 Min. und brauchen ca. 40 Min. Mit dem Taxi ist man in knapp 30 Min. vom Zentrum bis zum Flughafen unterwegs (A$ 35–40).

Nahverkehr
✆ 136 212
www.transperth.wa.gov.au
Tageskarte A$ 11.80
Auf drei verschiedenen Linien fah-

Perth: moderne Wolkenkratzer überragen die alten Gebäude aus der Kolonialzeit

ren die **City Cats** genannten Busse tagsüber kostenlos durch die Innenstadt, die gelbe Route durch Northbridge am Wochenende wird auch nachts bis 1 Uhr befahren.

Rottnest Island und Fährinfos
Informationen zu den Fähren nach Rottnest Island und zur Insel selbst gibt es im Internet unter www.rottnestisland.com

Art Gallery of Western Australia
Perth Cultural Centre,
James St., Northbridge
Perth, WA 6000
✆ (08) 9492 6600, -6622
www.artgallery.wa.gov.au
Tägl. außer Di 10–17 Uhr
Eintritt meist frei
Führungen (gratis): Mo, Mi/Do, So 11, 13, Fr 12.30, 14, Sa 13 Uhr
1895 gegründetes Museum. In der 15 000 Exponate umfassenden State Art Collection werden Kunst aus Westaustralien und Aboriginal-Kunst gesammelt. Vertreten sind auch europäische und amerikanische Gemälde und Skulpturen aus dem 19. und 20. Jh. Um Kunst und Geschichte Westaustraliens geht es im oberen Stockwerk. Bilder, Skulpturen, Kunsthandwerk und Möbel von der Gründung der Kolonie 1829 bis Mitte des 20. Jh. sind ebenso zu sehen wie Gemälde der für Perth und Westaustralien wichtigen Persönlichkeiten. Die Centenary Galleries zeigen Kunstwerke von Einwanderern. Zudem gibt es große Ausstellungen zu den verschiedensten Themen und aus unterschiedlichen Regionen. Das Spektrum reicht vom Gold der Pharaonen bis zu zeitgenössischer Kunst aus Asien.

Der Museumsshop ist gut mit Büchern und Souvenirs bestückt, das Art Gallery Café wartet mit Kaffee, Tee und Snacks auf.

Perth Institute of Contemporary Art
51 James St., Northbridge
Perth, WA 6844
✆ (08) 9228 6300, www.pica.org.au
Tägl. außer Mo 10–17 Uhr
Eintritt frei
Das Kulturzentrum vereint mehrere Museen. Ständig wechselnde Ausstellungen und Performances.

Perth Mint
310 Hay St., East Perth, WA 6004
✆ (08) 9421 7428
www.perthmint.com.au
Tägl. 9–17 Uhr, Eintritt A$ 19/8
Die Münzanstalt beherbergt u. a. die größte Sammlung von Goldnuggets, darunter einen 11,3-kg-Brocken. Besucher können ihre eigene Münze prägen und bei der Goldverarbeitung zusehen. Das 1899 erbaute Gebäude ist typisch für die Goldrausch-Architektur in Perth.

Western Australian Museum Perth
Perth Cultural Centre, James St.
Northbridge, Perth, WA 6000
✆ (08) 9212 3700
www.museum.wa.gov.au
Tägl. 9.30–17 Uhr, Eintritt frei
Verschiedenste Abteilungen und Ausstellungen (z. B. Western Australia: Land and People, Aboriginal Gallery etc.) zur Sozial- und Kulturgeschichte und zur Naturkunde des Landes. So sind sowohl ein 25 m langes Walskelett wie auch ein 11 t schwerer Meteorit zu bestaunen. Zum Museum gehört auch das alte Gefängnis Old Gaol, in dem sich nun der Museumsshop befindet.

AQWA – The Aquarium of Western Australia
Hillarys Boat Harbour
91 Southside Dr.
Hillarys, Perth, WA 6025
✆ (08) 9447 7500
www.aqwa.com.au
Tägl. 10–17 Uhr
Eintritt A$ 30/18 (4–15 J.), Familienticket A$ 79
Das moderne Großaquarium lädt ein zu einer Reise durch die Unterwasserwelt entlang der westaustralischen Küste. Geboten werden auch Abenteuer wie »Schnorcheln mit Haien« (nach Voranmeldung).

Perth Zoo
20 Labouchere Rd.
South Perth, WA 6151

Swan Bell Tower in Perth

✆ (08) 9474 3551
www.perthzoo.wa.gov.au
Tägl. 9–17 Uhr, Eintritt A$ 27/13
Gleich besuchen, um alle australischen Tiere zu sehen, die man sonst vielleicht verpasst.

BOCS Ticketing
His Majesty's Theatre
825 Hay St., Perth, WA 6000
✆ (08) 9484 1133, 1800 193 300
www.bocsticketing.com.au
Theaterkasse für alle Kulturevents mit mehreren Filialen, u. a. Perth Concert Hall (5 Georges Terrace) und The Playhouse Theatre (3 Pier St.).

The Blue Room Theatre
53 James St., Perth Cultural Centre, Northbridge, Perth, WA 6003
✆ (08) 9227 7005
www.pacs.org.au
Führendes Alternativtheater, das auch in The Rechabites' Hall (224 William St., Northbridge) spielt.

His Majesty's Theatre
825 Hay & King Sts.
Perth, WA 6000
✆ (08) 9265 0900
www.hismajestystheatre.com.au
Zu hören und zu sehen im Theater: die West Australian Opera (www.waopera.asn.au). Im Keller befindet sich das **Downstairs at the Maj**, das beliebteste und wohl auch beste Varieté/Kabarett in Perth.

Perth Concert Hall
5 St Georges Terrace
Perth City, Perth, WA 6000
✆ (08) 9231 9900
www.perthconcerthall.com.au
Heimat der westaustralischen Symphoniker und Auftrittsort großer klassischer Orchester aber auch zeitgenössischer Künstler.

Perth Convention & Exhibition Centre
Mounts Bay Rd. & William St.
Perth City, Perth, WA 6000
www.pcec.com.au
Ausstellungs-, Veranstaltungs- und Messezentrum direkt am Swan River.

Perth Theatre Company
175 Williams St., Perth City
Perth, WA 6000
✆ (08) 6212 9399
www.perththeatre.com.au
Die engagierte Truppe tritt vornehmlich im The State Theatre Centre of WA und im PICA, beide im Perth Cultural Centre, auf und spielt modernes, zeitgenössisches Theater.

Fraser's
Fraser Ave., Kings Park
Perth, WA 6008
✆ (08) 9481 7100
www.frasersrestaurant.com.au
Tägl. Lunch & Dinner, Sa/So auch Frühstück
Chris Taylors Restaurant (auch Ver-

In Cottesloe, dem eleganten Strandvorort von Perth, genießt man am besten den Sonnenuntergang über dem Indischen Ozean

anstaltungsräume) hat eine der schönsten Lagen der Stadt: im Kings Park mit Ausblick auf den Swan River und die Stadt. Serviert wird modern-bodenständige australische Küche. $$–$$$

Petite Mort
225 Onslow Rd.
Shenton Park, Perth, WA 6008
✆ (08) 9388 0331
www.petitmort.com.au
Di–Sa Dinner, Do/Fr auch Lunch
Im Nachfolger des bekannten Star Anise kreiert Küchenchef Todd Stuart eine moderne, französische Küche nach dem *small plate concept:* viele kleine Gänge zum Probieren. $$–$$$

Arirang
91–93 Barrack St., Perth, WA 6000
✆ (08) 9225 4855
www.arirang.com.au
Mo–Sa 11.30–15 und 17–22, So 11.30–21.30 Uhr
Koreanisches BBQ-Restaurant, wo man sein Fleisch selber am Tisch grillen kann. Auch gute Nudel- und Reisgerichte. $$

Funtastico
12 Rokeby Rd.
Subiaco, Perth, WA 6008
✆ (08) 9381 2688
www.funtastico.com.au
Tägl. ab 8 Uhr
Lässiger, angesagter Szene-Italiener ohne folkloristischen Schnickschnack und mit einer modern interpretierten italienisch-mediterranen Küche; auch Pizza. $$

Must Winebar
519 Beaufort St., Highgate, Perth, WA 6003
✆ (08) 9328 8255
www.must.com.au
Tägl. 12–24 Uhr
Angenehme Weinbar mit gutem Essen und regelmäßiger Livemusik. $$

Subiaco Hotel
465 Hay St, Subiaco
Perth, WA 6008
✆ (08) 9381 3069
http://subiacohotel.com.au
Tägl. ab 7 Uhr
Das »Subi«, 2014 frisch renoviert, ist eine legendäre Location mit Café, Bar, Restaurant und Club. $$

Belgian Beer Cafe Westende
347 Murray St., Perth, WA 6000
✆ (08) 9321 4049
www.belgianbeer.com.au
Tägl. ab 11 Uhr
Sehr authentisch wirkende belgische Brasserie mit belgischem Bier im Ausschank und guter Atmosphäre. $–$$

Chutney Mary's
67 Rokeby Rd. & Hay St.
Subiaco, Perth, WA 6008
✆ (08) 9381 2099
www.chutneymarys.com.au
Mo–Sa 12–14.30, tägl. 17.30–22.15 Uhr
In dem angenehm freundlichen Eckrestaurant gibt es auch für Vegetarier allerlei authentisch Indisches. $

John Street Café
27 John St, Cottesloe
Perth, WA 6011
✆ (08) 9384 3390
Mo–Fr 7–15, Sa/So 7–16 Uhr
Liebenswerter Klassiker nur wenige Meter vom Cottesloe Beach. Hervorragendes Frühstück. $–$$

e-sense
231 Adelaide Terrace
Perth, WA 6000
✆ (08) 9221 7313
Mo–Fr 7–15.30 Uhr
Angenehmes Frühstücks- und Lunch-Café.

Brass Monkey Hotel
James & William Sts.
Northbridge, Perth, WA 6003
✆ (04) 2182 1320
www.thebrassmonkey.com.au
Tägl. unterschiedliches Programm
Eine Institution im Nachtleben von Perth. Hier ist jeden Abend was los.

Cottesloe Beach Hotel
104 Marine Parade
Cottesloe, Perth, WA 6011
✆ (08) 9383 1100
www.cottesloebeachhotel.com.au
Der wohl beste Ort, um den

Sonnenuntergang am Indischen Ozean zu genießen, ist die Terrasse des Cottesloe Beach Hotels. Neben der Terrasse gibt es Bar, Restaurant und Biergarten. Seit Jahren auch beliebter Party-Place der jungen Szene; am Wochenende ist sprichwörtlich die Hölle los. $-$$

The Colonnade Centre
388 Hay St., Subiaco
Perth, WA 6008
www.thecolonnade.com.au
Kleines, feines Shoppingcenter für *Fashionvictims*, hier findet man australische Top-Designer wie Lisa Hu und das Melbourne-Label Saba.

Daneechi
30 Rockeby Rd., Subiaco, WA 6008
✆ (08) 9388 1767
www.daneechi.com
Shop für schöne Beach- und Bademode.

Empire Rose
41 King St., Perth City
Perth, WA 6000
✆ (08) 9321 0525
www.empirerose.com.au
Nette Boutique, die auf hübsche Teilchen in zurückhaltenden Farben setzt.

The Margaret River Chocolate Company – Swan Valley
5123 West Swan Rd., West Swan
Perth, WA 6055, ✆ (08) 9250 1588
http://chocolatefactory.com.au
Schokolade vom Feinsten aus dem Weintal.

Merge
220 Williams St., WA 6003, Northbridge, Perth, WA 6003
✆ (08) 9380 4397
www.mergeclothing.com.au
Der Shop präsentiert junge Designer aus Westaustralien.

The Re Store
72–74 Lake St., Northbridge
Perth, WA 6003
✆ (08) 9328 1877
Mo–Fr 8.30–17.30, Sa 8.30–12.30 Uhr
Feinkostladen mit herrlich krudem Mix von Bilderrahmen, Kaffeetassen und Espressomaschinen über Top-Olivenöle, Kaffeebohnen und Käselaibe bis hin zum Lunchtresen mit Baguettes und frischer Pasta sowie wunderbarem Kaffee zum Vor-Ort-Genießen.

Rochelle Adonis
2 St Albans Avenue
Highgate, Perth 6003
✆ (08) 9227 0007
www.rochelleadonis.com
Coffee-, Cake-Shop und Studio für süße Kreationen – ein Muss.

Zomp Shoes
47 King St., Perth City
Perth, WA 6000
✆ (08) 9321 0765
www.zomp.com.au
Ein Muss für Schuhfreaks.

Festivals und Veranstaltungen
Mit dem **Perth International Arts Festival** wird im Februar Australiens ältestes und größtes Kunst- und Kulturfestival gefeiert (www.perthfestival.com.au).
Die Teilnehmer des **Rottnest Swim** im Februar müssen 20 km bewältigen, wenn sie vom Cottesloe Beach in Perth zur Thompson Bay auf Rottnest Island schwimmen (www.rottnestchannelswim.com.au). Tradition hat das **Western Australian Wine & Food Festival** Anfang Juni (www.wineandfood.com.au).

Walbeobachtung hat den Walfang abgelöst: Whale-Watching-Touren zu den Buckelwalen vor Albanys Küste

Taucher und Schnorchler kommen an den schönen Stränden rund um Albany auf Ihre Kosten

2 ALBANY

Albany (23 000 Einwohner), gegründet 1826 am King George Sound, ist die älteste europäische Siedlung Westaustraliens und das Handels- und Geschäftszentrum des Südens. Bis Ende der 1970er Jahre war die Stadt ein bedeutender Walfängerhafen. Heute hat Walbeobachtung (Saison Juli bis Oktober) den Walfang abgelöst und ist eine bedeutende Touristenattraktion. Mehrere Anbieter organisieren Ausfahrten zur Beobachtung der großen Meeressäuger. Lebendig wird die Geschichte des Walfangs heute noch in der **Whale World**, einer ehemaligen Walfangstation.

Der Ort besitzt noch etwa 50 historische Gebäude, die beiden ältesten, das **Patrick Taylor Cottage** in der Duke Street und die **Old Farm** in der Middleton Road, stammen aus den 1830er Jahren. Nur etwa 20 Jahre jünger sind das alte Gefängnis, **Old Gaol**, und das **Western Australia Museum**.

Badefreuden versprechen zahlreiche schöne Strände in der Umgebung, und besonders Taucher kommen rund um Albany auf ihre Kosten. So wurde 2001 in der Frenchman Bay das Kriegsschiff »**HMAS Perth**« versenkt, um ein künstliches Riff zu schaffen; nun ist es ein beliebtes Tauchrevier.

In der weitere Umgebung Albanys gibt es spektakuläre Nationalparks wie den 60 km nördlich im Landesinneren gelegenen Stirling Range National Park, ein beliebtes Wandergebiet mit über 1000 m hohen Bergen. Oder den 200 km östlich an der Küste gelegenen Fitzgerald River National Park mit einer abwechslungsreichen Landschaft von einsamen Stränden bis zu wilden Schluchten und einer artenreichen Flora und Fauna, darunter 70 Orchideenarten, die nur hier vorkommen.

SERVICE & TIPPS

Visitor Centre
Old Railway Station
Proudlove Parade
P.O. Box 5764
Albany, WA 6331
✆ (08) 9841 9290
www.albanytourist.com.au

Western Australia Museum
Residency Rd.
Albany, WA 6330
✆ (08) 9841 4844
http://museum.wa.gov.au
Tägl. außer Mi 9.30–16.30 Uhr
Spende A$ 5
Das Museum dokumentiert die Geschichte der Region und zeigt Kunstwerke der Aborigines. Am Museum steht ein Replikat der Brigg »Amity«, mit der 1826 die ersten Siedler landeten.

Old Farm
170 Middleton Rd.
Albany, WA 6330
✆ (08) 9481 3735
Tägl. 10–16 Uhr, Eintritt Spende
Die historische Farm auf dem Strawberry Hill gibt Einblicke in das Leben der ersten Siedler.

Old Gaol
Lowe Stirling Terrace
Albany, WA 6330
✆ (08) 9841 6174
Tägl. 10–16 Uhr, Eintritt A$ 5/2.50
Historisches Gefängnis von 1851.

Whale World
Cheynes Beach Whaling Station, Albany, WA 6330
✆ (08) 9844 4021
www.whaleworld.org
Tägl. 9–16 Uhr, Eintritt A$ 29/12
1978 wurde die gut 20 km außer-

Harlekin-Süßlippen fühlen sich wohl im Schutz des Wracks

Der australische Walfang ist längst passé: 2010 leitete Australien mit Unterstützung von Neuseeland vor dem Internationalen Gerichtshof in Den Haag ein Verbotsverfahren gegen den kommerziellen japanischen Walfang ein

halb von Albany gelegene Walfangstation geschlossen. Zu Hochzeiten fing die Cheynes Beach Whaling Company 850 Wale jährlich. Zu sehen sind z. B. ein restauriertes Walfangschiff, zahlreiche Walskelette, die ehemaligen Produktionsanlagen und ein Film über die Geschichte des Walfangs.

Silver Star Cruises
Albany Town Jetty, Albany, WA 6330, ✆ (04) 2842 9876
www.whales.com.au
Tägl. 9.30 und 13 Uhr
Touren ab A$ 88/50
Während der Saison morgens und mittags starten jeweils 2,5-stündige Schiffstouren zur Wal- und Delfinbeobachtung; außerdem Tauchcharter.

South Coast Diving Supplies
Shop 84B, Serpentine Rd.
Albany, WA 6330
✆ (08) 9841 7176
www.divealbany.com.au
Guter Tauchshop, der auch halbtägige Tauchtouren u. a. zur »HMAS Perth« anbietet (A$ 120–225).

Ausflugsziele:

Torndirrup National Park
17 km südlich von Albany Frenchman Bay Rd., http://parks.dpaw.wa.gov.au/park/torndirrup
Populärer Park mit einer spektakulären Küstenlandschaft, wo das Meer Felsskulpturen wie Gap, Natural Bridge und Blowholes aus den Klippen geformt hat. Wegen der häufig hohen Wellen ist die Küste beliebt bei Surfern, aber auch sehr gefährlich.

Leuchtturm am Cape Leeuwin

3 AUGUSTA

Augusta (1000 Einwohner) liegt in der äußersten Südwestecke Westaustraliens. Nur acht Kilometer entfernt, am **Cape Leeuwin**, dem südwestlichsten Punkt des Kontinents, treffen der Southern Ocean und der Indische Ozean aufeinander. Von der Spitze des Leuchtturms (tägl. 9–16 Uhr) hat man einen fantastischen Blick über die Küste; 176 Stufen führen hinauf. Nicht minder beeindruckend ist der Blick vom Leuchtturm auf dem **Cape Naturaliste**.

Auch in Augusta bietet sich, wie an vielen Küstenorten im Südwesten, während der Saison (hier Ende Mai bis September) die Gelegenheit zur Walbeobachtung, Delfine werden ebenfalls häufig gesichtet. Zahlreiche Charterboote laufen dann mit *Whale-watching*-Touristen aus.

SERVICE & TIPPS

Visitor Centre
Blackwood Ave., Augusta, WA 6290
✆ (08) 9758 0166
http://augusta.wa.au

Jimmy's Grill, Bar Bistro
Im Augusta Hotel Motel
Blackwood Ave.
Augusta, WA 6290
✆ (08) 9758 1944
www.augustahotel.com.au
Tägl. Frühstück, Lunch, Dinner
Große Auswahl an Steaks, Chops, Spießen und Fisch. Fleisch und Fisch kann man sich selber grillen. Dazu bedient man sich am Salatbuffet. $–$$

Ausflugsziel:

Leeuwin-Naturaliste National Park
http://parks.dpaw.wa.gov.au/park/leeuwin-naturaliste

Der Park erstreckt sich über 120 km entlang wilder Küste vom Cape Naturaliste bis zum Cape Leeuwin im Süden von Augusta. Immer wieder bieten sich faszinierende Küstenansichten. Attraktionen sind die vielen Höhlen, von denen einige zugänglich sind, und **Hamelin Bay** mit einem Strand und Landungssteg, der früher von der Holzindustrie genutzt wurde. Elf Wracks in der Umgebung deuten darauf hin, dass das Anlanden hier nicht so einfach war.

4 BUNBURY

Sehenswert ist die 8 km nördlich von Bunbury gelegene Augusta Juwel Cave. Die farbenprächtige Höhle ist täglich geöffnet; Führungen finden stündlich statt.

Die aufstrebende Küstenstadt Bunbury (28 000 Einwohner) liegt etwa 160 Kilometer südlich von Perth und lebt hauptsächlich von der Industrie und seinem Hafen. Tourismus spielt, obwohl es auch hier schöne Strände wie den Clifton Beach gibt, weniger eine Rolle. Hauptattraktion sind die Delfine, mit denen man sogar schwimmen kann und die an der Koombana Bay bis an den Strand kommen. In Deutschland wird Bunbury immer mal wieder in den Nachrichten erwähnt, wenn an den Stränden der Umgebung Dutzende Wale gestrandet sind. Hunderte freiwilliger Helfer versuchen dann die Meeresriesen feucht zu halten und wieder ins offene Meer zu geleiten.

Den Delfinen ist ein eigenes Zentrum, das **Dolphin Discovery Centre**, an der Koombana Bay gewidmet, das umfassend und unterhaltsam über die Delfine informiert. Hier tauchen die Säuger auch regelmäßig vormittags an der *Beach Interactive Zone* auf. Daneben bietet Bunbury viele Annehmlichkeiten einer etwas größeren Stadt wie Theater und Kunstgalerie, zahllose Cafés und Restaurants und nicht zuletzt Einkaufszentren mit Mega-Supermärkten. Für Reisende in den Südwesten ist dies eine gute Gelegenheit, sich preiswert mit allerlei Vorräten einzudecken und noch einmal günstig vollzutanken.

SERVICE & TIPPS

Bunbury Visitor Centre
Carmody Place
Bunbury, WA 6230
✆ (08) 9792 7205
www.visitbunbury.com.au

Dolphin Discovery Centre
Koombana Bay
Bunbury, WA 6231
✆ (08) 9791 3088
www.dolphindiscovery.com.au
Okt.–Mai tägl. 8–16, Juni–Sept. 9–14 Uhr, Eintritt A$ 10/5
Die Delfine kommen ausschließlich morgens zwischen 8 und 12 Uhr an den Strand. Das Zentrum organisiert neben Bootstouren auch »Swim Tours« (A$ 185), bei denen man tatsächlich im offenen Meer mit Delfinen schwimmt.

Vat 2
2 Jetty Rd.
Bunbury, WA 6230
✆ (08) 9791 8833
www.vat2.com.au
Tägl. Breakfast, Lunch, Dinner
Der Ableger des VAT 107 in Margaret River gefällt durch stilvolles, zeitgemäßes Design und Brett Johnsons gelungenen *Modern-australian-kitchen-Mix*. $$–$$$

Regelmäßig am Vormittag tauchen an der Beach Interactive Zone in Bunbury Delfine auf

5 BUSSELTON

Busselton (ca. 24 000 Einwohner), Tor zum Südwesten, hat sich in den letzten Jahren selbst immer stärker zu einem beliebten Ferienort entwickelt. Die kurze Entfernung nach Perth von nur 232 Kilometern ist nur einer der Vorteile, die gute Lage am Meer an der Geographe Bay mit über 30 Kilometern Sandstrand und moderner Marina ein anderer. Gute Wassersportmöglichkeiten sind selbstverständlich, und Unterkunftsmöglichkeiten gibt es für jeden Geldbeutel vom einfachen Campingplatz bis zum komfortablen Strandresort. Gleich südlich vor den Toren der Stadt beginnt zudem die beliebte Margaret River Wine Region.

Hauptsehenswürdigkeit ist der viel fotografierte **Busselton Jetty**, der längste hölzerne Landungssteg der südlichen Hemisphäre, an dem ab 1865 über einen Zeitraum von 95 Jahren immer weiter gebaut wurde. Am Ende des fast zwei Kilometer langen Stegs eröffnete 2003 das **Busselton Jetty Underwater Observatory**. Durch große Glasfenster unter Wasser können über 300 verschiedene maritime Lebensformen beobachtet werden.

Die Hauptsehenswürdigkeit in Busselton: die Jetty

SERVICE & TIPPS

Busselton Visitor Centre
38 Peel Terrace
Busselton, WA 6280
✆ (08) 9752 1288
www.downsouth.com.au

The Deck Marina Bar & Restaurant
21 Spinnaker Blvd., Port Geographe
Busselton, WA 6280
✆ (08) 9751 2960
www.thedeckmarina.com.au
Mo–Fr ab 9.30, Sa/So 8.30 Uhr
Modernes Restaurant direkt am Wasser mit frischer Küche. $$

Ironman Western Australia Triathlon
Ende November.

6 DENMARK

Der malerisch an der Südküste zwischen Walpole und Albany am Wilson Inlet gelegene 2000-Einwohner-Ort lebte lange Zeit von der im Süden beheimateten Holzindustrie. Heute haben Tourismus und Weinbau diese Rolle übernommen. Die vielen schönen, ruhigen Strände, beispielsweise im 15 Kilometer entfernten **William Bay National Park**, ziehen vor allem Badefreuden suchende Familien an. An einigen anderen Stränden wie dem Ocean Beach mit oft hohen Wellen kommen hingegen eher Surfer auf ihre Kosten. Am Lowlands Beach gibt es Plattformen für Delphinbeobachtung.

Denmark punktet mit seiner entspannten Atmosphäre: Etliche Künstler haben sich zwischen Stränden und Weinbergen niedergelassen; zahlreiche interessante Galerien stehen dem Kunstinteressierten offen.

Kinder freuen sich besonders über einen Besuch der **Pentland Alpaca Stud & Tourist Farm**, wo die eigentlich in Südamerika beheimateten Alpakas gezüchtet und gezeigt werden, aber auch zahlreiche einheimische Tiere.

Strandvergnügen für Familien im William Bay National Park

SERVICE & TIPPS

Denmark Visitor Centre
473 South Coast Hwy.
Denmark, WA 6333
✆ (08) 9848 2055,
www.denmark.com.au

Pentland Alpaca Stud & Tourist Farm
2019 Scotsdale Rd.
Denmark, WA 6333
✆ (08) 9840 9262, www.pent
www.pentlandalpacafarm.com.au
Tägl. 10–16 Uhr
Die Alpaka-Farm für Tierliebhaber liegt etwa 20 km westlich von Denmark und besitzt auch ein Café.

The Observatory Restaurant
Denmark Observatory Resort
Mount Shadforth Rd.
Denmark, WA 6333
✆ (08) 9848 2600
Tägl. Lunch & Dinner
Landschaftlich schön gelegenes Restaurant mit einer modernen Küche, die stark auf regionale Produkte setzt. $$

MadFish Wines
Scotsdale Rd., Denmark, WA 6333
✆ (08) 9848 2345
www.madfishwines.com.au
Tägl. 10–16 Uhr
Bekanntes Weingut mit Weinbergen in Denmark und Margaret River, das eine breite Kollektion sehr guter weißer und roter Weine hervorbringt. Standardweine sind die *Premium White* und *Premium Red*, die australienweit in vielen Bottle Shops erhältlich sind.

Denmark Liquor Store
22 South Coast Hwy.
Denmark, WA 6333
✆ (08) 9848 1546
www.denmarkliquorstore.com
Mo–Sa 9–20, So 10–18 Uhr
www.denmarkliquorstore.com
Große Auswahl an australischen Weinen und Bieren.

7 ESPERANCE

Der einsam gelegene Ort an der Südküste Westaustraliens ist ein beliebtes Ferienziel vor allem auch für Camper und Allrad-Enthusiasten. Das verdankt das 10 000-Einwohner-Städtchen der spektakulären Küstenlandschaft mit rauen Klippen, weißsandigen Traumstränden und Naturattraktionen wie den Nationalparks **Cape Le Grand** und etwa 120 Kilometer östlich **Cape Arid**. Erleben kann man die Postkarten-Landschaft beispielsweise westlich der Stadt bequem vom Auto aus auf dem 38 Kilometer langen **Great Ocean Drive**, einer herrlichen Sightseeing-Route, die an ruhigen Badestränden und am Salzsee **Pink Lake**, einem beliebten Fotomotiv, vorbeiführt. An manchen Stränden

An der Lucky Bay im Cape Le Grand National Park südöstlich von Esperance: Weißer kann Sand nicht sein

wie an der Lucky Bay im Cape Le Grand National Park kann man sogar Kängurus am Meer erleben. Von Juni bis Dezember suchen Wale die geschützten Buchten bei Esperance zum Kalben auf.

Vor der Küste liegt der **Archipelago of the Recherche** mit etwa 100 kleinen Inseln, Heimat von unzähligen Seelöwen, Pinguinen und Seevögeln. Zu den Eilanden werden auch Bootstouren angeboten, und Angler finden rund um Esperance fast paradiesische Verhältnisse vor. Das vielfältige maritime Leben des Archipels kann auch in Australiens neuestem **Aquarium** bestaunt werden.

Markante Granitfelsen im Cape Le Grand National Park

Im Ort bietet das **Historic Museum Village** mit einigen alten historischen Gebäuden Einblicke in das Leben der frühen Siedler. Das **Municipal Museum** informiert über die frühe Besiedelungsgeschichte und zeigt eine Ausstellung über Schiffswracks und den australischen Piraten Black Jack Anderson.

SERVICE & TIPPS

Visitor Centre
Museum Village, Dempster St.
Esperance, WA 6450
✆ (08) 9083 1555, 1300 664 455
www.visitesperance.com

Esperance Museum
Dempster & James Sts.
Esperance, WA 6450
✆ (08) 9071 1579
www.esperancemuseum.com.au
Tägl. 13.30–16.30 Uhr
Eintritt A$ 5/2
Neben Schiffswracks sind Exponate aus der frühen Besiedlungsgeschichte und Teile des 1979 abgestürzten Weltraumshuttles »Skylab« zu sehen.

Historic Museum Village
Dempster St.
Esperance, WA 6450
www.visitesperance.com/pages/historic-museum-village
Mo–Fr 9–17, Sa 9–14 Uhr
Eintritt frei
Einige historische Gebäude, die heute u. a. Galerie und Souvenirshop, Café und Informationsbüro beherbergen.

The Esperance Aquarium
53 The Esplanade, Esperance,
WA 6450, ✆ (08) 9071 7222
Mo–Fr 10–17, Sa/So 9–17 Uhr
Eintritt A$ 10/8, Familien A$ 29
14 große Aquarien und ein *Discovery Trail* sorgen für beste Unterhaltung.

8 FREMANTLE

Fremantle – von den Einheimischen nur *Freo* genannt – an der Mündung des Swan River am Indischen Ozean gelegen, ist nicht etwa ein Vorort von Perth, obwohl die beiden Städte inzwischen zusammengewachsen sind, sondern die zweitgrößte Stadt Westaustraliens und der wichtigste Hafen. Von hier werden beispielsweise Schafe, Wolle und Zitrusfrüchte in den mittleren Osten verschifft. Dennoch ist Fremantle keine hässliche Hafenstadt, sondern ein schmuckes Städtchen mit einer hübschen, quirligen Hauptstraße, dem sogenannten **Cappuccino-Strip**, der South Terrace.

Die zahlreichen italienischen Cafés und Restaurants, wo es sich herrlich bei sonnigem Wetter – der *Fremantle Doctor* sorgt nachmittags zuverlässig für eine kühle Brise – auf den Bürgersteigterrassen sitzen und gucken lässt, gaben der Straße ihren Spitznamen. Zwischen den italienischen Lokalen laden traditionelle Pubs wie das **Sail and Anchor**, eine echte Freo-Institution, zu einem Bier ein. In den alten **Markthallen** drängen sich die Menschen zwischen Gemüse, Fisch und Kitsch. Rund um den Strip sorgen Straßenkünstler dafür, dass dem flanierenden Publikum nicht langweilig wird.

Heute ein Museum: das Fremantle Prison

Aufwärts ging es mit Freo insbesondere, nachdem die Stadt Mitte der 1980er Jahre zum ersten Austragungsort des America's Cup auf australischem Boden ausgewählt wurde. Zwar konnten die *Aussies* 1987 in Fremantle die begehrteste Segeltrophäe nicht gegen die Amerikaner verteidigen. Zuvor aber war eine Menge Geld in die Stadt geflossen, es wurde investiert, gebaut und modernisiert. Das bis dahin eher verschlafene Fremantle verwandelte sich in eine lebendige City, in der Lifestyle großgeschrieben wird. Selbst zu einem eigenen Team, den Fremantle Dockers, in der AFL, der Australian Football League, hat es die Stadt seitdem gebracht, und das bedeutet im Westen gegen die Übermacht des Ostens – die meisten Teams spielen in Melbourne – sehr viel.

Doch manches erinnert auch an die Vergangenheit, wie z. B. das **Fremantle Prison**. Mitte des 19. Jahrhunderts erbaut, beherbergte es noch bis 1991 Gefangene; der Haupt-Zellenblock kann heute besichtigt werden.

SERVICE & TIPPS

Fremantle Tourist Bureau
Kings Square High St.
Fremantle, WA 6160
✆ (08) 9431 7878
www.visitfremantle.com.au

Nahverkehr
In Fremantles Innenstadtbereich dreht etwa alle 10 Min. der **CAT** seine Runden. Der kostenlose Busservice fährt an allen wichtigen Punkten der Stadt vorbei.

Western Australian Maritime Museum
Victoria Quay, Fremantle, WA 6160
✆ (08) 9431 8444, www.museum.wa.gov.au/maritime
Tägl. 9.30–17 Uhr, Eintritt A$ 10/3
Das auch architektonisch interessante Museum informiert über die maritime Geschichte Australiens.

Fischereiflotte von Fremantle

Fremantle Arts Centre
1 Finnerty St., Fremantle, WA 6959
✆ (08) 9432 9555
www.fac.org.au
Tägl. 10–17 Uhr
Ein interessantes Kulturzentrum in einer ehemaligen Nervenheilklinik.

Fremantle Prison
1 The Terrace, Fremantle, WA 6160
✆ (08) 9336 9200
www.fremantleprison.com.au
Tägl. 9–17 Uhr
Touren ab A$ 20/11
Vier regelmäßig stattfindende Rundgänge. Besonders interessant sind die nächtlichen Laternentouren. Termine auf der Website.

Gino's
1–5 South Terrace
Fremantle, WA 6160
✆ (08) 9336 1464
www.ginoscafe.com.au
Tägl. ab 8 Uhr
So etwas wie der italienische Platzhirsch am Cappuccino-Strip.
$–$$

Cicerello's
44 Mews Rd., Fremantle, WA 6160
✆ (08) 9335 1911
http://cicerellos.com.au
Tägl. ab 10 Uhr
Kailis Nachbar und Konkurrent am Hafen ist ebenfalls eine echte Fish & Chips-Institution. $

Kailis' Fish & Lobster Market Cafe
46 Mews Rd., Fishing Boat Harbour, Fremantle, WA 6959
✆ (08) 9335 7755
www.kailis.com, tägl. ab 8 Uhr
Seit 1928 und in dritter Generation ist das beliebte Hafenrestaurant in Familienbesitz. Der Klassiker sind Fish & Chips in verschiedenen Varianten. $

Little Creatures Brewery
40 Mews Rd.
Fremantle, WA 6160
✆ (08) 9430 5555
https://littlecreatures.com.au
Mo–Fr ab 10, Sa ab 11, So 9–23 Uhr
Die modern eingerichtete Microbrewery am Wasser bietet neben süffigem Bier auch leckeres Essen und gute Atmosphäre. Ist allerdings manchmal etwas *noisy*. $–$$

Sail and Anchor
64 South Terrace
Fremantle, WA 6160
✆ (08) 9431 1666
www.sailandanchor.com.au
Mo/Di 11–23, Mi/Do 11–24, Fr/Sa 10–1, So 10–22 Uhr
Das bereits 1903 im Fremason Hotel gegründete Pub war eine der ersten australischen Pub-Brauereien. Neben dem süffigen Selbstgebrauten gibt es viel Stimmung und Atmosphäre gratis. Bestes australisches Kneipenerlebnis!
$–$$

Elizabeth's Bookshop
– High Street Mall
Fremantle, WA 6160
✆ (08) 9430 6700
– 8 South Terrace, Fremantle
✆ (08) 9433 1310
www.elizabethsbookshop.com.au
Seit über 30 Jahren gibt es den Secondhand-Buchladen, auch Filialen in Perth (u. a. 820 Hay & King Sts., Perth City) und Sydney (343 Pitt St., CBD).

Fremantle Markets
Henderson St. & South Terrace
Fremantle, WA 6160
✆ (08) 9335 2515
www.fremantlemarkets.com.au
Fr 9–20, Sa/So 9–18 Uhr
Die Markthalle ist besonders farbenfroh und stimmungsvoll.

The Home Provedore
39 Market St., Fremantle, WA 6160
✆ (08) 9336 3331
www.thehomeprovedore.com.au
Ein Muss für Hobbyköche – hier findet sich alles Schöne und Nützliche für die Küche.

Kakulas Sister
29–31 Market St.
Fremantle, WA 6160
✆ (08) 9430 4445
http://kakulassister.com.au
Schöner Foodstore mit Kolonialtouch und breitem Angebot aus aller Herren Länder.

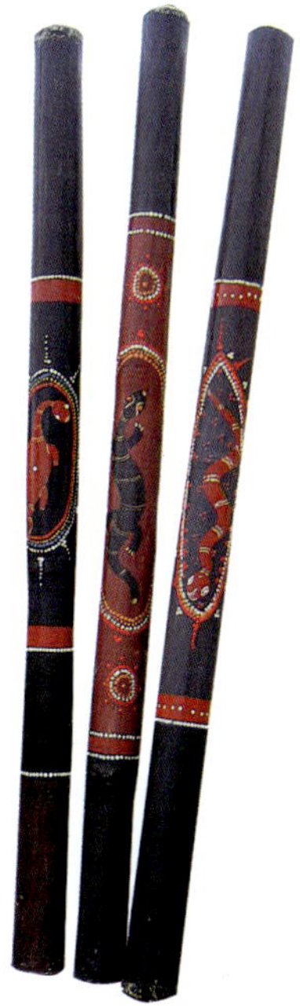
Hergestellt aus einem von Termiten ausgehöhlten, gesäuberten Stamm: Didgeridoos aus dickwandigem australischem Bambus

9 KALGOORLIE-BOULDER

In dem heutigen Doppelort Kalgoorlie-Boulder fand 1893 der Goldsucher Paddy Hannan einen lohnenden Nugget und löste damit einen Goldrausch aus. Ein Denkmal erinnert heute noch in Kalgoorlies Hauptstraße, der Hannan Street, an Paddys großen Fund, und eine Tafel am **Paddy Hannan's Tree** in der Outridge Terrace bezeichnet die genaue Stelle. Binnen kurzer Zeit schossen zahlreiche Goldstädte im trockenen, heißen Outback aus dem Boden. Die meisten sind heute verlassen, doch in Australiens größter Outback-Ansiedlung wird das gelbe Edelmetall weiterhin im großen Stil abgebaut, und so ist noch etwas von der alten Goldgräberstadtmentalität erhalten geblieben. Nicht versäumen sollte man einen Drink an der Bar des historischen **Exchange Hotel**, eine typische Goldrausch-Tour, einen Ausflug zu einer der zahlreichen Geisterstädte und den Besuch des **WA Museums Kalgoorlie-Boulder** am Ende der Hannan Street. Etwas außerhalb liegt die **Australian Prospectors and Miners Hall of Fame**, die nicht nur Kindern Freude macht. Denn es ist nicht etwa nur eine Ruhmeshalle, sondern ein abwechslungsreiches Gelände mit verschiedenen Attraktionen rund um das edle Metall.

Wer gerne ausgeht und noch gute alte, handgemachte Rockmusik hört, sollte eines der zahlreichen ziemlich authentischen Pubs besuchen, wo sehr häufig einheimische Bands auftreten und mit vollem Einsatz die Klassiker der 1960er und 1970er Jahre schrammeln. Das Publikum dankt es mit Applaus, hohem Bierkonsum und gelegentlichem *Headbanging*. Etliche Hotels und andere Gebäude aus der Zeit des Goldrauschs wie die beiden **Town Halls** stehen in Kalgoorlie in der Hannan Street und in Boulder in der Burt Street.

Bei allen geplanten Aktivitäten in den Sommermonaten sollte man daran denken, dass es in den Goldfields brutal heiß wird. Wenn Wind weht, dann kühlt er nicht, sondern bläst wie ein heißer Fön.

Rund um Kalgoorlie-Boulder werden im Tagebau und im Untertagebau Gold, Nickel und Erze aller Art aus dem Boden gefördert

SERVICE & TIPPS

Kalgoorlie Goldfields Visitor Centre
250 Hannan St.
Kalgoorlie, WA 6430
✆ (08) 9021 1966
www.kalgoorlietourism.com
www.goldfieldstourism.com.au

Hannans North Tourist Mine
Goldfields Hwy.
Kalgoorlie, WA 6430
✆ (08) 9022 1664
Tägl. 9–16 Uhr, Eintritt A$ 20/10
Hier kann man sich mit der Schürfpfanne als Goldgräber versuchen oder an einer spannenden Tour durch eine historische unterirdische Goldmine teilnehmen.

WA Museum Kalgoorlie-Boulder
17 Hannan St., Kalgoorlie, WA 6430
✆ (08) 9021 8533
www.museum.wa.gov.au
Tägl. 10–16.30 Uhr
Eintritt kleine Spende
Die Geschichte des Goldrauschs Ende des 19. Jh. wird anschaulich und interessant dargestellt. Klasse ist der Rundumblick vom alten Förderturm.

The Super Pit
Shop: 2 Burt St.
Kalgoorlie, WA 6433
www.superpit.com.au
Mo–Fr 9–16, Marktsonntage 9.30–12.30 Uhr
The Super Pit ist mit 330 m Tiefe, 3,2 km Länge und 1,3 km Breite eine der größten Tagebauminen und zugleich eine der goldreichsten Meilen der Welt, daher auch ihr früherer Name *Golden Mile*. Jeden 3. So ist *Boulder Market Day*. Dann werden auch Führungen angeboten: 10, 10.30, 11, 11.30 Uhr.

Goldfields Arts Centre
Cheetham St.
Kalgoorlie, WA 6433
✆ (08) 9088 6900
www.goldfieldsartcentre.com.au
Art Gallery tägl.10–15 Uhr und 1 Stunde vor jeder Show
Box Office Mo–Fr 10–15 Uhr
1993 eröffnetes kulturelles Veranstaltungszentrum mit einem 700-Plätze-Theater, Konferenzräumen und einer Kunstgalerie. Theater, Konzerte, Ausstellungen etc.

Top End Thai
71–73 Hannan St.
Kalgoorlie, WA 6433

Rostige Relikte der Metallförderung in Kalgoorlie-Boulder

✆ (08) 9227 6122, Lunch, Dinner
Hat den Ruf, der beste Thai der Stadt zu sein. $–$$

Barista 202
202 Hannan St., Kalgoorlie, WA 6433, ✆ (08) 9022 2228
Mo–Fr 7–16, So 8–14 Uhr
Nettes, italienisch inspiriertes Frühstücks- und Panini-Café; auch frische Salate. $

Exchange Hotel
135 Hannan St.
Kalgoorlie, WA 6433
✆ (08) 9021 2833
www.exchangekalgoorlie.com.au
Tägl. ab 10, So ab 11 Uhr
In Kalgoorlies bekanntestem Pub gibt es nicht nur von frühmorgens bis nachts eiskaltes Bier, sondern auch ganz vernünftiges Essen. $

The Kalgoorlie Hotel – Ze Ze Bar & Judd's Restaurant
Hannan & Wilson Sts.
Kalgoorlie, WA 6433
✆ (08) 9021 3046, tägl.
Beliebte *All-in-one-location* mit Bar, Kneipe, Live-Bands, Steinofen-Pizza und Restaurant mit internationaler Küche im 1. Stock. $–$$

Goldfields Aboriginal Art Gallery
222 Dugan St., Kalgoorlie, WA 6430
✆ (08) 9021 1710
Gute Auswahl an Kunst und Kunsthandwerk, nicht nur Didgeridoos und Bumerangs.

The Little Boulder Sweet Shop
41 Burt St.
Kalgoorlie-Boulder, WA 6432
✆ (08) 9093 0011
Der schnuckelige Süßigkeitenladen lässt nicht nur Kinderherzen höher schlagen.

Die besten Plätze, frei lebende Numbats (Ameisenbeutler) zu beobachten, ist der Perup Forest nahe Manjimup

⑩ MANJIMUP

Manjimup (ca. 4500 Einwohner) etwa dreieinhalb Stunden südlich von Perth ist das Zentrum der Region **Southern Forests**. In dem schmucken Städtchen bestimmen neben den Wäldern mit den bis zu über 50 Meter hohen Karri-, Marri- und Jarrah-Bäumen vor allem Obst- (Äpfel) und Weinanbau das Bild. In jüngster Zeit wächst hier allerdings auch eine edle Knolle, die man sonst aus Südfrankreich und aus Umbrien kennt, der schwarze Trüffel. Die **Wine and Truffles Company** pflanzte Ende der 1990er Jahre rund 13 000 Haselnussbäume und Eichen an und infizierte sie mit französischen Trüffelsporen. Inzwischen wird fleißig geerntet und auch schon nach Deutschland exportiert.

Das ganze Gebiet rund um Manjimup ist ein ideales Wanderrevier, durch das der beliebte Fernwanderweg von Perth nach Albany, der **Bibbulmun Track**, führt. Ansonsten haben alle Sehenswürdigkeiten mit Bäumen zu tun; über die Geschichte der Holzindustrie informiert im Ort der **Timber Park Complex** mit historischen Gebäuden, Museum und Informationszentrum. Der wohl beliebteste Baum ist der sechs Kilometer entfernt stehende **Diamond Tree**. Mit seiner stattlichen Höhe von 54 Metern diente er lange als Feuerbeobachtungsposten – Wagemutige können ihn über Stahlsprossen besteigen. Weitere Anziehungspunkte sind die **One Tree Bridge**, eine einst aus einem einzelnen Karri-Baum gebaute Brücke, und **Four Aces**, eine Formation aus vier Riesenbäumen. Die ansässigen Weingüter sind noch nicht so bekannt wie die Konkurrenz in Margaret River oder Pemberton, produzieren aber sehr gute Qualität zu günstigeren Preisen – Weinproben sind überall möglich.

SERVICE & TIPPS

Manjimup Visitor Centre
Giblett St.
Manjimup, WA 6258
✆ (08) 9771 1831
www.manjimupwa.com

The Wine & Truffles Comp.
Seven Day Rd.
Manjimup, WA 6258
✆ (08) 9777 2474
www.wineandtruffle.com.au
Restaurant, Weinproben und Trüffeltouren.

⓫ MARGARET RIVER

Margaret River Wine Region bezeichnet sich die Gegend links und rechts der Cave Road etwa von **Hamelin Bay** im Süden über Margaret River bis **Yallingup** im Norden. Sie ist eine Art Lifestyle-Region Westaustraliens, ja vielleicht sogar die »Toskana Australiens«. Hier lässt man es sich gut gehen in feinen Resorts und erlesenen Restaurants, man macht in Wein und Oliven und natürlich auch in Kultur – an Galerien mangelt es nicht und auf der Freilichtbühne des Weinguts **Leeuwin Estate** treten Weltstars auf. Leeuwin ist sicherlich eines der führenden Weingüter Australiens, aber viele andere wie beispielsweise **Cape Mentelle Vineyards** oder **Vasse Felix** stehen ihm kaum nach. Schließlich werden rund um Margaret River 26 Prozent der australischen Top-Weine produziert und das sind hauptsächlich Cabernet Sauvignon, Shiraz, Merlot, Chardonnay, Semillion und Sauvignon Blanc. *Wine tasting* ist denn auch eine der beliebtesten Aktivitäten, doch sollte man bei einer solchen Weintour den Mietwagen besser stehen lassen und sich einer organisierten Tour anschließen. Angeboten werden sie in großer Zahl, auf dem Programm steht in der Regel der Besuch gleich mehrerer *vineyards*. Auch Spitzen-Olivenöle werden in der Region produziert, kleine Hausbrauereien *(boutique breweries)* versuchen dem Wein Konkurrenz zu machen; Schokolade und Käse runden das Geschmackserlebnis in der Weinregion Margaret River ab.

Margaret River selbst ist ein hübscher Ort am gleichnamigen Fluss, dessen geschäftiges Zentrum etwas im Landesinneren liegt. Zu den weltbekannten Surfstränden, an denen sich alljährlich die Surf-Elite trifft, sind es jedoch nur wenige Kilometer. Das Zentrum ist eigentlich ein nur vielleicht ein Kilometer langes Stück Hauptstraße mit angrenzendem Einkaufszentrum. Dennoch ist die entspannte Lifestyle-Atmosphäre bei einem Bummel zu spüren, auch wenn die wirklich exklusiven Adressen draußen, versteckt zwischen den Weinbergen liegen.

Aber natürlich besitzt Margaret River auch ausgezeichnete Strände und vor allem einige der besten Surfspots Australiens, wo regelmäßig große Surf-Events statt finden.

Die Winzer am Margaret River profitieren vom Mikroklima der Region

Margaret River Wines

SERVICE & TIPPS

Margaret River Visitor Centre
100 Bussel Hwy.
Margaret River, WA 6285
✆ (08) 9780 5911
www.margaretriver.com

Wine Showroom
Im modernen Visitor Centre gibt es einen sehr interessanten Wine Showroom, in dem die Weine der Region präsentiert werden. Es wird die Gelegenheit zur Weinprobe geboten, reichlich Infomaterial und sogar ein Weinberater stehen zur Verfügung, der hilft, die individuelle Weintour zusammenzustellen.

Muster Bar and Grill
107 Bussell Hwy.
Margaret River, WA 6285
✆ (08) 9758 8877
www.must.com.au
Di–So ab 11.30 Uhr
Ableger der gleichnamigen, angesagten Weinbar in Perth. Sehr schön designt mit guter französischer Küche und tollen Weinen. $$–$$$

Vat 107
107 Bussel Hwy., Margaret River, WA 6285, ✆ (08) 9758 8877
Schönes Restaurant auf der Hauptstraße mit moderner australischer Küche und guten Weinen. $$

Aloha
Shop 2B, 142 Bussel Hwy. Margaret River, WA 6285
✆ (08) 9757 9300
Nette Sushi- und Juice-Bar, gut für zwischendurch. $

Leeuwin Estate
Stevens Rd.
Margaret River, WA 6285
✆ (08) 9759 0000
www.leeuwinestate.com.au
Tägl. 10–16.30 Uhr, Restaurant tägl. Lunch, Sa auch Dinner
Eines der bekanntesten Weingüter, nicht nur aufgrund der ausgezeichneten Weine, sondern auch wegen der im Sommer auf einer Freilichtbühne veranstalteten hochkarätig besetzten Konzerte.

Vasse Felix
Harman's Rd. South & Cave Rd., Cowaramup, WA 6284
✆ (08) 9756 5000
www.vassefelix.com.au
Restaurant Mo–Fr 10–15.30
So 10–16 Uhr
Weinkeller und Galerie 10–17 Uhr
Eines der allerbesten Weingüter mit gutem Restaurant und einer Galerie.

Bootleg Brewery
Puzey Rd., Willyabrup
Margaret River, WA 6285
✆ (08) 9755 6300
www.bootlegbrewery.com.au
Tägl. 11–18, Restaurant ab 12 Uhr
An einem See gelegene Boutique-Brauerei, die gleich mehrere Bierspezialitäten braut und eine beliebte Lunch-Adresse ist. Werbeslogan: *An oasis of beer in a desert of wine*!

The Good Olive
97 Bussel Hwy.
Margaret River, WA 6285
✆ (08) 9758 7877
www.thegoodolive.com.au
Tägl. bis 17 Uhr
Der ambitionierte Feinkostladen verkauft die besten Produkte der Region und serviert im angeschlossenen Café und auf der sonnigen Terrasse zum Frühstück und Lunch leckere Delikatessen. $

The Margaret River Chocolate Factory
Harmans Mill Rd.
Willyabrup
Margaret River, WA 6280
✆ (08) 9755 6555
www.chocolatefactory.com.au
Tägl. 9–16.30 Uhr
Schokolade und Pralinen vom Feinsten.

Margaret River Surf School
Main Break Surf Shop
Wallclife Rd. & Resort Place
Gnarabup Beach
Margaret River, WA 6285
✆ (08) 9757 1111
www.margaretriversurfschool.com
Surfkurse für jedes Alter und jedes Können, Einzelunterricht ab A$ 120.

⓬ PEMBERTON

Der kleine, hübsche Ort Pemberton liegt mitten im Gloucester National Park umgeben von hügeligen Weinbergen und viel Wald mit den spektakulären Baumriesen, den Karri-Bäumen. Ein besonderer Anziehungspunkt ist der 61 Meter hohe **Gloucester Tree**, der auch lange Zeit als Feuer-Ausguck diente und von Besuchern bestiegen werden kann. Ansonsten lernt man die Wälder am besten beim Wandern kennen – der Langstrecken-Wanderweg **Bibbulmun Track** führt hier vorbei –, bei einer Fahrt über den Karri Forest Explorer Drive oder einem Ausflug mit der Forest Tram oder dem Steam Train. Neben dem Wald bestimmen auch Weinberge das Aussehen der Landschaft, und so kommen Genießer auf den zahlreichen Weingütern auf ihre Kosten. Praktisch überall stehen die Kellertüren offen, werden täglich Weinproben angeboten. Zu einigen *winerys* gehören auch gute Restaurants, Cafés oder Galerien.

Ein junges Western Red Kangaroo (Rotes Riesenkänguru)

SERVICE & TIPPS

Pemberton Tourist Centre
Brockman St.
Pemberton, WA 6260
✆ (08) 9776 1133, 1800 671 133
www.pembertontourist.com.au

The Karri Forest Discovery Centre
Im Pemberton Tourist Centre (s. o.)
Alles über den Wald der Riesenbäume und seine Bewohner.

The Pemberton Tramway
Pemberton Railway Station Pemberton, WA 6260
✆ (08) 9776 1322
www.pemtram.com.au
Historische Diesel- und Dampfloks fahren auf verschiedenen ehemaligen Holzfällerstrecken mit Touristen durch die herrliche Landschaft.

Pemberton Chicken
Brockman St.
Pemberton, WA 6260
✆ (08) 9776 1161, tägl. ganztags
Beim Barbecue-Spezialisten gegenüber dem Visitor Centre gibt es krosse Hähnchen. $

Pemberton Wine Centre
Old Vasse Rd.
Pemberton, WA 6260
✆ (08) 9776 1211
www.pembertonwine.com.au
Tägl. 10–17 Uhr
Hübscher Gourmet- und Weinshop mit vielen Weinen der Region, der mittags auch leckeres Essen serviert. $

Coffee Connection
Dickinson St.
Pemberton, WA 6260
✆ (08) 9776 1159
Tägl. 10–16 Uhr
In dem netten Laden gibt es ausgesuchten feinen Kaffee und Tee, exquisite Schokolade und Nougat, Kuchen und Kekse sowie kleine Gerichte.

Spaziergang in einem Karri-Wald bei Pemberton

⑬ PINNACLES – NAMBUNG NATIONAL PARK

Eine der meistbesuchten, aber auch schönsten Sehenswürdigkeiten in der Nähe von Perth (gut 200 km nördlich) sind die Pinnacles genannten, durch Erosion geschaffenen Felsspitzen im Nambung National Park. Sie ragen in verschiedenen Größen zu Hunderten bizarr aus dem Sand– besonders faszinierend bei Sonnenauf- und Sonnenuntergang. Der nächste kleine Ort in der Nähe, in dem man auch übernachten kann, ist Cervantes.

Auf dem Weg zu den Pinnacles, die neue Küstenstraße sollte inzwischen durchgehend fertig sein, ziehen sich endlos weiße Strände die Küste entlang. Eine Attraktion, perfekt zum Sandboarden, Snowboarding auf Sand, ist die **The Big Dune** genannte, riesige, weiße Sanddüne bei **Lancelin**.

Kalksteinfelsen im gelben Sand der Pinnacle Desert nördlich von Perth

⑭ ROCKINGHAM

Die 60 000-Einwohner-Stadt liegt nur knapp 50 Kilometer südlich von Perth an der Küste und damit noch im expandierenden Großraum von Perth; die beiden Städte werden in wenigen Jahren zusammengewachsen sein. Schon jetzt wird links und rechts der Strecke eine neue *community* nach der anderen erschlossen, werden Siedlungen, Einkaufszentren, Golfplätze und Jachthäfen gebaut. Dies zieht sich sogar noch weiter südlich die Küste hinunter bis **Mandurah**, einer Art künstlichem »Wohn-Venedig« mit Traumhäusern an unzähligen Kanälen und Wasserläufen.

Touristen fahren auf ihrem Weg in den Südwesten in der Regel auf dem Highway 1 ohne Stopp an Rockingham vorbei, obwohl die Stadt am Coeburn Sound über schöne Strände und Wassersportmöglichkeiten verfügt, beispielsweise zum Windsurfen.

Sandboarding in der Nähe von Lancelin

SERVICE & TIPPS

Rockingham Visitor Centre
419 Kent St.
Rockingham, WA 6168
✆ (08) 9592 3464
www.rockinghamvisitorcentre.com.au

⑮ WALPOLE

Im äußersten Südwesten der **Southern Forests** liegt fast unmittelbar an der Küste – nicht umsonst heißt es »Where the forest meets the sea« – der kleine Ort Walpole. Bekannt ist das Landschaftsidyll vor allem durch das **Valley of the Giants**, das Tal der Karri-Riesenbäume, im **Walpole-Nornalup National Park**. Dort führt der 600 Meter lange **Tree Top Walk** in luftigen 40 Metern Höhe durch die Baumwipfel und bietet tolle Waldeinblicke – eine spektakuläre Attraktion.

Wer genug Bäume gesehen hat, der fährt gut 30 Kilometer weiter ans Meer und erholt sich in der traumhaften und, nomen est omen, ruhigen und friedlichen **Peaceful Bay**.

SERVICE & TIPPS

Walpole-Nornalup Visitor Centre
Pioneer Park, South Coast Hwy.
Walpole, WA 6398
✆ (08) 9840 1111
www.walpole.com.au
Ganzjährig Mo–Fr 9–17, Sa/So 9–16 Uhr

Valley of the Giants Tree Top Walk
Valley of the Giants Rd.
Tingledale, WA 6333
✆ (08) 9840 8263
www.valleyofthegiants.com.au
Tägl. 9–17 Uhr
Eintritt A$ 15/7.50 (6–15 J.)
Für die Tour 40 m über dem Boden ist festes Schuhwerk erforderlich.

Valley of the Giants Bird Reptile Centre
Bandit Rd.
Bow Bridge, WA 6398
✆ (08) 9840 8335, Okt.–April tägl. 9–17, Mai–Sept. Di–So 10–16 Uhr
Spannendes Öko-Abenteuer in der Welt der Vögel und Reptilien. Nicht weit vom Tree Top Walk.

Strände
Herrliche und recht unbevölkerte Strände sind auch die nahe gelegenen **Coalmine Beach**, **Mandalay Beach** und der **Conspicuous Beach** mit den gleichnamigen sehenswerten Klippen.

⓰ WAVE ROCK

Die einzigartige Felsskulptur Wave Rock liegt im westaustralischen **Wheat-Belt**, dem Getreidegürtel, unweit des ansonsten ganz gewöhnlichen Agrarstädtchens **Hyden** etwa vier Stunden östlich (340 km) von Perth. Das Alter des Gesteins der vielfarbig schimmernden, perfekten, 15 Meter hohen und 110 Meter langen Surfwelle aus Granit wird auf etwa 2,7 Milliarden Jahre geschätzt. Während dieser Zeit formten Wind und Wasser den Fels.

SERVICE & TIPPS

Hyden Tourist Information Centre
Am Wave Rock, Wildflower Shop
Hyden, WA 6359
✆ (08) 9880 5182
www.waverock.com.au

Info im Internet
www.waverock.com.au
Wissenswertes über Wave Rock.

⓱ YALLINGUP

Der kleine Ferien- und Weinort – *Yallingup* ist ein Aboriginal-Begriff und bedeutet »Platz der Liebe« – zählt sich zwecks besserer Vermarktung aber selbst mit zur Margaret River Wine Region. Das ist auch gar kein Problem, denn die Übergänge der beiden Orte sind fließend. Die **Cave Road** führt parallel zur Küste von Nord nach Süd durch die Region. Links und rechts biegen etliche kleine Straßen ab und führen zu Weingütern, Restaurants, Galerien, verschwiegenen Cottages und Hotels oder auch zum Meer, wo es einige schöne Strände gibt – der **Yallingup Beach** ist wohl der beliebteste. Entlang der Küste erstreckt sich der landschaftlich besonders reizvolle **Leeuwin-Naturaliste National Park** (vgl. S. 184 f.). Der Name der Hauptstraße Cave Road ist indes nicht zufällig, es gibt tatsächlich einige Höhlen abseits der Straße, die zum Teil besichtigt werden können, wie die bereits 1899 entdeckte **Ngilgi Cave**.

Bush-Tucker-Essen

SERVICE & TIPPS

The Wardan Aboriginal Cultural Centre
Injidup Spring Rd., 6 km südlich von Yallingup, WA 6282
✆ (08) 9756 6566
www.wardan.com.au
Tägl. 10–16 Uhr
Mitte Juni–Mitte Aug. geschl.
im Winter Di und So geschl.
Interessantes Kulturzentrum mit Didgeridoo-, Tanz- und Bumerang-Vorführungen, geführten Wanderungen, *Bush-Tucker*-Essen und anderen Aktivitäten

Sienna Restaurant
Caves & Canal Rock Rds.
Yallingup, WA 6282
✆ (08) 9755 2028
www.siennaestate.com.au
Tägl. ab morgens geöffnet
Zum Sienna-Weingut gehörendes Restaurant mit schöner Atmosphäre und ausgezeichnetem italienischem Essen. Es vermietet auch Zimmer in einer Lodge. **$$–$$$**

Gunyulgup Galleries
Gunyulgup Valley Dr.
Yallingup, WA 6282
✆ (08) 9755 2177
www.gunyulgupgalleries.com.au
Tägl. 10–17 Uhr
Die Galerie vertritt 120 australische Künstler. Ausgestellt sind Gemälde, Skulpturen, Keramik, Glas, Schmuck und Möbel. Angeschlossen ist ein Restaurant.

Der Name ist passend: Der Wave Rock sieht wirklich aus wie eine plötzlich versteinerte Welle

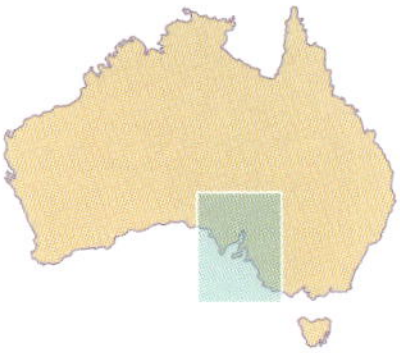

SÜDAUSTRALIEN

WEIN GENIESSEN, OUTBACK ERLEBEN

Vor allem zwei Landschaftsformen sind für Südaustralien charakteristisch: zum einen das karge Outback, das den größten Teil des Landes einnimmt, wie in den Flinders Ranges und rund um die bizarre Opal-Stadt Coober Pedy, zum anderen die grünen Weinregionen wie das Barossa Valley und das McLaren Vale. Das verspricht aufregende Abenteuertouren ebenso wie erholsame Genussreisen.

Hinzu kommen Tausende Kilometer einsame Küstenlinie mit einer fast unberührten Natur und einer faszinierenden Tierwelt. Und vor der Küste verkörpert Kangaroo Island fast schon eine Art Mini-Australien. Hauptstadt und immer einen Besuch wert ist Adelaide, einzige größere Stadt in dem riesigen Bundesstaat, Weinmetropole und lebendige »Festival City«. Von hier startet seit einigen Jahren auch der legendäre »Ghan« über Alice Springs nach Darwin. Der »Indian Pacific« macht auf dem Weg von Perth nach Sydney hier Station – mit beiden Zügen wird die Fahrt zum unvergesslichen Erlebnis.

Metropole der Genießer: Adelaide am Torrens River

Lake Eyre North
Lake Eyre N. P.
Tirari Desert
Strzelecki Desert
Strzelecki Regional Reserve
Lake Cadibarrawirracanna
Mt. Margaret 412
Coober Pedy
William Creek
Lake Eyre South
Woomera Prohibited Area
Tallaringa Conservation Park
Poetnoura
Manguri
Wirrida
Commonwealth Hill
Gina
Stuart Range
Carnes
Mulgathing
Mt. Eba
Lyons
Tarcoola
Kingoonya
Ferguson
Mt. Finke 361
Lake Harris
Kokatha
Lake Everard
Gairdner N. P.
Lake Gairdner
Yumbarra C. P.
Lake Everard
(OTC International Satellite Earth Station)
Pureba C. P.
Mt. Hitaba 450
Lake Acraman
Ceduna
Smoky Bay
Streaky Bay
Poochera
Minnipa
Nukey Bluff 465
Gawler Ranges
Pinkawillinie C. P.
Buckleboo
Port Kenny
Kyancutta
Anxious Bay
Colton
Flinders Island
Lock
Eyre Peninsula
Bascombe Well C. P.
Sheringa
Hincks C. P.
Mt. Hope
Coffin Bay
Cummins
Wangary
Coffin Bay N. P.
Port Lincoln
Lincoln N. P.
Cape Carnot
Thistle Island
Louth Bay
Tumby Bay
Pillaworta Hill 323
Port Neill
Arno Bay
Cowell
Spencer Gulf
Hambidge C. P.
Kimba
Lake Gilles
Iron Knob
Whyalla
Port Augusta
Nonning
Lake McFarlane
Bookaloo
Mahanewo
Island Lagoon
Woomera
Wirraminna
Roxby Downs
Lake Younghusband
Andamooka
Andamooka Ranges
Lake Torrens
Torrens Nat. Park
Pernatty Lagoon
Finniss Springs
Marree
Mt. Norwest 350
Lyndhurst
Copley
Parachilna
Wilpena Pound
Frome Creek
Etadunna
Lake Gregory
Mumpeowie
Lake Blanche
Moolawatana
Merty Merty
Lake Stewart
Lake Callabonna
Gammon Ranges N. P.
Benbonyathe Hill 1064
Balcanoona
Mt. Hack 1086
Nantawarrina
North Flinders Ra.
Blinman
Flinders Ranges N. P.
Lake Frome
Lake Frome Regional Reserve
Frome Downs
Wilpena
Curnamona
Mt. Plantagenet 952
Hawker
Baratta
Mt. Arden 844
Quorn
Pichi Richi Railway
Orroro
Yunta
Waukaringa
Binberrie Hill 500
Silverton
Thackaringa
Cockburn
Burta
Oulnina Hill 704
Lilydale
Oakbank
Port Germein
Port Pirie
Peterborough
Gladstone
Mt. Bryan 935
Canopus
Danggali C. P.
Port Broughton
Burra
Koomooloo
Chowilla Reg. Res.
(Riverboat Cruise)
Lake Victoria
Clare
Wallaroo
Kadina
Riverton
Murray R.
Renmark
Port Wakefield
Maitland
Port Victoria
Wardang I.
Yorke
Gulf
Nuriootpa
Waikerie
Blanchetown
Loxton
Meringur
Elisabeth
Barossa V.
Mantung
Hahndorf
ADELAIDE
Alawoona
Murray-Sunset N. P.
Billiatt C. P.
Murray Bridge
Peebinga
Warooka
Yorke Peninsula
Glenelg
Mt. Lofty 707
Stenhouse Bay
Lameroo
Pinnaroo
Cape Spencer
Investigator Strait
Kingscote
Cape Jervis
Victor Harbor
Lake Alexandrina
Cape Borda
Rocky River
Penneshaw
Backstairs Passage
Fleurieu Pen.
Meningie
Coonalpyn
Encounter Bay
Ngarkat C. P.
Big Desert Wilderness Park
Flinders Chase N. P.
Cape de Couedic
Kangaroo Island
Tintinara
Messent C. P.
Keith
Big Desert
Coorong N. P.
Gum Lagoon C. P.
Bordertown
Nhill
Little Desert N. P.
Little Desert
Lacepede Bay
Kingston S. E.
Padthaway
Cape Jaffa
Robe
Lucindale
Glenelg R.
Penola
Beachport
Millicent
Casterton
Mount Gambier
Lower Glenelg N. P.
Port MacDonnell
Discovery Bay
Portland
Cape Nelson
Great Australian Bight
N
0
100 km

Flagge South Australia

❶ ADELAIDE

Adelaide (ca. 1,3 Mio. Einwohner) ist von den fünf großen australischen Metropolen wohl die Stadt, die am meisten unterbewertet wird. Sie ist bei ausländischen Besuchern noch nicht allzu sehr bekannt und daher eher selten ein vorrangiges Urlaubsziel, trotz des angenehmen mediterranen Klimas mit nicht zu heißen Sommern und milden Wintern. Dabei erklärt sich Adelaide selbstbewusst zur Hauptstadt des *wining & dining*, also sozusagen zur Metropole der Genießer. Denn die Hauptstadt des Bundesstaates Südaustralien ist von so exzellenten Weinbaugebieten wie McLaren Vale und Barossa Valley

»Very British« – berittene Polizeitruppe in der City von Adelaide

umgeben und überdies ist die Restaurantdichte in der Stadt mit sehr vielen hervorragenden Speisetempeln enorm hoch. Vertreten sind alle Küchen dieser Welt und alle Preislagen. Die Atmosphäre ist dabei auch in den besten Restaurants immer locker und entspannt, der Service freundlich. Ein Muss für Hobbyköche und Genießer ist es, über den bekannten **Central Market** zu schlendern; er gilt als der vielleicht beste *food market* des Kontinents. Rund um die Markthallen und die kleine **Chinatown** sind die zahlreichen, vor allem asiatischen Restaurants in der **Couger Street** immer gut gefüllt.

Doch Adelaide ist nicht nur Feinschmecker-City, sondern auch Festival-Stadt, und Südaustralien gilt als *The festival state*. Das jeweils in geraden Jahren stattfindende **Adelaide Festival of Arts** mit seiner anspruchsvollen Mischung aus Musik, Theater, Tanz, Performance und Film ist das bedeutendste Kulturevent Australiens. Mittelpunkt des zweiwöchigen Kunstfestivals ist das **Adelaide Festival Centre**, ein architektonisch ein wenig an die Sydney Opera erinnernder Kulturkomplex am Ufer des Torrens River mit mehreren Veranstaltungssälen. Parallel zum Festival of Arts läuft das eher alternativ und experimentell ausgerichtete **Fringe Festival**, nach Edinburgh das weltweit zweitgrößte Festival dieser Art. Doch der Festival-Kalender ist damit noch längst nicht erschöpft: Alljährlich im Juni geht es beim **Adelaide Cabaret Festival** äußerst lustig und turbulent zu.

Adelaide wurde 1836 von Oberst William Light in der Ebene zwischen dem Meer und den Bergen der **Mount Lofty Ranges** gegründet. Der Oberst hatte die Stadt mit ihrem schachbrettartig angelegten Geschäftszentrum (CBD) und mit dem die Innenstadt umschließenden Ring von Parks und Grünanlagen praktisch auf dem Reißbrett geplant – heute haben diese Parks einen hohen Freizeitwert und machen Adelaide zu einer sehr grünen Metropole. Die Hauptstadt Südaustraliens war zugleich die erste Stadt der britischen Kolonie, die nicht aus einer Sträflingskolonie hervorgegangen war. Stattdessen kamen viele verfolgte protestantische Briten wie Methodisten und Baptisten, da ihnen Südaustralien freie Religionsausübung versprach. Ein paar Jahre später ließen sich auch in ihrem Glauben unterdrückte Lutheraner aus Preußen in Adelaide nieder.

Die Innenstadt lässt sich gut zu Fuß und mit dem kostenlosen *Bus Loop Service* erkunden. Dabei stößt man immer wieder auf einzelne historische Gebäude aus der Kolonialzeit, zum Beispiel an der North Terrace, der Politik- und Kulturmeile der Stadt. Denn hier reihen sich viele Sehenswürdigkeiten aneinander: **Ayers Historic House Museum**,

Weingut-Hopping ***Mit dem Cellar Door Pass wird das Weingut-Hopping leicht gemacht. Für umgerechnet etwa € 60 gibt es eine Audio-CD mit Infos zu den südaustralischen Weinregionen. Selbstfahrer benutzen die CD im Auto entlang einer vorgeschlagenen Strecke und hören dabei Wegerklärungen und Kommentare. Sechs Flaschen Wein sind ebenfalls schon inklusive. Der Pass berechtigt zum Eintritt zu mehr als 50 der bekanntesten Weingüter mit individuellen Verkostungen, Besichtigungen etc. Erhältlich ist er in Adelaide im South Australia Visitor and Travel Centre sowie in anderen Infobüros.***

Architektur der Gegensätze in Adelaide

Viel Maritimes ist im South Australian Maritime Museum in Port Adelaide zu bestaunen

State Library of South Australia, **Art Gallery of South Australia**, **Universität**, das sehr interessante **South Australian Museum** und das **Parliament House**. Am östlichen Ende der North Terrace befinden sich noch die **Adelaide Botanic Gardens**, eine grüne und erholsame Oase.

Parallel zur North Terrace verläuft südlich davon die Fußgängerzone **Rundle Mall** mit den großen Warenhäusern Myer und David Jones, aber auch vielen kleineren Geschäften von Boutiquen bis zu Bookshops – ein prächtiger Bau vom Ende des 19. Jahrhunderts ist die zweistöckige Shoppingmall **Adelaide Arcade**.

Die Rundle Mall setzt sich in der **Rundle Street** fort, die am Ende der Fußgängerzone von der Einkaufs- zur Fressmeile mutiert. Auf wenigen hundert Metern gibt es eine erstaunliche Vielfalt unterschiedlichster Schnellküchen und Restaurants, Cafés und Kneipen. Alternativ dazu bietet sich die **Hutt Street** mit guten Restaurants an.

Eine weitere beliebte Ausgehgegend liegt etwas außerhalb des Innenstadtrings in **North Adelaide**, einem Bezirk, der immer beliebter wird. So steht auch in der **Melbourne Street** und der **O'Connel Street** ein Lokal neben dem anderen.

Wer Geschmack an den australischen Weinen gefunden hat, sollte auf keinen Fall einen Besuch des **National Wine Centre of Australia** versäumen. Wohl an keinem anderen Ort werden so umfangreiche Informationen über die ganze Vielfalt des australischen Weins so lebendig dargebracht.

Die nähere Umgebung von Adelaide wie Glenelg, Port Adelaide, Barossa Valley oder die Fleurieu Peninsula lässt sich problemlos in Tagesausflügen erkunden. Wie ein Museumsdorf muten Teile von **Port Adelaide** mit seinen historischen Bauten, Lagerhäusern, Telegraph-Office und Leuchtturm an, besuchenswert sind die **Fishermen's Wharf Markets**, das **National Railway Museum** mit seiner Lok- und Eisenbahnwagen-Sammlung (Lipson Street) und das **South Australian Maritime Museum**. Sonntags ist in Port Adelaide Markt, rund 150 Stände bieten Kunsthandwerkliches, Antikes und CDs feil (Queen's Wharf, Commercial Road, 9–17 Uhr).

»Light's Vision« heißt das Standbild des Stadtgründers von Adelaide, William Light, auf dem Montefiore Hill in North Adelaide

Wer Ruhe und Einsamkeit in herrlicher Natur sucht und vielleicht ein Faible fürs Fischen hat oder gerne einheimische Austern und Hummer genießen möchte, der fährt nur anderthalb Stunden bis zur idyllischen **Yorke Peninsula**. Auch die Anhänger von Wassersportarten wie Surfen, Kite-Surfen oder Kajak fahren kommen hier auf ihre Kosten. Sehr schön ist es beispielsweise im **Innes National Park** an der Südwestspitze der Halbinsel mit einer spektakulären Küste, an der man Graue Kängurus und Emus beobachten kann.

SERVICE & TIPPS

South Australia Visitor and Travel Centre
18 King William St.
Adelaide, SA 5000
✆ 1300 655 276
www.southaustralia.com

Rundle Mall Information Centre
Rundle Mall & King William St.
Adelaide, SA 5000
✆ (08) 8203 7611

First Steps in Adelaide
✆ (08) 8203 7611
Treff Mo–Fr 9.30 Uhr am Rundle Mall Visitor Information Centre
45-minütige Rundgang der Tourist Information.

Nahverkehr
Infos im Info-Centre an der Ecke King William und Currie Sts.
✆ (08) 8210 1000
www.adelaide metro.com.au
Mo–Fr 8–18, Sa 9–17, So 11–16 Uhr

Bus City Loop
Die Linie 99c fährt auf zwei verschiedenen Routen, grün und rot, tagsüber etwa alle 15 Min. kostenlos durch die Innenstadt. Haltestellen u. a. an der North Terrace und der King William St.

Art Gallery of South Australia
North Terrace, Adelaide, SA 5000
✆ (08) 8207 7000
www.artgallery.sa.gov.au
Tägl. 10–17 Uhr, Eintritt frei
Führungen 11 und 14 Uhr
Das Museum in einem der ältesten Gebäude Adelaides ist Forum der wichtigsten Künstler des Landes sowie internationaler, vornehmlich europäischer (15.–20. Jh., darunter eine Sammlung britischer Gemälde ab dem 16. Jh.) und asiatischer Kunst ab dem 20. Jh. (Porzellan aus Japan und China, persische Keramik, Miniaturen aus Indien). Zur australischen Kunst, der größten ihrer Art überhaupt, gehören Werke von der Kolonialzeit bis heute, so frühe Ölbilder, Skulpturen, Silber-Kunsthandwerk und Möbel. Das Museum sammelt auch Aboriginal-Kunst aus allen Landesteilen. Mit Bookshop und Café.

Bradman Museum & International Cricket Hall of Fame
Adelaide Oval, War Memorial Dr.
North Adelaide, SA 5006
✆ (08) 8300 3800
Tägl. 10–17 Uhr, Eintritt A$ 20/11
Seit August 2008 befindet sich die Sammlung der Cricket-Legende Sir Donald Bradman aus den Jahren 1927 bis 1977 im Cricket Stadion. Neuerdings auch Hall of Fame.

Cube Contemporary Art
91B Brayton St., Bowden
Adelaide, SA 5007
✆ (08) 8346 7911

In der Art Gallery of South Australia in Adelaide

Der Leuchtturm Port Lighthouse bietet Einblick in das Leben der Leuchtturmbewohner in früheren Zeiten (Port Adelaide)

Shopping in den Botanic Gardens (Adelaide)

Adelaide Zoo: Als Wallaby werden meist die etwas kleineren Känguru-Arten bezeichnet

Di–Fr 11–17, Sa/So 14–17 Uhr
Westlich von North Adelaide, im Vorort Bowden, zeigt die junge Galerie im Lagerhaus-Ambiente zeitgenössische *Aussie*-Kunst.

South Australian Maritime Museum
126 Lipson St.
Port Adelaide, SA 5015
✆ (08) 8207 6255
Tägl. 10–17 Uhr, Eintritt A$ 10/5
Eindrucksvolle Sammlung maritimer Ausstellungsstücke.

South Australian Museum
North Terrace
Adelaide, SA 5000
✆ (08) 8207 7500
www.samuseum.sa.gov.au
Tägl. 10–17 Uhr, Eintritt frei
Im Museum ist mit der **Australian Aboriginals Cultures Gallery** die größte Kunstsammlung der Aborigines zu finden. Ein anderes Steckenpferd des Museums: Naturkundliches.

Tandanya
253 Grenfell St., Adelaide, SA 5000
✆ (08) 8224 3200
www.tandanya.com.au
Tägl. 10–17 Uhr, Eintritt frei
Am Ort des roten Kängurus – das bedeutet *Tandanya* – befasst sich das nationale Aboriginal-Kulturinstitut mit der Vielfalt und Unterschiedlichkeit der Kultur der Aborigines und der Torres Strait Islander.

Ayers House
288 North Terrace
Adelaide, SA 5000
✆ (08) 8223 1234
www.ayershouse.com
Di–Fr 10–16, Sa/So 13–16 Uhr
Das Haus des Politikers und Geschäftsmanns Sir Henry Ayers (1821–97) ist eines der Beispiele für die Kolonialarchitektur des Landes. Der älteste Teil des Hauses mit seinen viktorianischen Möbeln ist zu besichtigen.

Botanic Gardens & Bicentennial Conservatory
North Terrace
Adelaide, SA 5000
✆ (08) 8222 9311
Mo–Fr ab 7.15, Sa/So ab 9 Uhr bis Sonnenuntergang, Bicentennial Conservatory tägl. 10–16 Uhr
Eintritt frei
Zwischen subtropischen und mediterranen Pflanzen können Besucher spazieren oder picknicken. Das Konservatorium ist Heimat von australischen und pazifischen Regenwaldgewächsen.

Jam Factory
19 Morphett St.
Adelaide, SA 5000
✆ (08) 8410 0727
www.jamfactory.com.au
Mo–Sa 10–17, Fr bis 20, So 12–16 Uhr, Eintritt frei, Führungen im Angebot
Was in Sachen *Aussie*-Design von Schmuck über aktuelle Glaskunst bis zu Keramik- und Textilarbeiten top ist, wird hier gezeigt. Manches Atelier öffnet seine Türen und man kann Glasbläsern bei der Arbeit zusehen. Im Shop gibt es so manches Unikat zu kaufen.

Mount Lofty Lookout
www.mtloftysummit.com
Der Mount Lofty Lookout (711 m) ist der höchste Aussichtspunkt Adelaides, die Aussicht reicht über die Stadt bis hin zur Küste.

Adelaide Zoo
Frome Rd., North Adelaide, SA 5000
✆ (08) 8267 3255
www.adelaidezoo.com.au
Tägl. 9.30–17 Uhr
Eintritt A$ 33.50/18.50 (4–14 J.)
Der Zoo liegt idyllisch im nördlichen Parkgürtel am Torrens River. Über 1800 exotische und in Australien heimische Tiere von Vögeln über Reptilien bis zu Fischen sind hier zu Hause.

National Wine Centre of Australia
Botanic & Hackney Rds.
Adelaide, SA 5000
✆ (08) 8303 3355
www.wineaustralia.com.au
Mo–Fr 8–19, Sa/So 9–19 Uhr
Eintritt frei
Sozusagen das Schaufenster der australischen Winzer, über 50 Re-

gionen werden vorgestellt. Statt auf trockene Information wird auf Unterhaltung gesetzt, so können die Besucher virtuell ihren eigenen Wein kreieren oder mit Hologramm-Winzern plaudern.

Stamps
12a Welbourne St.
Mitcham, SA 5062
✆ (08) 8272 8815
www.stampsrestaurant.com.au
Di–Fr, So Lunch, Mo–Sa Dinner, So Frühstück
Moderne, saisonale australische Küche neben dem alten Postoffice. $$$

The Pink Pig Wine Bar
50 O'Connel St.
Nort Adelaide, SA 5006
✆ (08) 8267 2139
www.pinkpig.com.au
Mo–Fr Lunch, Dinner, Sa/So Dinner
Angenehm gestylte Weinbar mit italienisch-griechisch inspirierter Küche. $$–$$$

Eros-Ouzeri
277 Rundle St., Adelaide, SA 5000
✆ (08) 8223 4022
www.erosouzeri.com.au
Tägl. 12–22 Uhr
Die griechische Lokal serviert in lebendiger Atmosphäre griechische Klassiker und moderne mediterrane Küche. $$

Gin Long Canteen
42 O'Connell St.
North Adelaide, SA 5006
✆ (08) 7120 2897
www.ginlongcanteen.com.au
Di–Fr Lunch, Dinner, Sa Dinner
Gute südostasiatische Küche und freundlicher Service. $$

The Oyster Bar
14 East Terrace
Adelaide, SA 5000
✆ (08) 8232 5422
www.adelaideoysterbar.com
Tägl. geöffnet
Täglich frische Austern in etlichen Variationen, in angenehmem, leicht rustikalem Kneipen-Ambiente. $$

Bocelli's
81 Hutt St., Adelaide, SA 5000
✆ (08) 8232 3006, Mo–Fr ab 7, Sa ab 7.30, So ab 8 Uhr
Große, belebte und moderne Eck-Trattoria mit authentischer Pizza, schön präsentierten Fleischgerichten, Gelati und ordentlichen Weinen. $–$$

Goodlife
170 Hutt St., Adelaide, SA 5000
✆ (08) 8223 2618
www.goodlifepizza.com
Mo–Fr Lunch/Dinner, Sa/So Dinner
Hier ist Pizza kein Junkfood, sondern kommt *modern organic*, sprich mit Biomehl und frischer Hefe daher – kein Wunder, dass das Lokal immer rappelvoll ist. $–$$

Lemongrass
289 Rundle St., East End
Adelaide, SA 5000
✆ (08) 8223 6627, www.lemongrassthaiadelaide.com.au
Tägl. Dinner, Mo–Fr Lunch
Unkomplizierter Thai mit modernem, folklorefreiem Ambiente und überdurchschnittlicher Küche. $–$$

Lucias Pizza Bar
Central Market, 1/2 Gouger St.
Adelaide, SA 5000
✆ (08) 8231 2303, tägl.
Der erste Pizza-Laden in Adelaide und immer noch berühmt für seine Pizzen und Spaghetti. $

Das Pflanzen-Emblem von South Australia ist die Sturt's Desert Pea, benannt nach dem Abenteurer und Entdecker Charles Sturt

Palmenhaus in den Botanic Gardens & Bicentennial Conservatory (Adelaide)

»Frog Cakes« aus Adelaide

Kulinarisch geht es in den Central Markets auf der Gouger Street multikulti zu (Adelaide)

Tiger Lilly Cafe
Shop 1, 116 Melbourne St.
North Adelaide, SA 5006
✆ (08) 8267 1237
Tägl. ab 17.15 Uhr
Moderne Thai-Küche in der lebhaften Melbourne St. Günstige Lunch-Specials; für die Hausspezialität *Tiger Lilly's Thai Steam Boat* vorher reservieren. $

East Terrace Continental
6 East Terrace
Adelaide, SA 5000
✆ (08) 8359 2255
http://etccafe.com.au
Tägl. 7–16 Uhr
Absolut sympathisches und sehr beliebtes Italo-Café mit großer Frühstückskarte (7–15.45 Uhr) und leckerem Mittagsangebot (11–15.45 Uhr). $

Zuma caffe
56 Gouger St., Adelaide, SA 5000
✆ (08) 8231 4410
www.adelaidecentralmarket.com.au, Di 7–17.30, Mi/Do 9–17.30, Fr 7–21, Sa 9–15 Uhr, So/Mo geschl.
»Organisiertes Chaos seit 1993«, so wirbt das im Central Market gelegene Café für sich. Aber so chaotisch ist es gar nicht, eher lebendig und unterhaltsam. $

Art Gallery Bookshop
North Terrace
Adelaide, SA 5000
✆ (08) 8207 7029
Tägl. 10–16.45 Uhr
Größte Auswahl an Kunst-, Design- und Architekturbüchern in Adelaide. Außerdem werden im Bookshop der Art Gallery of South Australia museale Reproduktionen und Postkarten angeboten.

Blue Beat
109 Hindley St.
Adelaide, SA 5000
✆ (08) 8232 4656
Gut sortierter Musikladen, gerade für Jazz-, Lounge- und Weltmusikfans ein Muss.

Borders Books
97 Rundle Mall
Adelaide, SA 5000
✆ (08) 8223 3333
Reiche Auswahl an Büchern, CDs, DVDs und Videos, außerdem Café.

Central Market
Gouger St., Adelaide, SA 5000
www.adelaidecentralmarket.com.au, Di 7–17.30, Mi/Do 9–17.30
Fr 7–21, Sa 7–15 Uhr
Die Multikulti-Markthalle ist ein Muss, über 80 Stände preisen ihre Produkte an. Pause macht man am besten in einem der angrenzenden Cafés.

Haigh's Chocolates
2 Rundle Mall, Adelaide, SA 5000
✆ (08) 8231 2844
www.haighschocolates.com.au
Nicht nur in Adelaide gibt es dieses Schokoparadies, auch in Sydney (Shop 1, The Strand Arcade, 412–414 George St.) und Melbourne (Shop 7–8, The Block Arcade, 282 Collins St.). Wer mehr über die Geschichte des 90 Jahre alten Schokoproduzenten wissen will, macht sich auf ins Haigh's Visitors Centre in den nahe gelegenen Vorort Parkside, wo Mo–Sa ab 9 Uhr Führungen angeboten werden (Anmeldung erforderlich, 154 Greenhill Rd., ✆ (08) 8372 7070, visitors@haighs.com.au).

Rundle Mall
Über 600 Shops finden sich in der Rundle Mall, der Fußgängerzone mit ihren Shoppingarkaden.

The Store
157 Melbourne St.
North Adelaide, SA 5006
✆ (08) 8631 6999, tägl. 7–23 Uhr
Der Feinkostladen präsentiert die Top-Produkte des Landes. Das angeschlossene Deli-Café ist besonders für Frühstück und Kuchen beliebt, aber auch Lunch und Dinner. $$

Sync Shoes
237 Rundle St.
Adelaide, SA 5000
✆ (08) 8223 3250
Shop für High-Heel-Fans.

Urban Cow Studio
11 Frome St.
Adelaide, SA 5000

✆ (08) 8232 6126, tägl. geöffnet
Bilder, Schmuck, Glasarbeiten, Metallskulpturen und Keramiken von über 100 lokalen Künstlern.

Zu Design
102 Gays Arcade
Balcony Level
Adelaide, SA 5000
✆ (08) 8224 0433
Selbst gemachter Schmuck und so manches hübsche Objekt für die Wohnung.

Adelaide Festival Centre
King William St.
Adelaide, SA 5000
✆ (08) 8216 8600
www.afct.org.au
Vielfältige, hochkarätige Veranstaltungen wie Theater, Oper, Ballett und Ausstellungen. Tickets im Internet unter www.bass.net.au oder telefonisch ✆ 131 246.

Das Centre ist frei zugänglich und zeigt interessante Kunstsammlungen wie die *Indigenous Art Collection* und die *Performing Arts Collection.* Bistro mit schönem Blick über den Fluss und moderner australischer Küche.

Adelaide Festival of Arts
www.adelaidefestival.com.au
Das bedeutendste Kulturfestival Australiens findet alle zwei Jahre (in geraden Jahren) jeweils im Feb./März/April statt (vgl. auch S.205).

Tasting Australia
www.tasting-australia.com.au
Alle zwei Jahre findet immer in den geraden Jahren im Mai in Adelaide das einwöchige Gourmet-Festival *Tasting Australia* statt, mit einer Vielzahl köstlicher Veranstaltungen rund um gute Küche und guten Wein. Das Festival bietet außerdem jungen Kochtalenten aus aller Welt eine Präsentationsplattform.

Ausflugsziele:

Morialta Falls & Conservation Park
http://www.environment.sa.gov.au/parks
Besuchenswert ob seiner Wasserfälle, Wanderwege, Picknickmöglichkeiten und Aussichtspunkte. Mit dem Bus kommt man bequem von Adelaide City aus (Bus 105 ab Currie St.) dorthin.

Bemalte Rugby-Fans am Adelaide Oval, der Spielstätte der Rugby- und Cricket-Mannschaft von Adelaide

The Cedars
Heysen Rd., unweit Ambleside Rd., Hahndorf, SA 5245
✆ (08) 8388 7277
www.hansheysen.com.au
Di–So 10–16.30 Uhr
In den Adelaide Hills steht das historische Haus und Studio des australischen Landschaftsmalers Hans Heysen. Knapp 1 Std. dauert die Fahrt mit dem Bus von Adelaide City, ab Currie St. oder Grenfell St.

Parallel zum Adelaide Festival of Arts hat sich das Fringe Festival in Hahndorf mit Alternativveranstaltungen als feste Institution etabliert.

»The Cedars« in Hahndorf in den Adelaide Hills: das historische Studio des australischen Landschaftsmalers Sir Hans Heysen

2 BAROSSA VALLEY

Das malerische Barossa Valley liegt quasi vor der Haustür Adelaides, nur 60 Kilometer nordöstlich. Die hügelige, sattgrüne Region ist vor allem Weinkennern ein Begriff, kommen doch einige der besten australischen Tropfen aus **Nuriootpa** oder **Tanunda**, den beiden beschaulichen Hauptorten des Tals. Viele Spitzenweingüter haben hier ihren Ursprung oder besitzen zumindest eine Dependance. Dazu gehören beispielsweise Penfolds, Peter Lehmann, Wolf Blass, St. Hallet oder Seppeltsfield. Das beliebte **Weingut-Hopping**, also sich von Weingut zu Weingut weiter voran zu kosten (vgl. auch S. 205), nennen die Australier übrigens *chateau boxing*. Von Veranstaltern wird es als geführte Tour angeboten.

Weinbau im Barossa Valley

Insgesamt öffnen rund 60 Weingüter von kleinen *Boutique Wineries* bis zu den großen, industrialisierten *Wine Companys* ihre Kellertüren *(cellar doors open)* für Besucher. Angebaut werden hauptsächlich die roten Reben Shiraz und Cabernet Sauvignon sowie die weißen Sorten Chardonnay, Semillion und Riesling. Wo es guten Wein gibt, ist zumeist auch gutes Essen nicht weit, und so verwundert es nicht, dass es im Barossa Valley wie in Adelaide sehr viele gute Restaurants und Food-Shops gibt. Teilweise besitzen die Weingüter selber hervorragende Restaurants. Auch auf Wellness setzt man in letzter Zeit im Weintal verstärkt und möchte sich so allmählich zur Lifestyle-Destination entwickeln, ideal für den erholsamen Kurzurlaub. Dazu tragen auch die zahlreichen Festivals bei.

SERVICE & TIPPS

Wolf Blass Winery
97 Sturt Hwy.
Nuriootpa, SA 5355
✆ (08) 8568 7311
www.wolfblass.com.au
Mo–Fr 9.15–17, Sa/So 10–17 Uhr
Wolf-Blass-Weine zählen zu den besten Weinen aus dem Valley. Zur 2000 eröffneten Kellerei gehört auch ein kleines Museum.

Vintner's Bar & Grill
Angaston Rd, Angaston SA 5353
✆ (08) 8564 2488
www.vintners.com.au
So Lunch, Mo–Sa Lunch und Dinner
Inmitten der Weinberge gelegen verarbeitet Chefkoch Peter Clarke vorzugsweise erstklassige regionale Produkte für seine moderne Küche. Dazu gibt es nicht nur eine bestens bestückte Weinliste, sondern auch eine große Bierauswahl. $$$

Salter's Kitchen
Nutiootpa Rd.
Angaston, SA 5353
✆ (08) 8561 0200
www.saltramwines.com.au
Im stilvollen Ambiente des Saltram-Weinguts wird hervorragendes Essen zu erstklassigen Weinen serviert. $$–$$$

The Barossa Wurst Haus & Bakery
86A Murray St, Tanunda. SA 5352
✆ (08) 8563 3598
Tägl. 7–16 Uhr
Große Auswahl an Sandwiches, Wraps und Rolls, aber auch Mettwurst und Sauerkraut. $

The Barossa Wine & Visitor Centre
66–68 Murray St., Tanunda, SA 5352
✆ (08) 8563 0600
www.barossa.com
Mo–Fr 9–17, Sa 9–16, So 10–16 Uhr
Neben Informationen über die Weinproduktion und die Weingüter im Tal zeigt das Wein- und Besuchszentrum auch einen interessanten 15-minütigen Film über das Barossa Valley.

Penfolds Barossa Valley Winery
Tanunda Rd., Nuriootpa, SA 5355
✆ (08) 8568 9408
www.penfolds.com.au
Tägl. 10–17 Uhr
Einer der führenden australischen Wein-Multis, der dennoch sehr gute Weine produziert; der Penfolds Grange ist einer der ganz großen Weine Australiens. Touren tägl. 10.30 u. 14 Uhr, ab A$ 65. Auch sehr schönes Restaurant mit tollem Ausblick.

Peter Lehmann
Para Rd., Tanunda, SA 5352
✆ (08) 8563 2100
www.peterlehmannwines.com.au
Mo–Fr 9.30–17, Sa/So 10.30–16 Uhr
Peter Lehmann besitzt keine eigenen Weinberge, sondern kauft für seine erstklassigen Shiraz oder Semillion Sauvignon die Trauben von 900 kleinen lokalen Weinbergen.

Apex Bakery
Elizabeth St., Tanunda, SA 5352
✆ (08) 8563 2483
www.apexbakery.com.au
Mo–Fr 9–17.30, Sa 8–12 Uhr
Die Bäckerei bietet mehr als nur Brot, so auch handgemachte Eiernudeln, hergestellt seit 70 Jahren von *Wiech's Barossa Valley Egg Noodles*.

Barossa Farmers Market
Nuriootpa/Stockwell Rd.
Angaston, SA 5353
http://barossafarmersmarket.com.au, Sa 7.30–11.30 Uhr
Was im Barossa Valley produziert wird, bieten die Farmer auf dem regionalen Wochenmarkt feil.

Lyndoch Valley Meats
38 Barossa Valley Way
Lyndoch, SA 5351
✆ (08) 8524 4078
Zu den Spezialitäten der Fleischerei

gehört auch ihr weißer und schwarzer Pudding, der seit 1910 produziert wird.

Maggie Beer's Farm Shop
Pheasant Farm Road off Samuel Rd., Nuriootpa, SA 5355
✆ (08) 8562 4477
www.maggiebeer.com.au
Shop der bekannten australischen Köchin – ein Muss für Genießer.

Festivals
Alle zwei Jahre, immer in den ungeraden, findet das **Barossa Vintage Festival** statt (März/April, www.barossa.com). Gut besucht ist auch das Musikfestival im Feb. **Barossa Under the Stars** (www.barossaunderthestars.com. au).

60 Prozent des australischen Weins wird in Südaustralien produziert

Der »Opal Bug« heißt Besucher in der Opal-Schürferstadt Coober Pedy willkommen

3 COOBER PEDY

Die Opal-Schürfer-Stadt, etwa auf halbem Weg von Adelaide nach Alice Springs, ist eine der großen Attraktionen im südaustralischen Outback. Wegen der außerordentlichen Hitze bis 50 Grad Celsius im Schatten wird unter der Erde nicht nur nach Opalen gesucht, sondern das komplette Leben spielt sich praktisch unter Tage ab, wo die Temperaturen um einiges erträglicher sind als an der Oberfläche. Zudem regnet es kaum. Hotels, Kneipen, Geschäfte, Galerien und sogar Kirchen wurden in den Boden gegraben, daher erklärt sich der Stadtname, der sich vom Aboriginal-Ausdruck *kupa piti* ableitet ganz logisch: »Weißer Mann im Loch«. Heute leben etwa 3500 Menschen aus vielen Nationen unter der Erde in sogenannten *Dug-Outs*.

Roher und …

Die ersten Opale wurden in dieser trostlosen, knochentrockenen Gegend im Jahr 1915 gefunden. Heute stammen rund 70 Prozent der australischen Opale – Australien liefert 90 Prozent der Weltproduktion – aus den Fundstellen rund um Coober Pedy. Und so nennt sich die *underground city* zu Recht *opal capital of the world*. Daher sind die wertvollen Steine auch zu einem der beliebtesten Mitbringsel aus Australien geworden – an Opal-Shops mangelt es daher in der Outback-Town nicht. Wie die wertvollen Steine aus der Erde geklaubt werden, erfährt man beispielsweise in der **Oldtimers Mine**. Neben den Opalen gibt es hier im Inneren des Kontinents auch reichlich roten Sand, der häufig von Stürmen vor sich hergetrieben wird. Auch da ist es gut, wenn man sich unter die Erde verkriechen kann.

SERVICE & TIPPS

Visitor Centre
Hutchison St.
Coober Pedy, SA 5723
✆ (08) 8672 4600
www.opalcapitaloftheworld.com

Old Timers Mine
Crowders Gully, Coober Pedy, SA 5723, ✆ (08) 8672 5555
www.oldtimersmine.com
Tägl. 9–17 Uhr, Eintritt A$ 13/6.50
Alte Opal-Mine und Museum. Hier erfährt man wirklich alles

über Opale und die Geschichte der Suche nach ihnen.

Umbertos Restaurant
Im Desert Cave Hotel
Hutchison St.
Coober Pedy, SA 5723
✆ (08) 8672 5688
www.desertcave.com.au
Lunch, Dinner
Unter der Erde gibt es italienische Küche und australisches Känguru, nach dem Essen einen Absacker in der weltweit einzigen Underground-Bar. Frühstück und Lunch gibt's im Cafe Crystal. $$

Tom & Mary's Greek Taverna
Hutchison St.
Coober Pedy, SA 5723
✆ (08) 8672 5622, Lunch, Dinner
Grieche im lockeren Rahmen. $

CooberPedy Opal Festival
www.opalfestival.com.au
Zu Ostern, mit vergnüglichen Wettkämpfen rund um die Opale, Feuerwerk und Musik.

... geschliffener Opal aus Coober Pedy

4 EYRE PENINSULA

Die Eyre Peninsula, eine große Halbinsel zwischen Great Australian Bight und Spencer Gulf ist ein wenig abgelegen. Sie hat das Pech, dass die meisten Ost-West-Reisenden sie auf dem langen Weg zur Westküste auf dem Eyre Highway einfach links liegen lassen und sich direkt an die Durchquerung der **Nullarbor Plain**, einer riesigen, monotonen, brettflachen Ebene machen, die sich von Süd- nach Westaustralien erstreckt. Dabei bietet es sich geradezu an, vor oder nach der Durchquerung des Kontinents in dem touristisch noch als Geheimtipp gehandelten Gebiet einige Tage zu entspannen. Die Eyre Peninsula genannte Region – die eigentliche Halbinsel ist wesentlich kleiner – erstreckt sich von der Grenze zwischen West- und Südaustralien im Westen bis zur Stadt Whyalla kurz vor Port Augusta im Osten. Dazwischen liegen über 2000 Kilometer einsame Küste mit steilen, jäh abstürzenden Kalksteinklippen – als ob hier die Abbruchkante des Kontinents wäre –, ausgedehnten Stränden und ruhigen abgelegenen Buchten.

Von gigantischen Ausmaßen: die Salzpfannen des Lake Gairdner im Inneren der Eyre Peninsula

Walsaison an der Bucht Head of Bight ist von Juni bis Oktober (Eyre Peninsula)

Ein Rundbauchseepferdchen von der Fleurieu Peninsula

Hinter der Küste formieren sich eine einsame Hügellandschaft, endloses Farmland und raues Gebirge.

An der Südspitze der Halbinsel, 660 Kilometer von Adelaide entfernt, liegt der Hauptort der Region, **Port Lincoln** (14 000 Einwohner) an der Boston Bay. Die Bucht bildet einen der größten natürlich geschützten Häfen der Welt. Ihre Fläche ist dreimal so groß wie die der Bucht von Sydney. Bei der Lage verwundert es auch nicht, dass Port Lincoln die »Seafood-Hauptstadt« Australiens ist.

SERVICE & TIPPS

Port Lincoln Visitor Information Centre
3 Adelaide Place
Port Lincoln, SA 5606
✆ (08) 8683 3544, 1300 788 378
www.visitportlincoln.net

The Old Mill Lookout
Zur alten Mühle von 1846, die nie in Betrieb ging, kann man vom Stadtzentrum aus hinlaufen. Die Aussichtsplattform befindet sich oben auf der Mühle.Von dort hat man einen schönen Blick auf die Bucht und das Städtchen.

Kängurus im Deep Creek Conservation Park (Fleurieu Peninsula)

5 FLEURIEU PENINSULA

Die südlich von Adelaide gelegene Halbinsel ist ein schönes Ziel für einen abwechslungsreichen Tagestrip. An der Küste locken herrliche Strände und im Inneren der Halbinsel eine abwechslungsreiche Landschaft, beispielsweise im kleinen, aber feinen Weinbaugebiet **McLaren Vale** rund um den gleichnamigen Ort, und das benachbarte **Willunga**. Wer mag, kann von Adelaide aus immer an der Küste entlangfahren und die Halbinsel einmal umrunden und dabei immer wieder eine reizvolle Küstenszenerie erleben. Von **Cape Jervis** an der Spitze der Halbinsel fahren die Fähren hinüber nach Kangaroo Island.

Hauptort der Peninsula ist der kleine Hafen **Victor Harbour** auf der Südseite der Halbinsel an der Encounter Bay. Der gemütliche Ferienort besitzt herrliche Strände für Schwimmer, Sonnenanbeter und Surfer ganz in der Nähe und ist auch zur Walbeobachtung eine gute Stelle. Wer mehr über die Riesensäuger wissen möchte, sollte das örtliche **Whale Centre** besuchen.

Sandstrandvergnügen in Port Willunga

SERVICE & TIPPS

McLaren Vale Visitors Centre
Main Rd., McLaren Vale, SA 5171
✆ (08) 8323 9944
www.mclarenvale.info

Victor Harbour Visitors Centre
The Causeway
Victor Harbour, SA 5211
✆ (08) 8551 0777
www.victorharbour.com.au

The Fleurieu Art Trail
Die Kunsttour führt zu 20 Galerien und Studios von Künstlern auf der Halbinsel, so beispielsweise zur Four Dogs Gallery in Aldinga Beach oder zur Ocean Art Gallery in Victor Harbour. Broschüre zum Trail im Infobüro erhältlich.

South Australian Whale Centre
2 Railway Terrace
Victor Harbor, SA 5211
✆ (08) 8551 0750
Tägl. 9.30–17 Uhr, Eintritt A$ 9/4.50
Über den Zug der Wale an der Küste entlang informiert in der kleinen Hafenstadt das Walzentrum.

Oscars
201 Main Road
McLaren Vale, SA 5171
✆ (08) 8323 8707
www.oscars.com.au
Tägl. Lunch, Dinner
Charmantes Restaurant mit mediterraner Küche. Auch BYO. $$

Beach House Cafe & Take Away
62 Franklin Parade,
Victor Harbour, SA 5211
✆ (08) 8552 4417
Di–Sa 17–24, So 12–24 Uhr
Freundliches Café-Restaurant mit anständigen Holzofen-Pizzas. $

Von Juni bis Oktober dauert in Südaustralien die Walsaison. Sehr häufig werden Wale in Küstennähe bei Victor Harbour beobachtet. An der Bucht Head of the Great Australian Bight auf der Eyre Peninsula wurden sogar schon Gruppen von bis zu 60 Walen gesichtet.

Ein beeindruckendes natürliches Amphitheater: das kraterähnliche Hochtal Wilpena Pound im Flinders Ranges National Park

6 FLINDERS RANGES

Der grandiose Gebirgszug der Flinders Ranges – mit bis zu 1,8 Milliarden Jahren eine der ältesten Gebirgsformationen der Erde – ist Südaustraliens bekannteste Outback-Region. Höchster Berg ist der St. Mary Peak mit 1188 Metern. Der beste Ausgangspunkt für einen Trip in das sich über 400 Kilometer erstreckende Gebirge ist **Port Augusta**. Hier herrscht Outback pur mit atemberaubenden Schluchten, einer artenreichen Tierwelt und beeindruckenden Kunststätten der Aborigines.

Wer sich nicht mit einem Allradwagen über Felsen und durch ausgetrocknete Flussläufe kämpfen möchte, kann zumindest die bekanntesten Naturschönheiten im **Flinders Ranges National Park** auch mit einem normalen Fahrzeug besuchen. **Wilpena Pound**, ein kraterähnliches Hochtal, ist bis zum Visitor Centre gut zu erreichen. Von dort aus muss man die Naturschönheiten erwandern. In einem anderthalbstündigen Fußmarsch geht es etwa entlang des Wilpena Creek zum **Wangarra Lookout**. Der Nationalpark ist generell ein Paradies für Wanderer oder *bushwalker*, was irgendwie nicht so verknöchert klingt, mit zahlreichen gut markierten *walking trails*. So geht es zu Fuß auch zum **Ohlssen Bag** hoch oben auf dem Berg über dem **Wilpena Resort** oder zum **Arkaroo Rock** mit seinen typischen Felsmalereien der Aborigines.

Ein guter Standort für mehr oder weniger abenteuerliche Touren ist ebenso das Arkaroola Wilderness Sanctuary, ein auf ökologisch verträglichen Tourismus spezialisiertes und schon mehrfach ausgezeichnetes Resort.

Felsmalereien der Aborigines am Arkaroo Rock in den Flinders Ranges

SERVICE & TIPPS

Infos im Internet
www.southaustralia.com
Ausführliche und gut aufbereitete Informationen über die Flinders Ranges.

Wadlata Outback Centre
41 Flinders Terrace
Port Augusta, SA 5700
✆ (08) 8641 9193
www.wadlata.sa.gov.au

Visitor Centre
Im Wilpena Resort
Flinders Ranges, SA 5434
✆ (08) 8648 0048
www.wilpenapound.com.au
Vom Resort aus werden Wanderungen, Allradtouren und Rundflüge über die Flingers Ranges angeboten (20-Min.-Flüge ca. A$ 169/129).

Auf der Rawnsley Park Station, einer aktiven Schaffarm, kann man in luxuriösen Villen inmitten der faszinierenden Landschaft der Flinders Ranges übernachtet werden (Wilpena Rd. via Hawker, ✆ 08-8648 0030, www.rawnsley park.com.au).

7 GLENELG

Der Strandvorort Adelaides ist ein beliebtes Ausflugsziel der Adelaidians und bequem mit einer schon historisch zu nennenden Straßenbahn zu erreichen. Allerdings haben die Strände nicht ganz die Klasse eines Bondi Beach in Sydney oder eines Cottelsloe Beach in Perth. Aber reizend genug, um hier der australischen Strandkultur zu frönen, sind sie allemal. Besonders am Wochenende ist sehr viel los. Rund um die Endhaltestelle der Tram in der Nähe des Strandes hat ein wenig Historie von Glenelg überlebt. In den älteren Gebäuden hat sich eine quirlige Café- und Restaurant-Szene breit gemacht. Doch schon einen Block weiter an der neuen Promenade sind neue Apartmenthäuser und Hotels entstanden.

SERVICE & TIPPS

Glenelg Visitor Centre
Glenelg foreshore, an der Promenade hinter der Town Hall
Glenelg, SA 5045
✆ (08) 8294 5833
www.glenelgsa.com.au

The Strand
108 Jetty Rd., Glenelg, SA 5045
✆ (08) 8376 922
www.cafestrand.com.au
Tägl. ab 8.30 Uhr
Beliebtes Großraum-Café-Restaurant mit lockerer Atmosphäre und *australo-italiano* Specials wie Holzofenpizza, Foccacia, Pasta, Risotto und mehr. $–$$

Zest Cafe Gallery
2A Sussex St., Glenelg, SA 5045
✆ (08) 8295 3599
Tägl. 7.30–18 Uhr
Hübsches kleines Café, das den ganzen Tag Frühstück offeriert, für den größeren Hunger Baguettes und Salate, für den Kulturappetit kleine Ausstellungen. $

Jetty in Glenelg

8 HAHNDORF

Ein Stück pittoresk-kitschiges Deutschland in Australien, das ist das in den **Adelaide Hills**, einer sehr guten Weingegend, gelegene Dorf. Namengeber ist Captain Dirk Hahn, der 1838 auf seinem Schiff »Zebra 187« deutsche Immigranten nach Südaustralien brachte.

Das Restaurant und Hotel »German Arms« von 1839 in Hahndorf

Auf die deutsche Vergangenheit ist man in Hahndorf stolz und so hat sich der Ort als Musterdorf inklusive deutscher Bäckerei und deutschen Restaurants mit deutschen Würstchen und deutschem Bier vom Fass an der einzigen Hauptstraße herausgeputzt. Das ist touristisch einträglich, die Australier lieben es.

Kulturell ist die **Hahndorf Academy** von einiger Bedeutung und durchaus besuchenswert. Untergebracht in einem historischen Gebäude zeigt sie unter anderem Werke des bekannten Künstlers Sir Hans Heysen, der lange Jahre in Hahndorf lebte.

SERVICE & TIPPS

Hahndorf Academy
68 Main St., Hahndorf, SA 5245
✆ (08) 8388 7250
http://hahndorfacademy.org.au
Tägl. 10–17 Uhr, Eintritt frei
Zur größten regionalen Kunstgalerie Südaustraliens gehört auch ein deutsches Museum. Ausgestellt sind u. a. Werke von Sir Hans Heysen.

Beerenberg Family Farm
Mount Barker Rd.
Hahndorf, SA 5245
✆ (08) 8388 7272
www.beerenberg.com.au
Tägl. 9–17 Uhr
Von Oktober bis Mai kann man hier selber Erdbeeren pflücken, ganzjährig offeriert der Shop Marmeladen, Chutneys und Saucen. Der Betrieb ist seit sieben Generationen in Familienbesitz.

Ein Adelaide Rosella (Sittich) in den Adelaide Hills

9 9 KANGAROO ISLAND

Viel unberührte Natur mit einer einzigartigen Flora und Fauna, das sind hauptsächlich die Pfründe, mit denen die seit 9000 Jahren vom australischen Festland losgelöste Insel wuchern kann. Mit einer Länge von 155 Kilometern und bis zu 55 Kilometern Breite ist das Eiland die drittgrößte Insel des Kontinents und damit groß genug, um Abwechslung für mehrere Tage zu bieten. Sogar 28 Weingüter gibt es neben reichlich jungfräulicher Natur. Allerdings sollte man sich einen Mietwagen gönnen, um die Insel ausgiebig erleben zu können; die Verbindungen mit öffentlichen Verkehrsmitteln sind bescheiden. Alternativ kann man eine organisierte Tour zu den Insel-Highlights buchen.

Eine der Attraktionen ist der am westlichen Inselende gelegene **Flinders Chase National Park** mit seiner spektakulären Küste. Im bewaldeten Hinterland des Parks begegnet man Kängurus, Koalas, einer bunten Vogelwelt und mit Glück dem seltenen Platypus. Viel besucht ist die 1858 erbaute **Cape Borda Lightstation**, die besichtigt werden kann. Ein beliebtes Fotomotiv bietet **Admirals Arch**, wo der Blick durch ein von Stalaktiten eingefasstes Felsloch auf die Vulkanfelsen und das Meer fällt. Man erreicht den Aussichtspunkt vom nahe gelegenen **Cape du Couedic** mit seinem malerischen Leuchtturm. Eine besondere Naturschönheit sind auch die **Little Sahara** genannten weißen Dünen etwas im Landesinneren in der Nähe der Seal Bay. Im Gegensatz zum Fotografieren der landschaftlichen Schönheiten steht das, was die Australier *wildlife spotting* nennen. Dies kann beispielsweise in der **Seal Bay** erfolgreich betrieben werden: Dort macht sich Australiens drittgrößte Seelöwen-Kolonie breit. Oder man sieht den kleinen Pinguinen rund um **Kingscote**, dem ruhigen, aber netten Hauptort der Insel, und **Penneshaw** bei ihrer regelmäßigen nächtlichen Prozession zu.

Auf Kangaroo Island kann man Echidnas (Schnabeligel) in freier Natur erleben

SERVICE & TIPPS

Kangaroo Island Gateway Visitor Information Centre
Howard Dr.
Penneshaw, SA 5222
✆ (08) 8553 1185
www.tourkangarooisland.com.au

Fähre zur Kangaroo Island
✆ 131 301
www.sealink.com.au
Mehrmals täglich zwischen Cape Jervis und Penneshaw (Fahrzeit 45 Min.)

Flinders Chase National Park
Rocky River, Kingscote, SA 5223
✆ (08) 8559 7235
www.environment.sa.gov.au
Eintritt A$ 10/6, Familienticket A$ 27
Das Besucherzentrum liegt am Eingang zum Nationalpark und informiert über Flora und Fauna, die Natursehenswürdigkeiten, aber auch über Wanderwege, Camping-*Permits* und Unterkünfte im Park.

Penneshaw Penguin Centre
Lloyd Collins Reserve
Penneshaw, SA 5222
✆ (08) 8553 1103
www.kipenguincentre.com.au
Touren tägl. 19 und 20 Uhr
A$ 18/6
Hier kann man sehen, wo sich die putzigen Pinguine nachts herumtreiben. Die Population hat allerdings stark abgenommen.

Seal Bay Conservation Park
Seal Bay, SA 5223
✆ (08) 8559 4207
www.sealbay.sa.gov.au
Tägl. 9–17, im Sommer bis 18 Uhr, Touren der Ranger etwa stündlich
A$ 32/18
Die gemütlichen Seelöwen lassen sich in aller Ruhe bestaunen.

Strände
Nach einer Untersuchung der Sydney University von insgesamt 10 000 australischen Stränden erhielt der herrliche **Vivonne Beach** auf Kangaroo Island die Auszeichnung *best beach in Australia*. Aber andere Inselstrände wie Penneshaw Beach, Emu Bay, Stokes Bay, Brown Beach oder Snellings Beach stehen dem kaum nach.

Tatsächlich bemerkenswert: die Felsformation Remarkable Rocks im Flinders Chase National Park auf Kangaroo Island

Seelöwen auf Kangaroo Island

Aurora Ozone
Kingscote Terrace
Kingscote, SA 5223
✆ (08) 8553 2011, 1800 083 133
www.aurororesorts.com.au
So etwas wie der Mittelpunkt des gesellschaftlichen Lebens in Kingscote. Gutes Restaurant, lebhafte Kneipe und Bar, unverzichtbarer Bottle Shop und auch ordentliche Zimmer. $–$$

2 Birds & A Squid
43 North Terrace, Penneshaw
Kangaroo Island, SA 5221
✆ (08) 8553 7406
www.2birds1squid.com
Die Food Company betreibt kein Restaurant, sondern liefert die leckeren Gerichte wie *Marinated Lamb Rump* oder *Halumi & Vegetable Steak* an die Haustür.
$$

⑩ MURRAY RIVER

Der Murray River, Australiens längster Fluss, ist eine Lebensader des gesamten Südostens des roten Kontinents. Er entspringt im Nordosten von Victoria in der Great Dividing Range, bildet später die Grenze zu New South Wales, fließt dann quer durch Südaustralien und mündet

Ein schwimmendes Museum: der Raddampfer »PS Marion« auf dem Murray River bei Mannum

nach über 2700 Kilometern südlich von Adelaide in den Lake Alexandrina und von dort in die Encounter Bay.

Der ruhig dahinfließende Fluss spielte als Verkehrsweg eine wichtige Rolle bei der Besiedlung des Landes. Noch heute verkehren die historischen Raddampfer als touristische Attraktion auf dem Murray. Später wurde mit seinem Wasser das trockene Land links und rechts des Flusslaufs bewässert und so der Obstgarten Australiens geschaffen. Aber auch Oliven und Wein werden angebaut. Reisende mit einem *working visa* können hier während der verschiedenen Ernten einen Pflückerjob finden. Lästig können allerdings die Fruchtfliegen, die *fruit flies*, werden; jeder wird angemahnt, bei ihrer Bekämpfung zu helfen.

Ein besonderes Freizeitvergnügen sind heute Fahrten mit dem Hausboot. In den Orten entlang dem Fluss wie beispielsweise **Murray Bridge**, **Mannum**, **Berri** oder **Renmark** gibt es sie in fast allen Größen zu mieten – von Booten für zwei bis vier bis zu mehr als zehn Personen; die meisten wohl in Mannum, das nur 85 Kilometer von Adelaide entfernt ist.

Kingfisher am Murray River

Eine große Auswahl an Hausbooten in allen Flussorten findet man auf der Homepage www.murrayriver.com.au. Sie sind komplett und oft sehr komfortabel ausgestattet. Ein kleineres Schiff kostet für eine Woche etwa ab A$ 1000, größere Hausboote etwa ab A$ 1600.

SERVICE & TIPPS

Renmark Paringa Visitor Information Centre
84 Murray Ave.
Renmark, SA 5341
✆ 1300 661 704
www.renmarkparinga.sa.gov.au
www.murrayriver.com.au

Mannum Dock Museum and Visitor Information Centre
6 Randell St.
Mannum, SA 5238
✆ 1300 626 686
www.psmarion.com
Museum Mo–Fr 9–17, Sa/So 10–16 Uhr

PS Marion
6 Randell St.
Mannum, SA 5238
www.psmarion.com
Mo–Fr 9–17, Sa/So 10–16 Uhr
Der restaurierte *paddle-steamer* von 1897 ist heute ein schwimmendes Museum und liegt am Informationsbüro vor Anker.

11 PORT AUGUSTA

Die 15 000-Einwohner-Stadt hat nicht viel Reizvolles an sich und dient Reisenden in erster Linie als Durchgangsstation, zum Auffrischen der Vorräte und als *gateway* zum Outback und zur Eyre Peninsula. Endlose Highways führen von Augusta aus an die Westküste, nach Alice Springs oder nach Broken Hill in New South Wales – letzte Gelegenheit für einen Stopp in der Zivilisation.

SERVICE & TIPPS

Wadlata Outback Centre
41 Flinders Terrace
Port Augusta, SA 5700
✆ (08) 8641 9193
www.portaugusta.sa.gov.au
Mo–Fr 9–17.30, Sa/So 10–16 Uhr
Eintritt A$ 19.50/11
Das interessante und informative Outback Centre ist wahrscheinlich auch schon die größte Sehenswürdigkeit. Gezeigt wird die Entwicklung der Flinders Ranges und des Outbacks von vor 15 Millionen Jahren bis heute, die Geschichte der frühen Siedler und die Kultur der Aborigines.

Region 10
Victoria

VICTORIA

KULTUR, SPORT, LIFESTYLE UND GENUSS

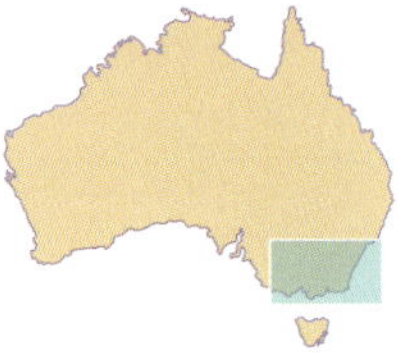

Victoria mit der Hauptstadt Melbourne, der nach Sydney zweitgrößten Metropole des Kontinents, ist der südöstlichste und der kleinste Bundesstaat. Als Reiseland bietet das grüne Victoria sowohl an den Küsten wie auch im Landesinneren viele Highlights, die zum Teil noch nicht allzu bekannt, aber absolut erlebenswert sind. Berühmt ist jedoch die Great Ocean Road, die nach dem Ayers Rock die am zweithäufigsten besuchte Touristenattraktion Australiens sein soll. Relativ unbekannt sind hingegen der Küsten-Nationalpark Wilsons Promontory, die Seen- und Strandlandschaft rund um Lakes Entrance und die schroffe Gebirgslandschaft der Grampians im Hinterland. Fündig werden in Victoria in jedem Falle Genießer.

Die Dichte guter Restaurants und Pubs ist besonders hoch und Weinfreunde können im Yarra Valley oder in Great Western so manche Weinprobe unternehmen. Wer ein Kulturfreund ist, wird in Australien keine interessantere Stadt als Melbourne finden. Sportfans sollten in jedem Fall im MCG, Melbournes legendärem Stadion, ein Spiel des Nationalsports *Australian Rules Football* besuchen, wo man mittendrin ist im prallen australischen Leben.

Informationen zu den Nationalparks in Victoria findet man auf der Internetseite www.parkweb.vic.gov.au. Infos über das Weinbaugebiet Yarra Valley gibt es unter http://visityarravalley.com.au und www.wineyarravalley.com.

1 MELBOURNE

Melbourne, die Hauptstadt Victorias, ist die ewige Rivalin Sydneys. Dabei hat sie es gerade bei Touristen nicht leicht, steht doch Sydney mit dem berühmten Bild der Skyline mit Opernhaus und Harbour

Die quirlige Hauptstadt Victorias, Melbourne, ist die zweitgrößte Stadt Australiens

Bridge stets mehr im Fokus. Zudem sind die Sommer nicht so beständig warm und sonnig und die Winter kühler und regnerischer. Die Melbournians sagen vom wechselhaften Wetter in ihrer Stadt, an einem Tag könne man alle Jahreszeiten erleben. Auch bei den Stränden kann Melbourne eindeutig nicht mit Sydney oder Perth mithalten. Denn die Metropole liegt nicht direkt am offenen Meer, sondern an der flachen **Port Phillip Bay**, die nur über einen schmalen Zugang Verbindung zum Ozean hat. Dennoch besitzt Melbourne auch ganz passable Strände in der City, beispielsweise im lebhaften Szene-Bezirk **St. Kilda**.

Die viktorianische Flinders Street Station in Melbourne zählt zu den eindruckvollsten Bahnhöfen der Welt

Gegründet wurde Melbourne selbst für australische Verhältnisse erst relativ spät, 1835, um dann jedoch durch die Goldfunde in den nahe gelegenen Goldfields bei Ballarat und Bendigo rasant zu wachsen. Aus der ersten Blütezeit der Stadt am Yarra River Ende des 19. Jahrhunderts sind noch einige viktorianische Prachtbauten wie das altehrwürdige Windsor Grandhotel erhalten. Die meisten Gebäude jener Zeit sind jedoch dem modernen Geschäftszentrum CBD zum Opfer gefallen.

Kulturell bietet Melbourne das umfangreichste Angebot der gesamten Südhalbkugel. Erst recht seitdem der **Flinders Square**, ein neu gestalteter Platz mitten in der City gegenüber dem ältesten australischen Bahnhof **Flinders Station**, 2002 fertiggestellt wurde. Melbournes inoffizieller Kultur-Korridor erstreckt sich von **Southbank** über den Yarra River zum Flinders Square

und quer durch CBD, das Geschäftzentrum, bis zu den **Carlton Gardens**. In Southbank liegen das **Australian Centre of Contemporary Art**, das **NGV International** und das **Arts Centre** eng beieinander. Außerdem wartet das Areal am Yarra River mit dem Crown Casino, einer der größten Spielbanken der Welt, Oper- und Ballett, zahlreichen Hotels und trendigen Restaurants und Shops auf. Dabei haben die Einheimischen seit einigen Jahren auch die Flussufer des Yarra zum Promenieren und Ausgehen ganz neu entdeckt. Zuvor war Melbourne eine dem Fluss abgewandte Stadt.

St. Paul's Cathedral vor einem Wolkenkratzer im Central Business District Melbourne

Über den Fluss am Flinders Square setzen sich die Kulturbauten mit **The Ian Potter Gallery** und dem **Australian Centre for the Moving Image** fort. In den Carlton Gardens vervollständigen das **Melbourne Museum** und das **Royal Exhibition Building** Melbournes überragendes Museums- und Ausstellungsangebot.

Doch Melbourne ist nicht nur sportlich und kulturell Australiens führende Stadt, sondern auch die Trend-Metropole, wie sich an den vielen angesagten Bars, Restaurants, Designer-Läden, Modemachern etc. erkennen lässt. Und Melbourne wirkt von allen australischen Städten am europäischsten, vor allem auch noch am britischsten. Doch Victorias Hauptstadt ist auch stark von, vor allem südeuropäischen, Einwanderern geprägt, die sich alle ihr eigenes lebendiges Viertel geschaffen haben. So ist Melbourne mit seinem griechischen Viertel rund um die **Lansdale Street** wohl die größte griechische Stadt nach Athen und Thessaloniki. Die Italiener haben ihre – auch gastronomischen – Spuren rund um die **Lygon Street** in **Carlton** hinterlassen und schufen dort einen bunten Espresso-Pizza-Pasta-Strip. Doch auch die Chinesen sind stark vertreten und so ballt sich **Chinatown** an der **Little Bourke Street**. Sehr multikulturell zeigt sich hingegen die **Brunswick Street** in **Fitzroy**. Hier gibt es von der Sushi-Bar bis zum irischen Pub alles und dazu eine

Melbourne läuft Sydney als Sportstadt sogar noch den Rang ab. Neben den Australian Open und dem Formel-1-Grand Prix finden in der Stadt auch der Melbourne Cup, das bedeutendste Pferderennen Australiens – der Melbourne Cup Day ist in Victoria sogar offizieller Feiertag – und das Endspiel im Australian Rules Football im Melbourne Cricket Ground (MCG) statt, dem größten Stadion des Kontinents. Im Jahr 2006 hat Melbourne die Commonwealth Games ausgerichtet.

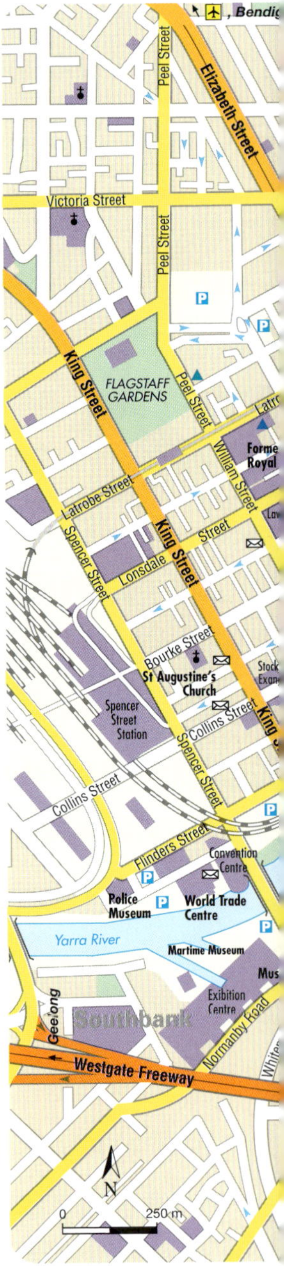

verwegene Szene-Mischung von Esoterikern bis Cyber-Punks. In der **Smith Street**, die sich von Fitzroy nach Collingwood erstreckt, haben sich zudem große Factory Outlets bekannter Sportartikelhersteller angesiedelt.

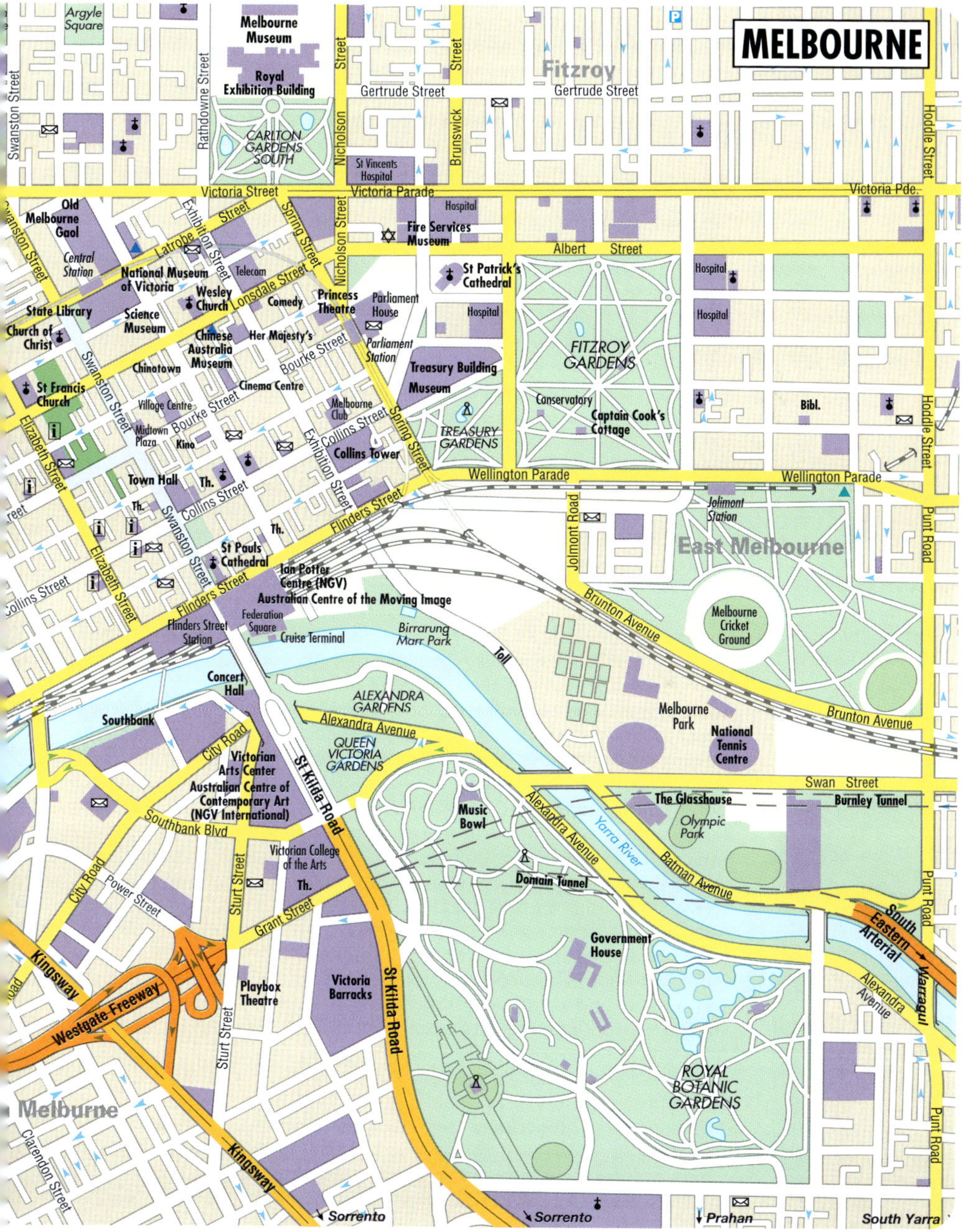

Flagge des Bundesstaates Victoria

City Circle Tram
Mit der City Circle Tram kommt man bequem und umsonst durchs Zentrum und an vielen Sehenswürdigkeiten vorbei, sie fährt u.a. die Flinders St., Spring St., LaTrobe St. und Spencer St. entlang.

Skulpturengruppe der »Three Business Men« in der City von Melbourne

Schicker gibt man sich hingegen in **South Yarra**, wo trendige Mode, angesagte Cafés und Bars hippe Melbournians anziehen. Shopping, das heißt in South Yarra die Chapel Street abklappern, über tausend Shops, Cafés, Bars, Restaurants und Pubs reihen sich hier aneinander; hier haben die Top-*Aussie*-Modemacher ihre Läden. Um die Ecke, in der Toorak Road sind zwar auch viele Shops ansässig, doch gilt die Straße als nicht ganz so angesagt wie die Chapel Street, dafür kann sie so manches nette Restaurant aufweisen. Entspannen kann man sich in South Yarra vom Shopping in einer grünen Oase der Ruhe, den **Royal Botanic Gardens**.

Die Chapel Street führt von South Yarra weiter in das angrenzende **Prahran**. In dem Stadtteil mit seinen zahlreichen Second-Hand-Shops – immer einen Besuch wert sind auch die Hallen des **Prahran Market** – geht es schon wieder eher alternativ zu. Alle Szenen zusammen finden sich dann im quicklebendigen Strandvorort **St. Kilda** wieder.

Vor allem sonntags ist auf dem **St. Kilda Esplanade Market**, einem Kunst- und Trödelmarkt, richtig viel los. Eine durchmischte Szene zeichnet auch **Richmond** rund um die **Bridge Road** aus, eine lebendige Bummelmeile mit Boutiquen, Outlets, Cafés und Restaurants. Überhaupt sind die vielen verschiedenen Bezirke mit ihren unterschiedlichen Szenen eine der Stärken von Melbourne. Das Von-einem-Ort-zum-anderen-Kommen wird einem dabei leicht gemacht, denn Melbourne verfügt als einzige australische Stadt über ein umfangreiches Straßenbahnnetz. Zu den wichtigsten Sehenswürdigkeiten in CBD wie **Flinders Station, State Parliament Building** oder **Melbourne Central**, einem riesigen Einkaufszentrum rund um den Melbourne Central Shot Tower, fährt kostenlos die **City Circle Tram**. Ansonsten bietet CBD neben einigen viktorianischen Gebäuden angenehme Fußgängerzonen mit allen großen Kaufhäusern und Hotels sowie etlichen guten Restaurants.

Eine schöne Aussicht über die Stadt bietet die Aussichtsplattform im 55. Stock des **Rialto-Tower**. Den besten Blick genießt man aber vom 2006 erbauten **Eureka Tower**. Mit 297 Metern und 92 Stockwerken ist er der zweithöchste Wolkenkratzer der Südhalbkugel und das zweithöchste Wohngebäude zugleich. Im 88. Stock gibt es in 285 Metern Höhe eine Aussichtsplattform und Restaurants. Mit dem schnellsten Aufzug der südlichen Hemisphäre rasen Besucher in nur 40 Sekunden nach oben. Übrigens entstand am Rande der Innenstadt direkt am Wasser in den Docklands mit der Waterfront City und Harbour Town ein ganz neuer Stadtteil mit Bürogebäuden, Apartmenthäusern und dem **Dockland Stadion**, einem großen Einkaufszentrum, sowie einem Unterhaltungskomplex. Im Herzen der Docklands dreht sich seit Dezember 2008 mit dem 120 Meter hohen **Southern Star** das größte Riesenrad der südlichen Halbkugel.

Ein beliebter Kurztrip führt von Melbourne entlang der Küste der Port Phillip Bay auf die **Mornington Peninsula** mit Weinbergen und schönen Stränden. Die Halbinsel bildet quasi einen halbkreisförmigen Arm, der die riesige Bucht auf einer Seite umschließt. An der Spitze der Halbinsel liegt das malerische Seebad **Sorrento**. Von dort setzen Fähren über den schmalen Zugang der Bucht zum offenen Meer zum gegenüberliegenden **Queenstown** über, einem beschaulichen Ausflugsort.

Ein weiterer Ausflug nicht nur für Weinliebhaber führt vor Melbournes Haustür in das **Yarra Valley**, eines der besten Weinbaugebiete Australiens.

SERVICE & TIPPS

Melbourne Visitor Centre
Flinders & Swanson Sts.
Melbourne, VIC 3000
✆ (03) 9658 9658
www.visitmelbourne.com

Melbourne Visitor Booth
Bourke Street Mall, City
Melbourne, VIC 3000
Mo–Sa 9–17, So 10–17 Uhr
Neben dem Infozentrum und dem Infokiosk gibt es die *Melbourne City Ambassadors*, rot gekleidete Helfer, die in der City unterwegs sind und Besuchern für Infos und Fragen zur Verfügung stehen.

Melbourner Internetseiten
www.chapelstreet.com.au
www.yarracity.vic.gov.au
www.federationsquare.com.au
www.stkildamelbourne.com.au
www.gobayside.com.au
www.travelvictoria.com.au/williamstown

Stadtführung
Eine hübsche Idee der Melbournians: der Begrüßungsservice. Einen halben Tag lang zeigt ein Einheimischer interessierten Touristen in Kleingruppen (1–4 Pers.) per pedes oder Straßenbahn die Stadt – und das gratis. Termine gibt es innerhalb von 24 Stunden (Anmeldung: im Melbourne Visitor Centre, Treff: Transit Lounge im Untergeschoss).

Nahverkehr
✆ 1800 800 007
www.victrip.com.au
Für Melbourne-Besucher gibt es das sogenannte »Myki Visitor Value Pack« (A$ 14/8), mit dem man das öffentliche Verkehrsnetz in Melbourne und Victoria benutzen kann. Es enthält ein Guthaben, das etwa für einen Tag ausreicht, und gewährt zudem Vergünstigungen bei 15 Sehenswürdigkeiten. Es kann für bis zu 7 Tage aufgeladen werden. Man erhält es im Visitor Centre, am Airport, in der Souther Cross Station sowie in zahlreichen Hotels. Natürlich gibt es auch Einzeltickets.

Australian Centre of Contemporary Art
111 Sturt St., Southbank
Melbourne, VIC 3006
✆ (03) 9697 9999
www.accaonline.org.au
Di–Fr 10–17, Sa/So 12–17 Uhr
Eintritt frei
Eines der bedeutendsten australischen Museen für zeitgenössische Kunst mit wechselnden Ausstellungen der Großen der internationalen Kunstszene.

Melbourne Museum
Carlton Gardens, 11 Nicholson St.
Melbourne, VIC 3053
✆ (03) 8341 7777, 1300 130 152
http://museumvictoria.com.au
Tägl. 10–17 Uhr
Eintritt A$ 12, Kinder frei
Der architektonisch interessante Museumskomplex ist der größte Australiens und versucht sich auf sechs Etagen mittels Hightech an einem kulturellen Rundumschlag von der Forrest Gallery bis zum Children's Museum. Die Bunjilaka-Galerie erzählt anschaulich vom Leben der Ureinwohner.

Melbourne Cricket Ground (MCG)
Brunton Ave.
East Melbourne, VIC 3000
✆ (03) 9657 8888
www.mcg.org.au
Tägl. 10–17 Uhr, Eintritt A$ 55/22
In Melbournes größter Sportstätte sind auch die **Australian Gallery of Sport and Olympic Museum** untergebracht. In diesem bedeutenden Stadion wird Cricket und Australian Football gespielt, es finden auch Konzerte statt.

National Gallery of Victoria
Federation Sq. & 180 St. Kilda Rd.
Melbourne, VIC 3000
✆ (03) 8620 2222
www.ngv.vic.gov.au
NGV International Mi–Mo 10–17 Uhr, Ian Potter Di–So 10–17 Uhr
Eintritt frei
Die National Gallery ist ein beeindruckender Komplex, der sich vom neuen Federation Sq. an der Flinders Station über den Yarra River zur St. Kilda Rd. erstreckt.

Der Melbourne Cricket Ground am Yarra River, gemeinhin als MCG bezeichnet, ist das größte Stadion des Kontinents

Bei den Hidden Secret Tours von Fiona Sweetman bekommt man nicht nur Sightseeing-Touren per pedes, sondern auch viele Geheimtipps, man lernt spannende Galerien, Shops und Restaurants kennen. Neben allgemeinen gibt es Literatur- und Architekturspaziergänge. Nicht ganz billig (Architektur-Tour A$ 70), aber es lohnt sich (✆ 03-9663 3358, http://hiddensecretstours.com.

Er besteht aus den beiden Galerien **NGV International** (St. Kilda Rd.) mit einem riesigen Fundus internationaler Kunst und der **The Ian Potter Gallery** (Federation Sq.), die sich ausschließlich der australischen Kunst von der Kolonialzeit bis heute widmet.

Royal Exhibition Building
Carlton Gardens, Melbourne Museum, Melbourne, VIC 3000
Der 125 Jahre alte Prachtbau in den Carlton Gardens zählt seit 2004 zum Weltkulturerbe. Er gehört zum Komplex des Melbourne Museums und wird für wechselnde Ausstellungen genutzt.

Victorian Arts Centre
100 St. Kilda Rd., Southbank
Melbourne, VIC 3004
✆ (03) 9281 8000
www.artscentremelbourne.com.au
Museum Mo–Fr 9–23, So 10–17 Uhr, Eintritt frei
Der Komplex beheimatet u. a. das Performing Arts Museum, das sich mit Zirkus, Tanz, Musik, Oper und Theater in Australien beschäftigt. Außerdem Oper-, Theater- und Ballett-Aufführungen sowie Konzerte.

Melbourne Aquarium
Flinders & King Sts.
Melbourne, VIC 3000
✆ (03) 9923 5999
www.melbourneaquarium.com.au, tägl. 9.30–18 Uhr
Eintritt A$ 38/22
Direkt am Yarra River wartet dieses spannende Hightech-Aquarium mit allem auf, was Australiens Unterwasserwelt an bunten und auch gefährlichen Meeresbewohnern zu bieten hat.

Malthouse Theatre at The CUB Malthouse
113 Sturt St., Southbank
Melbourne, VIC 3006
✆ (03) 9685 5111
www.malthousetheatre.com.au
Junge Theatertruppe, die modernes experimentelles Theater auf die Bühne bringt.

Stokehouse
30 Jacka Blvd., St. Kilda, VIC 3182
✆ (03) 9525 5555
http://stokehouse.com.au/city
Tägl. Lunch und Dinner
Direkt am Strand liegt dieses Restaurant mit einer hervorragenden Fischküche von Young Chef of the Year Ollie Gould und einer angenehmen Atmosphäre. $$$

Vue de Monde
Rialto, 55/525 Collins St.
Melbourne, VIC 3000
✆ (03) 9691 3888
www.vuedemonde.com.au
Tägl. Dinner, Do–So auch Lunch
Absolutes Top-Restaurant mit Aussicht im 55. Stock des Rialto Towers im InterConti. $$$

Circa – The Prince
Im The Prince Hotel, 2 Acland St., St. Kilda, Melbourne, VIC 3182
✆ (03) 9536 1122
www.circa.com.au, tägl. ab 7 Uhr
Erstklassiges Restaurant mit schöner Aussicht. Im Keller: Wodka-Bar Mink. $$–$$$

David's
4 Cecil Place, Prahran
Melbourne, VIC 3181
✆ (03) 9529 5199
Mo–Sa Lunch, tägl. Dinner
Design-schönes, angesagtes Restaurant für zeitgenössische und innovative chinesische Küche. $$–$$$

Vlado's Charcoal Grill
61 Bridge Rd., Richmond
Melbourne, VIC 3121

Bathing Boxes am Brighton Beach südlich von Melbourne

✆ (03) 9428 5833
www.vlados.com.au, Mo–Fr Lunch/Dinner, Sa nur Dinner
Eine Institution in Melbourne. Klein und bestimmt nicht schick, aber ein Muss für Fleischliebhaber. Hier gibt es unglaublich gut gegrillte Steaks. Wer die nicht mag, hat keine Chance – erstklassiges Fleisch von der Vorspeise bis zum Ende. $$–$$$

Daimonji Japanese Restaurant
179 Clarendon St.
South Melbourne, VIC 3205
✆ (03) 9690 7588
www.daimonjisushi.com
Mo–Fr 11–14, 17–21, Sa 17–21 Uhr
Eines der besten japanischen Restaurants mit einem angenehmen, nicht folkloristisch überladenen Ambiente. $$

The Graham
97 Graham St. & Esplanade West
Port Melbourne, VIC 3207
✆ (03) 9676 2566
www.thegraham.com.au
Di–So 12–15 und 18–22 Uhr
Mediterrane und moderne australische Küche in einem zum Restaurant umgewidmeten alten atmosphärischen Pub. $$

Fiesta
175 Toorak Rd., South Yarra
Melbourne, VIC 3141
✆ (03) 9827 4593
www.fiestamexican.com.au
Tägl. ab 17 Uhr
Bei dem gemütlichen TexMex feierte schon Andre Agassi seine Siege bei den Australian Open. Besonders gut ist der Agassi Burito, den er selber kreiert hat. $–$$

Baotime
342 Bridge Rd., Richmond
Melbourne, VIC 3121
✆ (03) 9942 7608
http://baotime.com.au
Tägl. Lunch, Dinner
Angesagte Location mit authentischer taiwanesischer Küche im 80s »Street-Art-Ambiente«. $–$$

Jake & the Beans Talk
510 Waverley Rd., East Malvern
Melbourne, Vic 3145
✆ (03) 9571 6661
www.jakeandthebeanstalk.com.au
Tägl. Frühstück, Lunch
Reizendes Café mit lockerer Atmosphäre, freundlichem Service, bestem Kaffee und guten Essen. $

Zucchero
81 Davis Ave., South Yarra
Melbourne, VIC 3141
✆ (03) 9866 8474
Tägl. außer So 7–17 Uhr
Italienisch wirkende, kleine Espresso-Bar in einer ruhigen Seitenstraße der Toorak Rd. Perfekt für ein ruhiges Frühstück oder Lunch. $

AG
187–189 Little Collins St.
City, Melbourne, VIC 3000
✆ (03) 9663 6488
Arthur Galan, kurz AG, hat ein Händchen für Männermode. Anzüge, Hemden und Mäntel sind schick, modisch und zeitlos; auch in South Yarra (443 Chapel St.) und Sydney (Paddington, 422 Oxford St.).

Alannah Hill
533 Chapel St., South Yarra Melbourne, VIC 3141
✆ (03) 9826 2755
Weiterhin eine *der* Modemacherinnen Down Unders schlechthin, Boutiquen mit ihren ausgefallenen Klamotten gibt es auch in anderen *Aussie*-Metropolen.

Arts Centre Sunday Market
100 St. Kilda Rd., zwischen Yarra River und Theaterkomplex, Melbourne, So 10–17 Uhr
An über hundert Ständen kann man zeitgenössisches Kunsthandwerk sehen und kaufen.

Borders
The Jam Factory, 500 Chapel St.
South Yarra, Melbourne, VIC 3141
✆ (03) 9824 2299
www.borders.com.au
Gut sortierter Buchladen.

Catherine Manuell Design
273 Little Lonsdale St.
City Melbourne, VIC 3000
✆ (03) 9671 4545, www.catherine manuelldesign.com

»Haigh's Chocolates« in der Collins Street in Melbourne – Schokolade, nichts als Schokolade

Taschen, Portemonnaies und Reisegepäck in witzig-auffälligem Design.

Christine
181 Flinders Lane, Melbourne
VIC 3000, ✆ (03) 9654 2011
www.christineaccessories.com
Wunderschöner Laden im Souterrain, der schon wegen seiner Einrichtung den Besuch lohnt. Hier dreht sich alles um Vintage, das hat leider auch seinen Preis.

Country Road
252 Toorak Rd. & Chapel St.
South Yarra, Melbourne, VIC 3141
✆ (03) 9824 0133
www.countryroad.com.au
Auf zwei Etagen bietet diese Country-Road-Filiale einen Mix aus geschmackvoller wie angesagter Casualmode für Männer, Frauen und Kids sowie Schönes für Haus und Wohnung.

Design A Space
20 Manchester Lane
Melbourne, VIC 3000
✆ (03) 9663 8991
www.designaspace.com.au
Hier kann man die Kreationen von Nachwuchsdesignern (Mode, Schmuck, Accessoires, Taschen) für sehr faire Preise kaufen.

The Essential Ingredient
Prahran Market, Elizabeth St.
South Yarra, Melbourne, VIC 3141
✆ (03) 9827 9047
www.essentialingredient.com.au
Wunderbarer Küchenladen neben dem Prahran Market mit allem, was nützlich und formschön ist. Feinkost und Kochbücher sind ebenfalls zu bekommen, angeboten werden auch Kochkurse und ab und an Dinner.

Shopping auf der Brunswick Street im Melbourner Stadtteil Fitzroy oder …

fenton & fenton
471 High St., Prahran, Melbourne,
VIC 3141, ✆ (03) 9533 2323
www.fentonandfenton.com.au
In ihrem Geschäft hat Lucy Fenton Schönes und Kurioses aus allen Ecken der Welt zusammengetragen. Auch Ausstellungen.

Haigh's Chocolates
The Block Arcade, Shops 7–8
282 Collins St., Melbourne
VIC 3000, ✆ (03) 9654 7673
www.haighschocolates.com
Schokolade und nichts als Schokolade – Süßmäuler, die in den Haigh's Shops nicht fündig werden, haben selber Schuld.

Husk
176 Collins St., City
Melbourne, VIC 3000
✆ (03) 9663 0655
www.husk.com.au
Fashionvictims finden hier und in den anderen beiden, ebenfalls ungewöhnlich gestalteten Filialen angesagte australische Mode, Accessoires und Homewear.

Kimono House
Room 7, 2nd Floor, Nicholas Building, 37 Swanston St.
Melbourne, VIC 3000
www.kimonohouse.com.au
Im kleinen Werkstatt-Shop kann man sich seinen persönlichen Kimono anfertigen lassen.

Kleins
313 Brunswick St.
Fitzroy, Melbourne, VIC 3065
✆ (03) 9416 1221
www.kleinsperfumery.com.au
Parfümerie im Oldfashion-Styling mit wohlriechenden Seifen und Düften.

Oriental Tea House
455 Chapel St., South Yarra
Melbourne, VIC 3141
✆ (03) 9826 0168
http://orientalteahouse.com.au

Teetrinker hereinspaziert – zum Shop mit einem Riesen-Teesortenangebot gesellen sich Teesalon und kleines Restaurant; auch in der City (378 Little Collins St.).

RTIST Gallery
29 St Edmonds Rd.
Prahran, VIC 3141
✆ (03) 9521 7193
www.rtist.com.au
Di–Sa nach Vereinbarung
Eine der spannendsten Galerien Melbournes mit Schwerpunkt auf zeitgenössische Kunst und Design.

Prahran Market
163 Commercial Rd., South Yarra, Melbourne, VIC 3141
✆ (03) 8290 8220
www.prahranmarket.com.au
Di, Do–Sa 7–17, So 10–15 Uhr
Ein Paradies für Feinschmecker: Großzügige Hallen mit hervorragendem Warenangebot, äußerst appetitlich präsentiert. Einmal monatlich führen Chefköche ihre Kochkünste vor (Termine im Internet).

Queen Victoria Market
513 Elizabeth St., zwischen Victoria, Elizabeth & Franklin Sts., Melbourne, VIC 3000
www.qvm.com.au
Di, Do 6–14, Fr 6–17, Sa 6–15, So 9–16 Uhr
Über 130 Jahre alte Markthallen mit über tausend Ständen.

Retrostar Vintage Clothin
1st floor, Nicholas Building
37 Swanston St. & Flinders Lane
Melbourne, VIC 3000
✆ (03) 9663 1223
www.retrostar.com.au
Riesiger Vintage- und Secondhand-Shop mit einem nicht minder großen Angebot.

Vintage Sole Windsor
153 Chapel St., Windsor
Melbourne, VIC 3181
✆ (03) 9521 1175
http://vintagesole.info
Schöner Laden mit Vintage-Klamotten, Schuhen, Accessoires für Sie und Ihn ab den 1960er Jahren. Filialen in der City und in Fitzroy.

Wayne Cooper
Shop 2, 450–460 Chapel St. South Yarra, Melbourne, VIC 3141
Für den gediegeneren Auftritt gibt es die *Wayne Cooper*-Kollektionen, fürs farbenfrohe und junge Auftreten *Wayne by Wayne Cooper*-Klamotten. Auf jeden Fall ist der Designer ziemlich angesagt.

61's Wine Merchants
Shop 814, Prahran Market
163 Commercial Rd., South Yarra
Melbourne, VIC 3141
✆ (03) 9824 2751
Mitten in den fantastischen Hallen des Prahran Market bietet dieser Weinshop Markenweine unter eigenem Label günstiger an.

... auf der Chapel Street in South Yarra

2 ARARAT

Das 7000-Einwohner-Städtchen rund 200 Kilometer nordwestlich von Melbourne ist ein guter Ausgangspunkt für den Besuch des **Grampians National Park** (vgl. S. 241 f.) und Mittelpunkt einer der traditionsreichsten und expandierenden Weinregionen Australiens. Zudem blickt der Ort auf eine Vergangenheit als Goldgräberstadt zurück. Diese lässt sich im **Gum San Chinese Heritage Centre** betrachten und im **J Ward Gaol** eindrucksvoll erleben. Das Gum San erzählt die Geschichte der chinesischen Minenarbeiter, die zuerst aus den Provinzen Taishan und Quingdong nach Südaustralien auswanderten und sich von dort auf den langen Treck zu den Goldfeldern Victorias aufmachten. Das J Ward Gaol wurde um 1850 während des Goldrauschs als Gefängnis erbaut und erst 1991 geschlossen. In seiner rund 140-jährigen Geschichte beherbergte es einige der berüchtigsten Kriminellen Victorias.

Fast zeitgleich mit dem Goldrausch begann auch die Geschichte des Weinbaus in der Region. Die ersten Reben wurden bereits 1863 von Blampied und Jean Pierre Trouette beim kleinen Örtchen **Great Western** angepflanzt. Der Ort ist auch Heimat einer der traditionsreichsten, bekanntesten und wohl auch besten Kellereien Australiens, Seppelt Great Western. Berühmt und australienweit beliebt wurde das Weingut vor allem mit seinem *Great Western Champagne*, der, seit sich die Franzosen querstellten, nur noch *Great Western Sparkling Wine* heißt. Etwas Besonderes ist auch der rote *Sparkling Shiraz*.

Der Bushranger Ned Kelly einen Tag vor seiner Hinrichtung durch Erhängen 1880 (unten): Im J Ward Gaol in Ararat (oben) waren einige der berüchtigsten Mitglieder seiner Gang inhaftiert

Der legendäre Helm von Ned Kelly wird von den Australiern wie eine Reliquie verehrt

SERVICE & TIPPS

Ararat and Grampians Visitor Information Centre
91 High St., Ararat, VIC 3377
✆ (03) 5355 0200
www.ararat.vic.gov.au

Gum San Chinese Heritage Centre
Lambert St. (Western Hwy.)
Ararat, VIC 3377
✆ (03) 5352 1078
www.gumsan.com.au
Tägl. 11–16 Uhr, Eintritt A$ 10/8
Die Geschichte der chinesischen Goldsucher.

J Ward Gaol
Girdlestone St.
Ararat, VIC 3377
✆ (03) 5352 3357
www.jward.ararat.net.au
Führungen Mo–Sa 10, 11, 13 und 14 Uhr, So/Fei auch 12 und 15 Uhr
Eintritt A$ 16/5
Über 140 Jahre Gefängnisgeschichte werden hier lebendig.

Seppelt Great Western
Moyston Rd.
Great Western, VIC 3377
✆ (03) 5361 2239
www.seppelt.com.au
Führungen tägl. außer So 11 und 14 Uhr
Eines der renommiertesten Weingüter Australiens, Heimat des *Great Western Sparkling Wine*.

Sicilians
102 Barkly St., Ararat, VIC 3377
✆ (03) 5352 2627
www.sicilians.com.au
Tägl. 11–15 und 17–21 Uhr
Der Familienbetrieb meistert erfolgreich den Brückenschlag von der italienischen zur libanesischen Küche. Außerdem gute Auswahl lokaler Weine. $–$$

Ararat Jailhouse Rock Festival
http://jailhouserockfestival.com.au
Fünf Tage im März dreht sich in den Straßen Ararats lautstark alles um den Rock 'n' Roll der 1950er und 1960er Jahre mit Bands, *Rock 'n' Roll Dancing*, *Hot Rods*, *Classic Cars* und Vergnüglichem mehr.

3 BALLARAT

Ballarat (74 000 Einwohner) hat für die weißen Australier eine besondere Bedeutung, denn in der damals boomenden Goldgräberstadt fand 1854 die **Eureka Stockade** statt. Etwa 200 Goldsucher rebellierten gegen die hohen Kosten für die Schürflizenzen, 30 von ihnen fanden dabei den Tod. So klein die Schlacht mit den Ordnungskräften auch war, es soll die einzige Schlacht auf australischem Boden und der Beginn des australischen Unabhängigkeitsstrebens gewesen sein. Die Goldgräber schworen sich, auf den Barrikaden beim Kreuz des Südens (*Southern Cross* – Sternbild) immer zusammenzustehen, füreinander zu kämpfen und ihre Rechte und Freiheit zu verteidigen. Die Australier begreifen diesen Moment als den Beginn ihrer demokratischen Geschichte. Versammelt hatten sich die Aufständischen unter einer Fahne mit dem Sternbild, das Kreuz des Südens ist daher heute Bestandteil der australischen Nationalflagge.

Diesem Ereignis ist das Freilichtmuseum **Sovereign Hill** gewidmet, eine nachgebaute Goldgräberstadt mit hundert Darstellern, in der sich auch das **Gold Museum** befindet. In dem Freiluftmuseum wird die Zeit des Goldrauschs und die Eureka Stockade in der Show »Blood on the Southern Cross« wieder lebendig. Über die Geschichte und die demokratische Entwicklung Australiens informiert das M.A.D.E. – The Museum of Australian Democracy at Eureka.

Im Stadtzentrum ist die **Lydiard Street** sehenswert, einer der besterhaltenen Straßenzüge mit viktorianischen Gebäuden in ganz Australien. In einem der schönsten Gebäude der Straße ist die **Ballarat Fine Art Gallery** untergebracht, eine der bedeutendsten Sammlungen australischer bildender Künstler. Zudem ist die Provinzstadt etwa 135 Kilometer westlich von Melbourne auch eine recht junge und lebendige Universitätsstadt.

»Miner« aus Sovereign Hill südlich von Ballarat: hier wird die Goldgräberstadt aus der Anfangszeit des Goldrausches nachgestellt

SERVICE & TIPPS

Visitor Information Centre
43 Lydiard St. North
Ballarat, VIC 3350
✆ 1800 446 633
http://visitballarat.com.au

Sovereign Hill
Ballarat, VIC 3350
✆ (03) 5333 1100
www.sovereignhill.com.au
Tägl. 10–17 Uhr
Eintritt A$ 52/23.80
60 ha großes Freiluftgelände mit einem Nachbau der alten Goldgräberstadt mit über 60 Gebäuden. Akteure stellen das damalige Goldgräberleben nach. Außerdem abendliche Sound-&-Light-Show und vielfältige Aktivitäten.
Die beiden abendlichen Shows »Blood on the Southern Cross« beginnen je nach Saison zwischen 17.30 und 22.30 Uhr. Show A$ 47.50/25.50.

M.A.D.E. – Museum of Australian Democracy at Eureka
102 Stawell St. South
Ballarat, VIC 3350
✆ 1800 287 113
http://made.org
Tägl. 10–17 Uhr
Eintritt A$ 12/8
Das Museum soll ungefähr an der Stelle stehen, wo die Eureka-Rebellion vor über 150 Jahren stattgefunden hat. Mit Filmen und Ausstellungen wird die Geschichte dieses für die Entwicklung der australischen Demokratie wichtigen Ereignisses anschaulich dokumentiert. Auch andere interessante wechselnde Ausstellungen.

Ballarat Fine Art Gallery
40 Lydiard St. North
Ballarat, VIC 3350
✆ (03) 5320 5858
www.artgalleryofballarat.com.au
Tägl. 10—17 Uhr, Eintritt frei
Ein guter Ort, um einen Überblick über das australische Kunstschaffen zu bekommen. Abwechslungsreiches Ausstellungsprogramm von Aboriginal-Kunst bis zu moderner Fotografie.

Jasmine Thai
213 Sturt St., Ballarat, VIC 3350
✆ (03) 5333 2148, nur Dinner
Authentischer Thai mit großer Auswahl und BYO. $

Der längste chinesische Prozessionsdrachen der Welt ist im Golden Dragon Museum in Bendigo zu sehen

4 BENDIGO

Die heutige moderne Kleinstadt Bendigo war 1851 Ausgangspunkt des großen Goldrauschs. Bauliche Spuren aus dieser Zeit sind im Zentrum rund um die Pall Mall noch erhalten. Am beeindruckendsten ist davon wohl das pompöse **Shamrock Hotel**, in dem man wie vor 150 Jahren essen, trinken und schlafen kann. Das waren wohl eher die angenehmen Seiten eines Goldgräberlebens, von den unangenehmen bekommt man beim Besuch einer alten Mine wie der **Central Deborah Gold Mine** eine Ahnung. Zu jener Zeit schufteten auch viele Chinesen in den Goldfields und hinterließen in der Stadt ihre Spuren, zu sehen beispielsweise im **Golden Dragon Museum & Gardens** und am chinesischen Tempel, dem **Bendigo Joss House**. Von hier rattert für die Touristen auch noch eine historische Straßenbahn durch die Straßen bis zur Deborah Gold Mine.

Doch Bendigo ist auch eine junge Stadt mit einer lebendigen Kulturszene und etlichen Galerien und Ateliers.

SERVICE & TIPPS

Bendigo Tourism Information
Pall Mall & Williamson St.
Bendigo, VIC 3350
✆ 1800 813 153
www.bendigo.vic.gov.au
www.bendigotourism.com

Bendigo Art Gallery
42 View St., Bendigo, VIC 3350
✆ (03) 5434 6088
www.bendigoartgallery.com.au
Tägl. 10–17 Uhr
Ständige Ausstellung australischer und europäischer Kunst des 19. Jh. und Wechselausstellungen.

Golden Dragon Museum & Gardens
5–13 Bridge St., Bendigo, VIC 3350
✆ (03) 5441 5044
www.goldendragonmuseum.org
Tägl. 9.30–17 Uhr, Eintritt A$ 11/6
Interessantes Museum, das die Geschichte der chinesischen Gemeinde zeigt.

Bendigo Joss House wird heute noch von der chinesischen Gemeinde als Tempel genutzt

Bendigo Joss House
Finn St., Emu Point
Bendigo, VIC 3350
✆ (03) 5442 1685
www.bendigojosshouse.com
Tägl. 11–16 Uhr, Eintritt A$ 6/4
Chinesischer Tempel, der als letzter der ehemals zahlreichen chinesischen Tempel in Bendigo auch noch als solcher genutzt wird.

Central Deborah Gold Mine
76 Violet St., Bendigo, VIC 3350
✆ (03) 5443 8322
www.central-deborah.com
Verschiedene Touren, ab A$ 15
Alte Goldmine, die Touren und Besichtigungen unter Tage ermöglicht.

La Piazza Wine Bar & Restaurant
4 Park Rd., Bendigo, VIC 3550
✆ (03) 5444 4499
www.lapiazzawinebar.com.au
Di–Sa ab 12 Uhr
Klassische italienische Küche und gute Weine. Direktverkauf von Weinen lokaler Produzenten. $$

Shamrock Hotel
Pall Mall & Williamson St.
Bendigo, VIC 3350, ✆ (03) 5443 0333
www.hotelshamrock.com.au
Mi–So ab 12 Uhr
Prachtvolles, restauriertes, stimmungsvolles Hotel aus dem 19. Jh., in dem man nicht nur essen und trinken, sondern auch übernachten kann. $$

5 DAYLESFORD

Daylesford und Hepburn Springs liegen zwischen Ballarat und Bendigo. Die beiden charmanten Orte sind Mittelpunkt des **Spa County**, einer landschaftlich reizvollen Wellness- und Wohlfühlregion. **Hepburn Springs** nennt sich mit seinen 42 Mineralquellen gar *Spa Centre of Australia* – Schmuckstück des Kurortes sind das viktorianische Badehaus von 1895 und das nahe gelegene **Springs Retreat** im Art-déco-Stil.

Die wunderbar grüne Umgebung im Wombat Forest lädt zum Relaxen ein, der Lake Daylesford und der Lake Jubilee auch zu stressfreien Paddeltouren und zum Schwimmen. Die Spa-Region ist bei Künstlern und Alternativen ebenso beliebt wie bei den gut verdienenden *young urbans* aus Melbourne, die am Wochenende hier entspannen. Auch die schwul-lesbische Szene fühlt sich in Daylesford pudelwohl und trifft sich in Galerien, Cafés und Restaurants. Der Ort bemüht sich sehr, diese Klientel mit eigenen Angeboten und Broschüren direkt anzusprechen.

Wellness ist angesagt in Daylesford

SERVICE & TIPPS

Daylesford Regional Visitor Information Centre
98 Vincent St.
Daylesford, VIC 3460
✆ (03) 5321 6123
www.daylesford.net.au
www.hepburnshire.com

Lake House
King St.
Daylesford, VIC 3460
✆ (03) 5348 3329
www.lakehouse.com.au
Tägl. Lunch, Dinner
Herrliche Lage am See und wunderbares Essen mit *Fusion*-Einfluss. Wurde schon zum besten Restaurant Victorias gekürt. Außerdem ist das Lake House ein schickes Hotel und Spa. $$$

The Argus Dining Room
124 Main Rd.
Hepburn Springs, VIC 3461
✆ (03) 5348 4199
www.theargusdiningroom.com.au
Mi–So Dinner, Sa/So Lunch
Exzellente, kreative australische Küche in modern-stilvollem Ambiente.
$$$

Convent Gallery
Hill & Daly Sts.
Daylesford, VIC 3460
✆ (03) 5348 3211
www.theconvent.com.au
Interessante Kunsthandwerk- und Kunstgalerie in einem restaurierten Kloster aus dem 19. Jh. am Rande des Botanischen Gartens. Neben den Ausstellungen lohnen die Klosterkirche, das mediterrane Restaurant-Café und die Altar-Lounge-Bar den Besuch.

Hepburn Spa – Mineral Spring Bathhouse and Wellness Retreat
Mineral Springs Crescent
Hepburn Springs, VIC 3461
✆ (03) 5348 8888
www.hepburnspa.com.au
Sehr schönes Badehaus und Wellnesszentrum. Bei Redaktionsschluss wegen Renovierung geschlossen, baldige Wiedereröffnung ist geplant.

6 GEELONG

In Geelong (130 000 Einwohner) südlich von Melbourne an der Port Phillip Bay dreht sich vieles um Schafe. Im **National Wool Museum** schildern Ausstellungen und Vorführungen die über 200-jährige Geschichte der Schafzucht, einst der wichtigste Wirtschaftszweig auf dem fünften Kontinent. Die zweite Attraktion sind die **Bollards** von Geelong, insgesamt 104 farbenfrohe Figuren der Künstlerin Jan Mitchell, die den Yarra Street Pier zieren und die Historie der Stadt von den Aborigines bis zu den ersten Badegästen erzählen. Restauriert wurde auch der Badekomplex am Eastern Beach, der jetzt wieder im Art-déco-Stil und in neuem Glanz erstrahlt. Restaurants am Wasser findet man hier und am Cunningham Pier.

SERVICE & TIPPS

National Wool Museum
26 Moorabool St., Geelong
Port Phillip Bay, VIC 3220
✆ (03) 5272 4701
www.geelongaustralia.com.au
Mo–Fr 9.30–17, Sa/So 13–17 Uhr
Eintritt A$ 8.25/4.50
Wer hier war, weiß hinterher über Schafe und ihre Rolle für Australien wirklich Bescheid.

7 10 GREAT OCEAN ROAD

Die Great Ocean Road ist eine der Top-Sehenswürdigkeiten Australiens und von Melbourne aus leicht zu erreichen – selbst ein Tagesausflug ist problemlos möglich und wird ab Melbourne mit Hotelabholung von etlichen Veranstaltern offeriert.

Wenn man den offiziellen Beginn der Traumstrecke, die Brücke über den Spring Creek bei **Torquay**, passiert hat, ist gleichzeitig die **Surfcoast**, die Hochburg australischer Surfkultur, erreicht. Neben Torquay, wo sich die Surfkultstätte Surfworld befindet, zieht vor allem **Anglesea** die Wellenreiter an. Ein Mekka für Wellenfreaks – meterhohe Brecher sind fast schon garantiert – ist der **Bells Beach**, Austragungsort der legendären **Bells Surfing Classic** zu Ostern. Doch es gibt auch ruhige, familienfreundliche Strände, die am Wochenende und in den Ferien von den Einwohnern Melbournes bevölkert werden, da sie wesentlich schöner als Melbournes Stadtstrände sind.

Kalksteinkegel an der Great Ocean Road: die Twelve Apostles im Port Campbell National Park

Aussichtsplattform am London Arch im Port Campbell National Park an der Great Ocean Road

Der landschaftlich spektakulärste Teil der Great Ocean Road mit wild zerklüfteten Klippen, ausgedehnten Stränden, grünen Hügeln mit Regenwald und Wasserfällen beginnt etwa zwischen den beiden Küstenorten Anglesea und Lorne und reicht bis **Warrnambool**. Trotz ihres Namens führt die Straße dabei keineswegs immer am Ozean entlang.

Lorne ist nicht zuletzt wegen seines breiten, feinsandigen Strandes bereits seit über 100 Jahren ein beliebtes Seebad. Damals entstand hier auch das erste Badehotel Victorias. Einen regelrechten touristischen Schub erfuhr Lorne 1932 durch den Bau der Great Ocean Road. Anziehungspunkte sind neben den Stränden zahlreiche Wasserfälle in der Umgebung. Der zweite touristische Ort an der Ocean Road ist das etwas ruhigere **Apollo Bay**. Von dort führt die Strecke im Landesinneren durch den üppigen Regenwald des **Otway National Park** mit seinen Riesenfarnen. Die wachsen hier gut, denn die ganze Region ist feucht und regenreich. Eine Attraktion ist der **Otway Fly Tree Top Walk**, ein rund 600 Meter langer Holzsteg, der in der Nähe der Wasserfälle **Triplet Falls** in 25 Metern Höhe durch die Baumwipfel führt.

Von der Hauptroute führt eine Stichstraße – hier dösen häufig Koalas in den Bäumen – zum **Cape Otway** mit dem schneeweißen, 1848 erbauten Leuchtturm. Vom Parkplatz führen Pfade zu verschiedenen Aussichtspunkten.

An der Südküste haben Sturm und Brandung über die Jahrtausende aus dem weichen Sandstein faszinierende Felsskulpturen geschaffen. Weltbekannt und fast schon Synonym für die Great Ocean Road sind die **Twelve Apostles**, runde, brandungsumtoste Kalksteinkegel vor einer eindrucksvollen Steilküste im **Port Campbell National Park**. Vielleicht waren es wirklich einmal zwölf Felsen, heute sind von der Aussichtsplattform nur noch sieben zu entdecken, der achte ist Mitte 2005 eingestürzt. Andere Quellen wiederum sprechen noch von acht Aposteln. Vor einigen Jahren war auch die bekannte London Arch eingebrochen.

Am **Gibson Step**, kurz vor den Twelve Apostles, führen steile Treppen die rund 70 Meter hohen Klippen hinunter zu einem herrlichen Sandstrand. Einige Kilometer weiter ist die **Loch Ard Gorge** ebenfalls sehenswert, ein runder Durchbruch durch die Kalksteinfelsen, durch den die Wellen gepresst werden.

Wozu das häufig stürmische Wetter in der Vergangenheit geführt hat, ist an der ganzen Küste und am Namen – **Shipwreck Coast** – zu sehen. Hunderte von Schiffen zerschellten zwischen Cape Otway und Port Fairy. Von Moonlight Heads bis Port Fairy führt der gekennzeichnete **Historic Shipwreck Coast Trail** an der Küste entlang. Auf Schautafeln wird die Geschichte der zahlreichen Wracks erzählt.

Der Leuchtturm in der Nähe von Lorne ist ein beliebtes Wochenendausflugsziel für viele Melbournians (Great Ocean Road)

Zudem kann man sich im unterhaltsam aufgebauten **Flagstaff Hill Maritime Museum** in **Warrnambool** in jene Zeit der Großmastsegler zurückversetzen.

Jedes Jahr von Mai bis September tauchen dicht vor der Küste riesige Wale in Herden auf, die man von Aussichtsplattformen, zum Beispiel am Logan Beach bei Warrnambool, und von Booten aus beobachten kann. Auch der charmante, ruhige und sehr schöne Ferienort **Port Fairy** an der Mündung des Moyne River verdankt den Walen seine Entstehung; er wurde 1830 als Walfangstation gegründet. Heute wird hier noch Hummer gefangen und der Küstenort ist eine gute Wahl, um nach der Tour über die Great Ocean Road vor der Weiterfahrt in Richtung Adelaide oder zu den Grampians ein paar Tage zu entspannen. Reizvoll ist der wunderbare lange Strand. Es gibt zahlreiche bezahlbare Ferienwohnungen, nette Restaurants und in dem charmanten Küstenort herrscht eine sehr entspannte Atmosphäre. Früher wurde das Hafenstädtchen stark von irischen Einwanderern geprägt, daher findet heute noch das Folk Festival statt. Noch etwa 50 denkmalgeschützte Gebäude sind aus der Zeit um 1850 erhalten.

Shipwreck Coast – in früheren Zeiten ein Schrecken für jeden Kapitän

Man kann aber auch erst **Portland**, ebenfalls ein ruhiger, unspektakulärer Küstenort, als Endpunkt der Great Ocean Road betrachten und bis dorthin an der Küste weiterfahren.

SERVICE & TIPPS

Great Ocean Road
www.greatoceanroad.com.au

Port Fairy Visitor Information Centre
22 Bank St., Port Fairy, VIC 3284
✆ (03) 5568 2682
www.port-fairy.com

Flagstaff Hill Maritime Museum
Merri St., Warrnambool, VIC 3280
✆ (03) 5559 4600
www.flagstaffhill.com
Tägl. 9–17 Uhr, Shows je nach Jahreszeit zwischen 7.15 und 22.15 Uhr, Eintritt A$ 16/6.50, Show A$ 23/13.95
Das Freilichtmuseum vermittelt authentisch die Atmosphäre in einem Hafenort des 19. Jh. – tagsüber mit über 30 restaurierten Gebäuden, historischen Seglern und der interaktiven Great Circle Gallery, abends mit der Sound-&-Laser-Show »Shipwrecked«.

Surfingworld
Surf City Plaza, Beach Rd.
Torquay, VIC 3228
✆ (03) 5261 4606
www.surfworld.org.au
Tägl. 9–17 Uhr
Eintritt A$ 12/8
Die Kultstätte aller australischen Surfer – in dem Gebäude dreht sich alles nur ums Surfen: Surfmuseum, Surfshops aller großen Marken sowie das Informationsbüro und Surfschule.

Außerdem gibt es dort die *Australian Surfing Hall of Fame* und eine *Beach Culture Area*, die sich ausschließlich dem australischen Strandkult in all seinen Facetten widmet.

Bushwalk
Ein gut beschilderter Bushwalk führt im Otway National Park ab **Maits Rest** direkt an der Great Ocean Road in 45 Min. über Pfade, Stege und Plattformen durch den dichten Regenwald.

In Torquay und Bells Beach trifft sich jedes Jahr um die Osterzeit die Surf-Elite der Welt

Otway Fly Tree Top Walk
15 Min. östlich von Lavers
Hill, VIC 3238
✆ (03) 5235 9200
www.otwayfly.com
Tägl. 9–17 Uhr, Eintritt A$ 23.75/
14.25, inkl. Zipline A$ 114/80.75
Atemberaubender Weg durch die Wipfel des Regenwalds mit gutem Blick. Höchster Punkt ist der 45 m hohe Lookout. Aufregend: die Fahrt mit der Zipline (Seilrutsche).

Madagalli on Bank
24 Bank St.
Port Fairy, VIC 3284
✆ (03) 5568 1829
Tägl. Dinner
Ambitionierte mediterrane Küche in einem schönen historischen Gebäude. $$

Rock Salt
42 Sackville St.
Port Fairy, VIC 3284
✆ (03) 5568 3452
Tägl. Frühstück, Lunch
Fr–Sa auch Dinner
Angenehmes Café-Restaurant mit gutem Seafood. $–$$

Festivals
Echte Publikumsmagneten in Port Fairy sind das **Folk Festival** im März und das **Spring Musical Festival** im Oktober.

8 HALLS GAP – GRAMPIANS

Das friedliche Halls Gap inmitten unverfälschter Natur ist das Tor zu den Grampians, einer spektakulären Gebirgsregion – höchster Berg ist mit 1168 Metern der Mount William – mit dem gleichnamigen Nationalpark. Im Ort gibt es Unterkünfte vom Campingplatz bis zum komfortablen Bungalow, ferner diverse Tourenveranstalter, Geschäfte und einige ordentliche Restaurants – beste Voraussetzungen für einen mehrtägigen Aufenthalt.

Die schönste Natursehenswürdigkeit sind **The Balconies**, balkonartig über eine Schlucht ragende Felsen, auf die man sich ganz vorsichtig ein

Der steile, schroffe und verzackte Mount Arapiles ist der Kletterberg Nummer eins des Kontinents. Angeblich soll es mehr als 2500 Kletterrouten aller Schwierigkeitsgrade an seinen Flanken geben, darunter Extremrouten mit putzigen Namen wie Punks in the Gym

Stück vorwagen kann. Sehenswert und recht problemlos zu erreichen sind herrliche Plätze wie der **Reed Lookout** (von hier führt ein Fußweg zu den Balconies), der **Boroka Lookout**, der **Grand Canyon**, die **Pinnacles** und die **MacKenzie Falls**, die mächtigsten Wasserfälle Victorias.

MacKenzie Falls, die mächtigsten Wasserfälle Victorias

Der Park ist ein wahres Eldorado für Wanderer mit fast 200 Kilometern Wanderwegen, aber auch für ambitionierte Freizeitsportler wie beispielsweise Freeclimber, die sich an der typisch australischen Sportart des *Abseiling* erfreuen können – wobei man sich einfach mit dem Seil vom Felsen herunterlässt. Bekannt ist der Nationalpark auch für seine vielfältige Vogelwelt und die blühenden Wildblumen im Frühjahr sowie für die über 4000 Felszeichnungen der Aborigines in Höhlen und an Felswänden. Vielleicht ist auch deshalb das **Brambuk Cultural Centre** eines der schönsten Kulturzentren der Aborigines australienweit.

Common Heath (Australisches Heidekraut) ist das florale Emblem von Victoria

SERVICE & TIPPS

Halls Gap Visitor Information Centre
Grampians Rd.
Halls Gap
VIC 3381
✆ 1800 065 599
www.visitvictoria.com
www.visithallsgap.com.au
Kostenloser Hotelbuchungsservice für Halls Gap und den Grampians National Park.

Brambuk, The National Park & Cultural Centre
Grampians Tourist Rd.
Halls Gap, VIC 3381
✆ (03) 5361 4000
www.brambuk.com.au
www.parkweb.vic.gov.au
Tägl. 9–17 Uhr
Das Informationszentrum des Grampians National Park beschäftigt sich sowohl mit der Natur und der Landschaft der Grampians (aboriginal = *Gariwerd*) als auch mit

Kultur und Geschichte der hier seit Jahrtausenden ansässigen Aborigines. So gibt es z. B. Rock-Art-Touren, das **Gariwerd Dreaming Theatre** mit verschiedenen Musik- und Tanz-Vorführungen (z. B. Didgeridoo, Bumerang), *Bush Food tasting*, ein Bush-Food-Café und einen Shop mit Souvenirs und Kunsthandwerk.

Kookaburra Bar and Bistro
125–127 Grampians Rd.
Halls Gap, VIC 3381
✆ (03) 5356 4222
www.kookaburrahotel.com.au
Di–So Dinner, Sa/So auch Lunch
Modernes *pub style dining*. Auch Bar und Biergarten. $–$$

Livefast Lifestyle Café
Shop 5 Stoney Creek Stores
Halls Gap, VIC 4858
✆ (03) 5356 4400
Tägl. Frühstück, Lunch
Freundliches Café mit gutem Frühstück, Lunch und Snacks. $

Grampians Mountain Adventure Company
✆ (03) 5383 9218 und 2774 7047
www.grampiansadventure.com.au
Abseiling und Felsklettern mit erfahrenen Guides.

Golfplatz
www.grampiansadventuregolf.com.au
Landschaftlich herrlich gelegenen 18-Loch-Golfplatz.

Grampians Jazz Festival
www.grampiansjazzfestival.com.au
Die 3-tägige Veranstaltung Mitte Februar ist eines der beliebtesten Jazzfestivals Australiens.

9 HIGH COUNTRY

Wer hätte gedacht, dass man unweit von Melbourne sogar Ski fahren kann? High Country nennt sich die Region, Teil der Great Dividing Range, mit bis zu 2000 Meter hohen Bergen wie dem höchsten Berg Victorias, dem 1986 Meter hohen Mount Bogong im **Alpine National Park**. An den Hängen von **Mount Buller**, **Mount Hotham** oder **Mount Buffalo** erstrecken sich die Hausskigebiete der Millionen-Metropole Melbourne, wo auch das Après-Ski nicht zu kurz kommt. Die Skisaison dauert etwa von Juni bis September. In den Sommermonaten ist das High Country ein Eldorado für Wanderer und Freizeitsportler mit beispielsweise guten Mountainbike-Tracks.

Eine schöne Strecke für Selbstfahrer ist die **Great Alpine Road**, die über 308 Kilometer von Wangaratta im Nordosten quer durch die Berge bis nach Bairnsdale an der Küste unweit von Lakes Entrance führt.

Eines der Hausskigebiete von Melbourne: Mount Buller

ℹ Informationen über die **Nationalparks der australischen Alpen** im Internet unter www.australianalps.environment.gov.au.

ℹ **Ski-Infos**
Informationen über sämtliche australischen Skigebiete auf der Website www.ski.com.au sowie www.mtbuller.com.au.

⑩ LAKES ENTRANCE

Rund 320 Kilometer westlich von Melbourne liegt rund um Lakes Entrance (10 000 Einwohner) an der Küste die Region **Gippsland**, die mit ihrer Dünenlandschaft fast ein wenig an die französische Atlantikküste erinnert. Sie ist ein beliebtes Wochenend- und Urlaubsziel der Melbournians. Touristisches Highlight des Ortes mit seinen zahlreichen Motels, Hotels und über 20 Campingplätzen sind die beiden großen, an die Küste angrenzenden Seen **Lake King** und **Lake Wellington**, die bei Lakes Entrance eine schmale Verbindung zum Meer haben. Die ruhigen Gewässer sind ein wahres Wassersportparadies. Abgeschirmt und beschützt vor den stürmischen Meeresfluten werden die beiden Seen durch die vorgelagerten Dünen des **90 Miles Beach**, einem wahren Traumstrand, an dem jeder leicht ein ruhiges Eckchen findet. Den weitläufigen Strand erreicht man vom touristisch geprägten Ort aus über eine Fußgängerbrücke. Neben den ausgezeichneten Bademöglichkeiten begeistern am 90 Miles Beach besonders die stimmungsvollen Sonnenuntergänge.

Sandstrand soweit das Auge reicht: der 90 Mile Beach in der Gippsland-Region

Der zweite beliebte Ferienort mit schönen Unterkünften am See und ausgezeichneten Angelmöglichkeiten ist **Metung**, etwa 15 Kilometer von Lakes Entrance entfernt. Der schmucke Ort ist ein beliebter und idealer Ausgangspunkt für Hausbootferien auf den Seen. Boote aller Art gibt es in beiden Orten bei etlichen Veranstaltern zu mieten.

SERVICE & TIPPS

Lakes Entrance Visitor Information Centre
Marine Parade & The Esplanade
Lakes Entrance
VIC 3909
✆ (03) 5155 1966
www.lakesentrance.com

Metung
Shop 3–50 Metung Road, VIC 3904
✆ (03) 5156 2969
www.metungtourism.com.au

Griffith's Sea Shell Museum & Marine Display
125 Esplanade St.
Lakes Entrance, VIC 3909
✆ (03) 5155 1538
Unmengen von Muscheln und anderen Meeresbewohnern sind hier zu bestaunen.

Lakes Entrance History Centre & Museum
4 Marine Parade
Lakes Entrance, VIC 3909
✆ (03) 5155 3939
www.lakeshistory.com
Di 10–12, Sa 13.30–15.30 Uhr, oder nach Anmeldung
Eintritt A$ 2
Heimatmuseum im ehemaligen Schulgebäude.

Lakes Cruisers
38 Marine Parade
Lakes Entrance, IC 3909
✆ (03) 5155 4760
www.lakescruisers.com.au
Auf den komfortablen Booten, für die man hier keinen Bootsführerschein benötigt, können bis zu acht Personen schlafen; drei Nächte kosten ab A$ 1200.

Unmengen von Muscheln sind im Griffith's Sea Shell Museum in Lakes Entrance zu bewundern

Reservierung
Am Wochenende, an Feiertagen und während der Schulferien ist Lakes Entrance fast immer ausgebucht und man sollte daher rechtzeitig im Voraus reservieren, übrigens auch auf den Campingplätzen.

⓫ MILDURA

Mildura (28 000 Einwohner) liegt als grüne Oase im äußersten Nordosten Victorias im Dreiländereck mit Südaustralien und New South Wales am **Murray River**. Der Murray River, der längste Fluss Australiens, fließt hier durch eine eigentlich trockene Landschaft, aber künstliche Bewässerung sorgt seit Ende des 19. Jahrhunderts dafür, dass Wein, Oliven, Zitronen und Orangen angebaut werden können. Die Weine der Region, einst nur Massenware, werden immer besser, und mit Stefano di Pieri ist in Mildura einer der besten Köche des Kontinents zu Hause.

Natürlich ist der Fluss auch ein tolles Revier für Angler und Freizeitkapitäne, die auch ohne Bootsführerschein mit komfortablen Hausbooten auf dem Gewässer unterwegs sein können. Dabei kommen einem gelegentlich seltsame Schiffe entgegen, über 100 Jahre alte, restaurierte Raddampfer, *paddle steamer*, die als Kreuzfahrtschiff auf dem Murray verkehren. Doch auch an Land zeigt sich das Flussstädtchen durchaus recht lebendig und besitzt mit dem **Arts Centre**, dem **Rio Vista House** und dem **Old Mildura Homestead** kulturell interessante Stätten.

Mildura ist auch ein guter Startpunkt für eine Tour ins Outback von New South Wales beispielsweise zum UNESCO-Welterbe **Mungo National Park** oder zum **Murray Sunset National Park** mit seinen riesigen Salzseen. Eine Attraktion am Fluss ist ebenfalls das weiter südlich gelegene **Echuca** am Zusammenfluss von Goulburn und Murray River. Es war einst größter Binnenhafen Australiens und Zentrum des Schiffsbaus. Das Hafenviertel steht seit 1975 unter Denkmalschutz und ist heute ein einziges großes Museum, gewidmet der großen Zeit der Dampfschiffe.

SERVICE & TIPPS

Mildura Visitor Information
The Alfred Deakin Centre
180–190 Deakin Ave.
Mildura, VIC 3500
✆ (03) 5018 8380, 1800 039 043
www.visitmildura.com.au

Hausbootvermieter
www.murrayriver.com.au

Mildura Arts Centre
199 Cureton Ave., Mildura
VIC 3500
✆ (03) 5018 8330
www.milduraartscentre.com.au

Sonnenuntergang am Murray River

Interessantes Centre bestehend aus dem Theater, regionaler Kunstgalerie und dem originalgetreu wieder hergerichteten Haus Rio Vista von WB Chaffey, der Ende des 19. Jh. mit dem Bau des Bewässerungssystems begann.

Stefano's Restaurant
Im Quality Hotel Mildura Grand
Langtree Ave., Mildura, VIC 3502
✆ (03) 5023 0511
www.stefano.com.au
Di–Sa ab 19 Uhr
Stefano di Pieris dritter Streich ist sein mehrfach ausgezeichnetes Gourmet-Restaurant. Hier serviert er ein täglich wechselndes Menü. $$$

Seasons
Im Quality Hotel Mildura Grand
Langtree Ave., Mildura, VIC 3500
✆ (03) 5021 2377
www.qualityhotelmilduragrand.com.au/asp/seasons.asp
Di–Sa ab 18 Uhr
Abwechslungsreiche mediterrane Gerichte aus überwiegend regionalen Produkten. $$–$$$

The Crazy Mexican Bar & Grill
26a Langtree Ave., Mildura, VIC 3500, ✆ (03) 5023 7720
www.crazymexican.com.au
Tägl. Lunch, Dinner
Altbekannter, beliebter Mexikaner in neuer Location und mit schönem *al fresco dining.* $–$$

Fairy-Pinguine: Auf Phillip Island wurden sie zur Touristenattraktion

⓬ PHILLIP ISLAND

Nicht weit entfernt von der Mornington Peninsula liegt die kleine Insel Phillip Island, Motorsport-Freunden durch den alljährlich dort stattfindenden Motorrad-Grand-Prix bestens bekannt. Tierfreunde fahren allerdings mindestens genauso begeistert auf das kleine Eiland, 140 Kilometer von Melbourne entfernt. Ziel der Tagesausflügler ist jedoch nicht die Rennstrecke, sondern die **Penguin Parade**. Jeden Abend watscheln 30 bis 40 Zentimeter kleine Zwergpinguine bei Flutlicht vom Meer vorbei an den voll besetzten Zuschauertribünen – die vielen Menschen stören sie scheinbar nicht – über den Summerland Beach, wo sich auch das Penguin Visitor Centre befindet. Es empfiehlt sich, dort oder im Information Centre rechtzeitig einen Platz auf der Tribüne zu reservieren. Weitere besuchenswerte Ziele auf der Insel sind der **Koala Conservation Park**, wie **Churchill Island** Teil von Phillip Island Nature Parks, und die **Seal Rocks**, die Robbenfelsen, auf denen eine der größten Seehundkolonien Australiens lebt. Natürlich fehlt es auf der Insel aber auch nicht an einigen netten Stränden zum Surfen und Schwimmen.

Im Koala Conservation Park (Phillip Island)

SERVICE & TIPPS

ℹ **Visitor Information Centre**
895 Phillip Island Tourist Rd.
Newhaven, VIC 3925
✆ (03) 5956 7447, 1300 366 422
www.visitphillipisland.com

ℹ **Infos**
– www.penguins.org.au (Information über den Phillip Island Nature

Park, über Pinguine und Koalas sowie Online-Tickets für die Parade
– www.phillipisland.net.au
(Infos zur Insel)
– www.phillipislandcircuit.com.au
(Motorrad Grandprix)

Three Parks Pass
Kosten A$ 41,60/20,80
Der Pass gilt für die Penguin Parade, Koala Conservation Park und Churchill Island.

Koala Conservation Centre
Phillip Island Tourist Rd.
Phillip Island, VIC 3922
✆ (03) 5951 2800
www.penguins.org.au/attractions/koala-conservation-centre
Tägl. 10–17 Uhr
Eintritt A$ 12.25/6.15
Hier kommt man ganz nah ran an die knuffigen Bärchen.

Ride on Bikes
2/17 The Esplanade
Cowes, VIC 3922
✆ (03) 5952 2533
www.bicyclenetwork.com.au
Die Insel lässt sich auch gut per Fahrrad erkunden. Fahrradverleih und organisierte Touren.

⓭ WILSONS PROMONTORY NATIONAL PARK

Der von den Einheimischen **The Prom** genannte, wild zerklüftete Nationalpark ist bei ausländischen Besuchern bisher noch weniger bekannt. Dabei befindet sich auf der Halbinsel der südlichste Punkt des australischen Kontinents, und die Küstenlandschaft mit Klippen und endlosen Stränden ist wirklich sensationell – ein Paradies für Naturfreunde und Wanderer. Genauso wie das Innere der Halbinsel mit den charakteristischen Eukalyptuswäldern. Ausgangspunkt für Wanderungen ist **Tidal River** mit einem Infocenter der Park Ranger, Campingplatz und Unterkünften am Ende der einzigen Straße, die in den Nationalpark führt.

Bei Touristen noch wenig bekannt: Wilsons Promontory National Park

TASMANIEN

NATUR PUR

Tasmanien ist besonders für Natur- und Abenteuer-Urlauber ein lohnendes und noch weitgehend unentdecktes Ziel. Der überwiegende Teil der größten australischen Insel südlich des australischen Kontinents, die etwa so groß wie Irland ist, besteht aus rauer, wilder, unzugänglicher Natur und aus fantastischen Nationalparks, die zum UNESCO-Weltnaturerbe zählen und ungefähr 40 Prozent der Inselfläche einnehmen. Durchzogen wird die Insel von bis zu 1600 Meter hohen, im Winter schneebedeckten Gebirgsketten mit dem Mount Ossa (1617 Meter) als höchstem Berg.

Das Eiland, das vor 8000 bis 12 000 Jahren vom fünften Kontinent losgelöst wurde, erstreckt sich etwa 296 Kilometer von Nord nach Süd und rund 315 Kilometer von Ost nach West. Vom Festland ist es durch eine 250 Kilometer breite Meeresstraße, die Bass Strait, getrennt. Übertragen auf die Nordhalbkugel liegt Tasmanien zwar auf einer Höhe etwa zwischen Nizza und Madrid, weist allerdings kein identisches Klima auf. Auf Tasmanien ist es relativ mild, aber doch kühler, windiger, regenreicher und vor allem unbeständiger als etwa in Südfrankreich.

Der Cradle Mountain National Park gilt als eine der schönsten Landschaften Tasmaniens

Das liegt daran, dass Tasmanien als Insel stark unter ozeanischem Einfluss steht und zudem in den sogenannten Breitengraden der *Roaring Forties*, »der Donnernden Vierziger«, liegt – mit entsprechenden Stürmen.

Die Tierwelt der Insel ähnelt der Fauna auf dem Festland. Auch auf Tasmanien gibt es viele verschiedene Beuteltiere. Allerdings kommt nur hier der Tasmanische Teufel vor. Er ist ebenso bissig wie gefräßig. Ausgestorben ist hingegen der dunkelbraun-gelblich gestreifte Tasmanische Tiger, der eigentlich Tasmanischer Beutelwolf heißt. Immer wieder gibt es Gerüchte, es seien einzelne Exemplare gesehen worden. 20 Prozent der in Tasmanien vorkommenden Pflanzen sind endemisch, wachsen also ausschließlich auf dem Eiland.

Die übrigen Australier interessieren sich, wenn sie nicht gerade tasmanischen Käse essen oder tasmanischen Wein trinken, allerdings nur einmal im Jahr für Tasmanien. Zwischen Weihnachten und Silvester sind fast alle australischen Augen auf **Hobart** gerichtet. Denn etwa am 29. Dezember läuft die siegreiche Jacht des legendären *Sydney–Hobart Yacht Race* in den Hafen der Inselhauptstadt ein. Doch oft fordert das Rennen durch die fast immer stürmische Bass Strait Opfer unter den Seglern, was seinen Mythos nur noch erhöht.

Region 11
Tasmanien

Flagge von Tasmanien

Bekannt ist die 216 000-Einwohner-Stadt für ihre lockere, relaxte Atmosphäre rund um Hafen und **Salamanca Place**, den restaurierten Altstadtbezirk **Battery Point**, die Keimzelle der Stadt, eine lebendige Restaurant-, Bar- und Pubszene, beispielsweise in North Hobart, und die Aussicht vom 1270 Meter hohen, westlich der Stadt gelegenen **Mount Wellington**. So nach und nach spricht sich aber auch im übrigen Australien herum, dass man in Hobart gut leben kann, und so sind die Immobilienpreise in den letzten Jahren schier explodiert. Besonders schick sind die Mitte des 19. Jahrhunderts erbauten Lagerhäuser rund um den Salamanca Place, die heute Boutiquen und Restaurants beherbergen.

Zum Shoppen tummelt sich der Tasmane gern in der **Elisabeth Street Mall**, der Haupteinkaufsstraße der Inselhauptstadt. Wahrzeichen Hobarts ist zudem die 1964 fertiggestellte **Tasman Bridge**, die den Derwent River überspannt.

Die meisten der etwa 500 000 Tasmanen leben rund um Hobart an der Südostküste sowie an der spärlicher besiedelten Nordküste, die

Tasmaniens Hauptstadt Hobart

übrige Insel ist unberührte Natur. Einzige größere Ansiedlung und Ausgangspunkt für viele Abenteuertouren ist das 4000 Seelen zählende **Queenstown**, einstmals eine Bergbaustadt, in der zunächst Gold und später Kupfer abgebaut wurde.

Ein Großteil Zentral- und West-Tasmaniens steht unter anderem mit den Nationalparks **Cradle Mountain – Lake St. Claire** und **Franklin-Gordon Wild Rivers** als Weltnaturerbe auf der World Heritage List. Die Nationalparks – insgesamt gibt es 16 auf der Insel – gelten in den gemäßigten Klimazonen der Erde als letzte unberührte Wildnis und größtes zusammenhängendes Regenwaldgebiet. In der wilden Natur Tasmaniens gibt es reichlich Platz zum Wandern, Fischen, Klettern, Montainbiking oder Kanufahren, daher ist Tasmanien ein ideales Reiseziel für Aktivurlauber. Allerdings muss man auf der Insel auch so häufig mit schlechtem Wetter und kühlen Temperaturen rechnen wie sonst nirgendwo auf dem fünften Kontinent.

Entdeckt wurde die Insel 1642 von Abel Tasman, und wie in Sydney begann ihre Besiedlung mit dem Transport von Sträflingen aus Eng-

Kirche des Straflagers Port Arthur

land. **Port Arthur**, 110 Kilometer von der Hauptstadt Hobart auf der Tasman Peninsula gelegen, war von 1832 bis 1877 die gefürchtetste Strafkolonie des britischen Empires aus der es kaum ein Entkommen kam. Heute ist der Ort mit den restaurierten historischen Gebäuden aus jener Zeit Weltkulturerbe und die meistbesuchte Touristenattraktion der Insel.

Im Norden besuchen Genießer und Weinliebhaber gern die **Tasmanian Wine Route** rund um **Launceston** (70 000 Einwohner), die zweitgrößte Stadt Tasmaniens, auch »Garden City of the North« genannt. In der Nähe der Stadt gibt es im Ben Lomond National Park am 1572 Meter hohen Legges Tor sogar ein Wintersportgebiet.

Das florale Emblem Tasmaniens: Tasmanian Blue Gum, eine Eukalyptus-Art

Der Gordon River im Franklin-Gordon Wild Rivers National Park

SERVICE & TIPPS

Tourism Tasmania
Level 2, 22 Elizabeth St.
Hobart, TAS 7000
© (03) 6165 5334
www.tourismtasmania.com.au
www.discovertasmania.com.au

Hobart Visitor Information Centre
16–20 Davey St.
Hobart, TAS 7000
© (03) 6238 4222

Launceston Visitor Information Centre
68–72 Cameron St.
Launceston, TAS 7250
© (03) 6336 3133
www.visitlauncestontamar.com.au

Tasmanian Travel and Information Centre
Paterson & St. John St.
Launceston, TAS 7250
© (03) 6336 3122

Anflug
Sowohl Qantas wie auch die Low-Coast-Airline Virgin Australia und Jetstar fliegen Hobart von Sydney und Melbourne aus an.

Fähren
www.spiritoftasmania.com.au
Die populärste Anreise nach Tasmanien erfolgt mit den Fähren »Spirit of Tasmania I« und »Spirit of Tasmania II« von Melbourne nach Devonport.
Die Überfahrt dauert etwa 10 Std. und kostet ab ca. A$ 120 in der Nebensaison und A$ 60 in der Hauptsaison für die einfache Fahrt in einem »Flugzeugsessel« oder einer Mehrbettkabine. Ein Auto kostet ab A$ 100.

The Tasmanian Museum and Art Gallery
Dunn Place, Hobart, TAS 7000
© (03) 6165 7000
www.tmag.tas.gov.au
Di–So 10–16 Uhr, Eintritt frei
Das interessante Museum ist in Hobarts ältestem Gebäude untergebracht.

Dokumentiert wird die Geschichte der Aborigines ebenso wie die weiße Besiedlung. Thema ist außerdem Australiens Rolle in der

Antarktis, denn in Hobart ist Australiens Stützpunkt für die Antarktis-Forschung ansässig.

Port Arthur Historic Site
Main Rd.
Port Arthur, TAS 7182
✆ (03) 6251 2300
www.portarthur.org.au
Tägl. ab 8.30 Uhr bis zur Dämmerung, Eintritt A$ 37/28
Auf dem großen Gelände können die imposanten Reste der ehemaligen Sträflingssiedlung Port Arthur besichtigt werden, so z. B. das Gefängnis, das die Lebensbedingungen der damaligen Gefangenen zeigt. In der Bucht vor Port Arthur liegt die Isle of Dead, der Friedhof der Sträflingssiedlung, zu dem man übersetzen kann.

Seahorse World
Shed 1A, Inspection Head Wharf, Flinders St.
Beauty Point, TAS 7270
✆ (03) 6383 4111
www.seahorseworld.com.au
Tägl. 9.30–16.30 Uhr
Eintritt A$ 22/9
Eine halbe Stunde nördlich von Launceston gelegene Seepferdchenfarm mit Aquarium.

Cradle Mountain Visitor Centre
Cradle Valley, TAS 7306
✆ (03) 6492 1110
Der touristisch gut erschlossene Nationalpark mit dem reizvollen Lake St. Clair, Australiens tiefstem Süßwassersee, besitzt ein großes Besucherzentrum mit Informationen über Wanderrouten, Übernachtungen etc.

Franklin-Gordon Wild Rivers National Park
Strahan Warf Centre
Esplanade Strahan, TAS 7468
✆ (03) 6471 7718
Gleichzeitig Besucherzentrum und Museum mit Informationen über den Nationalpark. Dieser besteht aus größtenteils unerschlossenen Regenwald- und Berglandschaften. Erlebnisreich ist eine Fahrt auf dem ruhigen Gordon oder dem wilden Franklin River.

Derwent Bike Hire
Regatta Grounds
Queen Domain
Hobart, TAS 7000
✆ (04) 0734 2918

Der Beutelteufel, auch Tasmanischer Teufel genannt, lebt ausschließlich in Tasmanien

Mit dem Mietfahrrad lässt sich Hobart bequem erkunden.

Tasmania Expeditions
✆ (03) 6339 3999 und
1300 666 856
www.tas-ex.com
Unterschiedlichste Touren zu Fuß, mit dem Mountainbike, dem Rafting-Boot oder Kajak in die unberührte Natur der Insel werden ab Hobart und Launceton angeboten.

Tall Timbers Adventure Tours
5/15 Scotchtown Rd.
Smithton, TAS 7330
✆ (03) 6452 9000
www.talltimbershotel.com.au
Abenteuerliche Touren mit einem 4WD und einem erfahrenen Guide durch die Wildnis.

Prosser's on the Beach
1 Beach Rd.
Sandy Bay, TAS 7005
✆ (03) 6225 2276
www.prossersonthebeach.com
Mo–Sa ab 18 Uhr, Mi–Sa auch Lunch, So nur Lunch
Eines der besten Seafood-Restaurants der Insel, noch dazu mit einem herrlichen Meerblick. $$–$$$

Fish 349
349 Elizabeth St., North
Hobart, TAS 7000

Das nachtaktive Brushtail Possum (Fuchskusu) bewegt sich vorwiegend auf Bäumen

Cox Bight im Southwest National Park, einer von 16 Nationalparks Tasmaniens

✆ (03) 6234 7788
www.fish349.com.au
Tägl. ab 11.30 Uhr
Modern-minimalistisch, mit schwarzen Möbeln eingerichtetes Szene-Restaurant. Man bestellt seinen Fisch am Schalter, sucht sich einen Tisch und schaut den Tasmanen durch die große Fensterfront beim Flanieren zu. $$

Quarry Salamanca
27 Salamanca Place
Hobart, TAS 7000
✆ (03) 6223 6552
www.thequarry.com.au
Tägl. ab morgens geöffnet
Trendige neue Location im Gastro-Strip rund um den Salamanca Place. Gut für Frühstück wie für Dinner. Moderne australische Küche. $–$$

Dukkah Café
80 Elizabeth St.
Hobart, TAS 7000
✆ (03) 6234 6131
Tägl. ab morgends geöffnet
Schickes Café mit offener Küche, aus der leckeres Frühstück und Mediterran-Asiatisches kommt. $–$$

Salamanca Place Market
Salamanca Place, Hobart
Sa 8–15 Uhr
Der samstägliche Markt im Hafenviertel von Hobart gilt als einer der schönsten Märkte Australiens. Rund um den Markt sind viele Geschäfte, Galerien, Cafés und Restaurants angesiedelt.

Cascade Brewery
Cascade Rd.
Hobart, TAS 7000
✆ (03) 6224 1117
https://cascadebreweryco.com.au
Tägl. 10–16 Uhr
Touren 11, 12.30, 14.15 Uhr
Eintritt A$ 25/12 (ab 16 J.)
Die Cascade Brewery ist Australiens zweitälteste Brauerei. Sie kann an besichtigt werden.

VISTA POINT REISEROUTEN DURCH AUSTRALIEN

Insel im Great Barrier Reef

AUSTRALIEN

Timor Sea
Melville I.
Bathurst I.
Darwin
Litchfield Park
Cartier I.
Joseph Bonaparte Gulf
Browse I.
Indian Ocean
Kimberley Plateau
Wyndham
Kununurra
Drysdale River National Park
Purnululu National Park (Bungle Bungle)
Gregory River National Park
Derby
Broome
Geiki Gorge National Park
Fitzroy Crossing
Halls Creek
Kalkarindji
Eighty Mile Beach
Port Hedland
Monte Bello I.
Dampier
Roebourne
Marble Bar
Great Sandy Desert
Exmouth
Cape Range National Park
Millstream/Chichester National Park
Wittenoom
Rudull River National Park
Lake Mackay
Hamersley Range
Ashburton
Newman
Gibson Desert
Mt. Leisler 1006
Tropic of Capricorn
Ningaloo Reef
Minilya
Karijini National Park
Lake Disappointment
Watarrka N.P. (Kings Canyon)
Docker River
Giles
Uluru Nat. Park
Kata Tjuta (Mt. Olga)
Carnarvon
Gascoyne
Kennedy Range National Park
Robinson Ranges
Collier Range National Park
Gunbarrel Hwy.
Carnegie
Warburton
WESTERN AUSTRALIA
Monkey Mia
Dirk Hartog I.
Meekatharra
Wiluna
Lake Carnegie
Murchison
Great Central Rd.
Kalbarri National Park
Big Bell
Mt. Magnet
Great Victoria Desert
Northampton
Houtman Abrolhos
Geraldton
Yalgoo
Lake Barlee
Leonora
Laverton
Lake Rason
Nullarbor Plain
Wubin
Lake Moore
Nambung National Park (Pinnacles)
Kalgoorlie/Boulder
Indian Pacific Railroad
Forrest
Hughes
Merredin
Southern Cross
Coolgardie
Perth
Northam
Wave Rock
Johnston Lakes
Fremantle
York
Balladonia
Eyre
Eucla
Hyden
Norseman
Hanns Track National Park
Bunbury
Busselton
Wagin
Raventhorpe
Cape Arid National Park
Esperance
C. Leeuwin
Pemberton
Fitzgerald National Park
D'Entrecasteaux National Park
Albany
Great Australian Bight
AUSTRALIEN
Indian Ocean
N
500 km

Torres Strait
Cape York
Arafura Sea
C. Arnhem
Cullen Pt.
C. Grenville
Weipa
Cape York Peninsula
Coral Sea
Groote Eylandt
Rokeby-Croll National Park
C. Melville
Numbulwar
Gulf of Carpentaria
Lakefield National Park
Roper Bar
Cooktown
Port Douglas
Borroloola
Waters
Wellesley I.
Mitchell
Laura
Staaten River National Park
Cairns
Innisfail
Great Barrier Reef
Barkly Tableland
Karumba
Atherton
Ravenshoe
Normanton
Tully
Burketown
Hinchinbrook I.
Forsayth
Three Ways Roadhouse
Gregory Range
Burdekin
Townsville
Camooweal
Bowen
Whitsunday Islands
Charters Towers
Bloomsbury
Mount Isa
Cloncurry
Eungella National Park
Hughenden
Mackay
Sarina
Dajarra
Great Dividing Range
Marlborough
Winton
Boulia
Arltunga
Alice Springs
Great Artesian
Longreach
Emerald
Rockhampton
Tropic of Capricorn
Barcaldine
Gladstone
Simpson Desert
Desert
Simpson Desert National Park
Rolleston
Bundaberg
Yaraka
Fraser I.
Macumba
Birdsville
QUEENSLAND
Maryborough
Witjara National Park
Gympie
Roma
Caloundra
Lake Eyre North
Quilpie
Charleville
Miles
Cooper Creek
Dalby
Brisbane
Innamincka
Lake Eyre National Park
Toowoomba
Ipswich
Surfers Paradise
The Ghan Railroad
Lake Eyre South
Cunnamulla
Murwillumbah
Marree
Gammon Ranges National Park
Sturt National Park
Gibraltar Range National Park
Lismore
Lake Torrens
Walgett
Moree
Milparinka
Glen Innes
Grafton
Lake Frome
Bourke
Narrabri
Leigh Creek
Woomera
Mootwingee National Park
White Cliffs
Darling
Armidale
Coffs Harbour
Lake Gairdner
Flinders National Park
Nyngan
Tamworth
Broken Hill
Taree
Wollemi National Park
Dubbo
Narromine
Port Augusta
Port Pirie
Kinchega National Park
NEW SOUTH WALES
Newcastle
Wudinna
Hunter Valley
Whyalla
Parkes
Bathurst
Clare
Barossa Valley
Parramata
Mildura
Blue Mountains National Park
Sydney
Tumby Bay
Elisabeth
Adelaide
Swan Hill
Wagga Wagga
Wollongong
South Pacific Ocean
Lincoln
Murray
Canberra
Wyperfield National Park
Kingscote
Victor Harbor
ACT
Albury
Cooma
Kangaroo I.
VICTORIA
Kosciusko National Park
Naracoorte
Grampians Nat. Pk.
Bendigo
Halls Gap
Snowy River Nat. Park
C. Howe
Mount Gambier
Ballarat
Melbourne
Lakes Entrance
Cann River
Portland
Geelong
Warrnambool
The Twelve Apostles
Wonthaggi
King I.
Bass Strait
Furneaux Group
Tasman Sea
Marrawah
Burnie
Launceston
Devonport
Cradle Valley
Saint Marys
Queenstown
TASMANIA
Hobart
Port Arthur
South West Cape

0
100 km
N
Trinity Bay
Holmes Reefs
Cairns
Mareeba
Atherton
Babinda
Wooroonooran N. P.
Millaa Millaa Falls
Ravenshoe
Innisfail
Mission Beach
Tully
Dunk Island
Rockingham Bay
Beaver Reef N. P.
Herbert River Falls
Cardwell
Hinchinbrook Island N. P.
Halifax
Hinchinbrook Island
Abergowrie
Michael Creek
Ingham
Great Palm Island
Great Barrier Reef
Marine Park
(Central Section)
Bambaroo
Halifax Bay
Paluma Range N. P.
Magnetic Island
Clarke River
Townsville
Bowling Green Bay
Cape Bowling Green
Bowling Green Bay N. P.
Woodstock
Giru
Ayr
Basalt River
Great Basalt Wall N. P.
Charters Towers
Upstart Bay
Home Hill
Gumlu
Cape Upstart N. P.
Mingela
Abbot Bay
Mt. Stewart
997
Ravenswood
Guthalungra
1056
Mt. Abbot
Merinda
Balfe's Creek
Burdekin R.
Bowen
Airlie Beach
Hook Island
Whitsunday I. Group
Hamilton Island
Pentland
Victoria Downs
Bowen R.
Leichhardt
Longton
Laguna Quays
Eungella N.P.
Repulse Bay
Cumberland
Lake Dalrymple
Mt. Dalrymple
1259
Calen
Brampton Island
Yarrowmere
Mirtna
Scartwater
Newlands
Eungella
Mackay
Islands
Blackwood N. P.
Mount Coolon
Eton
Homevale N. P.
Sarina
Lake Buchanan
Bowie
Denham Range
Elphinstone
Nebo
Cape Palmerston
Doongmabulla
Northumberland
Islands
Ilbilbie
Connors Range
Carmila
Clairview
Queensland
Moranbah
Lake Galilee
Lou Lou Park
Kilcummin
Peak Downs
Broad Sound
Long Island
High Peak Island
Swain Reef
Belyando
Funnel Creek
Townshend Island
Great Barrier Reef
Marine Park
(Mackay/Capricorn Section)
Great Barrier Reef
Dysart
St. Lawrence
Torilla Peninsula
Cape Clinton
Lennox
Clermont
Middlemount
Marlborough
Capricorn Channel
Central Highlands
Surbiton
Capella
Tieri
German Creek
Cammoo Caves
Apis Creek
Yeppoon
Rubyvale
Jericho
Yaamba
Bogantungan
Emerald
Blackwater
Great Keppel Island
Alpha
Anakie
Comet
Gracemere
Rockhampton
Drummond Ra.
Dingo
Mt. Morgan
Port Alma
Heron Islands
Yalleroi
Alpha
Minerva
Blackdown Tableland N.P.
Curtis Island
Dunstable
Springsure
Bajool
Mt. Alma
746
Gladstone
Bunker Islands
Killarney Park
Woorabinda
Baralaba
Rannes
Port Curtis
Calliope
Eurimbula N.P.
Seventeen Seventy
Lady Musgrave Island
Castle Tower N.P.
Wabrego Range
Tambo
Carnarvon N. P.
Consuelo Peak
1174
Banana
Biloela
Agnes Waters
Lady Elliot Island
Nive River
Carnarvon
Palmgrove Nat. P.
Moura
Miriam Vale
Deep Water N.P.
Hist. Site (Aboriginal Rock Art)
Expedition Ra.
Theodore
Auburn Ra.
Rosedale
Fraser Island
Warrego R.
984
Mt. Ogilby
Isla Gorge N. P.
Monto
Bundaberg
Coral Sea
Great Sandy Nat. P.
Chesterton Range
Gin Gin
Childers
Woodgate
Burrum Hill
Augathella
Wombtebank
Expedition Range N. P.
Eidsvold
Precipice N. P.
Hervey Bay
Chesterton Range N. P.
940
Mt. Hutton
Injune
Hornet Bank
Taroom
Mundubbera
Biggenden
Maryborough
Hawkwood
Gayndah
Mt. Walsh N. P.
Charleville
Sommariva
Morven
Auburn
Tiaro
Wide Bay
Maranoa River
Lake Boondooma
Westgate
Tregole N. P.
Mitchell
Wandoan
Proston
Rainbow Beach
Tin Can Bay
Roma
Turkey Mtn.
513
Mulga Country
Ularunda
Jackson
Miles
Goomeri
Gympie
Great Sandy Nat. P.
Sunshine Coast
Noosa Heads
Warrego
Wyandra
Nebine Creek
Abbieglassie
Chinchilla
Imbil
Condamine
Mt. Kiangarow
1146
Kingaroy
Nambour
Maroochydore-Mooloolaba
Boatman
Surat
Glenmorgan
Yarraman
Caloundra
Bribie Island
Tara
Dalby
Caboolture
Hillsborough
Thrushton Nat. Pk.
Yellowcap Peak
417
The Gums
Moreton Isl. N. P.
Balbuna Hotel
Moreton Island
Moonie R.
Moonie
Toowoomba
Bollon
Darling Downs
BRISBANE
Murra Murra
St. George
Flinton
Weir
Ipswich
North Stradbroke Island

ROUTE 1

ÜBER DEN PACIFIC HIGHWAY VON BRISBANE NACH CAIRNS

Direkte Strecke über den Bruce Hwy. 1712 km; minimale Reisezeit 5–6 Tage ohne Aufenthalt auf Fraser Island und den Whitsundays; ideale Dauer 10–12 Tage.

Es wurde bewusst auf die Angabe von Fahrzeiten verzichtet, da dies sehr stark vom Fahrzeug abhängig ist (normaler Mietwagen, Wohnmobil, Allrad-Camper), mit dem man unterwegs ist, wie von den Wetterverhältnissen und den persönlichen Vorlieben an Häufigkeit und Dauer von Pausen und Besichtigungen. Wenn man flott ist, kann man auf dem Highway eine Durchschnittsgeschwindigkeit von 90 km/h kalkulieren, auf schmalen Nebenstrecken etwa 60 km/h. Gefährlich ist auf langen Strecken die Monotonie des Geradeausfahrens, wobei die Konzentration schnell nachlässt. Man sollte daher die Tagesabschnitte nicht zu lang wählen und immer rechtzeitig vor der Dunkelheit eine Übernachtungsmöglichkeit finden. Nachts fahren ist extrem gefährlich.

Beheimatet im tropischen Regenwald: der Cairns Birdwing Butterfly

❶ ❷ ❸ BRISBANE

Brisbane, einst recht verschlafen, hat in den letzten Jahren rasant aufgeholt und lohnt heute in jedem Fall einen zwei- bis dreitägigen Aufenthalt. Besonders das Kulturangebot ist in jeder Beziehung erlebenswert, der Besuch des Kulturkomplexes in **South Bank**, unter anderem mit der Queensland Art Gallery, ist praktisch ein Muss. Zumal man in dem Parkgebiet auch entspannen, baden und gut essen kann. Zeitgenössisches von Musik bis Multimedia wird in relaxter Atmosphäre direkt am Brisbane River im **Brisbane Powerhouse** dargebo-

»Canoeing« vor der Brisbane Skyline

Das Riverlife Adventure Centre (Clem Jones Promenade, South Bank, © (07) 3891 5766, www.riverlife.com.au) bietet eine ganz besondere Art der Stadtbesichtigung an. Auf dem Brisbane River werden Sightseeing-Touren durch Brisbane mit dem Kajak organisiert.

ten. Überhaupt nimmt der Fluss, lange Zeit vernachlässigt, nunmehr in der Queensland-Metropole eine immer zentralere Rolle ein. An seinen Ufern entstanden neue Apartmenthäuser und eine interessante Café- und Restaurant-Szene. Das geschäftige Zentrum **CBD** liegt direkt in einer Fluss-Schleife und wartet mit einer großzügigen Fußgängerzone und guten Shopping-Möglichkeiten auf.

Ein sehr lebendiger, angenehmer, szeniger Stadtteil ist **Fortitude Valley** – hier gibt es auch eine kleine Chinatown – mit zahlreichen Shops, Galerien, Pubs, Cafés und Restaurants. Hobbyköche sollten unbedingt im **James Street Market** vorbeischauen, mit etlichen Fachgeschäften rund ums Essen und Trinken. Unterhaltsam für alle ist der samstägliche Besuch des **Brunswick Street Market**; buntes Markttreiben herrscht auch jedes Wochenende in Southbank in der Grey Street.

Vor dem Trip nach Norden ins tropische Queensland lässt sich noch gut ein Tagesausflug an die Gold Coast nach **Surfers Paradise** (75 km, vgl. S. 84 ff.) einschieben – Australiens Strandort schlechthin und ein einziger Vergnügungspark.

Einen Stadtplan von Brisbane und weitere Informationen finden Sie auf S. 65 ff.

4 BRISBANE – SUNSHINE COAST/NOOSA (116 km)

km	Route
	Route vgl. Karte S. 260.
0	Auf dem Hwy. 1 in nördlicher Richtung Brisbane verlassen
43	Abfahrt Hwy. zur Sunshine Coast Richtung Caloundra
55	**Caloundra**. Von Caloundra die Küstenstraße entlang über Mooloolaba, Maroochydore, Coolum Beach nach Noosa
116	**Noosa**.

Life Guards auch in den Vergnügungsparks der Gold Coast: Wet 'n' Wild Water World in Oxenford

In **Mooloolaba** (vgl. S. 88 f.) lässt es sich an der Strandpromenade gut lunchen und in **Maroochydore** (vgl. S. 88 f.) bietet sich die Gelegenheit, die Under Water World zu besuchen. Auf der Weiterfahrt über die Route No. 6 lädt der traumhafte Strand von **Coolum Beach** (vgl. S. 89) zu einer Pause und einem erfrischenden Sprung in die Wellen des Pazifiks ein.

Das aus mehreren Ortsteilen bestehende **Noosa** (vgl. S. 91) ist der schickste, stilvollste und wohl auch der schönste Ferienort an der Sunshine Coast. Das St. Tropez Australiens besitzt geschmackvolle, komfortable Unterkünfte, weitere Resorts entstehen gerade. Mit der Hastings Street existiert eine lebendige Bummelmeile und die zahlreichen Restaurants zählen zu den besten im Lande. Schön ist auch ein Spaziergang am Kap von Noosa durch den Noosa-Heads-Nationalpark.

Alternative

Wer nicht mit dem eigenen Geländefahrzeug unterwegs ist, kann statt von Hervey Bay bereits ab Noosa eine organisierte Tour nach Fraser Island mit oder ohne Übernachtung mitmachen und anschließend von Noosa nach Agnes Water weiterfahren.

5 6 FRASER ISLAND UND HERVEY BAY (186 km)

km	Route	
		Route vgl. Karte S. 260.
0	Von Noosa zurück zum Hwy. 1	
21	Hwy. 1 bis Maryborough	
145	Maryborough Abzweig nach **Hervey Bay**	
186	Hervey Bay, von hier Fähre nach **Fraser Island**.	

Alternative: Wer Zeit hat, biegt bereits in Gympie vom Hwy. 1 ab und fährt rund 80 Kilometer bis zum herrlichen Rainbow Beach im **Great Sandy National Park** (vgl. S. 81). Der Strand ist ein Eldorado für 4WD-Fans. Auch von hier kann man nach Fraser Island übersetzen und dann bei der Weiterfahrt Hervey Bay auslassen. Vom Rainbow Beach fährt man 30 Kilometer zurück, biegt dann rechts Richtung Norden ab und erreicht nach etwa 60 Kilometern die Nebenstraße nach Maryborough und den Hwy. 1.

Die zum Welterbe zählende Sandinsel **Fraser Island** (vgl. S. 80 ff.) ist eines der großen Highlights auf dem Weg in den tropischen Norden. Man sollte für den Besuch des Eilands auf jeden Fall ein bis zwei zusätzliche Tage einplanen. Neben kilometerlangen, traumhaften Sandstränden ist auch das Inselinnere mit seinen glasklaren, in unterschiedlichsten Farbtönen schillernden Seen sehr reizvoll. Auf der Insel gibt es keine Straßen, sondern nur schmale, mit Allradantrieb befahrbare Wege. Ab Hervey Bay werden Tagestouren, aber auch längere Trips angeboten. Auf der Insel befinden sich verschiedene Unterkunftsmöglichkeiten vom Campingplatz bis zum Resort.

Hervey Bay (vgl. S. 81 ff.) ist ein angenehmer, ruhiger und unspektakulärer Küsten- und Urlaubsort, der seine Bekanntheit nicht nur Fraser Island verdankt, sondern auch den Walen, die hier nah an der Küste vorbeiziehen und von Hervey Bay aus gut beobachtet werden können.

Relaxen am Lake Mackenzie, einem der vielen Süßwasserseen auf Fraser Island

Die kilometerlangen, traumhaften Sandstrände von Fraser Island

7 HERVEY BAY – AGNES WATER (290 km)

km	Route	Route vgl. Karte S. 260.
0	Von Hervey Bay zurück zum Hwy. 1 bei Maryborough	
41	**Maryborough** weiter Richtung Childers	
104	Abzweig State Route 3 nach Bundaberg	
159	**Bundaberg**. Durch die Stadt, dann rechts Richtung Agnes Water/Miriam Vale (sollte hier schon ausgeschildert sein).	
260	Nach 101 km Abzweig links nach Miriam Vale, rechts nach Agnes Water	
290	**Agnes Water**.	

Erste Station ist schon nach rund 40 Kilometern die kleine Stadt **Maryborough** (vgl. S. 89 ff.), die wegen ihrer gut erhaltenen historischen Gebäude einen kurzen Aufenthalt wert ist. Wer sich Zeit nimmt, spaziert über den etwa anderthalbstündigen Heritage Walk, der an den Sehenswürdigkeiten vorbeiführt.

Die Strecke führt dann ohne besondere Höhepunkte über den Highway und die Staatsstraße 3 nach **Bundaberg** (vgl. S. 79 ff.), der Stadt des Bundy-Rums mit einigen Sehenswürdigkeiten wie dem Museum des Flugpioniers Bert Hinkler und der Rum Destillery. Hinter Bundaberg fährt man hauptsächlich durch Farm- und Buschland bis zu Queenslands nördlichstem Surfstrand **Agnes Water** (vgl. S. 77 f.). Der verschlafene Ort und seine Nachbargemeinde **Town of 1770** wurden erst vor wenigen Jahren wachgeküsst, expandieren munter und entwickeln sich zu beliebten Ferienspots. Aber noch ist es charmant und recht ruhig, die herrlichen Strände nicht überfüllt, die Landschaft erkundenswert und *boating* und *fishing* sind traumhaft.

8 AGNES WATER – YEPPOON (294 km)

km	Route	Route vgl. Karte S. 260.
0	Von Agnes Water 30 km zurück bis zum Abzweig; dort rechts abbiegen nach Miriam Vale am Hwy. 1	
55	In Miriam Vale auf den Hwy. 1 und an Gladstone vorbei nach Rockhampton	
226	**Rockhampton**; kurz hinter Rockhampton rechts abbiegen und über Emu Park und Roslyn Bay nach Yeppoon	
294	**Yeppoon**.	

Bis Miriam Vale geht es über eine Nebenstrecke, dann fährt man weiter auf dem Highway durch von Zuckerrohr und Weideland geprägte Landschaft nach **Rockhampton** (vgl. S. 94 f.), in die Rinderhauptstadt. Das am Bruce Hwy. gelegene **Dreamtime Cultural Centre** ist ein interessanter Stopp, dort zweigt auch die Straße nach **Yeppoon** (vgl. S. 97) ab. Der

Die Inselgruppe der Whitsunday Islands

langgezogene Ferienort ist Startpunkt für Trips zu den Keppel Islands mit der Hauptinsel Great Keppel Island. Yeppoon schmückt sich mit einer Promenade und einem recht schönen Strand. **Hinweis:** Der Schlenker vom Highway in die Stadt Gladstone und zurück auf die ursprüngliche Route macht einen Umweg von knapp 20 Kilometern aus.

Der Anemonenfisch lebt am Riff in Symbiose mit der Anemone

9 10 11 YEPPOON – AIRLIE BEACH/WHITSUNDAYS (588 km)

km	Route	Route vgl. Karte S. 260.
0	Von Yeppoon den direkten Weg zum Hwy. 1	
34	Über den Hwy. 1 nach	
361	**Mackay**	
552	**Proserpine**; Abzweig rechts nach Airlie Beach	
588	**Airlie Beach.**	

Die Fahrt nach Airlie Beach ist eine lange, eher monotone Strecke, die aber dennoch mit Pausen noch ganz gut an einem Tag zu bewältigen ist. Einzige nennenswerte Stadt unterwegs ist **Mackay** (vgl. S. 111 f.) mit 70 000 Einwohnern. Der größte Zuckerhafen Australiens verfügt über große Einkaufszentren (eine gute Gelegenheit, seine Vorräte aufzufüllen), eine kleine Fußgängerzone, ein modernes Marina Village und viele herrliche Strände in der Umgebung.

Von Mackay aus führt der Highway wenig aufregend und ohne besondere Abwechslung durch das küstennahe Hinterland bis **Proserpine**. Am Abzweig nach **Airlie Beach** (vgl. S. 98 ff.) befindet sich ein gut mit Prospektmaterial und Angeboten ausgestattetes Visitor Centre. Zahlreiche Reisebüros gibt es auch in der Hauptstraße von Airlie Beach, der Shute Harbour Road. Dort sind auch die meisten Cafés, Kneipen und Restaurants. In dem Ort mit der karibisch anmutenden Atmosphäre lässt es sich gut ein, zwei Tage verbringen. Die meisten Besucher zieht es aber entweder auf eine Yacht zu einem Segeltörn in einem der schönsten Segelreviere der Welt oder in ein Resort auf eine der traumhaften **Whitsunday Islands**. Angebote gibt es für beide Alternativen vor Ort reichlich. Ideale Dauer für Segeltörn wie Inselaufenthalt sind drei Tage.

Hamilton Island: Traumurlaub auf einer der Whitsunday-Inseln

Alternative: Wem die Fahrstrecke an diesem Tag zu lang ist, der kann in Mackay oder einem der kleinen Ferienorte an der Küste wie Sarina Beach übernachten und die Gelegenheit zu einem Abstecher in den reizvollen **Eungella National Park** (vgl. S. 112) nutzen (ab Mackay etwa 80 km eine Strecke).

⑭ MISSION BEACH – CAIRNS (130 km)

km	Route
0	Mission Beach, nach ca. 12 km erreicht man den Hwy. 1. Stopp in
46	**Innisfail**, weiter nach
130	**Cairns**.

Route vgl. Karte S. 260.

Die Kultur der Aborigines verstehen – Tjapukai Aboriginal Cultural Park

Von Mission Beach ist es nur ein Katzensprung bis Cairns. Unterwegs lohnt in der Zuckerstadt **Innisfail** (vgl. S. 114) ein Besuch des Zuckermuseums. Alternativ zum Hwy. 1 kann man die Inlandsstrecke ab Innisfail durch das Atherton Tableland über Atherton, Mareeba und Kuranda nach Cairns fahren – Strecke 215 statt 90 Kilometer ab Innisfail.

Cairns (vgl. S. 102 ff.) ist ein perfekter Ausgangspunkt für Kurztrips zum Great Barrier Reef und in den nördlichen Regenwald, beispielsweise zur Mossman Gorge und zum Cape Tribulation. Zum Pflichtprogramm gehören natürlich der Kombi-Ausflug mit der Skyrail und der Kuranda Scenic Rail nach Kuranda und der Besuch des Kulturzentrums Tjapukai Aboriginal Cultural Park (vgl. S. 104). In der Stadt sollte man das bunte Treiben der Night Markets nicht verpassen, außerdem locken zahlreiche nette Restaurants und Pubs zur Einkehr.

Sehr schön kann man in den nördlichen Strandorten wie Palm Cove oder auch Port Douglas übernachten. Bei den meisten der angebotenen Touren wird man auch hier am Hotel abgeholt.

Die Mossman Gorge, ein üppig bewachsenes Tal mit kleinen Wasserfällen im Daintree-Nationalpark

INDIAN
OCEAN
Larrey Point
Port Hedland
Goldsworthy
South Hedland
Dampier Archipelago
Legendre Is.
Point Samson
Depuch Island
Whim Creek
Montebello Islands
Conservation Park
Is. Nat. Res.
Enderby Is.
Dampier
Roebourne
Hermite Island
Great Sandy Is. Nat. Res.
Barrow Island
Sholl Island
Barrow Island N. R.
Mary Anne Passage
Thevenard Island
Onslow
Yarraloola
Peedamulla
Mount Welcome
Millstream Chichester N. P.
Fortescue R.
Pannawonica
Robe R.
Yandeyarra
Mt. Pyrton 845
Mungaroona Range Nat. Res.
Chichester Range
Wodgina
Kangan
Woodstock
Pippingarra
Strelley
Carlindie
Balla Balla
Yule River
Shaw River
Mt. King 1035
Wittenoom
Karijini National Park
Marandoo
North West Cape
Exmouth
Exmouth Gulf
Learmonth
Ningaloo Marine Park
Ningaloo Reef
Ningaloo
Bullara
Red Hill
Hamersley Range
Mt. Brockman 1132
Mount Stuart
Ashburton River
Nanutarra
Tom Price
Wyloo
Paraburdoo
Marrilla
Winning
Barradale
Barlee Range Nat. Res.
Mt. Palgrave 695
Ullawarra
Ashburton Downs
Point Maud
Coral Bay
Lyndon River
Lyndon
Maroonah
Mt. Boggola 681
Tunnel Creek
Ashburton River
Kenneth Range
Wanna
Minilya R.
Lyons R.
Gnaraloo
Minilya
Manberry
Mount Sandiman
Minnie Creek
Gifford Creek
1105 Mt. Augustus
Mount Augustus
Mount Vernon
Collier Range N. P.
Mulgul
Cape Cuvier
Boologooro
Kennedy Range N. P.
Yinnietharra
Mount James
Woodlands
Lake MacLeod
Geographe Channel
Doorawarrah
Gascoyne R.
Dairy Creek
Landor
Mount Clere
Mt. Labouchere 720
Peak Hill
Bernier Island
Carnarvon
Gascoyne Junction
Glenburgh
Robinson Ranges
Dorre Island
Pelican Pt. (Beach)
Yalbalgo
Carey Downs
Mt. Coordewandy 519
Naturaliste Channel
Shark Bay
Cape Inscription
Wooramel
Wooramel River
Murchison R.
Moorarie
Francois Peron N. P.
Monkey Mia
Dolphins
Yaringa
Byro
Beringarra
Karalundi Village
Dirk Hartog I.
Denham
Denham Sound
Woodleigh
Meekatharra
Useless Loop
Hamelin
Mt. Narryer
Bundine Hill 506
Lake Annean
Tuckanarra
Meadow
Zuytdorp Nature Res.
Toolonga Nature Reserve
Meeberrie
Wilgie Mia
Tamala
Pia
Cue
Nerren Nerren
Murgoo
Meka
Kalbarri N. P.
Murchison R.
Euardy
Yallalong
Meteorite Crater
652 Dalgaranga
Lake Austin
Kalbarri
Mount Magnet
Windsor
Gantheaume Bay
Pinegrove
Greenough R.
Wandana Nat. Res.
Tallering Hill 443
Yowergabbie
Bluff Point
Binnu
Port Gregory
Yuna
Yalgoo
Northampton
Mullewa
Pindar
Wallabi Group
Tardun
Wydgee
Geraldton
Houtman Abrolhos
Greenough
Gutha
Warriedar Hill 543
Mingenew
Morawa
Paynes Find
Dongara
Perenjori
Monger Lake
Leander Point
Beekeepers Nat. Res.
Three Springs
Latham
Lake Moore
Karroun Hill Nat. Res.
Eneabba
Yarra Yarra Lakes
Coorow
Leeman
Green Head
Watheroo N. P.
Watheroo
Dalwallinu
Beacon
Jurien Bay
Jurien
Badgingarra N. P.
Kalannie
Mollerin Lake
Mollerin N. R.
Bindi Bindi
Moora
The Pinnacles
Nambung N. P.
Benedictine Monastery
Wongan Hills
Cowcowing Lakes
Bencubbin
Lancelin
Gingin
Dowerin
Wyalkatchem
Guilderton
Yanchep Beach
Muchea
Northam
Kellerberrin
PERTH
York
Quairading
Rottnest Island
Beverley
N
0
100 km
1
2/3
4
5/6
7/8
9
95
116
123
136

Unendliche Weiten im Outback

ROUTE 2

VON PERTH NACH DARWIN

Die knapp 5000 Kilometer lange Tour entlang der Westküste Australiens ist eine der großen Abenteuerstrecken für Selbstfahrer. Dabei erlebt man zahllose landschaftliche Highlights, muss sich aber auch auf endlos erscheinende Highway-Fahrten einstellen. Dementsprechend sollte man genügend Zeit einplanen, drei Wochen sollten es in jedem Falle mindestens sein. Wem die Tour zu lang erscheint, fährt lediglich die kurze Variante bis Broome. Beste Reisezeit sind Frühjahr und Herbst. Im Winter ist die Strecke ebenfalls gut möglich, im Sommer wegen großer Hitze und sintflutartiger Regenfälle nicht zu empfehlen und teilweise gar unmöglich, da Straßen kurzfristig geschlossen werden können.

Tipp: Klären Sie unbedingt mit ihrem Autovermieter vorher, ob sie mit einem Wagen ohne Allradantrieb auch über unasphaltierte Pisten fahren können.

Das Outback Westaustraliens lässt sich am eindrucksvollsten auf einer 4WD-Tour erleben, zumal viele Vermieter das Befahren von Pisten mit normalem Pkw untersagen. Man sollte sich jedoch unbedingt vorher mit dem Fahren im Gelände vertraut machen. Boomerang-Reisen (✆ 06-5196 6800, www.boomerang-reisen.de) vermittelt hochwertige Allradfahrzeuge und bietet bei Anmietung die Teilnahme an einem 4WD-Infotag an – mit allem, was man im Outback braucht (u. a. im Gelände fahren, Satelliten-Navigation).

❶ PERTH – GERALDTON (422 km)

Die Route geht über den Highway insgesamt über 1428 km (Kalbarri 527 km).

km	Route
0	Abfahrt in Perth
191	Abzweig zu den Pinnacles
349	Dongara
422	**Geraldton**.

Sobald man den Großraum Perth verlassen hat, ist es bis Geraldton eine recht gemütliche Etappe. Zunächst geht die Fahrt auf dem Brand Hwy. durch weitläufige Vororte, danach wechseln Weide- und Agrarland wie Olivenplantagen einander ab. Besiedelung und Verkehr werden immer spärlicher.

Alternativ zum Highway kann man die Küstenstraße über Yanchep und Lancelin nehmen, sie ist inzwischen sogar durchgehend für normale Autos ohne Allrad befahrbar.

Es bleibt genug Zeit für einen Abstecher zu den eindrucksvollen Felsnadeln der **Pinnacles** (vgl. S. 198), falls man diese noch nicht von Perth aus besucht hat.

Wem die Strecke bis **Geraldton** (vgl. S. 159 f.) zu kurz ist, der fährt bis zum Ferienort **Kalbarri** (vgl. S. 161 f.) und stattet am nächsten Morgen vor der Weiterfahrt dem Kalbarri National Park mit seinen spektakulären Schluchten einen Besuch ab.

❷ ❸ GERALDTON – MONKEY MIA (437 km)

Route vgl. Karte S. 270.

km	**Route**
0	Geraldton
52	Abzweig links nach **Kalbarri**. Von hier sind es 105 km nach Kalbarri, von Kalbarri zurück zum Highway noch einmal 64 km. Die Strecke auf dem Highway zwischen den beiden Abzweigen beträgt 51 km, so dass die Schleife über Kalbarri insgesamt ca. 113 km ausmacht. Doch die landschaftlich reizvolle Strecke, u. a. durch den Kalbarri National Park, lohnt den Abstecher.
103	Zweiter Abzweig nach Kalbarri
282	**Overlander Roadhouse**, Abzweig nach Denham
412	**Denham**
437	**Monkey Mia**.

Grass Trees (Grasbäume) im Outback von Western Australia

Für die Strecke von Perth nach Denham oder Monkey Mia benötigt man auf dem gut ausgebauten Highway in der Regel einen Tag, Fahrzeit etwa zehn bis zwölf Stunden.

Zunächst ist die Fahrt hinter Geraldton durch das flache, buschbewachsene Hinterland recht ereignislos, bevor man am **Overlander Roadhouse** links in die World Heritage Area Shark Bay abbiegt. Das Overlander Roadhouse ist eine typische Raststätte mit guten Burgern und kühlen Getränken. Eine besondere Erfahrung ist der »Burger-Test« an allen Roadhäusern zwischen Darwin und Perth.

Nach dem Roadhouse führt die landschaftlich reizvolle Strecke über die Peron-Halbinsel, teilweise direkt an der Küste entlang. Nach wenigen Kilometern sollte man unbedingt bei **Hamelin Pool** (vgl. S. 171), einem traumhaften Strandabschnitt, Halt machen, um die Stromatolithen, urtümliche Kleinstlebewesen, zu besuchen.

Hauptort der Region ist der hübsche Küsten- und Ferienort **Denham** (vgl. S. 172). Noch schöner ist allerdings **Monkey Mia** (vgl. S. 172) mit seinem Traumstrand und einer fantastischen Landschaft. Hier kommen Pelikane, Delfine und Rochen bis an den Strand und man kann Wale und Seekühe beobachten. Es lohnt, einen Tag länger zu bleiben. Da es dort nur ein Resort gibt, sollte man unbedingt vorher reservieren, sonst muss man nach Denham ausweichen. Während der Schulferien wird es sehr schwierig, ein Zimmer oder einen Stellplatz zu bekommen.

In Monkey Mia kommen Pelikane bis an den Strand

❹ MONKEY MIA – CORAL BAY (579 km)

km	Route	Route vgl. Karte S. 270.
0	Monkey Mia	
25	Denham	
155	Overlander Roadhouse, links abbiegen auf den North West Coastal Hwy.	
349	Carnarvon	
490	**Minilya Roadhouse**, Abzweig links nach Coral Bay	
567	Kleiner Abzweig links nach Coral Bay	
579	**Coral Bay**.	

Über die **Peron-Halbinsel** geht es von Monkey Mia bzw. Denham wieder zurück, diesmal mit herrlichen Ansichten aus der anderen Fahrtrichtung. Danach geht es am Overlander Roadhouse links und weiter immer geradeaus auf dem Highway durch typische spärlich bewachsene Outback-Landschaft und endlose Ebenen.

Eine Gelegenheit zur Pause bietet das **Wooramel Roadhouse** (»Burger-Test« nicht vergessen) oder Carnarvon. Dies ist der südlichste Ort, der je in Australien von einem Zyklon verwüstet wurde. Nördlich von Carnarvon kann der Highway während der Regenzeit durch sintflutartige Regenfälle blitzartig stellenweise überflutet werden. Dass man in tropischere Gefilde vordringt, ist deutlich im idyllischen, an einer Art Lagune liegenden **Coral Bay** (vgl. S. 155) am südlichen Ende des Ningaloo Reef zu spüren. Hier gibt es sehr schöne Campingplätze, und der Ort ist ein absolutes Tauch- und Schnorchelrevier. Im Moment geht es hier trotz zunehmendem Tourismus immer noch sehr ruhig zu.

Der Abzweig vom Highway nach Coral Bay erfolgt am **Minilya Roadhouse**. Von dort sind es noch schöne 120 Kilometer Fahrt.

❺ ❻ CORAL BAY – EXMOUTH (152 km)

km	Route	Route vgl. Karte S. 270.
0	Coral Bay	
64	Abzweig, geradeaus weiter nach Exmouth, rechts geht es zurück zum Highway	
152	**Exmouth**.	

Kurze Fahrt durch Buschland und entlang dem Exmouth Gulf. **Exmouth** (vgl. S. 157 f.) ist bis auf die Ferienzeit ein sehr ruhiges Urlaubsörtchen und idealer Ausgangspunkt für die Erkundung des **Cape Range National Park** (vgl. S. 157) und des **Ningaloo Reef Marine Park** (vgl. S. 157 f.) – unbedingt Zeit zum Schwimmen und Schnorcheln einplanen. Gute Unterkünfte, Restaurants und Geschäfte sind im Ort vorhanden. In jedem Fall lohnt es sich, einen Tag zu bleiben und etwa im Cape Range National Park an einem der kleinen Strände zu campen.

7 8 EXMOUTH – TOM PRICE

(**539 km** über Piste, 599 km über Paraburdoo)

Route vgl. Karte S. 270.

km	**Route**
0	Exmouth
88	Abzweig, nach links zurück zum North West Coastal Hwy.
167	Links, Richtung Norden, auf den Hwy. abbiegen
283	Nach rechts auf die 130 Richtung Paraburdoo und Tom Price abbiegen
470	Hier teilt sich die Straße. Links Piste (A), rechts Asphaltstraße (B) nach Tom Price.
519 (A)	Straßengabelung, rechts nach Tom Price
539 (A)	**Tom Price**.
520 (B)	Paraburdoo
599 (B)	**Tom Price**.

Landschaftliches Highlight im Karijini National Park: die Weano Gorge

Die Strecke ist eine typische »Überfahrungsetappe« durch pures Outback der Pilbarra-Region bis nach **Tom Price** (vgl. S. 162 f.), dem Zentrum des Erzabbaus in der Region, und in den sehr erlebenswerten, fast schon gebirgigen **Karijini National Park** (vgl. S. 162 f). Abzweig vom Highway am **Nanutarra Roadhouse** – Burger testen. Für die Höhepunkte des Nationalparks mit einigen der ältesten und eindrucksvollsten Gesteinsformationen der Erde sollte man auf jeden Fall mindestens einen Extra-Tag einplanen.

Das letzte, über 300 Kilometer lange Stück der Outback-Strecke führt bei der kürzeren Variante über eine ordentliche Piste oder aber außen herum auf einer asphaltierten Straße über **Paraburdoo**.

Alternative: Wenn man weniger Zeit für die Strecke hat, kann man den Karijini National Park auch auslassen und von Exmouth zurück zum Hwy. 1 und diesen weiter über Karratha (vgl. S. 163) und Roebourne (567 km) nach **Port Hedland** (vgl. S. 168 f., Roebourne – Port Hedland 199 km) fahren. Übernachtungsmöglichkeiten gibt es beispielsweise in Onslow, Karratha oder Point Samson, einem kleinen, friedlichen Ort am Meer bei Roebourne. Einen Besuch wert ist das zwischen Roebourne und Point Samson gelegene **Cossack** (vgl. S. 170), eine kleine, restaurierte, historische Siedlung.

Beach, wo es ausgezeichnete Resorts gibt.

Daher bietet sich Broome gut für ein, zwei Tage Relaxen während des langen Trips an. Ein besonderes Erlebnis ist ein Ausflug mit dem Geländewagen zum **Cape Leveque**, wo man sowohl campen als auch in einfachen und etwas komfortableren Hütten übernachten kann (man sollte vorher reservieren).

Bei Sonnenuntergang starten Charterboote von Broome zum Rowley Shoals Marine Park und bringen begeisterte Taucher hinaus zu einem der besten Tauchspots Australiens. Mermaid, Clark und Imperieuse Reef heißen die drei einzigartigen, birnenförmigen Korallenatolle. Noch weitgehend unberührt befinden sie sich am Rand der größten Kontinentalplatte der Erde und erheben sich bis zu 440 m vom Meeresboden.

⑬ BROOME – WINDJANA GORGE (369 km)

km **Route** **Route vgl. Karte S. 276/277.**

km	Route
0	Broome
34	Gabelung Broome Hwy./Northern Hwy. Über den Northern Hwy. geht es geradeaus nach Norden
179	Abzweig Derby Hwy. links ab nach Derby
229	**Derby**
356	Abzweig rechts von der **Gibb River Road** zur Windjana Gorge. Hinter Derby sind nur die ersten 70 km noch asphaltiert, danach folgt eine ordentliche Piste.
369	**Windjana Gorge**.

Von Broome geht es zuerst nach **Derby** (vgl. S. 156) – wo man unbedingt den Boab Prison Tree ansehen sollte – und von dort in die Kimberleys. Dabei führt die landschaftlich reizvolle Strecke auch über den ersten Teil der inzwischen längst touristisch erschlossenen **Gibb River Road** (vgl. S. 164). Etwa 125 Kilometer hinter Derby biegt man rechts ab zur **Windjana Gorge**, einer der beeindruckendsten Schluchten, mit einem der schönsten Campingareale – ein Spaziergang in die Schlucht ist ein Muss.

⑭ WINDJANA GORGE – HALLS CREEK (435 km)

Route vgl. Karte S. 276/277.

km	Route
0	Windjana Gorge
113	Die Piste trifft auf den Highway, links abbiegen
156	**Fitzroy Crossing**
444	**Halls Creek**.

Östlich von Kununurra: Erosionslandschaft im Hidden Valley National Park

Von der Windjana Gorge geht es auf guter und landschaftlich reizvoller Piste zum **Tunnel Creek National Park**, wo in jedem Fall ein Stopp fällig ist, und von dort weiter nach **Fitzroy Crossing** (vgl. S. 159). Danach folgt man wieder dem Great Northern Hwy. und diesem durch eine typische, teils bizarre Outback-Landschaft bis nach **Halls Creek** (vgl. S. 161), dem Versorgungszentrum der westlichen Kimberleys. Der Ort macht eher einen trostlosen Eindruck mit verrammelten Läden. Die Übernachtungsmöglichkeiten sind aber in Ordnung und der Straßenort ist daher ein häufig gewählter Stopp von Alice Springs aus nach der Durchquerung der Tanami Desert oder auf dem Weg von Broome weiter nach Norden. Außerdem ist Halls Creek das Tor zur einmaligen Bungle Bungle bzw. zum **Purnululu National Park** (vgl. S. 169). Es werden Rundflüge angeboten.

Alternative: Von der Windjana Gorge führt die Tour zurück zur unasphaltierten Gibb River Road und über die je nach Witterungsverhältnissen mal mehr, mal weniger gute Piste quer durch die spektakulären Kimberleys bis **Kununurra** (vgl. S. 165 f.). Interessante und reizvolle Stopps sind zum Beispiel die Bell Gorge und die El Questro Station. Abstecher zum abgelegenen

Völlig harmlos: die mit Stacheln besetzten Thorny Devils (Dornige Teufel)

Mitchell Plateau sind mit einem Allradfahrzeug und etwas Erfahrung möglich. Die Straßen und Pisten sind nur während der Trockenzeit befahrbar. Für einige Abstecher von der Hauptroute ist in jedem Fall ein Allradwagen nötig, und auch die reguläre Gibb River Road darf mit »normalen« Mietwagen von Vermieterseite aus in der Regel nicht befahren werden.

Die **Purnululu** (Bungle Bungle) kann man dann mit dem Wagen von Kununurra aus besuchen oder von dort zu einem Sightseeing-Flug starten.

Der Schwarze Milan ist an das Wasser gebunden, und davon gibt es in der Umgebung von Kununurra genug

⑮ HALLS CREEK – PURNULULU-CAMPINGPLATZ NORD (170 km)

km	Route	Route vgl. Karte S. 276/277.
0	Halls Creek	
108	Abzweig rechts vom Hwy. runter, gute Piste, zum **Purnululu National Park**	
158	Gabelung kurz hinter Nationalpark-Eingang, links halten	
170	Nördlicher Campingplatz Purnululu.	

Erst geht es nach Norden den Highway entlang, bis eine Piste nach etwa 108 Kilometern rechts zum Nationalpark abbiegt. Bis vor wenigen Jahren war dies ein rauer 4WD-Track, inzwischen ist die Piste ziemlich perfekt planiert und kann, außer nach Regenfällen, leicht befahren werden. Ein Stück hinter dem Eingang des Nationalparks mit einem kleinen Infozentrum hält man sich an der Gabelung links. Am Fuße der **Purnululu**, einem absoluten Highlight der langen Tour, liegt dann ein perfekter Campground, von dem aus man bei Sonnenuntergang einen herrlichen Blick auf die rot glühenden Felsen hat, die aus der Luft wie überdimensionierte Bienenstöcke wirken. Unbedingt sollte man von hier aus eine Wanderung durch die Felslandschaft unternehmen – Infos dazu gibt es beim Infozentrum am Eingang des Nationalparks. Ob der Name Purnululu nun richtig und besser als das westliche Bungle Bungle ist, ist übrigens fraglich, denn um das Gebiet und den Namen streiten sich zwei Aborigines-Stämme schon seit Langem.

⑯ PURNULULU – KUNUNURRA (312 km)

km	Route	Route vgl. Karte S. 276/277.
0	Purnululu	
62	Hwy. 1, rechts Richtung Norden	
115	Turkey Creek Roadhouse	
266	Highway-Gabelung, links geht es nach **Wyndham** (55 km) und rechts nach Kununurra	
312	**Kununurra**.	

Auf der kurvigen Piste geht es durch »Fred-Feuerstein-Szenerie« zurück zum Highway und auf diesem vorbei an der Argyle Diamond Mine nach Norden. An einer Gabelung (geradeaus geht es nach Wyndham) dem Highway nach rechts folgen. 46 Kilometer später erreicht man das erst in den 1960er Jahren am Reißbrett entworfene **Kununurra** (vgl. S. 165 f.), erbaut als Versorgungszentrum für die Mine und die Landwirtschaft. Trotzdem ist es in dem übersichtlichen Städtchen ganz angenehm. Übernachten kann man beispielsweise gut am Lake Kununurra, an dem etwa auch Hausboote gemietet werden können. Die Supermärkte sind bestens ausgestattet und lange geöffnet, und der nahe gelegene Lake Argyle (71 km) lädt zur Erholung ein.

⑰ KUNUNURRA – KATHERINE GORGE (538 km)

km	Route
0	Kununurra
38	Nach knapp 40 km überquert man die Grenze zwischen Western Australia und dem Northern Territory
256	Ein Abzweig führt rechts ab nach Top Springs
319	Victoria River Roadhouse
384	Gabelung, nach rechts zweigt der größtenteils unasphaltierte **Buntine Hwy.** nach Top Springs ab
509	**Katherine**
538	**Katherine Gorge**.

Route vgl. Karte S. 276/277.

Von Kununurra geht es durch die teils monotone, teils interessante Outback-Landschaft, Letzteres etwa bei der Flussüberquerung des Victoria River. Es ist nicht ungewöhnlich, umherziehenden Rinderherden zu begegnen. Noch selbstverständlicher ist dies jedoch, wenn man anstelle des Great Northern Hwy. die Alternativroute über den nur teilweise geteerten Hwy. 96, den **Buntine Hwy.**, nimmt. Er führt durchs tiefste Outback, mitten durch Rinderland. Am Hwy. 1 passiert man den Rand des **Gregory National Park** (vgl. S. 148 f.). Für den Besuch des noch wenig bekannten, aber unbedingt sehenswerten Nationalparks benötigt man jedoch ein Allradfahrzeug und etwas Geländeerfahrung. Einen Abstecher lohnt auch der kleine **Flora River Nature Park** (vgl. S. 148).

Am Kreuzungspunkt des Great Northern mit dem Stuart Hwy. liegt **Katherine** (vgl. S. 146 ff.), neben Darwin und Tennant Creek das dritte Städtchen des Northern Territory. Etwa 30 Kilometer hinter der Stadt erstreckt sich das einmalige Schluchtensystem der **Katherine Gorge**, das man auf Bootsausflügen und Kanutouren kennenlernen kann. Am Schluchteingang gibt es ein Infozentrum, Bootsverleih und einen schönen Camping- und Caravanpark.

Die Katherine Gorge im Nitmiluk National Park lässt sich am schönsten vom Wasser aus erkunden

Der South Alligator River, mächtiger Strom und Arterie des Kakadu National Park

⑱ ⑲ KATHERINE GORGE – JABIRU (328 km)

km	Route	Route vgl. Karte S. 276/277.
0	Katherine Gorge	
29	Kreuzung Stuart Hwy., rechts ab Richtung Darwin	
119	Abzweig nach rechts auf die National Route 21 zum **Kakadu National Park**	
328	**Jabiru**.	

Ein Drittel aller australischen Vogelarten lebt im Kakadu-Nationalpark, darunter auch der Nachtreiher und …

Weiter geht es zurück nach Katherine zum Hwy. 1, den man nach Norden, bis Pine Creek, fährt. Dort zweigt die National Route 21 in den **Kakadu National Park** (vgl. S. 144 f.) ab und führt quer durch die World Heritage Area. Man darf sich jedoch keine Regenwald-Landschaft vorstellen, die Vegetation ist eher niedrig. Die Hauptstraße, die über Yellow Waters und Jabiru – in der Nähe befindet sich auch das Bowali Visitors Centre – einmal im großen Bogen durch den Nationalpark führt, ist asphaltiert und zumeist auch während der Regenzeit geöffnet. Dies gilt ebenso für Sehenswürdigkeiten wie **Ubirr** – grandioser Blick von den Felsen auf das Überschwemmungsgebiet des South Alligator River – und **Yellow Waters** (Bootstouren) mit dem Warradjan Aboriginal Cultural Centre. Für andere Strecken, wie etwa zu den Twin Falls, benötigt man auch in der Trockenzeit einen Allradwagen.

Von **Jabiru** führt die National Route 36 zurück zum Hwy. 1, auf den sie 35 Kilometer südlich von Darwin stößt. Der Bogen durch den Kakadu National Park ist ohne die Strecken zu den einzelnen Sehenswürdigkeiten 428 Kilometer lang.

Für die Highlights des Parks wie Yellow Waters, Ubirr und Nourlangie sollte man einen ganzen Tag einplanen.

Übernachtungsmöglichkeiten gibt es im Kakadu National Park außer in Jabiru auch in Yellow Waters (rund 60 km vor Jabiru) oder im Kakadu Holiday Village (ca. 40 km hinter Jabiru).

... der Graureiher

20 JABIRU – DARWIN (247 km)

(evtl. Abstecher Litchfield plus ein Tag, 528 km)

km	Route	Route vgl. Karte S. 276/277.
0	Jabiru	
212	Kreuzung Arnhem Hwy. und Stuart Hwy., rechts nach Darwin	
247	**Darwin**. (Jabiru – Wangi Falls im Litchfield National Park 356 km, Wangi Falls – Darwin 172 km)	

Paddeltour auf dem Annaburroo Billabong zwischen Jabiru und Darwin

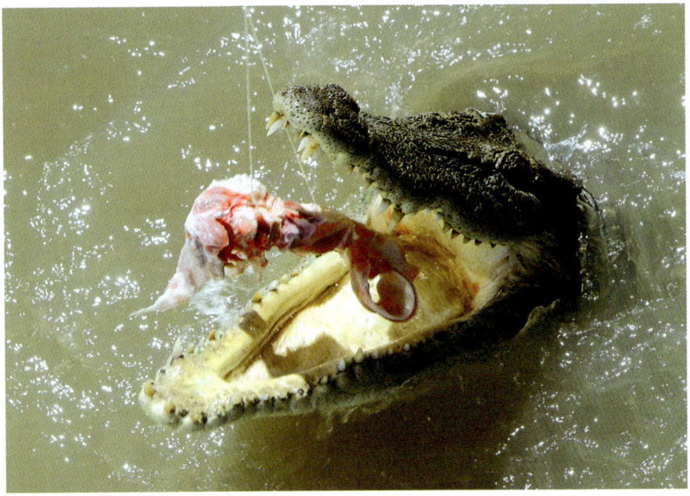

Fütterung der Salzwasserkrokodile auf der Darwin Crocodile Farm

◁ *Die Welt des »Crocodile Dundee«*

Von Jabiru geht es auf dem Arnhem Hwy. 36 durch den Nationalpark zum Hwy. 1. Von der Kreuzung aus liegen nur noch die letzten knapp 30 Minuten des langen, langen Trips bis Darwin vor den Reisenden. Oder man schiebt kurz vor Schluss noch ein echtes Highlight ein, lenkt den Wagen an der Kreuzung nach Süden und lässt die Räder über Batchelor in den **Litchfield National Park** (vgl. S. 149) zu den **Wangi Falls** rollen, wo man wunderbar campen, und, wenn keine Krokodile da sind, zu Füßen des Wasserfalls schwimmen kann. Zudem sieht man noch einmal eindrucksvolle Termitenhügel, kann den Florence Falls oder der Lost City (4WD) noch einen Besuch abstatten. Danach geht es zum Endpunkt der Reise, nach **Darwin** (vgl. S. 137 ff.).

Bei der Einfahrt nach Darwin fallen unzählige Gebrauchtwagenhändler und typische Vorortstraßen auf. Die Stadt selbst ist Australiens Tor nach Asien, hat daher einige Bedeutung, aber keine Sehenswürdigkeiten, die man unbedingt besucht haben muss. Ausnahme sind vielleicht Museum & Art Gallery of the Northern Territory, der Mindil Beach Sunset Market, Teile des Hafens und der südlich gelegene Territory Wildlife Park. Das überschaubare Zentrum ist gut erlaufbar und weist eine erstaunliche Dichte ordentlicher Restaurants und stimmungsvoller Kneipen auf, was nicht zuletzt daran liegt, dass Darwin bei Backpackern ausgesprochen beliebt ist, die häufig in ihren Hostels Party machen.

Wer mit dem Wohnmobil bis hierher gekommen ist, sollte sich nun vielleicht etwas Ruhe gönnen. Man kann zum Beispiel den legendären *Ghan* nach Alice Springs oder Adelaide nehmen. Natürlich gibt es Flugverbindungen sowohl zurück nach Perth, wie an die Ostküste und nach Asien.

Einen Stadtplan von Darwin und weitere Informationen finden Sie S. 137 ff.

The Ghan – die australische Eisenbahnlegende

ROUTE 3

AUSTRALIENS SÜDOSTEN UND DAS RED CENTRE

VON SYDNEY NACH ALICE SPRINGS

Unverwechselbar: die Dachkonstruktion des Sydney Opera House

❶ ❷ ❸ SYDNEY

Zweieinhalb bis drei Tage sollte man sich in jedem Falle Zeit für **Sydney** (vgl. S. 27 ff.) nehmen. Dabei könnte am ersten Tag je nach Ankunftszeit noch ein kleiner Bummel durch CBD und zum Hafen mit **Harbour Bridge, Opera House** und dem alten Viertel **The Rocks** auf dem Programm stehen und am nächsten Vormittag eine Fahrt mit der Fähre in den Strandvorort **Manly** mit entspanntem Strandaufenthalt und/oder Besuch des Aquariums. Nach der Rückkehr

geht es weiter nach **Darling Harbour** mit einem Besuch des fantastischen **Powerhouse Museum** des Sydney Aquariums und des Outback Centre. Abends kann man in einem der Restaurants in Darling Harbour am Wasser zu Abend essen und in einer der Bars noch einen Absacker nehmen. Am dritten Tag zum Beispiel könnte man sich den Besuch des bedeutenden **Museum of Contemporary Art**, eine Fahrt mit der Monorail und Shopping in den hübschen Einkaufszentren wie dem Queen Victoria Building vornehmen.

Von CBD geht es dann mit dem Linienbus raus an den berühmten **Bondi Beach**, wo man australische Strandkultur hautnah erleben und auf der Promenade gemütlich bummeln und Kaffee trinken kann. Am Abend kann man in einem der zahlreichen netten Restaurants in Darlinghurst oder Surry Hills essen.

Einen Stadtplan von Sydney und weitere Informationen finden Sie S. 27 ff.

❹ SYDNEY – BATEMANS BAY (280 km)

km	Route	Route vgl. Karte S. 286.
0	Sydney auf dem Hwy. 1 nach Süden in Richtung Wollongong verlassen	
90	Wollongong, weiter auf der Küstenstraße 151	
124	**Kiama**	
164	Nowra	
232	**Ulladulla**	
280	Batemans Bay.	

»Seven miles from Sydney and a thousand miles from care«: mit diesem Slogan wirbt der Manly Beach in Sydney

Durch die weit ausufernden Vororte Sydneys geht die Fahrt in Richtung Küste, vorbei am ältesten Nationalpark der Welt, dem 1879 ins Leben gerufenen **Royal National Park** (vgl. S. 36). Das Naturschutzgebiet, das sich zwischen Highway und Küste erstreckt, ist mit seinen 150 Kilometer Wanderwegen, den schönen Stränden und herrlichen Ausblicken ein beliebtes Naherholungsgebiet der Sydneysider.

Wer einen Eindruck vom Park bekommen möchte, verlässt hinter Sutherland den Freeway und fährt auf der 60 in einem Bogen durch den Nationalpark und erreicht bei Waterfall automatisch wieder den Freeway. Vorbei an der Industriestadt Wollongong gelangt man in den ersten Ferienort an der Küste, **Kiama** (vgl. S. 51 f.) in der **Shoalhaven Region** (vgl. S. 55 ff.). Bekannte Attraktion ist hier das Blowhole, eine Felsformation, durch die mit mächtigem Druck und entsprechender Geräuschkulisse das Meerwasser gedrückt wird.

Im Hinterland ist der historische, 1829 gegründete Ort **Kangaroo Valley** mit seinem Pioneer Farm Museum einen kurzen Abstecher wert. Von Kiama geht es weiter durch eine abwechslungsreiche Küstenlandschaft nach Ulladulla (vgl. S. 55 ff.). Zuvor führen immer wieder Stichstraßen zum Meer, zu reizvollen Nationalparks und Stränden.

Ein Muss ist der Besuch von **Jervis Bay** (vgl. S. 50 f.) mit einer absolut traumhaften Küstenszenerie, vielleicht der schönsten im Südosten Australiens. **Ulladulla** ist ein hübsches Fischerstädtchen mit netten Restaurants, wie geschaffen für eine Pause. Zwischen Ulladulla und **Batemans Bay** (vgl. S. 56), dem Endpunkt der Tagesetappe, führt eine Piste durch dichten Wald hinunter zum **Pebbly Beach** (vgl. S. 56), einem herrlichen Strand, der bekannt dafür ist, dass sich hier meistens Kängurus tummeln und sogar baden gehen – nicht versäumen!

Durch einen Dünenstrang vom offenen Meer getrennt: die Süßwasserlagunen der Gippsland Lakes

5 BATEMANS BAY – LAKES ENTRANCE (431 km)

Route vgl. Karte S. 286.

km	Route
0	**Batemans Bay** weiter Hwy. 1
87	Abzweig, den Princess Hwy. links Richtung Bermagui verlassen
100	Bermagui
174	Bei Pambuula erreicht man wieder den Princess Hwy. und biegt links auf den Hwy.
193	Eden
297	Kreuzung mit Cann Valley Hwy. B23, weiter geradeaus den Princess Hwy. A fahren!
431	**Lakes Entrance**.

Vom schmucken Ferienort **Batemans Bay** führt die Route über einige Kilometer im Landesinneren durch teilweise mitteleuropäische Landschaft. Immer wieder trifft der Highway aber an verschiedenen Orten wie Narooma oder Eden auf das Meer. Fast durchgängig ist der Highway bis etwa 50 Kilometer hinter der Grenze von New South Wales zu Victoria mit eindrucksvollen Nationalparks wie dem **South East Forests National Park** oder dem **Nadgee Nature Reserve** gespickt – praktisch überall lohnt es sich, auch nur auf Verdacht über eine der kleinen Straßen in einen der Nationalparks hineinzufahren.

Der letzte Teil der Strecke durch die Region **Gippsland** ist dann etwas weniger abwechslungsreich. **Lakes Entrance** (vgl. S. 244 f.), ein etwas größerer Urlaubsort, gefällt durch seine spektakuläre Lage zwischen Ozean mit dem fantastischen

ABSTECHER NACH CANBERRA

Für einen Abstecher nach Canberra ist eine zusätzliche Strecke von 148 km zurückzulegen. Von Canberra kann man entweder dieselbe Strecke nach Batemans Bay zurückfahren und der vorgeschlagenen Route an der Küste entlang folgen. Oder man fährt von Canberra aus den Monaro Hwy. 23 nach Süden und trifft dann bei Cann River wieder auf den Hwy. 1 und kann dann der beschriebenen Route weiter Richtung Lakes Entrance folgen.

90 **Miles Beach** und den nur durch eine schmale Landzunge mit Dünen vom Meer getrennten Seen wie dem Lake King und dem Lake Wellington. Die Seen laden zu einer Bootsfahrt zum Beispiel mit einem Hausboot ein. Besonders idyllisch ist der kleine Seeort **Metung** (vgl. S. 245) mit Angelmöglichkeiten.

Rinde des Schnee-Eukalyptus

❻ LAKES ENTRANCE – PHILLIP ISLAND (353 km)

Route vgl. Karte S. 286.

km	**Route**
0	Lakes Entrance
36	Bairnsdale
105	**Sale**, kurz danach an der Kreuzung Princess Hwy. A1 rechts ab direkt nach **Melbourne**, geradeaus geht die hier beschriebene Route über den South Gippsland Hwy. A440 weiter.

Wilsons Promontory National Park

Alternative
Auch über den Princess Hwy. kommt man nach **Leongatha**, das spart 40 km. Die andere Strecke ist jedoch reizvoller und ermöglicht Abstecher an die Küste, beispielsweise in den landschaftlich besonders reizvollen **Wilsons Promontory National Park** (vgl. S. 249) mit dem südlichsten Punkt des australischen Festlands. Da eine Strecke vom Highway zum kleinen Parkzentrum Tidal River 90 km beträgt, sollte dann eine Zwischenübernachtung im Park oder auf dem Weg nach Melbourne eingeplant werden.

268	**Leongatha**, Kreuzung mit Bass Hwy. B460, auf diesen links einbiegen
306	Wonthaggi
323	Abzweig nach links über San Remo auf die Insel **Phillip Island**
353	Penguin Parade.

Diese Tagesetappe ist landschaftlich nicht besonders aufregend. Sie führt meist durch das Hinterland, selten direkt an die Küste. Eine Ausnahme ist der Abstecher in den **Wilsons Pro-**

montory National Park, von den Melbournians kurz »The Prom« genannt, auf den besonders Naturliebhaber keinesfalls verzichten sollten. Phillip Island hingegen ist eher etwas für Tierfreunde, die sich auch nicht am Rummel stören. Die letzten knapp 100 Kilometer führen dann durch den Ballungsraum **Melbourne**, durch typische Stadtlandschaften.

Da die **Penguin Parade** immer abends nach Sonnenuntergang stattfindet (im Dezember erst gegen 22–23 Uhr), empfiehlt es sich, auf **Phillip Island** (vgl. S. 248 f.) zu übernachten, allerdings möglichst nicht in den Schulferien, am Wochenende oder während des Motorrad-Grand-Prix. Wem die Pinguine nicht so wichtig sind, da die Insel zudem recht touristisch ist, der kann direkt nach Melbourne durchfahren. Eine Alternative sind auch die von Melbourne aus angebotenen Ausflüge zur Penguin Parade.

7 PHILLIP ISLAND – MELBOURNE (147 km)

Route vgl. Karte S. 286.

km	Route
0	**Phillip Island**
30	Links auf den Bass Hwy. A420 abbiegen
97	Cranbourne, entweder von dort auf derselben Straße weiter über Lyndhurst und Dandenong nach Melbourne oder den Schildern zum Freeway M1 folgen.
147	**Melbourne**.

Brighton Beach vor der Kulisse der Melbourne Skyline

Nach dem Verlassen der Insel führt die Route zunächst durch ländliche Gegend und an der Küste der Bucht Western Port entlang, bevor man sich dann bei Cranbourne bereits den Ausläufern der Vororte von **Melbourne** (vgl. S. 224 ff.) nähert.

Nach der knapp zweistündigen Fahrt bleibt in Melbourne genügend Zeit für einen Besuch des geschäftigen Zentrums CBD, interessant ist eine Rundfahrt mit der historischen Straßenbahn **City Circle Tram** vorbei an vielen Sehenswürdigkeiten, oder durch das trendige South Yarra mit seinen zahlreichen Shops, Boutiquen, Cafés und Restaurants.

Erlebnisreich ist auch ein Besuch des bunten **Queen Victoria Market**, des ältesten und größten Marktes Australiens.

Skulpturengruppe an der Esplanade in Geelong

8 MELBOURNE

Für Melbournes ausgezeichnete Museen rund um den **Flinders Square** wie die National Gallery of Victoria (NGV International), die Ian Potter Gallery (NGV Australia) oder auch das Melbourne Museum in Carlton Gardens sollte man sich schon mindestens einen guten halben Tag Zeit nehmen.

Am Nachmittag geht es dann mit der Straßenbahn zu Melbournes beliebtestem Strandvorort **St. Kilda**, wo man am Strand ein wenig relaxen und danach in einem der zahlreichen guten Restaurants von St. Kilda zu Abend essen kann. Auch ein Teil des lebhaften Melbourner Stadtlebens spielt sich in hier in Bars und Clubs ab.

Einen Stadtplan von Melbourne und weitere Informationen finden Sie auf S. 224 ff.

9 MELBOURNE – GREAT OCEAN ROAD – PORT FAIRY (376 km)

km	Route
0	**Melbourne.** Die Stadt auf dem Princess Freeway M1 Richtung Geelong verlassen
72	**Geelong**
76	Kurz hinter Geelong gabelt sich der Highway, links halten und auf der B100 nach Torquay fahren

96 **Torquay**
112 Anglesea
141 Lorne
186 Apollo Bay
233 Lavers Hill
264 Princetown
282 Port Campbell
336 Princess Hwy., die Great Ocean Road trifft wieder auf den Highway, links auf den Highway einbiegen
348 Warrnambool
376 **Port Fairy**.

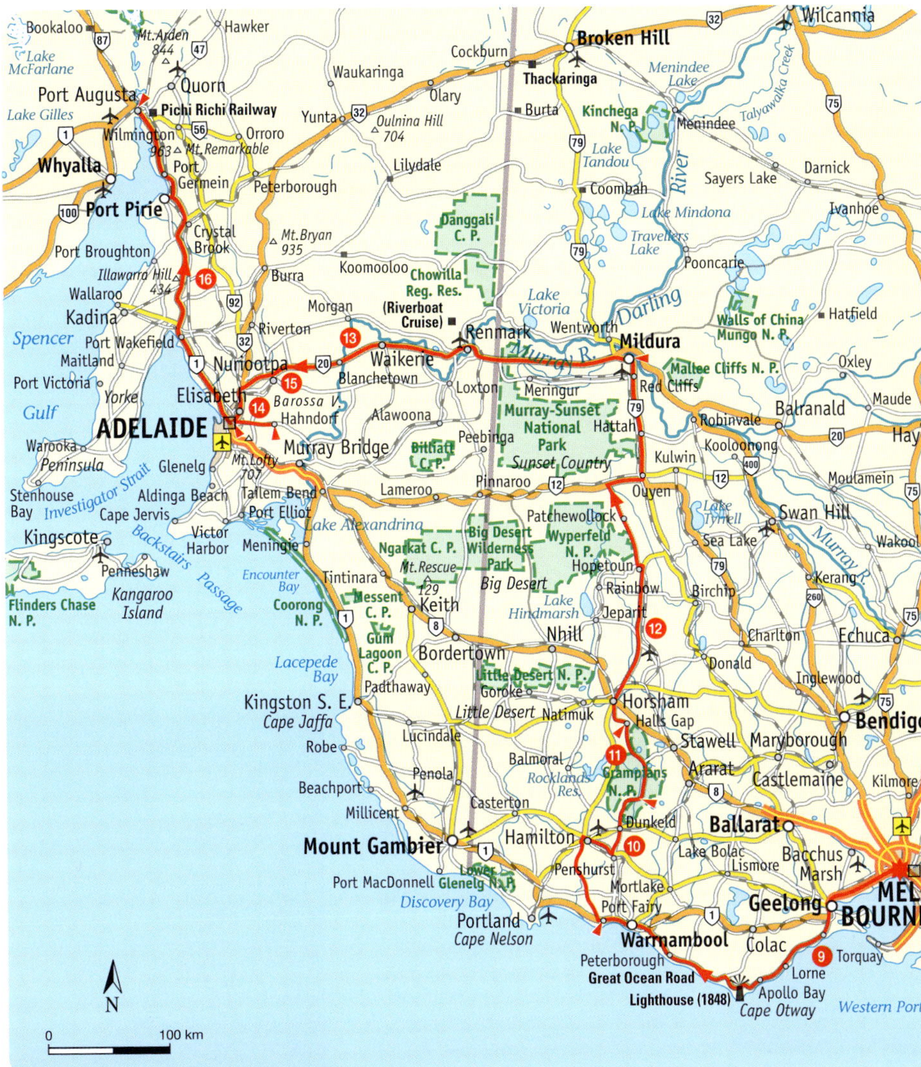

Sicher eine der malerischsten Küstenstraßen der Welt: die Great Ocean Road

Man verlässt Melbourne südlich auf einer Art Autobahn. Die Vororte erstrecken sich fast bis **Geelong** (vgl. S. 237 f.), eine Hafenstadt, die sich in den letzten Jahren rund um die Promenade gut herausgemacht hat. Lohnend ist der Besuch des National Wool Museum in Geelong. Hinter der Stadt geht es nach **Torquay** (vgl. S. 238) und zur berühmten **Great Ocean Road** (vgl. S. 239 ff.), die Brücke über den Spring Creek markiert ihren Beginn. Unverzichtbar für das Verständnis der australischen Beachkultur ist der Besuch der Kultstätte Surfworld, gewidmet den Heroen dieser uraustralischen Sportart. Zwischen Torquay und **Anglesea** führt ein Abstecher zum Bells Beach, einem der berühmtesten australischen Surfstrände.

Der spektakulärste Teil der Ocean Road, die längst nicht immer am Meer entlangführt, beginnt zwischen Anglesea und Lorne. Bis **Warrnambool** (vgl. S. 239) erlebt man spektakuläre Klippen und Felsformationen wie die **Twelve Apostles**, malerische Strände, beeindruckende Wasserfälle und üppige Regenwälder im **Otway National Park** – unbedingt den Otway Fly Tree Top Walk durch das Dach des Regenwaldes und den Leuchtturm auf Cape Otway besuchen.

Der Küstenstreifen bei Warrnambool wird **Shipwreck Coast** genannt; Schautafeln auf dem Shipwreck Coast Trail dokumentieren den Grund für diesen Namen. Ansehen sollte man sich auch das Freilichtmuseum **Flagstaff Hill Maritime Museum**, hier werden Szenen vergangener Zeiten nachgespielt. Von

»Swim between the flags«: rot-gelbe Flaggen kennzeichnen den zum Schwimmen sichersten Bereich eines Strandes

Warrnambool geht es in schöner küstennaher Fahrt zum gemütlichen Fischer- und Ferienörtchen **Port Fairy** (vgl. S. 240 f.). Direkt am Meer beziehungsweise am kleinen Hafen gibt es angenehme Unterkünfte und der Ort kann mit ein paar ordentlichen Restaurants aufwarten.

Grampians: Schafe und Kängurus teilen sich die saftigen Weiden

⑩ PORT FAIRY – GRAMPIANS/HALLS GAP (181 km)

km	Route
	Route vgl. Karte S. 293.
0	Port Fairy, über kleinere Landstraßen Richtung Hamilton
24	Orford
34	Broadwater
48	Macarthur
84	Hamilton, kurz vor Hamilton trifft die Landstraße auf den Henty Hwy., dem man rechts nach Hamilton hinein folgt. In Hamilton rechts halten auf den Glenelg Hwy. Richtung Ballarat.
116	Dunkeld, links ab nach Norden Richtung **Grampians National Park** und Halls Gap
181	**Halls Gap**.

Sobald man die Küste einige Kilometer verlassen hat, fährt man durch eine Region, die Victorias Entwicklung und Wirtschaft lange Zeit mitgeprägt hat. Denn das Land rund um das Provinzstädtchen **Hamilton** ist Schafland. Allerdings müssen sich die Schafe die saftigen Weiden mit Hunderttausenden unerwünschten Kängurus teilen. Da der Ort auch Versorgungszentrum für die vielen Farmen der Umgebung ist, gibt es große Supermärkte, in denen die Vorräte für die nächsten Tage eingekauft werden können. Bereits 30 Kilometer hinter Hamilton wird die Südspitze des **Grampians National Park** (vgl. S. 241 ff.) erreicht. Die Straße führt nach Norden quer durch diese Millionen Jahre alte Fels- und Berglandschaft bis zum touristisch gut erschlossenen, aber dennoch malerischen **Halls Gap** (vgl. S. 241 ff.). Besuchenswert ist das National Park & Cultural Centre.

Üppig grün und nebelverhangen: die kühl-gemäßigten Regenwälder im Otway National Park

Felsformation »The Balconies« im Grampians National Park

⑪ HALLS GAP

Einen Tag sollte man sich Zeit lassen für eine ausgiebige Wanderung durch diese abwechslungsreiche Landschaft und den Besuch der Highlights wie der Felsformationen The Balconies, The Pinnacles oder der MacKenzie Falls. Zudem lässt es sich in Halls Gap auch gut relaxen. Und wem der Sinn nach Bewegung steht, geht auf den neuen Golfplatz.

Weinfreunde können in der Nähe einige interessante Weingüter besuchen, beispielsweise die Kellerei Seppelt in dem kleinen Dorf Great Western (vgl. S. 234).

⑫ HALLS GAP – MILDURA (392 km)

km	Route	Route vgl. Karte S. 293.
0	Halls Gap, die C222 nach Norden	
61	Kreuzung Western Hwy. A8, links abbiegen	
78	Horsham, kurz vor der Stadt vereinen sich Western und Henty Hwy. In Horsham halb rechts halten und dem Henty Hwy. B200 Richtung Warracknabeal folgen.	
136	Warracknabeal	
223	Henty Hwy. Kreuzung mit Sunraysia Hwy. B220, nach links auf diesen einbiegen	
289	Ouyenj	
375	**Red Cliffs**	
392	**Mildura**.	

Oliven aus dem Drei-Länder-Eck Südaustralien, Victoria und New South Wales

Die Strecke von Halls Gap nach Mildura ist wie gemacht für eine geruhsame Autofahrt. Es geht auf wenig befahrenen Highways quer durch typische, eher spärlich besiedelte Farm- und Outback-Landschaft, meist geradeaus nach Norden in das fruchtbare Drei-Länder-Eck Südaustralien, Victoria, New South Wales am Murray River. Kurz vor **Mildura** (vgl. S. 245 ff.) wird

Red Cliffs inmitten von Zitrus- und Olivenbaumplantagen und Weingärten erreicht. Im Ort ist die 45 Tonnen schwere Dampfwalze »Big Lizzie« zu sehen, mit der im 19. Jahrhundert das Land für die Plantagen planiert wurde.

Durch Mildura fließt der Murray River, der beliebt ist für Fahrten mit historischen Raddampfern und Hausbooten, die man tage- und wochenweise mieten kann. Das Bewässerungsprojekt des Murray River hat diese Region einst erblühen lassen, führte aber auch zu Umweltproblemen.

Den Besucher des schmucken Flussstädtchens stören aber eher die zahllosen Fruchtfliegen und Mücken. Nicht versäumen sollte man in Mildura ein Essen im Mildura Grand Hotel bei Stefano di Pieri, einem der besten Köche Australiens. Sehenswert ist auch das Arts Centre.

Drei- bis siebentägige Kreuzfahrten auf dem Murray River ab Mannum mit dem komfortablen Schaufelraddampfer »Murray Princess« bietet Captain Cook Cruises an (✆ 02-9206 1100, www.captaincook.com.au).

Schon betagt: die »PS Adelaide« von 1866 auf dem Murray River

⑬ MILDURA – ADELAIDE (394 km)

km	Route	
		Route vgl. Karte S. 293.
0	Mildura, nach Westen dem Sturt Hwy. A20 folgen	
144	Renmark	
219	Waikerie	
350	Gawler	
394	**Adelaide**.	

Erst geht es bei Mildura noch durch blühende Agrarlandschaften, bevor der Sturt Hwy. geradeaus nach Westen quer durch die Pampa Richtung Adelaide führt, um dann bei Renmark – auch hier wie im benachbarten Berri eine beliebte Station für Flussfahrten und Hausbooturlaube – wieder auf den Murray River zu treffen, wo die Landschaft wieder grüner wird. Bis Waikerie verläuft der Highway nie allzu weit vom Fluss. Danach ist es nur noch eine recht kurze Strecke bis **Adelaide** (vgl. S. 204 ff.), der Hauptstadt Südaustraliens. Das Barossa Valley wird zunächst noch links liegen gelassen und schon sind die ersten Vororte der Millionenstadt in Sicht. Nach der Ankunft am späten Nachmittag in Australiens Festival City bleibt noch Zeit für eine kostenlose Stadtrundfahrt mit dem Bus City Loop 99c, den Besuch der **Central Markets** – ein Muss für Gourmets und Kochfreunde – und eines der zahlreichen hervorragenden Restaurants beispielsweise in der Rundle oder der Couger Street. Nicht umsonst bezeichnet sich Adelaide auch als Gourmet-Hauptstadt, und der Besuch des **National Wine Centre of Australia** sollte daher auch auf dem Programm stehen.

Sonnenuntergang in Adelaides Strandvorort Glenelg

⑭ ADELAIDE

Den Tag sollte man mit einem Rundgang durch CBD beginnen und dabei die interessanten Museen wie die **Art Gallery of South Australia** und das **Tandanya National Aboriginal Cultural Institute** nicht auslassen.

Am Nachmittag bietet sich eine Fahrt mit der historischen Tram hinaus zum Strandvorort **Glenelg** an. In Glenelg lässt es sich nach einem entspannten Strandaufenthalt auch gut zu Abend essen, immer mehr Restaurants haben in den letzten Jahren in Strandnähe eröffnet. Interessanter ist die Restaurant-Szene jedoch noch in North Adelaide rund um die Melbourne und O'Connel Street.

Ebenso reizvoll wie nach Glenelg zu fahren ist ein Halbtagesausflug auf die landschaftlich sehr reizvolle **Fleurieu-Halbinsel** mit schönen Stränden und dem Top-Weinbaugebiet McLaren Vale im Hinterland.

Einen Stadtplan von Adelaide und weitere Informationen finden Sie S. 204 ff.

Impression im Rymill Park (Adelaide)

⑮ ADELAIDE – BAROSSA VALLEY (77 km)

km	Route	Route vgl. Karte S. 293.
0	Adelaide nordostwärts über die A11 und B31 Richtung **Barossa Valley** verlassen	
32	Chain of Ponds. Kreuzung der B32 mit der B10, geradeaus der B31 nach Kersbrook folgen	
41	Kersbrook, in Kersbrook an der Gabelung rechts halten, B31 nach Williamstown	
56	Williamstown, hinter dem Ort Abzweig der B31 rechts nach Lyndoch	
64	Lyndoch, von dort rechts dem Barossa Valley Hwy. B19 nach Tanunda folgen	
77	**Tanunda**.	

Erdbeerernte im Barossa Valley

Alternative: Wer auf dem Weg zum Barossa Valley einen kleinen Umweg nicht scheut, fährt südwestlich aus der Stadt hinaus und besucht das etwa 35 km vor den Toren Adelaides gelegene **Hahndorf** (vgl. S. 220), ein seit der frühen Besiedlung von deutschen Auswanderern geprägtes Musterdorf. Von dort führt die B34 nördlich nach **Williamstown**.

Da die Fahrt durch die grüne Hügellandschaft kaum 1,5 Stunden dauert, bleibt im **Barossa Valley** (vgl. S. 212 f.) genügend Zeit, zahlreiche Feinkostgeschäfte und vor allem Weingüter wie Penfolds, Wolf Blass oder Peter Lehmann zu besuchen und die erstklassigen Weine der Region zu probieren. Wer seinen Führerschein nicht riskieren möchte, schließt sich einer organisierten Wein-Tour an.

Für die Übernachtung empfiehlt sich das zentral gelegene und angenehme Novotel Barossa Valley, wo es auch gleich einen Golfplatz (www.novotelbarossa.com) nebenan gibt.

Da Port Augusta keine Stadt ist, in der man unbedingt gewesen sein muss, und die Fahrtstrecken des 14. und 15. Tages keine besonderen Attraktionen außer der immer wieder beeindruckenden Outback-Landschaft bieten, können die beiden Tagesabschnitte auch zusammengelegt werden – wenn man nichts gegen lange Autofahrten hat und früh aufbricht. In jedem Fall sollte auch bei derart langen Etappen vermieden werden, während der Dunkelheit zu fahren.

Weinberge im Barossa Valley (oben)

Das Outback, frei übersetzt: »Das Land draußen vor der Tür«

⑯ BAROSSA VALLEY – PORT AUGUSTA (319 km)

km	Route	Route vgl. Karte S. 293.
0	Tanunda	
13	Lyndoch, Barossa Valley Hwy. rechts nach Gawler folgen	
27	Gawler, kurz hinter Gawler die Main North Road kreuzen und weiter nach Two Wells zur Port Wakefield Road A1	
51	Port Wakefield Road A1, rechts einbiegen	
109	Port Wakefield	
230	Abzweig nach Port Pirie	
319	**Port Augusta**.	

Die Fahrt nach **Port Augusta** (vgl. S. 223) dient als eine reine Zwischenetappe ohne besondere Höhepunkte, damit die nächste Etappe nicht zu lang wird. So kann vor der Abfahrt auch noch der Vormittag in Adelaide genutzt werden. Wer

die Region doch etwas intensiver erkunden möchte, sollte hinter Port Wakefield auf die recht unberührte und landschaftlich lohnende Yorke Peninsula abbiegen.

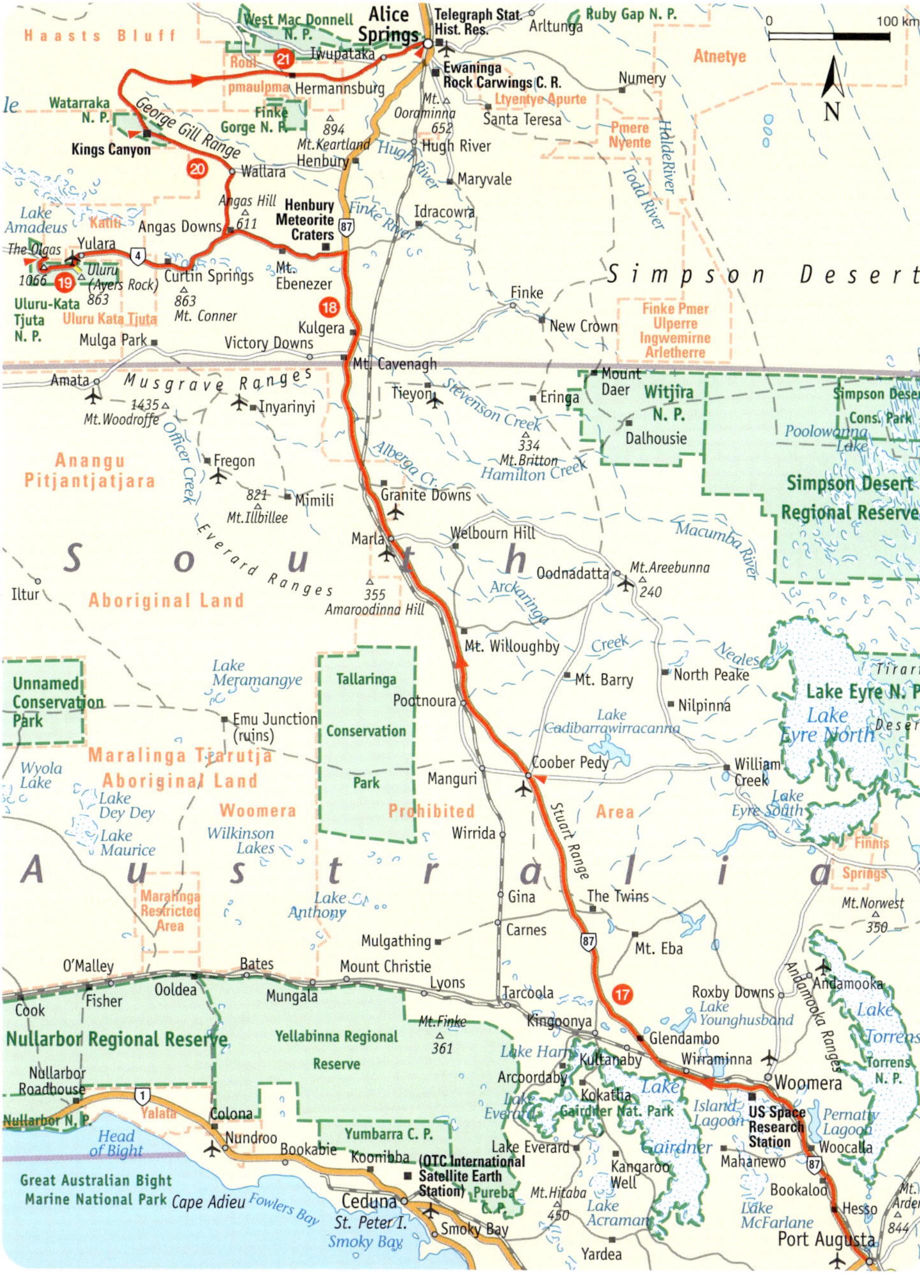

Eine der bekanntesten Opalstädte Australiens: Coober Pedy

⑰ PORT AUGUSTA – COOBER PEDY (540 km)

km	Route	
		Route vgl. Karte S. 301.
0	Port Augusta, Stuart Hwy. A87	
173	Pimba, Abzweig B97, auf A87 geradeaus weiter	
540	**Coober Pedy**.	

Es folgt ein langer Turn auf dem Highway gen Norden in Richtung Red Centre. Endlos erstreckt sich das trockene Outback bis zum Horizont und die Hitze flimmert auf dem weichen Asphalt. Ab und zu ein Road Train oder ein Camper – gegenseitiges Grüßen nicht vergessen – und gelegentlich ein Roadhouse sind die einzige Abwechslung. Doch genau diese Weite und Einsamkeit suchen und lieben viele Australien-Urlauber. Parallel zum Highway verläuft die einspurige Eisenbahntrasse, auf der der legendäre *The Ghan* regelmäßig zwischen Adelaide und Darwin über Alice Springs verkehrt – eine der großen Zugreisen der Welt.

Irgendwo mitten im »Never Never« am endlosen Highway tauchen dann unverhofft rotbraune Sandhügel und Erdlöcher auf: **Coober Pedy** (vgl. S. 214 f.). Hier wühlen die Abenteurer bei glühender Hitze nach Opalen und leben in Wohnungen unter der Erde. Auch der Reisende sollte unter Tage übernachten, da ist es deutlich kühler.

⑱ COOBER PEDY – ULURU (737 km)

km	Route	
		Route vgl. Karte S. 301.
0	Coober Pedy	
235	Maria, Abzweig D85	
415	Kulgera	
489	Erldunda, rechts abbiegen auf Lasseter Hwy. 4	
595	Abzweig Luritja Road zum Kings Canyon, aber geradeaus weiter	
731	**Yulara**	
737	**Ayers Rock Resort**.	

Weiter geht es durch das endlose, flache Outback. Nur gelegentlich findet das Auge Halt an einer Hügelkette, an einzelnen Felsen oder wenigen Bäumen. Je näher man bei der Fahrt dem **Uluru** (vgl. S. 131 f.) kommt, desto typischer wird die Landschaft mit rotem Sand und Spinifex-Gras. Ein Erlebnis ist die langsame Annäherung an den Monolithen, den man dabei aus immer anderen Perspektiven betrachten kann.

Der Uluru ist etwa noch 20 Kilometer von der Touristensiedlung Ayers Rock Resort, in der Nähe des kleinen Ortes Yulara, entfernt, in dem es Unterkünfte aller Kategorien und für jeden Geldbeutel gibt, inklusive Stellplätze für Camper.

19 ULURU UND OLGAS

Rote kugelige Berge: die Olgas

Man sollte in jedem Fall einen Tag für den **Uluru-Kata Tjuta National Park** (vgl. S. 131 f.) einplanen, schon alleine um die verschiedenen Farbstimmungen an dem mächtigen Monolithen mitzuerleben – besonders faszinierend ist der Anblick bei Sonnenauf- und Sonnenuntergang. Auch das hochinteressante Informationszentrum am Nationalpark ist einige Zeit wert. Aus Respekt vor den Aborigines und ihrem Heiligtum sollte man übrigens den Uluru nicht besteigen, sondern sich damit begnügen, an seinem Fuß zu wandern. Zwischen Uluru am Morgen und Uluru am Abend bleibt genügend Zeit für einen Ausflug zu den Kata Tjuta (Olgas), den »vielen Köpfen«, eine ebenso eindrucksvolle Felsformation wie der Uluru. Eine leichte Wanderroute führt in einer Stunde in die Olgas Gorge. Mehrere Stunden nimmt hingegen die Tour zum beeindruckenden Valley of the Winds in Anspruch.

20 ULURU – KINGS CANYON (308 km)

Die wörtliche Übersetzung des Wortes »Aborigine« lautet: Die Menschen, die seit dem Anfang hier waren

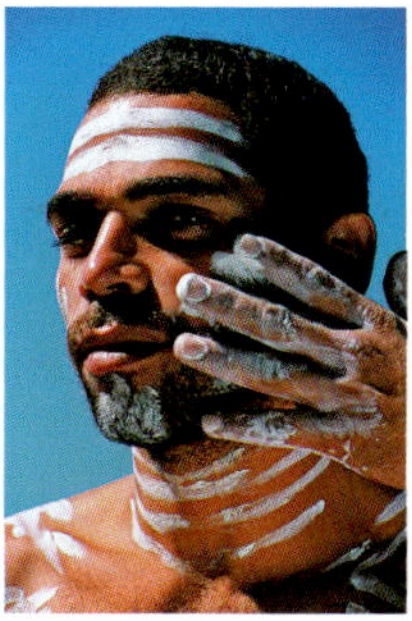

km	Route	Route vgl. Karte S. 301.
0	Ayers Rock Resort	
6	Yulara, Lasseter Hwy. geradeaus bis zur Luritja Road 3	
142	Links in die Luritja Road einbiegen	
308	**Kings Canyon Resort**.	

Die reizvolle Fahrt geht durch das Rote Zentrum zum beeindruckenden **Kings Canyon** (vgl. S. 132), einer gewaltigen Schlucht mit einer spektakulären Szenerie. Der Canyon mit teils 300 Meter tief abfallenden, teilweise baumbewachsenen Wänden ist Teil des **Watarrka National Park**, in dem Garden of Eden und Lost City weitere Attraktionen sind. Oben am Canyon-Rand führt ein sechs Kilometer langer Wanderweg entlang, und es gibt mehrere schöne Lookouts.

Wanderungen durch den Kings Canyon National Park werden mit herrlichen Aussichten belohnt

21 KINGS CANYON – ALICE SPRINGS (473 km)

Variante 1

km	Route	Route vgl. Karte S. 301.
0	Kings Canyon Resort, über die Luritja Road zurück zum Lasseter Hwy.	
166	Lasseter Hwy., links abbiegen	
272	Kreuzung Stuart Hwy., links abbiegen Richtung	
473	**Alice Springs**.	

Zurück auf dem Lasseter Hwy. bis zur Kreuzung mit dem Stuart Hwy. ist die Strecke nun schon bekannt. Neu sind lediglich die letzten 200 Kilometer nach Norden bis **Alice Springs** (Stadtplan und Informationen vgl. S. 125 ff.), die sich landschaftlich von der vorangegangenen Teilstrecke kaum unterscheiden.

Variante 2: Larapinta Drive (322 km)
Für die Strecke ist ein *Permit* erforderlich, das im Kings Canyon Resort erhältlich ist.

Rottöne bestimmen die Landschaft um Alice Springs

km	Route	Route vgl. Karte S. 301.
0	Kings Canyon Resort, dem Mereenie Loop folgen	
124	Abzweig rechts nach Areyonga, aber geradeaus weiter	
151	Kreuzung, geradeaus Richtung Hermannsburg fahren	
192	Hermannsburg, ab hier asphaltiert	
322	**Alice Springs**.	

Der westliche Teil der Strecke, der **Mereenie Loop**, ist bei normalen Wetterbedingungen zwischen April und Oktober eine ordentliche Schotterstrecke. Es wird zwar Allradantrieb empfohlen, allerdings befahren die meisten Australier die Piste mit normalen Pkws, die meisten Autovermieter verbieten dies jedoch (unbedingt im Vorfeld beim Vermieter erkundigen!). Landschaftlich immer wieder bemerkenswert sind die aus dem Boden wachsenden Termitenbauten. Betrachtet man den Erlebniswert, ist diese Route der oben beschriebenen Variante 1 vorzuziehen.

Mit ein paar kleineren Abstechern ist dies eine gute Strecke für Allrad-Einsteiger.

UNTERKÜNFTE

HOTELS, MOTELS, B&BS, PENSIONEN, BACKPACKER-HOSTELS, APARTMENTS, STUDIOS UND BUNGALOWS

Die bei den Unterkünften angegebenen $-Kategorien beziehen sich auf den durchschnittlichen Preis für ein Doppelzimmer pro Nacht. Die Übernachtungspreise können in der Praxis je nach Saison, Ferienzeit, lokalen Veranstaltungen, Feiertagen und Wochenenden schwanken. Es lohnt immer, sich nach aktuellen Angeboten zu erkundigen.

$ – bis A$ 120
$$ – 120 bis A$ 230
$$$ – über A$ 230

NEW SOUTH WALES

Batemans Bay

Murramarang Resort
Mill Beach, Banyandah St.
South Durras, NSW 2536
Reservierung: ✆ 1300 767 255
✆ (02) 4478 6355
www.murramarangresort.com.au
Wunderschön an einem herrlichen Strand, mitten im Nationalpark gelegenes Eco-Resort mit luxuriösen Villen und Bungalows, aber auch mit einfachen Unterkünften und Caravan-Stellplätzen für den schmaleren Geldbeutel – absolut top sind die Villen mit direktem Strandzugang. Die traumhafte Umgebung kann man aber in jedem Fall genießen. $–$$$

Broken Hill

Royal Exchange Hotel
320 Argent St., Broken Hill, NSW 2880
✆ (08) 8087 2308
www.royalexchangehotel.com
Klassisches, restauriertes Art-déco-Hotel mit bequemen, eleganten Zimmern. Mitten in der Stadt. $$

Holiday Units Tarrawingee
253 Wills St., Broken Hill, NSW 2880
✆ (08) 8088 4152
Kleine Ferienanlage mit Pool und sauberen Apartments in Reihenbungalows. $–$$

Byron Bay

Victoria's at Watego's
1 Marine Parade, Byron Bay, NSW 2481
✆ (02) 6685 5388, www.victorias.net.au
Sehr komfortables und luxuriöses B&B im Stil einer toskanischen Villa am Strand der malerischen Bucht unterhalb des Cape Byron und des Leuchturms. $$$

Byron Palms
47 Kingsley St., Byron Bay, NSW 2481
✆ (02) 6680 7539, www.byronpalms.com.au
Schönes Guesthouse, erbaut Anfang des 20. Jh., unweit von Strand und Zentrum, mit dunklen Holzböden, bodentiefen Fenstern und Pool. $$

Sandals B&B
1/11 Carlyle St., Byron Bay, NSW 2481
✆ (02) 6685 8025
www.byronbaysandals.com.au
Ruhig in einer Sackgasse gelegen, aber in Laufnähe zu Stränden, Geschäften, Restaurants. $$

Baystay
30 Marvell St., Byron Bay, NSW 2481
✆ (02) 6685 7509
www.byronbaystay.com
B&B mit Zimmern und Apartments umgeben von einem schönen Garten, nur 400 m zum Ort und nah am Strand. $–$$

Aquarius
16 Lawson St., Byron Bay, NSW 2481
✆ (02) 6685 7663 und 1800 028 909
www.aquarius-backpack.com.au
Backpacker-Motel in zweiter Strandreihe mit 24-Stunden-Check-in, Pool, nettem Café, gratis Boogie Boards und allem, was Traveller noch brauchen. $

Main Beach Backpackers
Lawson & Fletcher Sts., Byron Bay, NSW 2481
✆ (02) 6685 8695 und 1800 150 233
http://mainbeachbackpackers.com
Backpacker-Herberge mit kleinen und größeren Doppel- und Mehrbettzimmern, Salzwasserpool, BBQ, Internet und gratis Boogie-Board-Verleih. $

Clarkes Beach Holiday Park
Off Lighthouse Rd., Byron Bay, NSW 2481
✆ (02) 6685 6496
www.northcoastholidayparks.com.au/park/accomodation_options/clarkes-beach
Campingplatz mit Stellplätzen und Kabinen, BBQ-Areal und Spielplatz am Strand; Stellplätze um A$ 40 die Nacht, Hütten A$ 120.

Coffs Harbour

Boambee Palms Bed & Breakfast
5 Kasch Rd., Sawtell, Coffs Harbour, NSW 2450
✆ (02) 6658 4545
www.boambeepalms.com.au
Sehr schönes, komfortables B&B mit exklusiv und modern designten Zimmern. Tennisplatz mit Flutlicht und 18 m Salzwasser-Pool im tropischen Garten. Top-Golfplatz in der Nähe. $$

Novotel Pacific Bay Resort
CNR Pacific Highway and Bay Drive,
Coffs Harbour, NSW 2450
✆ 1300 363 360, (02) 6659 7000
www.pacificbayresort.com.au
Größeres, modernes Resort in der Charlesworth Bay an einem schönen Strand. $$

Santa Fe Luxury Bed & Breakfast
235 Gaudrons Rd., Coffs Harbour, NSW 2450
✆ (02) 6653 7700, www.santafe.net.au
Vier Zimmer, sehr stilvoll und elegant eingerichtet, mit Terrasse in landschaftlich schöner Lage: zehn Minuten nach Coffs und zwei Minuten zum Sapphire Beach. $$

Hunter Valley

Peppers Guest House
Ekerts Rd., Pokolbin, NSW 2320
✆ (02) 4993 8999
www.peppers.com.au/guest-house
Stilvolle und elegante Unterkunft mit 48 komfortablen Zimmern in herrlicher Weinlandschaft. Ausgezeichnetes Restaurant **Chez Pok**. $$$

The Sebel Kirkton Park Hunter Valley
Oakey Creek Rd., Pokolbin, NSW 2320
✆ (02) 4998 7680
www.sebelhuntervalley.com.au
Wunderschön gelegen und von Weinbergen umgeben bietet das Resort viel Charme und Komfort und ein tolles Restaurant. $$$

Villa Provence
15 Gillards Rd., Pokolbin, NSW 2320
✆ (02) 4998 7404, www.villaprovence.com.au
Neun stilvolle Zimmer in dieser Villa, die tatsächlich irgendwo in der Provence stehen könnte. $$–$$$

Hunter Valley Resort
Hermitage Rd., Pokolbin
Hunter Valley, NSW 2320
✆ (02) 4998 7777
www.hunterresort.com.au
Inmitten der Weinberge gelegenes, hübsches Resort mit eigener Kellerei und Weinschule, aber auch mit einer kleinen Boutique-Brauerei. $$

Port Macquarie

Rydges Port Macquarie
1 Hay St., Port Macquarie, NSW 2444
✆ (02) 6589 2888
www.rydges.com
Am Meer, im Zentrum und nur einen kurzen Fußweg vom Strand entfernt, liegt das moderne, gut ausgestattete Resort mit 98 schönen Zimmern und 25 großzügigen Apartments mit ein bis drei Schlafzimmern. $$$

Bonny Hills Caravan Park
Ocean Dr., Bonny Hills, NSW 2445
✆ (02) 6585 5276
Herrlich an der Küste gelegener Caravan Park – auch Cabins zu vermieten – mit spektakulärem Meerblick und nah zu Surf- und Badestränden. $

Sydney

Hilton Sydney
488 George St., CBD, Sydney, NSW 2000
✆ (02) 9266 2000, www.hilton.com
Im Jahr 2005 komplett umgebautes Luxushotel mit außergewöhnlichem, zeitgemäßem, edlem Design, super komfortablen Zimmern und erstklassigem Restaurant und Bar. $$$

The Langham Sydney
89–113 Kent St., Sydney, NSW 2000
✆ (02) 9256 2222
www.observatoryhotel.com.au
Das wohl schönste Hotel Sydneys und eines der schönsten Australiens. Luxuriöse Zimmer mit Blick auf Darling Harbour, persönliche Atmosphäre, aufmerksamer Service. $$$

Park Hyatt
7 Hickson Rd. & Campbell St., The Rocks
Sydney, NSW 2000
✆ (02) 9241 1234, www.sydney.park.hyatt.com

Luxushotel im alten, restaurierten Viertel The Rocks am Fuß der Harbour Bridge mit Blick auf Oper und Hafen. Sehr komfortabel. $$$

Medusa
267 Darlinghurst Rd., Darlinghurst
Sydney, 2010 NSW
✆ (02) 9331 1000, www.medusa.com.au
Außergewöhnliches, extravagantes, mega-schickes Designhotel mitten im Szene-Bezirk Darlinghurst. 18 individuelle Zimmer in einem komplett umgebauten viktorianischen Gebäude. $$$

Meriton World Tower
91–95 Liverpool St. (George & Liverpool Sts.)
Sydney, NSW 2000,
✆ (02) 8263 7500, 1800 2148 22
www.meritonapartments.com.au
Sehr komfortable, großzügige Apartments mit ein bis drei Schlafzimmern in den oberen Stockwerken eines CBD-Wolkenkratzers; fantastischer Blick. $$–$$$

Morgans of Sydney
304 Victoria St., Darlinghurst
Sydney, 2010 NSW
✆ (02) 8354 3444
www.morganshotel.com.au
Reizendes, intimes Boutiquehotel mit 26 hübsch eingerichteten Suiten, die alle über eine Kitchenette verfügen. Im Umkreis gute Cafés und Restaurants. $$–$$$

Kirketon Hotel
229 Darlinghurst Rd., Darlinghurst
Sydney, NSW 2010
✆ (02) 9332 2011
www.kirketon.com.au
Sehr angenehmes und individuell designtes Boutique-Hotel. Super Lage in der Café- und Restaurant-Szene. $$

Sydney Harbour Bed and Breakfast
140-142 Cumberland street, The Rocks, Sydney, NSW 2000
✆ (02) 9247 1130, www.bbsydneyharbour.com.au
Komfortables, individuell eingerichtetes Bed and Breakfast in einem unter Denkmalschutz stehenden Gebäude im historischen Viertel The Rocks unweit der Harbour Bridge. $$–$$$

Victoria Court Sydney
122 Victoria St., Potts Point, Sydney, NSW 2011
✆ (02) 9357 3200
www.VictoriaCourt.com.au
Gemütliches Hotel mit 25 individuell eingerichteten Zimmern im historischen viktorianischen Stil. Nur wenige Schritte nach Kings Cross. $$

Ulladulla

Ulladulla Guest House
39 Burril St., Ulladulla, NSW 2539
✆ (02) 4455 1796
www.guesthouse.com.au
Das ausgezeichnete 5-Sterne-Guesthouse mit Pool besitzt neben zehn komfortablen Zimmern auch ein ausgezeichnetes französisches Restaurant und eine Kunstgalerie. $$–$$$

Beach Heaven Holiday Resort
Princes Hwy., Ulladulla, NSW 2539
✆ (02) 4455 2110
Schöne Anlage mit Unterkünften für unterschiedlichste Ansprüche vom Campingplatz bis zum komfortablen Bungalow. $–$$

White Cliffs

PJ's Underground
Dugout 72, Turley's Hill
White Cliffs, NSW 2836
✆ (08) 8091 6626,
www.bedsandbreakfasts.com.au/PjsUnderground
Sechs gepflegte unterirdische Zimmer vermietet das mitten in den Opalfeldern von White Cliffs gelegene, originelle Underground-Hotel. $$

AUSTRALIAN CAPITAL TERRITORY

Canberra

Rydges Capital Hill Canberra
Canberra Ave. & National Circuit, Forrest
Canberra, ACT 2603
✆ (02) 6295 3144, www.rydges.com
Schönes Komforthotel mit Hallenbad, Spa, Fitnessclub, Restaurants und Bars unweit des Parlaments. $$

University House
Australian National University
Balmain Circuit & Liversidge St., Acton
Canberra, ACT 2601
✆ (02) 6125 5211, www.anu.edu.au/unihouse
Super Gelegenheit, australisches Uni-Leben hautnah kennenzulernen und gleichzeitig angenehm zu wohnen. Das University House bietet sowohl ordentliche Hotelzimmer als auch Apartments mit Küche; zudem Restaurant und Kellerbar. $–$$

Canberra City YHA
7 Akuna St., Canberra, ACT 2601
✆ (02) 6248 9155
www.yha.com.au
Die beliebte Jugendherberge ist mitten ins Zentrum gezogen und bietet an der neuen Location nun über 200 günstige Zwei- und Mehrbettzimmer. $

QUEENSLAND

Agnes Waters

The Beach Shacks
578 Captain Cook Dr.
Town of 1770, QLD 4677
✆ (07) 4974 9463, http://1770beachshacks.com
Als hätte Captain Cook sich hier ein hübsches Domizil gebaut, so muten die Bambus-Holzbungalow-Apartments im tropischen Stil an – kein Wunder, dass sie oft ausgebucht sind. $$

Shutters on the Beach
18 Thomson St., Agnes Waters
Town of 1770, QLD 4677
✆ (07) 4962 0144, www.shutters1770.com
Modernes Beachhotel in Strandlage zwischen Agnes Waters und Town of 1770. Die schicken Apartments für bis zu acht Personen sind das richtige für alle, die auch auf Reisen geschmackvoll wohnen möchten; Mindestaufenthalt in der Nebensaison drei, in der Hochsaison sieben Nächte. $$

Backpackers 1770
Town of 1770, QLD 4677
✆ (07) 4962 0210, www.1770backpackers.com
Backpacker-Adresse in der knuffigen Town of 1770 mit Doppel- und Mehrbettzimmern (ab A$ 20/Pers.), Coffeeshop und Internet. Der Surfstrand ist 200 m entfernt und man kann Tagestouren nach Lady Musgrave Island unternehmen. Es können Aktivitäten wie Katamaransegeln, Kanu- und Kajakfahrten sowie Allradtouren gebucht werden. $

Airlie Beach

Airlie Beach Hotel
Esplanade & Coconut Grove
Airlie Beach, QLD 4802
✆ (07) 4964 1999 und 1800 466 233
www.airliebeachhotel.com.au
Alteingesessenes Hotel mit einfacheren Motel-Rooms und neu gebauten Beachfront-Zimmern. Bar, nette Restaurants, Bottle Shop und mehr.
$$

Whitsunday Moorings B&B
37 Airlie Crescent, Airlie Beach, QLD 4802
✆ (07) 4946 4692
www.whitsundaymooringsbb.com.au
Zwei komplett eingerichtete Studio-Apartments mit Frühstück, Küche, privater Terrasse, Pool und toller Aussicht.
$$

Whitsunday Terraces
Golden Orchid Dr., Airlie Beach, QLD 4802
✆ (07) 4946 6788 und 1800 075 062
www.whitsundayterraces.com.au
Große Studios und 1- bis 2-Zimmer-Apartments in zentraler Lage oberhalb des Zentrums. Ausstattung okay, Ausblick auf die Bucht und Preis-Leistungs-Verhältnis gut; Pool, Restaurant und Bar.
$$

Sunlit Waters
20 Airlie Crescent, Airlie Beach, QLD 4802
✆ (07) 4946 6362, www.sunlitwaters.com
Ordentliche Apartments oberhalb des Ortseingangs mit Pool und Aussicht.
$–$$

Brisbane

Bed & Breakfast
Eine große Anzahl vernünftiger B&Bs in Brisbane und ganz Queensland sind auf der Webseite www.bbfq.com.au zu finden.

Conrad Treasury
130 William St., Brisbane, QLD 4000
✆ (07) 3306 8888
www.conradtreasury.com
Sehr stilvolles Hotel mit allem Komfort in einem historischen Gebäude. Zu dem Komplex gehören auch das Spielkasino, Bars und Restaurants.
$$$

The Limes Hotel
142 Constance St., Fortitude Valley, QLD 4006
✆ (07) 3852 9000
www.limeshotel.com.au
Erstes australisches Mitglied bei »Design-Hotels«. Klein und stylisch, im Szene-Distrikt gelegen, mit angesagter Dachterrassen-Bar und Roof Top Cinema.
$$

Il Mondo
25–35 Rotherham St.
Kangaroo Point, QLD 4169
✆ (07) 3392 0111, www.ilmondo.com.au
Auch architektonisch interessantes Boutiquehotel, das neben netten Hotelzimmern auch hübsche Studios und Apartments anbietet, alle mit Balkon. $$

Rothbury on Ann
301 Ann St., Brisbane, QLD 4000
✆ (07) 3239 8888
www.rothburyhotel.com.au
Zentral gelegenes Apartment-Hotel in einem umgewidmeten Bürogebäude von 1931. Die Apartments und Hotelzimmer sind unterschiedlich groß (für 2–4 Personen) und geschmackvoll eingerichtet. $$

bunk
Ann & Gipps Sts., Fortitude Valley
Brisbane, QLD 4000
✆ 1800 682 865, www.bunkbrisbane.com.au
Halligalli-Backpacker-Herberge in Brisbanes quirligem Nightlife-Distrikt. Alles von 8er-Schlafsälen bis zum Komfort-Apartment mit zwei Schlafzimmern und Küche. Selbstverständlich mit Pool und Partys. $

Bundaberg

Kellys Beach Resort
6 Trevors Rd., Bargara Beach
Bundaberg, QLD 4670
✆ (07) 4154 7200 und 1800 246 141
www.kellysbeachresort.com.au
Kinderfreundliches Haus in Laufnähe zum Strand. Es gibt zwei Pools, einen für den Nachwuchs und einen hübschen Garten samt See. $$

Cairns

Hilton Cairns
Wharf St., Cairns, QLD 4870
✆ (07) 4050 2000, www.cairns.hilton.com
Elegantes Hotel am Wasser, in das in jüngster Zeit viel investiert wurde. Sehr schöne, elegant-schlichte Zimmer und ein richtig großer Pool. $$–$$$

Shangri-La Hotel
Pierpoint Rd., The Marina Cairns
Cairns, QLD 4870
✆ (07) 4031 1411, www.shangri-la.com
In vorderster Wasserfront direkt am Pier, mit modern und stilvoll eingerichteten Zimmern mit Balkon. Mehrere gute Restaurants. $$–$$$

Tradewinds Cairns
137 The Esplanade, Cairns, QLD 4870
✆ (07) 4053 0300, www.rydges.com
Empfehlenswertes Resort der Rydges-Gruppe direkt an der Esplanade. Ansprechend in hellen Pastellfarben eingerichtete, großzügige Zimmer mit Meerblick. Schöner Pool mit Wasserfall. $$

Break Free Royal Harbour Resort
73–75 Esplanade, Cairns, QLD 4870
✆ (07) 4080 8888
www.breakfree.com.au
Apartmentgebäude über den Night Markets mit komplett eingerichteten Apartments mit einem Schlafzimmer, Balkon und teilweise Meerblick. Cafés und Restaurants in unmittelbarer Nähe. $–$$

Caloundra

Portobello by the Sea
6 Beerburrum St., Dicky Beach
Caloundra, QLD 4551
✆ (07) 5491 9038 und 1800 242 515
www.portobellobythesea.com.au
Vierstöckiges Hotel mit freundlichen 1- bis 3-Schlafzimmer-Apartments, die Deluxe-Variante hat einen Whirlpool; Pool und strandnah. $$–$$$

Pandanus Court
2 Merrima Ave., Caloundra, QLD 4551
✆ (07) 5439 4000
www.pandanuscourt.com.au
Moderne vierstöckige Anlage mit 16 Apartments direkt am Kings Beach; beheizter Pool, BBQ. Über Weihnachten, Ostern und in den Schulferien nur wochenweise buchbar. DZ A$ 130 pro Nacht. $$

Coolum

Palmer Coolum Resort
Coolum Beach, Coolum, QLD 4573
✆ (07) 5446 1234
www.palmercoolumresort.com.au
Wunderschönes Resort in herrlicher Lage zwischen Mount Coolum und Ozean. Gute Sport- und Freizeitmöglichkeiten wie ein fantastisches Golfareal, auf dem regelmäßig die Australian PGA Championships stattfinden. $$–$$$

Fraser Island

Kingfisher Bay Resort
Fraser Island, QLD 4655
✆ (07) 4120 3333 und 1800 072 555
www.kingfisherbay.com
Das große Resort bietet Standardzimmer und komfortable Holzvillen. Es werden auch Wanderungen und Allradtouren angeboten. $$–$$$

Gladstone

Gladstone Backpackers
12 Rollo St., Gladstone, QLD 4680
✆ (07) 4972 5744
www.gladstonebackpackers.com.au
Hostel mit Zwei- bis Mehrbettzimmern für A$ 22/Person. Wer hier nächtigt, kann kostenlos Fahrräder leihen.

Gold Coast

Palazzo Versace
Sea World Dr., Main Beach, QLD 4217
✆ (07) 5509 8000, www.palazzoversace.com.au
Wo Versace drauf steht, ist auch Versace drin: Das zu den »Leading Hotels of the World« gehörende Luxushotel steht dem Modelabel in nichts nach. $$$

An den traumhaften kilometerlangen Stränden der Gold Coast

InterContinental Sanctuary Cove Resort
Manor Circle, Sanctuary Cove Resort
Gold Coast, QLD 4212
✆ (07) 5530 1234
www.intercontinentalsanctuarycove.com
Wunderschönes, komfortables Resort im etwas ruhigeren Sanctuary Cove direkt am Ozean. Highlight ist neben den sehr stilvollen Zimmern und den sehr guten Golfmöglichkeiten die traumhafte Badelagune mit schneeweißem Strand. Top ist auch die Küche. $$$

Q1Resort & Spa
Hamilton Ave., Surfers Paradise, QLD 4217
✆ (07) 5630 4500
www.q1.com.au
In den schicken, exklusiven Apartments (1–3 Schlafzimmer) des 80-stöckigen Hyatt Regency, einem der höchsten Wohngebäude der Welt, zu übernachten ist ein besonderes Erlebnis. Wohnkomfort und Ausblick sind fantastisch. Ein Muss ist ein Kaffee in der Skybar & Lounge im 77. und 78. Stock. $$–$$$

Sheraton Mirage Resort & Spa Gold Coast
Sea World Dr., Main Beach
Gold Coast, QLD 4217
✆ (07) 5591 1488, www.starwoodhotels.com
Weitläufiges Resort, umgeben von tropischen Gärten und einer ausgedehnten Pool-Landschaft. Direkter Strandzugang. $$–$$$

Great Keppel Island

Great Keppel Island Holiday Village
Great Keppel Island, QLD 4655
✆ (07) 4939 8655
http://gkiholidayvillage.com.au
Eine der günstigsten Möglichkeiten, um auf einer der Inseln am Great Barrier Reef in herrlicher Umgebung einige Tage Inselurlaub zu machen, denn hier kann man auch in Zelten, Mehrbettzimmern und einfachen Cabins schlafen. $–$$

Hervey Bay

Alexander
496 Esplanade Torquay, Hervey Bay, QLD 4655
✆ (07) 4125 6555 und 1800 068 833
www.alexanderapartments.com.au
Freundliches, vierstöckiges Apartmenthotel an der Esplanade. Die Apartments sind mit Küchenzeile, Waschmaschine und Satelliten-TV ausgestattet. Zur Anlage gehören ein kleiner Pool und BBQ. $$

Outrigger
Buccaneer Dr., Urangan, Hervey Bay, QLD 4655
✆ (07) 4197 8200 und 1800 044 422
www.outrigger.com
Direkt an der Marina. Hotel mit 156 Zimmern und 1- bis 3-Raum-Suiten, Balkon inklusive. Dazu Pool, Sauna, BBQ-Plätze und Restaurant. $$

Riviera Resort
385 The Esplanade, Hervey Bay, QLD 4655
✆ (07) 4194 1984
www.rivieraresort.net.au
Freundliche Selbstversorger-Apartments mit 1–3 Schlafzimmern, Balkon an der Esplanade. Zum Relaxen stehen ein tropischer Pool, Spa, Sauna und Tennisplatz zur Verfügung. $$.

The Dog House
112 Sanctuary Hills Rd., Hervey Bay, QLD 4655
✆ (07) 4128 0589
www.doghousebedandbreakfast.com.au
Das blaue Haus mit den schwarzen Segeln ist ein neues hübsches B&B. Sven und Paul offerieren nicht nur nette Zimmer, zum Service gehören auch eine Reiki-Behandlung oder Massage. Im 5 ha großen Buschland-Garten Pool, Spa und BBQ. $–$$

Long Island

Peppers Palm Bay
Long Island, Whitsundays, QLD 4741
✆ (07) 4946 9233 und 1800 095 025
www.peppers.com.au/whitsundays
Für Romantiker: 21 Hütten-Bungalows im asiatischen Stil direkt am Strand. Den Luxus-Lifestyle komplettieren Pool und Restaurant.
$$$

Mackay

Seabreeze Resort Hotel
72 Pacific Esplanade, Lamberts Beach
Mackay, QLD 4740
✆ (07) 4955 1644
www.seabreezemackay.com.au
Gepflegtes Mittelklasse-Resort – Apartments mit einem Schlafzimmer und Wohnzimmer – am Strand etwa 10 km außerhalb von Mackay. Pool, Restaurant, Pub und Bottle Shop. $$

SeaEagles Beach Resort
Peninsula Dr., Salonika Beach
Mackay, QLD 4770
✆ (07) 4943 5000, www.seaeagleresort.com.au
14 mit allem Nötigen ausgestattete Häuschen mit jeweils zwei Schlafzimmern, Balkon und nur 50 m vom Salonika Beach entfernt. $$

Magnetic Island

Island Leisure Resort
4 Kelly St., Nelly Bay, Great Barrier Reef Marine Park
Magnetic Island, QLD 4819
✆ (07) 4778 5000
www.islandleisure.com.au
Freundliches Familienresort mit Pool und 17 Bungalows in einem schönen, tropischen Garten.
$$

Maggies Beachfront Apartments
1 Pacific Dr., Horseshoe Bay
Magnetic Island, QLD 4819
✆ 4778 5955
Recht neue, komplett ausgestattete Apartments mit drei Schlafzimmern in bester Strandlage.
$$

base
1 Nelly Bay Rd., Magnetic Island, QLD 4819
✆ (07) 4778 5777, http://stayatbase.com
Neues Backpacker-Domizil mit Bar, Café, Pool, Wassersportangeboten, Tauchschule, Partys und DJs. $

Mission Beach

Castaways on the Beach Resort
Pacific Parade, Mission Beach, QLD 4852
✆ (07) 4068 7444 und 1800 079 002
www.castaways.com.au
Schmuckes Resort für die ganze Familie mit 31 Hotelzimmern und 17 Apartments für Selbstversorger. Nur ein Palmenhain trennt die Gäste vom Strand; es gibt Pool und Whirlpool, BBQ-Plätze und ein Restaurant.
$$

Coco Loco & The Doctor's
71–73 Holt Rd., Mission Beach, QLD 4852
✆ (07) 4068 7637,
www.cocolocomissionbeach.com
Zwei Adressen für Selbstversorger am Mission Beach. Mit Strand und Regenwald vor der Haustür kann man in den Coco Loco Studios mit einem Schlafzimmer (A$ 145 pro Nacht) und in The Doctor's Villas mit 2 Schlafzimmern für bis zu sechs Personen (A$ 215 pro Nacht) wohnen; Mindestaufenthalt zwei Nächte.
$$

Eco Village
Clump Point Rd., Mission Beach, QLD 4852
✆ (07) 4068 7534
www.ecovillage.com.au
Hübsches kleines Resort mit großzügiger tropischer Szenerie, im Zentrum der kreisförmig angelegten Bungalows (Selbstversorger) liegt der Pool. Zum Strand sind es nur ein paar Meter. Shops und Restaurants ebenfalls in Laufnähe.
$–$$

Mooloolah

Hidden Valley Retreat
69 Jillian Rd., Mooloolah, QLD 4553
✆ (07) 5494 7256
www.hiddenvalley.com.au
Angenehme Unterkünfte in herrlicher Regenwaldumgebung mit Felspool und Wasserfällen, Bar und TV befinden sich in einer polynesischen Hütte. Für Mitglieder und andere Gäste. $$

Mossman

Silky Oaks Lodge
Finlayvale Rd.
Mossman, QLD 4873
✆ (07) 4098 1666
www.silkyoakslodge.com.au
50 komfortable »Tree- and Riverhouses« mit großen Veranden inmitten des einzigartigen Regenwalds. Exzellentes Spa. $$$

Noosa Heads

The Emerald Noosa
42 Hastings St.
Noosa Heads, QLD 4567
✆ (07) 5449 6100 und 1800 803 899
www.emeraldnoosa.com.au
Schickes Designer-Quartier im Zentrum mit 45 Apartments und Penthouse-Apartments für bis zu sechs Personen. DZ A$ 230–250, Penthouse A$ 350–450.

Maison Noosa
5 Hastings St., Noosa Heads, QLD 4567
✆ (07) 5447 4400
www.maisonnoosa.com.au
Beachfront-Location mit 23 Apartments mit Restaurant, Café und geheiztem Salzwasserpool. $$–$$$.

10hastingsstreet Boutique Motel
10 Hastings St., Noosa Heads, QLD 4567
www.10hastingsstreet.com.au
Frisch renoviertes Boutique Motel in allerbester, zentraler Lage. $$

Palm Cove

Angsana
1 Veivers Rd., Palm Cove, QLD 4879
✆ (07) 4055 3000
www.angsanaspa.com
Strandlage, zu den »Small Luxury Hotels of the World« gehörendes Hideaway mit Spa und schönem Restaurant **Far Horizons**. $$$

Pullman Sea Temple Resort & Spa
Triton St., Palm Cove, QLD 4879
✆ (07) 4015 3495
www.pullmanpalmcove.com.au
Luxusresort mit direktem Strandzugang, Drei Pools und komfortablen Studios mit bis zu drei Schlafzimmern. Die Top-Apartments haben Dachterrasse mit BBQ und Whirlpool. $$$

The Reef House
99 Williams Esplanade, Palm Cove, QLD 4879
✆ (07) 4080 2600
www.reefhouse.com.au
Resort im Kolonialstil an der Promenade mit großzügigen, geschmackvoll eingerichteten Zimmer. $$$

Oasis at Palm Cove
McDonald Close, Palm Cove, QLD 4879
✆ (07) 4059 0522
www.oasis-palmcove.com.au
Enorm großzügige, sehr angenehm eingerichtete Apartments in einem üppigen tropischen Garten; Pool und BBQ-Area. $$

Port Douglas

Sheraton Mirage Port Douglas Resort
Davidson St., Port Douglas, QLD 4877
✆ (07) 4099 5888
http://sher.at/mirageportdouglas
Ansprechendes, tropisches Ferienresort mit riesiger Pool-Landschaft, direkt am kilometerlangen Sandstrand Four Mile Beach gelegen.
$$–$$$

The Newport on Macrossan
16 Macrossan St., Port Douglas, QLD 4877
✆ (07) 4099 5700
www.thenewport.com.au
Ordentliche Apartments mit Balkon oder Terrasse im Herzen von Port Douglas. $–$$

Townsville

Waters Edge
63 The Strand, North Ward
Townsville, QLD 4810
✆ (07) 4721 1777
www.watersedgethestrand.com
Geschmackvolle Zimmer und Apartments an der Esplanade, kleiner Pool. Mit dem angesagten Restaurant Naked Fish und einer Handvoll anderer angenehmer Pub-, Café- und Take-away-Adressen hat man gute Gastro-Spots in kürzester Laufnähe. $$

City Oasis Inn
143 Wills St., Townsville, QLD 4810
✆ (07) 4771 6048
www.cityoasis.com.au
Angenehmes Mittelklasse-Haus mit üppiger Poollandschaft in sehr günstiger Citylage. $–$$

Ocean Breeze by the Strand
81 Mitchell St., North Ward, QLD 4810
✆ (07) 4729 8100
www.oceanbreezebythestrand.com.au
Neue, gut eingerichtete Studios und Apartments am Meer. $–$$

Yeppoon

Mercure Capricorn Resort
Farnborough Rd., Yeppoon, QLD 4703
✆ (07) 4925 2525
www.mercurecapricornresort.com.au
Schönes Ferienresort mit privatem Strand und vielen Freizeit- und Sportmöglichkeiten wie Golf und Reiten. $$

While Away B&B
44 Todd Ave., Yeppoon, QLD 4703
✆ (07) 4939 5719
www.whileawaybandb.com.au
Freundlich geführte 4-Zimmer-Pension etwa 100 m vom Strand und 2,5 km zum Ortszentrum. $–$$

NORTHERN TERRITORY

Alice Springs

Alice on Todd
Strehlow St. & South Terrace
Alice Springs, NT 0870
✆ (07) 8953 8033
www.aliceontodd.com
Solide ausgestattete Studios und 1- und 2-Schlafzimmer-Apartments in einer Anlage mit kleinem Pool und BBQ. $$

Desert Palms Resort
74 Barrett Dr., Alice Springs, NT 0871
✆ (08) 8952 5977
www.desertpalms.com.au
Angenehme, ruhige Bungalow-Anlage mit schönem Garten und Pool, die noch dazu direkt an den Golfplatz grenzt. $$

Lasseter Hotel Casino
93 Barret Dr., Alice Springs, NT 0870
✆ (08) 8950 7777, www.lasseters.com.au
Kasino mit Glücksspiel aller Art und einem angeschlossenen, komfortablen Hotel. $$

Alice Motor Inn
27 Undoolya Rd., Alice Springs, NT 0870
✆ (08) 8952 2322
www.alicemotorinn.com.au
Solides, ca. 1 km außerhalb des Zentrums gelegenes Motel mit 20 Zimmern, teilweise mit Kitchenette. Kleiner Pool und BBQ. $–$$

Darwin

Feathers Sanctuary
49A Freshwater Rd., Jingili, NT 0810
✆ (08) 8985 2144
Komfortable Unterkunft mitten in der Natur in vier einzeln stehenden Bungalows zehn Minuten außerhalb von Darwin. $$$

Skycity Darwin
Gilruth Ave., Mindil Beach, Darwin, NT 0801
✆ (08) 8943 8888
www.skycitydarwin.com.au
5-Sterne-Boutiquehotel am Mindil Beach. Viel Komfort und Unterhaltung.
$$–$$$

Darwin Central Hotel
21 Knuckey St., Darwin, NT 0801
✆ (08) 8944 9000
www.darwincentral.com.au
Nettes Boutiquehotel im Herzen Darwins. Guter Standard, freundlicher Service. Die Zimmer sind wegen kleiner Fenster allerdings etwas dunkel.
$$

Steeles at Larrakeyah
4 Zealandia Crescent, Darwin, NT 0820
✆ (08) 8941 3636
www.steeles-at-larrakeyah.com.au
In der City gelegenes, kleines B & B mit Pool. $$

vibe hotel darwin waterfront
7 Kitchener Dr.
Darwin City Waterfront, NT 0800
✆ (08) 8982 9998, www.vibehotels.com.au
Neu eröffnetes Lifestyle-Hotel mit allem Komfort, natürlich mit Pool; Geschäfte, Cafés und Restaurants in Laufnähe.
$$

The Cavenagh
12 Cavenagh St., Darwin, NT 0820
✆ (08) 8941 6383, www.thecavenagh.com
Zentral gelegenes Backpacker-Hostel mit einer großen Unterkunftspalette vom Mehrbett- bis zum Einzelzimmer. Großer Pool, Bar, Restaurant und viel Stimmung. Nichts für Ruhesuchende.
$

Kakadu National Park

Mercure Kakadu Crocodile Hotel
1 Flinders St., Jabiru, NT 0886
✆ (08) 8979 9000, www.mercure.com
In der Form eines Krokodils erbautes, komfortables Hotel mit 110 Zimmern. Bestes Hotel im Park. $$

Gagudju Lodge Cooinda
Kakadu Hwy., Jim Jim, NT 0886
✆ (08) 8979 0145
www.gagudjulodgecooinda.com
Lodge im Grünen mitten im Kakadu Park bei Yellow Waters. Stilvolle Zimmer, Backpacker-Unterkunft und schattige Stellplätze für Zelte und Caravans. $–$$

Katherine

ibis styles Katherine
Stuart Hwy., Katherine, NT 850
✆ (08) 8972 1744, www.accorhotels.com.au
Vernünftiges Mittelklassehotel mit großen Zimmern, Garten, Pool, Restaurant, Bar, BBQ und Tennisplatz. $$

St. Andrews Serviced Apartments
27 First St. (P.O. Box 1537), Katherine, NT 0850
✆ (08) 8971 2288 und 1800 686 106
www.standrewsapts.com.au
14 gepflegte, komplett ausgestattete Apartments für bis zu sechs Personen. Günstig gelegen.
$–$$

Kings Canyon

Kings Canyon Resort
Reservierung ✆ (02) 8296 8010
www.kingscanyonresort.com.au
Landschaftlich herrlich gelegenes Resort mit Unterkünften von einfach bis luxuriös. Es gehört zur Voyages-Gruppe, die etliche Luxusresorts in ganz Australien betreibt, wie z. B. am Ayers Rock, auf Bedarra Island, Heron Island oder El Questro Station.
$–$$

Uluru

Ayers Rock Resort
Zentrale Reservierung des Touristendorfs (8–19 Uhr): ✆ (02) 8296 8010
www.ayersrockresort.com.au
Unterkünfte vom einfachen Campingplatz über Apartments bis zum Luxushotel, das kaum Wünsche offen lässt.
$–$$$

WESTERN AUSTRALIA

Albany

The Terrace Bed & Breakfast/Villas
36 Marine Terrace, Middleton Beach, Albany, WA 6330
✆ (08) 9842 9901
www.theterracealbany.com.au
Schönes B & B mit verschiedenen Ferienhäusern nur zwei Minuten vom Strand.
$$

Augusta

Augusta Hotel Motel
Blackwood Ave., Augusta, WA 6290
✆ (08) 9758 1944
www.augustahotel.com.au
Unterkunft von günstigen Backpacker-Zimmern bis zu soliden Selbstversorger-Cottages. Natürlich mit Restaurant, diversen Bars und Bottle Shop. $–$$

Broome

Bali Hai Resort
6 Murray Rd., Cable Beach, Broome, WA 6725
✆ (08) 9191 3100
www.balihairesort.com
Recht neues, sehr komfortables Resort mit Studios und Villen im balinesischen Stil. Nah zum Strand. $$$

Cable Beach Club Resort
Cable Beach Road, Cable Beach
Broome, WA 6725
✆ (08) 9192 0400
www.cablebeachclub.com
Das Top-Resort am Strand. Die Bar ist *der* Treff zum Sonnenuntergang. $$$

Broometown B & B
15 Stewart St., Broome, WA 6725
✆ (08) 9192 2006
www.broometown.com.au
Komfortables B & B mit Pool in zentraler Lage. $$

Cable Beachside Resort
Murray Rd., Cable Beach, Broome, WA 6725
✆ (08) 1993 5545
www.cablebeachside.com.au
Großzügige Apartments in kleiner Anlage mit Pool und BBQ nur fünf Minuten vom Cable Beach. $$

Kimberley Klub
62 Frederick St., Broome, WA 6725
✆ (08) 9192 3233, www.kimberleyklub.com
Gepflegte Backpacker-Unterkunft mit gutem Freizeitangebot, zentral gelegen. $

Cape Leveque

Kooljaman
Cape Leveque, WA 6725
✆ (08) 9192 4970
www.kooljaman.com.au
Vom Campingplatz über die Robinson-Crusoe-Hütte bis zum halboffenen Safarizelt mit Terrasse und Bad logiert man hier in einer einzigartigen Strand-Felsen-Küstenlandschaft. $–$$$

Derby

Boab Inn
Loch St., Derby, WA 6728
✆ (08) 9191 1044, http://derbyboabinn.com
Mitten in Derby gelegen und so etwas wie die Adresse für alle Fälle, denn neben relativ einfachen Zimmern gibt es auch einen Bottle Shop, drei Bars, Restaurant, Großbildleinwand für Sportübertragungen und Livemusik. $–$$

Esperance

Esperance Island View
14–15 Esplanade, Esperance, WA 6450
✆ (08) 9072 0044
www.esperanceapartments.com.au
Schöne Apartments am Strand mit ein und zwei Schlafzimmern. $$

Exmouth

Potshot Hotel Resort
Murat Rd., P.O. Box 82, Exmouth, WA 6707
✆ (08) 9949 1200
www.potshotresort.com
Breites Übernachtungsangebot vom Backpacker-Schlafsaal über Motel- und Hotelzimmer bis zu komfortablen Apartments mit drei Schlafzimmern; drei Pools, zwei Bars und zwei Restaurants. $–$$

Ningaloo Caravan and Holiday Resort
Murat Rd., Exmouth, WA 6707
✆ (08) 9949 2377 und 1800 652 665
www.exmouthresort.com
Großzügige Anlage gegenüber dem Infobüro mit schattigen Stellplätzen und Bungalows. Schöner Pool. $–$$

Lighthouse Caravan Park
Vlaming Head Yardie Creek Rd.
Exmouth, WA 6707
✆ (08) 9949 1478
www.ningaloolighthouse.com
An der Spitze des Kaps, nur wenige Meter zum Strand. Neben Zelt- und Caravan-Plätzen gibt es einige gut ausgestattete Chalets mit einem tollen Meerblick. $–$$

Geraldton

Ocean Centre Hotel
Foreshore Dr. & Cathedral Ave.
Geraldton, WA 6530
✆ (08) 9921 7777, www.oceancentrehotel.com.au
Im Herzen Geraldtons und direkt am Wasser gelegenes, modernes Hotel mit Standard- und Deluxe-Zimmern. Teilweise mit Balkon und Meerblick. $$

Gibb River Road
Vgl. Kununurra.

Halls Creek

Best Western Halls Creek Motel
194 Northern Hwy., Halls Creek, WA 6770
✆ (08) 9168 6001
www.bestwestern.com.au
30 ordentliche Zimmer, Pool, Restaurant. $$

Kalbarri

Kalbarri Beach Resort
Clotworthy St., Kalbarri, WA 6536
✆ (08) 9937 1061
www.kalbarribeachresort.com.au
Großes Resort am Meer mit komplett ausgestatteten Wohnungen und vielen Freizeitmöglichkeiten. $–$$

Kalgoorlie-Boulder

Quest Yelverton Kalgoorlie
210 Egan St., Kalgoorlie, WA 6430
✆ (08) 9022 8181
www.questapartment.com.au
Großzügige und komfortable Studios und Apartments in Citylage; Pool und BBQ-Area. $$–$$$

Disovery Holiday Parks
286 Burt St., Kalgoorlie-Boulder, WA 6432
✆ 1800 004 800, www.discoveryholidayparks.com
Vom schattigen Stellplatz für Zelt oder Caravan bis zur luxuriösen »Park Cabin« für fünf Leute. $

Kununurra

El Questro
P.O. Box 909, Kununurra, WA 6743
✆ (08) 9169 1777
www.elquestro.com.au
Wohl die bekannteste und luxuriöseste Station in den Kimberleys an der Gibb River Road. Unterkunft vom absoluten Luxuszimmer bis zum Camping am Fluss. Flugzeug-Transfer von Kununurra oder Darwin möglich, breites Ausflugs- und Aktivitäten-Programm, heiße Quellen und vieles mehr.
$–$$$

Home Valley Station
Private Mail Bag 15, Kununurra, WA 6743
✆ (08) 9161 4322
www.homevalley.com.au
Am Fuß der Cockburn Range in den East Kimberleys an der Gibb River Road gelegene Outback-Station. Camping und B&B, Safari Eco-Lodge, Restaurant und Shop. In der Outback-Station werden Touren von *birdwatching* bis *horseriding* angeboten.
$–$$

Lakeside Resort
P.O. Box 1129
Kununurra, WA 6743
✆ (08) 9169 1092 und 1800 786 692
www.lakeside.com.au
Schön an der Lily Creek Lagoon gelegenes Resort mit Campingplatz, Motelzimmern, Studios und Cabins. Mit Pool, Restaurant und Bar. $–$$

Hotel Kununurra
32 Messmate Way
Kununurra, WA 6743
✆ (08) 9168 0400
www.hotelkununurra.com.au
Zentrumsnah gelegene, typische *Aussie*-Hotel-Unterkunft mit 3-Sterne-Motel, verschiedenen Bars, Restaurant, Bottle Shop, Pool und BBQ. Hier gibt es natürlich das *coldest beer in town.*
$–$$

Margaret River

Kangaridge
Walcliffe Rd. & Devon Dr.
Margaret River, WA 6285
✆ (08) 9757 3939
Sehr komfortables B&B mit vier Zimmern, kleiner Indoor- und Whirlpool am Kamin. Etwa 2 km außerhalb des Ortes und nicht weit zu Stränden und Weingütern.
$$

Margaret Beach Resort
Riedle Dr., Margaret River, WA 6285
✆ (08) 9757 1226
www.margaretbeachresort.com.au
Solide, renovierte Studios und Apartments nicht weit vom Strand. $$

Peppermint Brook Cottages
12 Mann St.
Margaret River, WA 6285
✆ (08) 9757 2485
www.peppermintbrookcottages.com.au
Nur knapp 1 km außerhalb des Ortes im Grünen liegen die acht zweckmäßig eingerichteten Cottages mit je zwei Schlafzimmern und überdachter Terrasse. $$

Sea & Soul Beachside Studio Apartments
54 Mitchell Dr., Prevelly
Margaret River, WA 6285
✆ (08) 9757 2026
www.mronline.com.au/accom/seasoul
Zwei mediterran eingerichtete Studios nur wenige Meter von Strand und Ozean entfernt.
$$

Monkey Mia

Monkey Mia Dolphin Resort
Shark Bay, Monkey Mia, WA 6537
✆ (08) 9948 1320 und 1800 653 611
www.monkeymia.com.au
Vom Campingplatz über Hotelzimmer bis zu Ferienhäusern. Sowohl einige Caravan-Stellplätze als auch einige Häuschen liegen direkt am Strand; top ist übrigens das Restaurant. $–$$$

Perth (WA)

The Parmelia Hilton
Mill St., Perth, WA 6000
✆ (08) 9215 2000
www.hilton.com
Klassisches 5-Sterne-Haus mit luxuriöser Einrichtung und zeitgemäßem Design. Ein angenehmes Restaurant mit moderner australischer Küche, in dem man auch viele exzellente einheimische Weine bekommt, ist das **Globe**. $$$

Wyndham Outram
32 Outram St., West Perth, WA 6005
✆ (08) 9322 4888
www.wyndhamvrap.com/resorts/theoutram/
Kleines, sehr persönlich geführtes Stadthotel, das zu den »Small Luxury Hotels of the World« zählt. Eingerichtet mit schlichter, zeitloser Eleganz. $$–$$$

Mont Clare Boutique Apartments
190 Hay St., East Perth, WA 6000
✆ (08) 9224 4300
www.montclareapartments.com.au
Nette Apartments unterschiedlicher Größe zu einem ordentlichen Preis-Leistungs-Verhältnis; Pool. In Laufnähe zur Fußgängerzone. Cafés und Restaurants in der Nähe. $$

Criterion Hotel
560 Hay St., Perth, WA 6000
✆ (08) 9325 5155
www.criterion-hotel-perth.com
Mitten in CBD gelegenes, ansprechendes Stadthotel in einem restaurierten denkmalgeschützten Gebäude von 1840. $–$$

Ocean Beach Hotel
Marine Parade & Eric St., Cottesloe, WA 6011
✆ (08) 9384 2555
www.obh.com.au
In herausragender Lage direkt an der Promenade liegt diese Multifunktions-Lokalität mit Boutiquehotel, Backpacker-Unterkunft, Pub, Bar, Restaurant und Bottle Shop. Backpacker $, Hotel $$

Yallingup

Cape Lodge
Caves Rd., Yallingup, WA 6282
✆ (08) 9757 6311, www.capelodge.com.au
Stilvoller Luxus in reizender Umgebung. $$$

SOUTH AUSTRALIA

Adelaide

Hilton
233 Victoria Sq., Adelaide, SA 5000
✆ (08) 8231 1234, www.hilton.com
Großes, zentral gelegenes Haus mit allen Vorteilen einer renommierten Hotelkette. Das Hotel-Restaurant **The Grange** ist die Top-Adresse in Adelaide für moderne australische Küche. $$–$$$

Adina Apartment Hotel Adelaide Treasury
2 Flinders St., Adelaide, SA 5000
✆ (08) 8112 0000, www.tfehotels.com
Sehr komfortable Apartments in einem ehemaligen Bankgebäude in bester Lage. $$–$$$

Break Free Director's Studios Adelaide
259 Gouger St., Adelaide, SA 5000
✆ (08) 8213 2500
www.breakfree.com.au/directors-studios
Zimmer und Studios der guten Mittelklasse in Laufnähe zu Chinatown, Central Markets und vielen Restaurants und Cafés. $–$$

Adelaide Central YHA
135 Waymouth St., Adelaide, SA 5000
✆ (08) 8414 3010
Mehrfach ausgezeichnete Jugendherberge im Zentrum Adelaides. $

Barossa Valley

Novotel Barossa Valley Resort
Golf Links Rd., Rowland Flat
Barossa Valley, SA 5352
✆ (08) 8524 0000, www.novotelbarossa.com
Das wohl schönste Resort im Weintal. Natürlich mitten in den Weinbergen gelegen und mit einem guten Restaurant, das alle einheimischen Spitzenwinzer auf der Karte führt. Der Golfplatz liegt auch gleich um die Ecke. $$

Coober Pedy

Desert Cave Hotel
Hutchison St.
Coober Pedy, SA 5723
✆ (08) 8672 5688
www.desertcave.com.au
Originelles und luxuriöses Hotel – »Small Luxury Hotel of the World« –, das sich für die Opalstadt typisch unter Tage befindet. $$$

Mud Hut Motel
St. Nicholas St., Cooper Pedy, SA 5723
✆ (08) 8672 3003, www.mudhutmotel.com.au
Freundliches Motel über der Erde mit ordentlichen Zimmern, Restaurant und Bar. $–$$

Kangaroo Island

LifeTime Private Retreats
Buchungsbüro: 33 Queen St.
Thebarton, SA 5031
Reservierung ✆ (08) 8354 2368
✆ (08) 8559 2248, www.life-time.com.au
LifeTime Retreats vermietet auf Kangaroo Island 3 superschöne und luxuriöse Villen für bis zu 6 Personen: Cliff House, Sky House und Stone House. Dazu können exklusive *dining packages* mit Dinner am Strand etc. gebucht werden. $$$

Kangaroo Island Seafront Hotel
49 North Terrace, Penneshaw, SA 5222
✆ (08) 8553 1028, www.seafront.com.au
Im ruhigen Penneshaw liegt dieses nette Hotel mit großen Zimmern. Tropischer Garten mit Pool, Bar und Restaurant. $$

Aurora Ozone Hotel
The Foreshore, 67 Chapman Terrace
Kingscote, SA 5223
✆ (08) 8553 2011, www.ozonehotel.ki.com.au
Schöne Zimmer, Pool, Spa, gutes Restaurant, lebhafte Kneipe und Bar, Bottle Shop. $$

VICTORIA

Apollo Bay

Paradise Gardens
715 Barham River Rd., Apollo Bay, VIC 3233
✆ (03) 5237 6939, www.paradisegardens.net.au
Selbstversorgerhäuschen mit Terrasse und BBQ direkt am See sowie Bed & Breakfast-Zimmer. $$

Originell: das Desert Cave Hotel in Coober Pedy

Daylesford und Hepburn Springs

Daylesford Getaways
14 Vincent St., Daylesford, VIC 3460
✆ (03) 5348 4422
www.dayget.com.au
Guter Buchungsservice für die beiden hübschen Orte im Spa County.

Halls Gap

Grampians Gateway Holiday Resort
Halls Gap & Lake Fyans Tourist Rds.
Halls Gap, VIC 3381
✆ (03) 5356 4448
www.grampiansgetawayresort.com.au
An einem kleinen See, freundlich und bequem eingerichtete, pyramidenförmige Bungalows. $$

Halls Gap Lakeside Caravan Park
Tymna Dr., Halls Gap, VIC 3381
✆ (03) 5356 4281, www.hallsgaplakeside.com.au
Hübsche Anlage am See mit verschiedenen Unterkünften wie Caravan-Stellplätzen, einfacheren Cabins und komfortablen Bungalows. $–$$

Lorne

Mantra Lorne Beach Resort
Mount Joy Parade, Lorne, VIC 3232
✆ (07) 4194 1955
www.mantra.com.au
Neueres Resort an der Great Ocean Road mit hübschen Zimmern und in unmittelbarer Strandnähe gelegen. Zudem nur wenige Minuten zu Pubs und Restaurants. $$

Melbourne

The Cullen
164 Commercial Road
Prahran, VIC 3181
✆ 03 9098 155
www.artserieshotels.com.au/cullen
Stilvolles Boutiquehotel im Szene-Bezirk, das beim ansprechenden Interieur auch auf die Werke des zeitgenössischer australischen Künstlers Adam Cullen setzt. $$–$$$

The Lyall
14 Murphy St., South Yarra
Melbourne, VIC 3141
✆ (03) 9868 8222
www.thelyall.com.au
Ausgezeichnetes »Luxury Lifestyle Hotel« mit sehr entspannter Atmosphäre; günstig im quirligen Szene-Bezirk South Yarra gelegen. $$–$$$

Camping inklusive Kängurus – eine Alternative zum Hotelaufenthalt

Bayview Eden
6 Queens Rd., Melbourne, VIC 3004
✆ (03) 9250 2222
www.bayviewhotels.com/eden
Etwas gehobenes Stadthotel mit 192 gut eingerichteten Zimmern und Suite und teilweise Blick auf den Albert Park. $$

Oakford the Mews (Quest Prahran)
9 Balmoral St., South Yarra, Melbourne, VIC 3141
✆ (03) 9823 8888, www.questapartments.com.au
Sehr schöne Apartments unterschiedlicher Größe nicht weit von Shops, Cafés und Restaurants. $$

Quest on William
172 William St., Melbourne, VIC 3000
✆ (03) 9605 2222, www.questapartments.com.au
Zentral mitten in CBD gelegene und gut eingerichtete Apartments mit 1–3 Schlafzimmern, Küche und separatem Wohn-/Essbereich. $$

Easystay @ The Bayside Motel
63 Fitzroy St., St. Kilda, VIC 3182
✆ (03) 9537 2399, www.easystay.com.au
Solide Zimmer im Herzen von St. Kildas Restaurant-Szene; zum Strand sind es nur 300 m. $

Mildura

Mercure Hotel Mildura
120 Eighth St., Mildura, VIC 3500
✆ (03) 5051 2500, www.accorhotels.com
Vier-Sterne-Hotel mit 68 Zimmern und Apartments hinter historischer Fassade. $$

Mildura Grand Hotel
Seventh St., Mildura, VIC 3500
✆ (03) 5023 0511
www.qualityhotelmilduragrand.com.au
Das altehrwürdige Grandhotel ist in erster Linie wegen des australischen Spitzenkochs Stefano di Pieri und seinem Gourmet-Restaurant **Stefano's** berühmt. Der imposante Bau bietet aber auch ordentliche, kleine Standardzimmer sowie großzügigere Doppelzimmer und elegante Suiten. $$–$$$

Port Fairy

Oscars Waterfront
41 B Gipps St., Port Fairy, VIC 3284
✆ (03) 5568 3022, www.oscarswaterfront.com
Hübsches Boutiquehotel direkt am Wasser mit Blick auf die Marina. Sechs Zimmer, individuell eingerichtet, und eine Suite. $$

Mungala Apartments
192 Griffith St., Port Fairy, VIC 3284
✆ (03) 5568 1066
Ordentliche Apartments in bezaubernder Lage am Strand. $–$$

Star of West Hotel
76 Sackville St., Port Fairy, VIC 3284
✆ (03) 5568 1715, www.thestarhotel.com.au
Solides B & B mit ordentlichem Restaurant in dem es sowohl Seafood wie auch Steaks gibt, einer beliebten Bar und Bottle Shop. $

TASMANIEN

Hobart

Battery Point Manor
13–15 Cromwell St., Battery Point
Hobart, TAS 7004
✆ (03) 6224 0888
www.batterypointmanor.com.au
Individuelles, komfortables Gästehaus in einem historischen Gebäude von 1834. Zimmer mit herrlicher Aussicht auf den Hafen. $$

Somerset on the Pier
Elizabeth Street Pier, Hobart, TAS 7000
✆ (03) 6220 6600
www.somerset.com
Herrliche Location direkt an Hobarts Waterfront und nicht weit zum historischen Viertel und zum Zentrum. Geboten werden geschmackvoll eingerichtete *Serviced Apartments* mit Aussicht. $$

Somerset on Salamanca
8 Salamanca Place, Hobart, TAS 7000
✆ (03) 6220 6600, www.somerset.com
In besserer Lage als mitten in Hobart kann man nicht wohnen. Die exzellenten Studios und Apartments haben sogar Balkon oder Terrasse. $$

Hafenblick inbegriffen: logieren in Hobart auf Tasmanien

SERVICE VON A BIS Z

Anreise, Einreise

Die Flugzeit nach Australien hat sich zwar in den letzten Jahren schon erheblich verkürzt, mit 22 bis 24 Stunden muss man dennoch rechnen. Am beliebtesten ist die Asien-Route mit Zwischenlandung in einer der Metropolen wie Bangkok, Hongkong, Kuala Lumpur oder Singapur. Neben der australischen Fluggesellschaft Qantas, die die häufigsten Flugverbindungen in alle australischen Großstädte unterhält, fliegen auch alle asiatischen Airlines wie Thai Airways oder Malaysian Airlines zumindest Sydney und Melbourne an. In der Regel besteht auf Hin- oder Rückflug die Möglichkeit zu einem preisgünstigen *Stopover*. Günstige Verbindungen bieten auch die Airlines aus dem Mittleren Osten wie etwa Emirates, Etihad oder Qatar an.

Auch die großen europäischen Airlines wie KLM, British Airways und Air France fliegen natürlich nach Down Under. Air New Zealand und Canada Air nehmen die Route über Amerika, eine interessante Alternative. Australien hat sieben internationale Flughäfen, wobei nicht alle von jeder Airline angefolgen werden.

Für die Einreise nach Australien sind ein **Visum** und ein mindestens sechs Monate gültiger **Reisepass** erforderlich (auch für Kinder). Das reguläre **Touristenvisum** für Aufenthalte bis zu drei Monaten ist kostenlos und gilt zwölf Monate lang für mehrmalige Einreisen. Reiseveranstalter bieten oft zusammen mit der Flugbuchung einen kostenlosen Visa-Service an. Touristenvisa für längere Aufenthalte bis sechs Monate, gültig für mehrmalige Einreisen mit einer Geltungsdauer bis vier Jahre, sind kostenpflichtig. Am einfachsten ist es im Internet das sogenannte **eVisum** zu beantragen (www.immi.gov.au/Visas/Pages/651.aspx).

Jüngere Leute können inzwischen auch ein **working visa** erhalten, das dazu berechtigt, innerhalb eines Jahres eine begrenzte Zeit in Australien zu arbeiten. Bei der Einreise muss ein Einreiseformular ausgefüllt werden, das bereits im Flugzeug verteilt wird (www.germany.embassy.gov.au).

Auskünfte zu allen Einreise- und Aufenthaltsfragen (auch Einwanderung, Studium, Arbeiten etc.) erteilt das **Department of Immigration and Multicultural Affairs** (www.immi.gov.au).

Ideal für Individualisten: Allradcamper mit Dachzelt

Australien hat sehr strenge **Quarantänegesetze,** die Seuchen und Krankheiten fernhalten sollen. Bei der Ankunft in Australien wird sämtliches Gepäck geröntgt oder von Quarantänebeamten und Spürhunden kontrolliert. Wer quarantänepflichtige Gegenstände bei der Einreise nicht deklariert oder falsche Angaben macht, muss mit relativ harten Strafen rechnen. Alles, was mehr oder weniger organisch ist, darf nicht eingeführt werden, selbstverständlich weder Tiere noch Pflanzen. Alle mitgeführten Lebensmittel sind bei der Einreise anzugeben. Dann entscheidet der Zoll, was problemlos eingeführt werden darf, was vorab behandelt oder vernichtet werden muss.

Auskunft

Tourist Informationen gibt es fast in jedem Ort und Örtchen. Die meisten Büros haben täglich geöffnet, außer am ersten Weihnachtstag (Boxing Day) und Karfreitag (Good Friday). Die Öffnungszeiten sind in der Regel 9–17 Uhr, einige Infobüros haben am Wochenende verkürzte Öffnungszeiten, meist 10–16 bzw. 10–14 Uhr. Auskünfte in Deutschland erteilt:

i **Tourism Australia**
Neue Mainzer Str. 22
60311 Frankfurt/M.
✆ (069) 274 00 60
www.australia.com
Weitere informative Webseiten vgl. Internet.

Automiete, Autofahren

In Australien sind alle großen Mietwagenfirmen wie Avis (www.avis.com.au), Hertz (www.hertz.com.au) oder Europcar (www.europcar.com.au) vertreten. Dazu gibt es viele regionale Anbieter, die vor allem in den Städten Pkws sehr günstig anbieten.

Im Gegensatz dazu sind Camper, vor allem mit Allradantrieb, recht teuer. Neben der Buchung bei den australischen Anbietern KEA (www.kea.com.au) und Britz (www.britzco mau) ist auch eine Vorabbuchung z.B. bei deutschen Anbietern bereits im Heimatland möglich.

Tipp: Man sollte auf keinen Fall an der Versicherung sparen und immer eine Vollkasko-Versicherung mit der geringstmöglichen Selbstbeteiligung abschließen, auch wenn die Kosten hoch sind. So mancher Tourist hat sich aus falsch verstandener Sparsamkeit mit einem Unfall schon finanziell ruiniert.

Für deutsche, österreichische und Schweizer Bürger genügt nicht mehr der Heimatführerschein! Ein Führerschein in Australien muss alle wichtigen Angaben in englischer Sprache enthalten, diese Vorgabe erfüllt z. B. der rosa EU-Führerschein nur auf der Vorderseite. Für nicht-englischsprachige Dokumente ist die Mitnahme eines **internationalen Führerscheins** notwendig. Wichtig: Der internationale Führerschein ist nur in Verbindung mit dem Hauptführerschein gültig. Den internationalen Führerschein erhält man bei der Führerscheinstelle.

In Australien herrscht **Linksverkehr**. Das australische Straßennetz ist inzwischen recht gut ausgebaut. Alle Hauptfernverkehrsstraßen (Highways) sowie die Straßen zu den wichtigsten touristischen Sehenswürdigkeiten sind inzwischen asphaltiert. In das Outback dagegen führen in vielen Fällen nur Schotterpisten *(Gravel Roads).* Das Fahren in der Dunkelheit ist generell gefährlich, zum einen wegen der häufig die Straße querenden Tiere, besonders der Kängurus, aber vor allem auch wegen der Road Trains, 58 m langen Lkw-Zügen, die für Touristen kaum bremsen (können).

Benzin und Diesel sind preiswerter als in Deutschland. Im Outback sind **Tankstellen** meist selten. Es sollte daher genau geplant werden, wie weit man mit einer Tankfüllung kommt und unbedingt bei jeder sich bietenden Gelegenheit wieder voll getankt werden. Der Liter kostet je nach Gebiet zwischen A$ 1.15 und A$ 1.50.

Die erlaubte **Höchstgeschwindigkeit** auf den Free- und Highways liegt zwischen 75km/h und

110 km/h und wird selbst in entlegenen Gegenden häufig per Radar aus der Luft kontrolliert, Überschreitungen werden mit hohen Bußgeldern geahndet.

Einige Straßen und Brücken in Australien sind **gebührenpflichtig**.

In Australien gilt am Steuer ein **Handy-Verbot** – es drohen saftige Bußgelder. Die **Promillegrenze** liegt bei 0,5 Promille. Für Kinder gilt eine **Kindersitzpflicht.** Nur Kindersitze mit dem australischen Prüfsiegel sind zugelassen und werden von den meisten Autovermietern gegen Gebühr angeboten. Oft ist der Kauf eines gebrauchten oder neuen Sitzes jedoch günstiger.

Diplomatische Vertretungen

i Australian Embassy in Deutschland
Wallstr. 76–79
10179 Berlin
Allgemeine Anfragen: ✆ (030) 88 00 88-0
www.germany.embassy.gov.au

i Australian Embassy in Österreich
Mattiellistr. 2–4/III
1040 Wien
Allgemeine Anfragen: ✆ (01) 50 67 40
www.australian-embassy.at
austemb@aon.at

i Australisches Generalkonsulat in der Schweiz
Australian Consulate-General at United Nations, 2, Chemin des Fins
Case postale 172, 1211 Genève 19
✆ (022) 799 91 00, www.australia.ch
australian.consulate-geneva@dfat.gov.au
Kein Visa-Service. Anfragen und Visa-Anträge müssen über die Website oder das Europe Service Centre in London gestellt werden.

i Botschaft der Bundesrepublik Deutschland
119 Empire Circuit, Yarralumla
Canberra, ACT 2600
Allgemeine Anfragen: ✆ (02) 6270 1911
www.canberra.diplo.de
Generalkonsulate in Melbourne und Sydney. Honorarkonsulate in Adelaide, Brisbane, Cairns, Darwin und Perth.

i Botschaft der Republik Österreich
12 Talbot St., Forrest, Canberra, ACT 2603
Allgemeine Anfragen: ✆ (02) 6295 1533
www.austria.org.au
Generalkonsulate in Brisbane und Melbourne. Honorarkonsulate in Adelaide, Cairns, Hobart, Perth und Sydney.

i Botschaft der Schweizerischen Eidgenossenschaft
7 Melbourne Ave., Forrest
Canberra, ACT 2603
✆ (02) 6162 8400
www.eda.admin.ch/australia
Generalkonsulate in Melbourne und Sydney. Konsulate in Adelaide, Brisbane, Darwin, Hobart und Perth.

Einkaufen

Es gibt in Australien keinen gesetzlichen Ladenschluss. Als Kernzeiten können 9 bis 17 Uhr auf dem Land und 9 bis 19 Uhr in der Stadt gelten. An einem Abend, häufig am Donnerstag, bleiben die Geschäfte auch bis 21 oder 22 Uhr geöffnet. Große Supermärkte haben jedoch in den Städten in der Regel noch länger auf, teilweise auch rund um die Uhr.

Als Souvenir werden neben Bumerang und Didgeridoo in Broome gerne Perlen, in Coober Pedy Opale oder in Kalgoorlie Gold gekauft.

In den großen Städten finden sich wie international üblich inzwischen alle bekannten Marken. Aber Australien hat auch eine eigene Mode- und Design-Szene, die durch sehr eigenständige innovative Arbeit auf sich aufmerksam macht. Zu beachten ist, dass durch die vertauschten Jahreszeiten auch der »Sale« andersherum läuft. Wenn also bei uns der Winter beginnt, ist in Down Under Sommerschlussverkauf.

Essen und Trinken

Von einer speziellen australischen Küche ist in Europa bisher noch nicht allzu viel bekannt, wenn überhaupt wird sie mit der zugegebenermaßen nicht besonders verlockenden britischen Cuisine gleichgesetzt. Zudem servieren australische Restaurants in Deutschland häufig Gerichte wie Känguru, Krokodil oder Emu, was in Australien gar nicht populär ist.

Tatsächlich war bis vor etwa 25 Jahren das **koloniale Erbe** in vielen Gerichten leider noch stark spürbar. Überbleibsel gibt es bis heute beispielsweise mit dem *meat pie*, dem Klassiker bei allen Sportveranstaltungen, oder der *gravy*, einer braunen Bratensauce, die wirk-

»Bush Tucker Food«

lich jedes Essen verhunzt. Zudem ist der britische Kücheneinfluss umso stärker, je tiefer man ins Outback kommt.

Vor allem in Melbourne, Sydney, Perth und Adelaide spielen junge, innovative Köche alle Vorteile ihres Landes aus und zeigen sich äußerst kreativ. Ja, hier werden sogar gastronomische Trends kreiert, sowohl beim Essen, aber vor allem auch beim Design vieler Restaurants und Bars. Große Stärke dieser großstädtischen *Australo-Kitchen* ist die unwahrscheinliche **Qualität** der einheimischen Lebensmittel: traumhafte Steaks von frei im Outback umherziehenden Rindern, frischer Pazifik-Fisch, Hummer, Langusten und Austern, Gemüse und Obst. Inspirieren lassen sich die Küchenchefs häufig von der mediterranen Küche ebenso wie von den vielseitigen Garküchen Asiens. Zum einen haben die Einwanderer ihre **Esskultur** mit nach Australien gebracht, zum anderen haben australische Köche ihre Lehr- und Wanderjahre häufig in Europa und Asien verbracht – das Beste also von beiden Seiten.

Zum **Dinner** geht man selbst in den heißen Regionen relativ früh am Abend aus – das ist wieder britisch. In den Top- und Szene-Restaurants wird in der Regel eine Reservierung erwartet. Zudem meldet man sich beim Oberkellner an und lässt sich platzieren. Das gilt natürlich nicht für die **Pubs**, wo es häufig ein günstiges und gut schmeckendes sogenanntes *Counter-Meal* gibt, ein »Theken-Essen«, das dem Gast als Tellergericht über den Tresen gereicht wird. Natürlich gibt es in ganz Australien Ethno-Restaurants von der Pizzeria Napoli über die Taverna Akropolis bis zum Bommel-Chinesen Huo Ming.

Eine Besonderheit sind jedoch die *Food Courts* oder *Food Halls*, wo man alle Küchenrichtungen zusammen findet. Zumeist an einem zentralen Platz eines großen Shoppingcenters stehen in der Mitte Tische und Stühle und außen an der Wand gibt es reihum die verschiedensten Imbissstände von der Sushi-Bar über die vietnamesische Suppenküche bis zum Hamburgerstand. So kann man in Ruhe alles ansehen, seine Auswahl treffen und bezahlt nie viel – und es schmeckt fast immer.

Zweite australische Besonderheit sind die **BYO** *(bring your own)*. Lange Zeit gab es nur wenige Restaurants, in denen Alkohol ausgeschenkt wurde, denn die Lizenz dafür war sehr teuer. Also haben Restaurantbesitzer auf den Alkoholausschank verzichtet, sehr gutes Essen für günstige Preise angeboten und ihren Gästen gestattet, Wein und ihr Bier selber mitzubringen. Man geht also vor dem Essen bei einem Bottle Shop vorbei, denn nur dort gibt es sonst in Australien Alkohol. Bottle Shops finden sich in der Regel direkt am Supermarkt, häufig auch bei Pubs oder Hotels. Die mitgebrachten Getränke gibt man im Restaurant beim Service ab, der dann Wein oder Bier zum Essen serviert. Dafür zahlt man lediglich ein Korkgeld.

Allerdings ist gerade in den Städten die Zahl der BYOs inzwischen stark zurückgegangen. Immer mehr Restaurants werben mit *fully licensed,* hier gibt es dann jede Art von Alkohol. Aber selbst in Sydney finden sich noch, oft asiatische, BYO-Restaurants, die häufig nicht die schlechtesten Empfehlungen sind.

Denn um sich gegen die lizensierte Konkurrenz zu behaupten, müssen sie besonders gutes Essen servieren. Das Preisniveau ist dabei überwiegend moderat. Die Preise liegen etwas unter den hierzulande üblichen.

Zu Hause gilt die Leidenschaft der Australier übrigens dem **Barbecue** (BBQ). Kaum ein Vorgarten Sydneys, in dem nicht am Wochenende der Grill angefeuert wird. Selbstverständlich gibt es auf Campingplätzen, an Stränden und in Nationalparks überall ausgewiesene *Barbecues Areas*.

Das häufig von australischen Restaurants hierzulande angepriesene *Bush Tucker*, eine Kost, die viele aus der Tradition der Aborigines bekannte Früchte verwendet, wie auch Krokodil-, Straußen- oder Kängurufleisch, isst der *Aussie* eher ungern. Er bevorzugt Rind, Fisch und Meeresfrüchte.

Bis vor kurzem galt der Australier als echter Biertrinker, und immer noch liegt der Pro-Kopf-Verbrauch in Darwin bei 230 Litern **Bier** jährlich. Dabei hat jedes Bundesland seine regionale Biermarke und auch kleine Pub-Brauereien liegen stark im Trend. Australienweit sehr beliebt sind Victorian Bitter (VB) aus Melbourne und XXXX (Four X) aus Queensland. Das hierzulande besser bekannte Foster's steht Down Under gar nicht so hoch im Kurs.

Durch den Aufschwung des Weinanbaus auf dem fünften Kontinent trinken inzwischen auch die Australier verstärkt **Wein**. Die Hauptweinanbaugebiete Australiens liegen an der Westküste rund um Margaret River und bei Perth im Swan Valley, in Südaustralien im Barossa Valley und im McLaren Vale, in Victoria im Yarra Valley und Pyrenees und in New South Wales im Hunter Valley. Die Weinindustrie wächst rasant, immer neue Weingüter werden gegründet. Neuere Anbaugebiete sind beispielsweise Perth Hills oder Mildura.

Bevorzugte, aber nicht ausschließlich angebaute Rebsorten sind bei den Roten Shiraz, identisch mit der französischen Syrah-Rebe, und Cabernet Sauvignon, aber auch Merlot; bei den Weißen sind Chardonnay, Semillion und Sauvignon Blanc sehr beliebt. Wurden viele Weine in den letzten Jahren mit einer Holznote ausgebaut, sei es durch Fasslagerung oder durch Zugabe von Holzspänen – ja, das ist dort erlaubt – geht der Trend nun wieder zu *unwooded*, also Ausbau im Stahltank. In der Kellertechnik sind die Australier inzwischen weltweit führend, wie man auch bei der Besichtigung eines der großen Weingüter wie Penfolds sehen kann. Weinproben sind eigentlich bei jedem Weingut möglich und sehr zu empfehlen.

Die Preiskategorien für ein Hauptgericht pro Person werden in diesem Reiseführer wie folgt angegeben:

$ – bis 22 A$
$$ – 22–35 A$
$$$ – über 35 A$

Feiertage, Feste

01. Januar	Neujahr
26. Januar	*Australia Day*
Ostern	Karfreitag und Ostermontag
25. April	*ANZAC Day*
14. Juni	*Queen's Birthday*
05. Oktober	*Labour Day*
25. Dezember	*Christmas Day*
26. Dezember	*Boxing Day*

Zusätzlich gibt es viele regionale Feiertage. Die australischen Sommerferien dauern von Mitte Dezember bis Ende Januar. In dieser Zeit ist es ratsam, in Tourismuszentren vorzubuchen. Hier ein paar wenige ausgweählte Feste:

Januar	*Sydney Festival*
Anfang März	*Adelaide Festival*
1. Märzhälfte	*Melbourne Food and Wine*
Juni	*Winter Magic Festival Sydney*
Juli	*Australian Outback Marathon*
Ende Juli	*Byron Bay Musikfestival Splendour in the Grass*
Mitte August	*Henley-on-Todd Regatta Alice Springs*
Aug./Sept.	*Alice Desert Festival*
1. Sa/So Sept.	*Birdsville Races*
1. So im Sept.	*Carnival on Collins Cairns*
Sept./Okt.	*OzAsia Festival in Adelaide*
1. Di im Nov.	*Melbourne Cup Day*

Einen Eventkalender findet man unter: www.australia.com.

Geld, Kreditkarten

Währungseinheit ist der **Australische Dollar (A$)**. Scheine gibt es zu 5, 10, 20, 50 und 100 A$, Münzen zu 1 und 2 A$ sowie 10, 20 und 50 Cent: 1 AS = 100 Cent, 1 A$ = € 0,70, 1 A$ = 0,73 CHF (Stand: Juli 2015).
Die Einfuhr von Landeswährung- und Fremdwährung ist unbeschränkt erlaubt. Allerdings muss die Einfuhr ab A$ 10 000 oder der Gegenwert bei der Einreise deklariert werden.

Kreditkarten: MasterCard, Visa, Diners Club und American Express sind am weitesten verbreitet. Dabei ist es nicht ungewöhnlich, auch kleinere Summen mit der Kreditkarte zu bezahlen.

An vielen Supermarktkassen kann man mit der Kreditkarte nicht nur den Einkauf bezahlen, sondern sich auch Bargeld auszahlen lassen.

Am Automaten zahlt man für Barabhebungen eine Gebühr, hat aber den Vorteil des günstigeren Devisenkurses im Vergleich zum Wechselkurs von Bargeld am Bankschalter. Es gibt inzwischen aber auch Kreditkarten, mit denen das Abheben von Bargeld am Automaten im Ausland gebührenfrei ist.

Kreditkartenverlust: Bei verlorenen oder gestohlenen Kreditkarten ruft man folgende

Nummern an: ✆ +49-116 116 (zentrale Sperrnummer in Deutschland) oder ‚American Express ✆ 1300 139 060, MasterCard ✆ 1-800-120 113, Visa ✆ 1-800-125 440, Diners Club ✆ 1300 360 060.

EC-Karte: An immer mehr Geldautomaten in Australien kann inzwischen auch mit der EC-Karte Geld abgehoben werden, z. B. an den Automaten der australischen Westpac-Bank. Die Automaten sind mit dem selben Maestro-Symbol gekennzeichnet wie die EC-Karte.

Reiseschecks: Reiseschecks oder Traveller Checks sind auf australische Dollar ausgestellt und nach wie vor eine sichere Alternative zum Plastikgeld.

Detaillierte Infos zu Finanzen in Australien: www.australien-info.de/daten-geld.html.

Hinweise für Menschen mit Handicap

Australien ist im Umgang mit Behinderten ein Land, das sich viel Mühe gibt. Daher lässt es sich auch für Menschen mit multiplen Behinderungen gut bereisen. Viele Hotels und Restaurants sind behindertengerecht ausgestattet.

Nützliche Informationen findet man unter www.nican.com.au und www.easyaccessaustralia.com.au. »Easy Access Australia« ist ein spezieller Australien-Reiseführer für Menschen, die in ihrer Mobilität eingeschränkt sind. Er enthält jedoch auch viele nützliche Infos für Nicht-Behinderte und ist in jedem Buchladen erhältlich.

In den sogenannten Mobility Maps, herausgegeben von Städten und Regionen sind behindertengerechte Einrichtungen und Wege verzeichnet. Sie sind in den Tourist Informationen erhältlich.

Internet

Australien ist sehr gut über das Internet erschlossen. Praktisch alle Hotels, touristischen Unternehmen, Behörden, Verbände, Nationalparks etc. haben eine Homepage.

Flüge und Hotels über das Netz zu buchen oder Tickets für das Theater online zu ordern, gilt als normal. Internetcafés sind in Australien weit verbreitet und in den Städten an jeder Ecke zu finden; auch viele Hotels haben Internetzugänge. In abgelegenen Gegenden gibt es zumindest immer einen Terminal in der Tourist Information, im Pub, in der Tankstelle oder irgendeinem Geschäft, wo man seine Mails abfragen und beantworten kann.

Informative Webseiten sind:

www.australien.de
www.australien-info.de
www.in-australien.com
www.australiasoutback.de
www.westernaustralia.com
www.greatbarrierreef.org
http://de.visitmelbourne.com
www.queensland.com
www.sydney.com

Klima, Kleidung, Reisezeit

Australien liegt auf der Südhalbkugel, daher sind die **Jahreszeiten** zu den unsrigen genau umgedreht. In Sydney ist also zu Weihnachten Hochsommer mit Temperaturen um die 30 °C, im Juli und August fährt man hingegen in den Snowy Mountains Ski. Richtig kalt sind die Winter in Sydney, Melbourne oder Perth aber nicht.

Im Norden, in Cairns oder Darwin, unterscheidet man nicht so sehr zwischen Sommer und Winter, sondern, da man sich hier schon in tropischen Breiten befindet, zwischen Regenzeit (*Wet Season*, November bis April) und Trockenzeit (*Dry Season*, Mai bis Oktober), getrennt jeweils von kurzen Zwischenperioden. Warm bis schwül-heiß ist es hier das ganze Jahr über, aber während der Regenzeit ist ein Großteil des Landes überflutet und Wirbelstürme entfalten regelmäßig ihre zerstörerische Kraft.

So gerade noch am südlichen Rand der Tropenzone, fast schon eher subtropisch, liegt Brisbane mit rund ums Jahr angenehm warmen Temperaturen. Die Stadt wird nur gelegentlich im Winter noch von den tropischen Regengebieten gestreift.

Im Landesinneren, z. B. in Alice Springs, wird es im Sommer brutal heiß mit Temperaturen um die 40 °C, im Winter um die 20 °C – allerdings mit kalten Nächten, auch Frost ist möglich.

Als **Reisezeit** empfiehlt sich also für die südlichen Breitengrade der australische Sommer, für den Norden und das Landesinnere der Winter. Für die Gebiete rund um den Wendekreis des Steinbocks ist praktisch das ganze Jahr Reisezeit. Für eine Tour durch ganz Australien ist die jeweilige Übergangszeit im Frühjahr und Herbst ideal.

Die **Kleidung** ist bei einer Australienreise extrem abhängig von der Jahreszeit, der Reiseregion und der Art des Urlaubs. So hat Tasmanien im Prinzip ein mitteleuropäisches Klima und man kann sich kleiden wie zu Hause. In Cairns wiederum herrscht tropisches Klima mit einer ausgeprägten Regenzeit. Also gehört Kleidung für hohe Temperaturen, hohe Luftfeuchtigkeit und gegebenenfalls Regenschutz ins Gepäck. In Westaustralien mit seinen heißen sommerlichen Temperaturen braucht man praktisch nur kurze bzw. leichte lange Baumwollhosen für die Stadt sowie kurzärmelige Hemden. Das gilt auch fürs Outback, wobei dort festes Schuhwerk, lange weite Hosen sowie eine Kopfbedeckung ein Muss sind. Allerdings kann es etwa von Juni bis August abends und nachts auch empfindlich kühl werden, daher unbedingt Pullover oder Jacke einpacken.

Geht man in den Städten, vor allem in Melbourne und Sydney, abends aus, sollte man sich durchaus etwas schicker kleiden. Generell herrscht aber in Australien eine eher etwas legerere Kleiderordnung.

Maße und Gewichte

In Australien ist für Maße und Gewichte inzwischen das metrische System fast überall gebräuchlich. Die britischen Wurzeln sind aber noch häufig über das sogenannte imperiale Maßsystem anzutreffen.

Gelegentlich erfolgen Höhenangaben noch in Fuß sowie Entfernungsangaben in Yards und Meilen. Schrauben werden häufig auch noch in Inch-Maßen verkauft:
1 Meile (mile) = 1609,34 m
1 Yard = 91,44 cm
1 Fuß (foot) = 30,48 cm
1 Inch = 2,54 cm

Verwirrend sind die Maße bei der **Bierbestellung** im Pub, da je nach Bundesland teilweise unter ein und demselben Begriff unterschiedliche Glasgrößen verstanden werden. So ist in New South Wales das normale Glas ein *schooner*. Das kleinere heißt *midi*. In Western Australia ist hingegen das *midi* das normale Bier und das kleinere heißt *pony*. In South Australia hat der *schooner* hingegen die Größe des *midi* in New South Wales. In Victoria ist das größere Glas ein *pot*, das kleinere heißt *glass*. Mancherorts wird auch noch im britischen Maß *pints* oder *half pints* ausgeschenkt.

Vorsicht ist auch bei den **Kleidungs- und Schuhgrößen** geboten, die den amerikanischen Größen entsprechen. Jeder kennt die internationalen Größen S, M, L und XL. Doch natürlich haben die *Aussies* auch ihr eigenes System, allerdings gibt es unterschiedliche Tabellen, daher muss man schlichtweg anprobieren.

Eine Damen-Kleidergröße 10 entspricht z. B. einer deutschen 38, eine Damenschuhgröße 9 einer 39, eine Herrenschuhgröße 10 kommt hingegen einer 44,5 bei uns gleich und bei Anzügen ist eine australische 42 eine deutsche 52.

Medizinische Versorgung

Die medizinische Versorgung ist in ganz Australien auf hohem Niveau. Im Outback abseits der Zivilisation helfen die »fliegenden Ärzte«, die *flying doctors*. Es empfiehlt sich in jedem Fall der Abschluss einer **Auslandsreisekrankenversicherung**, allerdings müssen Arztbesuch und Medikamente vor Ort in der Regel erst einmal bar oder mit Kreditkarte gezahlt werden.

Die Versicherung in Deutschland erstattet dann bei Einreichung der Rechnung die Kosten. Prüfen Sie vor Abschluss einer Zusatzversicherung, ob nicht in Ihrer Kreditkarte bereits eine Auslandskrankenversicherung enthalten ist.

Impfungen werden für Australien nicht benötigt. Erforderlich ist aber in jedem Fall ein sehr guter **Insektenschutz**, denn in weiten Teilen Australiens werden die Mücken im Sommer zur absoluten Plage. Weiterhin wichtig ist ein extrem hoher **Sonnenschutz** (Lichtschutzfaktor ab 30) und in jedem Fall eine Kopfbedeckung als Schutz vor der äußerst gefährlichen Sonneneinstrahlung.

Mit Kindern in Australien

Sieht man von der strapaziösen Anreise einmal ab, lässt sich der fünfte Kontinent sehr gut mit Kindern bereisen. Die Infrastruktur ist ausgezeichnet, man braucht keine besonderen Impfungen und es gibt keine Probleme mit Tropenkrankheiten oder mangelnder Hygiene. Die Australier sind zudem sehr kinder-

Im »Tandempack« über Sydney schweben

freundlich und stets auf Familien eingestellt, sei es bei der Autovermietung (Kindersitz ist kein Problem) oder in den Resorts, in denen es immer Apartments mit mehreren Schlafzimmern, Pool und häufig auch spezielle Einrichtungen für Kinder gibt.

Neben dem warmen Klima, den weiten Stränden und der faszinierenden Landschaft sind die vielen Freizeit- und Vergnügungsparks wie Movie World oder Wet 'n' Wild an der Gold Coast sowie große Meeresaquarien in vielen Städten und Ferienorten weitere Pluspunkte für das Reisen mit Kindern.

Namensverwirrungen

Selber Name, anderer Inhalt. In Australien ist Woolworth eine große und gute Supermarktkette. Burger King heißt Down Under Hungry Jacks. Alte Gebäude, auf denen Hotel steht, sind Pubs und Kneipen (manchmal mit ein paar Zimmern).

Notfälle, wichtige Rufnummern

✆ 000 Notruf für Polizei, Krankenwagen und Feuerwehr
✆ 013 Lokale Telefonauskunft
✆ 0175 Nationale Telefonauskunft
✆ 0103 Internationale Telefonauskunft
✆ 131 122 Pannenhilfe
✆ 131 126 Gift-Informationszentrale
✆ 1800 625 800 Flying Doctors WA
✆ 8 8648 9555 Flying Doctors Central
✆ 1300 697 337 Flying Doctors Queensland
✆ +49-116 116 Sperrnummer für Kreditkarten

Öffnungszeiten

Viele **Freizeitparks und Shops** sind täglich geöffnet, das bedeutet fast 365 Tage im Jahr. Am Christmas Day (25. Dezember) und ANZAC Day (25. April) sind sie jedoch meist geschlossen; manchmal wird am ANZAC Day nachmittags wieder geöffnet. Viele Institutionen bleiben auch am Karfreitag (Good Friday) geschlossen.Öffnungszeiten der Geschäfte vgl. auch unter Stichwort Einkaufen.

Banken haben in der Regel Mo–Fr 9.30–16 Uhr, in den Städten zuweilen auch Mo–Fr 9–17 Uhr geöffnet.

Post, Briefmarken

Die Post hat in der Regel Mo–Fr 9–17 und Sa 9–12 Uhr geöffnet. Wer Postkarten oder Briefe nach Europa schicken möchte, kann dies per **Airmail** tun (bis 50 g, A$ 2.05, ca. 1 Woche), Postkarte A$ 1.35.

Briefmarken werden nicht nur auf der Post, sondern auch in vielen Läden und Tankstellen verkauft. Zum Versand von Paketen und Päckchen gibt es neben der Auspost auch Anbieter wie DHL, UPS oder TNT.

Presse, Radio, TV

Der australische **Zeitungsmarkt** wird beherrscht vom australischen Medienmogul Robert Murdoch, einem Duzfreund des Premierministers Howard. Murdoch hat aus einer kleinen Boulevardzeitung in Adelaide ein globales Medienimperium geschaffen. Die wichtigsten Tageszeitungen sind der »Sydney Morning Herald«, die »Herald Sun« (Melbourne) und »The Australian« (landesweit verbreitet). Letztere hat die ausführlichste internationale Berichterstattung, mit Schwerpunkt auf dem Commonwealth.

Deutsche Zeitungen sind in der Regel nicht erhältlich, deutsche Zeitschriften mit erheblicher Verzögerung.

In Australien gibt es rund 450 **Radiosender,** davon etwa 250 kommerziell betriebene. Die meisten Stationen senden an der Ostküste, im Outback empfängt man meist nur ein oder zwei Sender auf Mittelwelle.

Im **Fernsehen** sendet die Deutsche Welle Mo–Fr in deutscher Sprache um 8 Uhr »Das Journal«. Ansonsten herrscht auf dem australischen Fernsehmarkt eine Mischung aus öffentlich-rechtlichen und privaten überregionalen Fernsehprogrammen und etlichen kleinen regionalen Sendern. Darüber hinaus konkurrieren gleich mehrere Pay-TV-Anbieter um zahlende Kunden.

Rauchen

Raucher haben es in Australien schwer, fast nirgendwo darf mehr geraucht werden. In öffentlichen Gebäuden wie Flughäfen oder in Zügen generell nicht, aber auch in Sportstadien wie Melbournes legendärem MCG, liebevoll »The G« genannt, darf, obwohl Open Air, nicht geraucht werden. Restaurants und Essenszonen sind schon seit längerem tabu (auch in Terrassenbereichen), inzwischen gilt das vielfach auch für Pubs und Bars. Ab und an gibt es noch Ausnahmen, das unterscheidet sich von Region zu Region. So sind die Sitten in Brisbane härter als in Queensland. Zigaretten sind zudem extrem teuer.

Sicherheit

Australien ist für Reisende generell ein sehr sicheres Land. Das Risiko für Touristen, Opfer einer Straftat zu werden, ist auch bei Reisen im Outback sehr niedrig, obwohl es in den letzten Jahren einige Fälle von spektakulären Touristenmorden gegeben hat. Doch das waren und sind Ausnahmefälle. In den Großstädten gibt es natürlich wie in allen Metropolen der Welt auch finstere Ecken, man sollte die überall erforderliche Grundvorsicht walten lassen, denn Taschendiebstähle und Autoaufbrüche gibt es auch Down Under.

Bei **Wanderungen in den Naturparks** oder im Outback sollten geschlossenes Schuhwerk sowie das Mitnehmen von ausreichend Trinkwasser und Proviant selbstverständlich sein. Sicherheitshinweise für eine Reise in Australien gibt auch das Auswärtige Amt online. Dort wird etwa zur besonderen Vorsicht in Alice Springs bei Dunkelheit gewarnt sowie geraten, in der Region nur offizielle Campingplätze zu benutzen.

Besondere Aufmerksamkeit erfordert immer eine Fahrt durch das **Outback.** Grundsätzlich sollte man nicht bei Dunkelheit fahren und sich rechtzeitig eine gute Übernachtungsmöglichkeit suchen. Es droht sowohl Gefahr von querenden Kängurus und anderen größeren Tieren wie auch von den mächtigen Road Trains, die nicht bremsen oder ausweichen können. Auch sollte man selbst nicht versuchen Kängurus auszuweichen – das endet häufig mit einem Überschlag. Unerlässlich ist es, sich vor Fahrtantritt über die Wetter- und Straßenbedingungen zu informieren: Es können je nach Jahreszeit sowohl Buschbrände wie auch Überflutungen drohen. Auch sollte man festes Schuhwerk tragen und immer genügend Wasser mitnehmen. Das gilt besonders bei Fahrten auf wenig befahrenen Tracks, wo auch ein Satellitentelefon hilfreich sein kann.

Vgl. auch Infos unter Sport und Erholung.

Sport und Erholung

Australien ist eine Sportnation. In Massen strömen die Aussies zu den großen Sport-Events (vor allem Rugby), treiben aber ebenso selbst begeistert Sport. Dabei steht natürlich Wassersport und dabei vor allem das **Segeln** hoch im Kurs. Vielerorts können auch Besucher, die entsprechenden Scheine vorausgesetzt, Segel- aber auch Motorboote ausleihen. Als besonders eindrucksvolles Revier gelten die Whitsundays in Queensland. Dort werden auch mehrtägige Törns in Kleingruppen auf luxuriösen Yachten angeboten (www.tourismwhitsundays.com.au). Daneben ist vor allem das **Kite-Surfen** Down Under immer populärer.

Es gibt fast überall die Möglichkeit **zu schnorcheln oder zu tauchen** – und entsprechendes Equipment auszuleihen. Besonders vielfältig sind die Möglichkeiten natürlich am Great Barrier Reef (www.padi.com/scuba-diving/scuba-diving-travel/vacation-spotlights/great-barrier-reef/) und seinen Inseln, wo etwa ab Cairns (www.divingcairns.com.au) auch entsprechende Ausflüge und Kurse angeboten werden.

Australiens **Strände** bieten viele Möglichkeiten für Sport und Erholung – und gehören zu den schönsten der Welt. Einige liegen direkt in den Städten, wie z. B. der weltberühmte Bondi Beach in Sydney, Cottesloe Beach in Perth oder Surfers Paradise an der Gold Coast. Andere Strände sind die Attraktion kleiner Touristenorte, wie Cable Beach bei Broome, oder befinden sich weitab fast jeglicher Zivilisation, wie die Strände am Ningaloo Reef.

Und dann gibt es noch die speziellen, berühmten **Surf-Strände**, wie Bells Beach bei Torquay, das absolute Surf-Mekka südlich von Melbourne. Der Australier liebt es, am Beach zu sein und führt neben dem Volkssport Surfen alle nur möglichen Sportarten dort aus, picknickt in großen Cliquen, geht mit dem Hund aus, feiert Partys oder flirtet. Sonnenbaden ist jedoch wegen der durch das Ozonloch hervorgerufenen hohen Hautkrebsrate zunehmend verpönt. Doch nicht an jedem Traumstrand kann man gefahrlos schwimmen. In den tropischen Breiten nördlich des Wendekreises des Krebses (besonders an der Ostküste) herrscht in den Sommermonaten die Saison des ***box jellyfish***, einer extrem giftigen Quallenart mit meterlangen Tentakeln. Diese sondert bei Berührung ein Nervengift ab, das beim Menschen zum Tode führen kann. Als wirksamste Soforthilfe gilt, die betroffenen Hautpartien mit Essig einzureiben, um die langen Tentakelfäden abzulösen. Essig *(vinegar)* findet man an allen betroffenen Strandabschnitten. Warnschilder weisen überall auf die Gefahr hin, dennoch gibt es jede Saison einige Tote und etliche Schwerverletzte.

Gebadet wird in dieser Jahreszeit an manchen Urlaubsorten (z. B. Palm Cove) in sogenannten *stingers*, einer Art großen Drahtkäfigen im Wasser. Mancherorts werden die Quallen (auch *stinger* oder *sea wasps* genannt) sogar mittels Netzen vom Strand ferngehalten. Auch die vor weiten Teilen Australiens gefürchteten **Haie** versucht man mancherorts durch Netze abzuhalten. Gefährdet sind allerdings in erster Linie Surfer, die beim Paddeln in den Wellen aus der Hai-Perspektive wie Futter erster Güte aussehen. Anderswo, z. B. bei Darwin können die gefährlichen Salties, **Salzwasserkrokodile**, im flachen Wasser zur tödlichen Gefahr werden.

In Australien gibt es viele Strände, an denen die **Lifesaver** und **Lifeguards**, die Lebensretter, Dienst tun. Solche Strände sind auch geflaggt und man sollte nur in den vorgesehenen Bereichen schwimmen, die markiert sind. Bei **grünen Flaggen** ist alles im Lot. **Rote** oder überhaupt keine Fahnen bedeuten: nicht schwimmen. **Gelbe** Fahnen sagen: Vorsicht. Oft findet man auch ein blau-weißes Schild mit einem Surfer, das zeigt ein Surfrevier an, und auch hier sollte man das Baden besser sein lassen, will man nicht mit einem Board in Kontakt geraten.

Golf ist in Australien kein elitäres Vergnügen, sondern Volkssport. Neben den Golfclubs gibt es zahlreiche öffentliche Golfplätze *(public access courses)*, die von jedem meist gegen eine nicht allzu hohe Gebühr bespielt werden können (www.1golf.eu/golfclubs/australien/, www.ausgolf.com.au).

Natürlich gibt es vielerorts auch die Möglichkeit zu **reiten, Kajaks und Kanus** auszuleihen oder **Mountain-Bike-Touren** zu unternehmen. Radfahren (Helmpflicht) auf die sportliche Art ist in Australien überaus populär. Vielerorts gibt es interessante Trails, über die etwa www.singletracks.com/Australia-bike-trails_78.html informiert.

Sprachhilfen

Was die Australier nun für ein Englisch sprechen, ist wirklich schwer zu sagen. Alteingesessene Outback-*Aussies* sind häufig kaum zu verstehen und kauen und rollen die Worte im Mund herum. Eine gemeinsame Eigenart ist aber sicherlich der Drang zur Vereinfachung und Verniedlichung. So wird der Nationalsport *Australian Rules Football* liebevoll *Footie* genannt und aus Mosquitos werden *mozzies*, aus Barbecue (BBQ) *barbie*.

Die *Aussies* selbst nennen ihre Sprache *Strine* – eine verballhornte Version von *Australian*. Selbst mit guten Englischkenntnissen muss man sich in die Sprache erst einhören. Typisch ist die Aussprache des Vokals »a« als »ai«: *A nice day* wird dan zu *a nice dai*. In den großen Städten hat man aber mit einem normal-guten Schulenglisch keine Probleme, zumal dort viele der Einwanderer auch eher ein *Selfmade*-English sprechen. So mancher Akademiker aus Perth oder Melbourne spricht hingegen ein glasklar verständliches Englisch.

Tröstlich ist sicher, dass es auf dem gesamten Kontinent keine Dialekte gibt, allerdings haben die *Aussies* einige Begriffe geprägt, die man woanders nicht hört:

back of bourke	– tiefstes Hinterland
bangtails	– Rinder
billabong	– Teich, Tümpel
billy	– Teekessel
blackfellow	– Aborigine
bloke	– Kumpel
bore	– Wasserloch
bonzer	– gut
booze, grog	– alkoholische Getränke
breckie	– Frühstück (von *breakfast*)
bull dust	– Staub im Outback
bush	– australisches Hinterland
bush ranger	– Bandit
BYO (bring your own)	– bring eigenen Alkohol mit
cocky	– Kleinfarmer

damper	–	Brot des Outback
dinkum	–	aufrichtig, ehrlich (*fair dinkum* ist die Steigerung)
down under	–	Australien aus britischer Sicht
fridge	–	Kühlschrank
G'day	–	guten Tag
granzier	–	Schaf-/Rinderzüchter
jumbuck	–	Schaf
loo	–	Toilette, Waschraum
mate	–	Kumpel, Anrede für jedermann
matilda	–	einst das Bündel eines Wanderarbeiters
no worries	–	alles in Ordnung
ocker	–	etwas einfältiger, provinzieller Australier, von *mediocre*
outback	–	unwirtliche Landschaft im Landesinneren
Oz	–	Spitzname für *Australia*, aus dem Märchen »The Wizard of Oz«, das mit Australien nichts zu tun hat
plonk	–	billiger Wein
pokie	–	Geldspielautomat
Pom (Pommie)	–	Brite, oft mit spöttischem Unterton
pot	–	großes Glas Bier
quack	–	Arzt, von Quacksalber
road train	–	Outback-Lastwagengespann
roo	–	Känguru
sheila	–	Frau, meist für junge Frau
she'll be right	–	geht schon in Ordnung
shout	–	einen ausgeben
sickie	–	vorgetäuschte Krankheit für einen freien Tag
smoko	–	Zigarettenpause
stockman	–	australischer Cowboy
stubby	–	1/3-Liter-Bierflasche
swagman	–	Schafhirte
tea	–	Abendessen
tucker	–	Essen jeglicher Art
ute	–	kleiner Lastwagen
walkabout	–	individuelle Wanderungen der Aborigines
whitefella	–	Weißer im Sprachgebrauch der Aborigines
wowser	–	missmutiger, neidischer Mensch

Strom

Australiens Steckdosen sind dreipolig, für deutsche Geräte braucht man einen Adapter, der im Elektrofachgeschäft erhältlich ist. Das australische Stromnetz hat 240/250 Volt bei einer Frequenz von 50 Hertz, alle handelsüblichen europäischen Elektrogeräte können benutzt werden.

Telefonieren

Öffentliche Telefonzellen, die mit Münzen und/oder Telefonkarten funktionieren, gibt es praktisch überall, auch am einsamen Roadhouse am Highway. Wer von öffentlichen Telefonzellen aus telefoniert, besorgt sich dafür am besten eine *Pre-paid phone card*. Die für nationale und internationale Gespräche nutzbaren **Telefonkarten** (A$ 5–50) gibt es bei der Post, in Zeitungsläden und auch in einigen Souvenirshops.

Bei Ferngesprächen muss innerhalb Australiens auch bei gleicher Vorwahl diese mitgewählt werden. Meist gilt dies bei Gesprächen über eine Entfernung von mehr als 50 km. Innerhalb von Städten wie Melbourne wird also die Vorwahl, in diesem Fall die 03, weggelassen. Im Zuge der Digitalisierung soll zukünftig das Mitwählen der Vorwahl auch bei Ferngesprächen im gleichen Vorwahlgebiet wegfallen.

Handy – dieses Wort kennen die Australier nicht. Man spricht von *mobile (phones)*. Sie funktionieren in den größeren Städten und entlang der Küsten in der Regel problemlos, in dünn besiedelten Gebieten jedoch nur in größeren Orten wie Alice Springs oder Kalgoorlie. Das Versenden von SMS ist ziemlich preisgünstig.

Wer in Australien viel telefoniert, sollte sich für sein deutsches *mobile* in einem der zahlreichen Telefonshops eine **Prepaid-Karte** von einem der Mobilfunkbetreiber wie Vodafone (www.vodafone.com.au), Optus (www.optus.com.au) oder Telstra (www.telstra.com.au) besorgen. Vergleichen lohnt – je nach persönlichen Telefongewohnheiten kann der Tarif der einen oder der anderen Gesellschaft günstiger sein. Allerdings ist die Prozedur ein wenig aufwendig, denn in Australien wird man als angebliche Maßnahme gegen Terrorismus etc. beim Erwerb einer Prepaid-Karte und einer Rufnummer mit etlichen Daten wie Passnummer, Adresse etc. registriert und muss dafür ein ausführliches Gespräch mit einem Mitarbeiter der Telefongesellschaft führen.

Handy Numbers sind in Australien keine Handy-Nummern, sondern einfach wichtige Rufnummern wie vom *post office* (Postamt), *road conditions* (Verkehrsbedingungen) oder *hospital* (Krankenhaus).

Viele Hotels und Cafés bieten kostenlosen Internetzugang.

Viele Hotels und Veranstalter bieten **kostenlose Servicenummern** für Telefonreservierungen und Infos an. Freecall-Nummern funktionieren nur in Australien und beginnen mit **1-800** oder **1-300**.

Internationale Vorwahl: Für Übersee-Telefonate von Australien aus wählt man ✆ +11 + Ländercode + Ortskennziffer (ohne 0) + Teilnehmernummer. Ländercodes: Deutschland ✆ + 49, Österreich ✆ + 43, Schweiz ✆ + 41.

Notfrufe vgl. S. 328

Trinkgeld

Trinkgeld wird nicht wie in den USA selbstverständlich gefordert, ist aber für viele Dienstleistungen wie Taxi, Zimmermädchen etc. durchaus üblich, und auch im Restaurant sollte man guten Service belohnen. Dabei kann man sich ungefähr an mitteleuropäischen Trinkgeldgepflogenheiten orientieren.

Unterkunft

Australien besitzt bei den Unterkünften eine hervorragende Infrastruktur und zudem sind die Preise in Kategorien relativ günstig. In touristisch erschlossenen Gebieten und in den Großstädten ist die Auswahl vom günstigen Campingplatz und Backpacker-Hostel über das preisgünstige Bed & Breakfast, das solide Mittelklasse-Haus bis zum traumhaften Luxusresort groß. Eine Besonderheit auch in den Städten sind Apartment-Resorts. Man kann selbst für eine Nacht in diesen Häusern (z. B. von der Kette Quest) ein Studio oder gar eine Wohnung mit ein bis drei Schlafzimmern zu einem vernünftigen Preis mieten. Wenn man zu mehreren reist, ist dies häufig die beste Übernachtungsmöglichkeit.

Im Outback oder an einsamen Highways reduziert sich das Angebot meist auf ein oder zwei Motels nebst einem Campingplatz oder auf die historischen Hotels, wie etwa in Broken Hill, die eigentlich gar keine Hotels sind, sondern Pubs, aber zumeist dennoch ein paar einfache Zimmer vermieten; Stimmung und Lokalkolorit sind dort natürlich garantiert. Gecampt werden kann übrigens auch immer an schönen Stellen in den Nationalparks, oft übernehmen die Ranger sogar die Versorgung mit Feuerholz.

Etwas besonderes sind die luxuriösen Resorts auf den Inseln des Great Barrier Reef wie etwa auf Lizard und auf Bedarra Island sowie die naturnahen, komfortablen Ecotourismus Resorts wie die El Questro Station in den Kimberleys oder das Daintree Rainforest Resort.

Wer viel im Land umherreist, ist auch mit **Hotelpässen**, beispielsweise von Flag, gut bedient. Backpacker- und Campingplatzketten geben Member Cards aus, mit denen man verschiedene Discounts erhält.

Kleines Unterkunftsglossar

Backpacker Hostel – einfache Unterkunft mit Mehrbett- und einfachen Doppelzimmern.

Boutique-Hotel – kleines, individuelles Haus, häufig mit ansprechendem Design und persönlichem Service (im Gegensatz zu den Kettenhotels).

Cabins – mit einem einfachen Bungalow meist aus Holz vergleichbar. Die komfortablere Variante sind z. B. **Villas**.

Serviced Apartments – Apartments, die wie ein Hotel betrieben werden (mit Rezeption und regelmäßigem Reinigungsservice, oft mit Restaurant).

Holiday Park/Holiday Resort – bietet meist ein breites Spektrum an Unterkunftsmöglichkeiten.

Verkehrsmittel

Man kann fast jeden Ort innerhalb Australiens mit dem **Flugzeug** erreichen. Neben der Qantas (www.qantas.com.au), der Airline mit dem größten Streckennetz, fliegen viele kleine regionale Airlines manchmal nur zwei, drei Orte an. Auf den Hauptrouten wie Sydney–Melbourne, Melbourne–Adelaide, Brisbane–Cairns etc. bieten die beiden jüngeren Fluggesellschaften Virgin Australia (www.virginaustralia.com) und Jetstar (www.jetstar.com), die Low-coast-Tochter der Qantas, zum Teil extrem günstige Flüge an. Billigflüge werden inzwischen auch schon nach Neuseeland, Fiji oder Rarotonga angeboten.

Möglich ist auch der Kauf eines Flugpasses, wie des »Walkabout *Air Pass*« von Qantas, für mehrere verbilligte Flüge auf dem inneraustralischen und pazifischen Streckennetz.

In Australien verkehren legendäre **Züge**, die den gesamten Kontinent durchqueren. So fährt der **Indian Pacific** von West nach Ost von Perth am Indischen Ozean nach Sydney am Pazifik – für die 4532 km lange Strecke braucht der (Bummel-) Zug zurzeit 70 Std. und 20 Min. Der seit 2004 verkehrende Zug **The Ghan** fährt von Süden nach Norden von Adelaide quer durch das Rote Zentrum ins tropische Darwin. Eine beliebte Strecke legt **The Overland** von Adelaide nach Melbourne zurück. Dabei hat man die Wahl zwischen halbwegs bequemen Schlafsitzen, Liege- oder komfortablen Schlafwagenabteilen.

Preisbeispiele für einfache Fahrt (gültig bis Frühjahr 2016):
Perth–Sydney: Sitz ab A$ 939, luxuriöse Kabine A$ 4199;
Adelaide–Melbourne: Sitz A$ 79–189;
Adelaide–Darwin: Sitz ab A$ 929 bis A$ 3599 in luxuriöser Kabine.

Informationen über diese drei Züge, Fahrpläne, Preise und *holiday packages* erhält man im Internet unter www.gsr.com.au.

Der moderne **Tilt Train** verkehrt zwischen Brisbane und Rockhampton (Fahrzeit 7 Std. 25 Min., ab A$ 59). Der **Spirit of Queensland** braucht für die 1681 Kilometer zwischen Brisbane und Cairns 24 Stunden (ab ca. A$ 220 im Premium Economy Seat, ab A$ 390 im Schlafwagen), der **Spirit of the Ouback** wiederum fährt 1325 Kilometer von Brisbane nach Longreach. Infos – auch über weitere Züge – und Buchung unter www.queenslandrailtravel.com.au.

Nach wie vor ist auch die Fahrt mit dem **Fernbus** in Australien eine gute Option, kommt man mit ihm doch auch in kleinere Orte. So steuert etwa das mit Abstand größte australische Busunternehmen Greyhound (www.greyhound.com.au) über 1100 Ziele auf dem fünften Kontinent an. Neben Einzeltickets lohnen vor allem die verschiedenen Buspässe, entweder für einen bestimmten Zeitraum, ein bestimmtes Gebiet, eine festgelegte Route oder für eine feste Kilometeranzahl. Der »Hop On Hop Off Pass« für die Strecke Alice Springs - Cairns kostet ca. 369 A$, von Melbourne nach Cairns 509 A$ und ein Pass für 5000 Kilometer 785 A$.

Zeitzonen

Generell gibt es in Australien drei Zeitzonen, die sich im Sommer von drei auf fünf Zeitzonen erweitern, da nicht alle Bundesstaaten die Sommerzeit (*daylight saving time* + 1 Std.) einführen. Zuletzt waren Queensland, Northern Territory und Western Australia ohne Sommerzeit.

Mit dem Flugzeug kann man fast jeden Ort innerhalb Australiens erreichen

Folgende Zeitzonen gibt es (in Klammern die Differenz zur mitteleuropäischen Zeit):
Eastern Standard Time (EST, + 9 Std.): New South Wales, Australian Capital Territory, Victoria, Queensland und Tasmania.
Central Standard Time (CST, + 8,5 Std.): South Australia und Northern Territory (einschließlich Broken Hill/NSW).
Western Standard Time (WST, + 7 Std.): Western Australia.

Zoll

Die Einfuhr von Drogen, Steroiden und Waffen ist selbstverständlich verboten, aber auch Nahrungsmittel, pflanzliches Material und Tierprodukte dürfen nicht eingeführt werden bzw. müssen vor der Einreise deklariert werden.

Erwachsene können 250 Zigaretten oder 250 g Tabak, 1125 ml Alkohol, persönliche Gebrauchsgegenstände und Geschenke im Wert von A$ 400 (unter 18 Jahren A$ 200) zollfrei einführen.

Verboten ist die Ausfuhr von geschützten Tieren, Pflanzen und Produkten daraus. Die Einfuhr in die EU ist ebenfalls verboten.

Bei Einreise in die EU und die Schweiz können zollfrei 200 Zigaretten oder 50 Zigarren oder 250 g Tabak, 1 l Spirituosen, 2 l Wein, 250 g Kaffee sowie andere Waren im Wert von bis zu € 170 mitgeführt werden.

Auf vielen Produkten ist **Service Tax** (GST) im Preis inbegriffen. Diesen Mehrwertsteuersatz kann man sich am Flughafen zurückerstatten lassen, wenn man in Australien gekaufte Waren im Wert von über A$ 300 wieder ausführt. Als Beleg muss dazu eine *tax invoice* des Händlers vorliegen. Aktuelle Infos unter ✆ 1-300-363 263, www.customs.gov.au.

Orts- und Sachregister

Fett hervorgehobene Seitenzahlen verweisen auf ausführliche Erwähnungen, die *kursiv* gesetzten Begriffe und Seitenzahlen beziehen sich auf den Service am Ende des Buches.

Namenregister

DIE WELT
ERFAHREN
KANADA
Süd-Afrika
AMERICA
JOURNAL
DER WESTEN
HAWAII
ROAD TRIP
Mit drei Magazinen in spannende Weltregionen reisen! Erhältlich im gut sortierten
Zeitschriften- und Bahnhofsbuchhandel und im Abonnement. Infos unter www.latka.de

Australian Government/Heino Lepp: S. 10 Mitte
Manuela Blisse und Uwe Lehmann, Berlin: S. 72, 156 u., 171 o., 322
Fridmar Damm, Köln: S. 16, 20 u., 22, 23 u., 165 o.
Fotolia/alexlovik: S. 263 u.; AlexQ: S. 135 u.; amidala: S. 186; amorfati.art: S. 32 o.; aure50: S. 41 o.; Rafael Ben-Ari: S. 6 u., 262; Sebastien Burel: S. 89; gb27photo: S. 180; Ina van Hateren: S. 292; jankratochvila: S. 81; Kwest: S. 219 u., 298; Tyler Loco: S. 32 u.; Christopher Meder: S. 57 u.; MV: S. 319; mychadre77: S. 78; s1000rr: S. 182; cedric Schmidt: S. 79; Mika Specta: S. 102 u.; stanciuc: S. 239 o.; THPStock: S. 249; treetstreet: S. 15 o., 114 u.; Evgeny Vostrikov: S. 102 o.; witte-art.com: S. 303 o.; wizdata: S. 328; Yasgosh: S. 287; yellowj: S. 212 o.
Peter Ginter, Köln: S. 284
iStockphoto/4FR: S. 248 o.; andresr: S. 39; antonyspence: S. 189; Martin Auldist: S. 244; BackyardProduction: S. 37 o.; bjeayes: S. 9 u.; Bkbook: S. 230; Simon Bradfield: S. 198; Breecedownunder: S. 85; Bwa_Images: S. 174; Cuhrig: S. 160 u.; Lockie Currie: S. 38 u.; Craig Dingle: S. 194; Durella: S. 320; Eddisonphotos: S. 61; Tony Feder: S. 33, 291; FelixR: S. 63 u.; fotofritz16: S. 296 o.; Karel Gallas: S. 10 o.; iliffd: S. 224; indigoworld: S. 179; Juanitomoreno: S. 88; JurgaR: S. 132 u.; kimeveruss: S. 202; Julia_Kuleshova: S. 14 u.; leelakajonkij: S. 51 o.; levkr: S. 84 o.; LiveLifeTraveling: S. 225 o.; Janelle Lugge: S. 195; Roger De Marfà: S. 116 o.; Aleksander Mirski: S. 110 u.; Paul Morton: S. 188; Onfokus: S. 52 u., 82 o.; patrickoberem: S. 67 u.; Albert Pego: S. 132 o.; Peleanor: S. 256 o.; Yoav Peled: S. 162 o.; pniesen: S. 116 u.; pp76: S. 294 o.; Preto_perola: S. 98 o.; Tanya Puntti: S. 266 u.; Houshmand Rabbani: S. 223 o.; Brian Reisbeck: S. 24/25; robertcicchetti: S. 5 u., 250; Lee Rogers: S. 190 u.; samvaltenbergs: S. 161 o.; Marco Saracco: S. 133 l., 149; Saturated: S. 97 u.; Shane_Pedersen: S. 256 u.; Shanenk: S. 98 u.; shannonstent: S. 177 o.; Shmenny50: S. 253; Siwawut: S. 26; Stef5063: S. 154; Linda Stupers: S. 112 o.; SW_Photo: S. 84 u.; wami_Dread: S. 310; ToolX: S. 248 u.; Totajla: S. 171 u.; Dieter Tracey: S. 115; travellinglight: S. 60, 118; treetstreet: S. 113; Turnervisual: S. 43 u.; uwphoto: S. 111 o.; VanderWolf-Images: S. 285 o.; walterq: S. 226 o.; WhitcombeRD: S. 183 u.; Whitepointer: S. 155; wx-bradwang: S. 69; Ximagination: S. 70, 87; ZambeziShark: S. 184 u.; zensu: S. 209 u.; Zetter: S. 252/253, 255
Museum Victoria: S. 20 o.
National Library of Australia: S. 190 o.
Northern Territory Tourist Commission: S. 139 u., 147 o., 280; Jon Amstrong: S. 8 u., 140 o., 140 u., 147 u., 209 o.; Joe Florian: S. 127 u., 131 o., 283 u.; Mike Gillam: S. 133 r.; Dominic Harcourt-Webster: S. 127 o. r.; John Henshall: S. 127 o. l., 128 o., 303 u., 304 u.; Tony Karacsonyi: S. 143 u., 283 o.; David Kirkland: S. 18 o., 141 o., 146; Bruce Molloy: S. 125 o., 142; Monica Napper: S. 148 u.; Pelusey Photography: S. 129 u.; David Silva: S. 12 o., 14 o., 64, 137 u., 141 u., 144 o., 144 Mitte, 145 o., 148 o., 281, 285 u.; Barry Skipsey: S. 10 u., 16/17, 136; Steve Strike: S. 130 o. r., 134
Picture Finders/Bavaria Bildagentur, Gauting: S. 257
South Australian Tourism Commission: S. 27 o., 73, 206 o., 208 u., 210 u., 211 u., 220 o., 220 u., 299 u.; Adam Bruzzone: S. 9 o., 205 u., 206 u., 211 o., 214 u., 215 u., 216 o., 216 u., 221 u., 300 o.; Caroline Fisher: S. 50 u.; Peter Fisher: S. 205 o., 212 u., 222 u.; Richard Humphrys: S. 210 o.; Stuart Hutchison: S. 101 o.; Johnny – Janusz Kamma: S. 8 o., 207 u.; KI Tourism Marketing – Richard Smyth: S. 272 u.; Alex Makeyev: S. 167, 223 u.; Bronte O'Brien: S. 300 u.; Oz: S. 208 o.; Pauline Porter: S. 218 o.; Brett Sheridan: S. 216 Mitte; Barry Skipsey: S. 59, 217; Jacqui Way: S. 296 u.; Milton Wordley: S. 207 o., 214 o., 215 o., 221 o., 299 o., 302 o., 318
South West Development Commission: S. 177 u., 185
Southern Grampians Tourism: S. 232 o.
State Library of Victoria: S. 184 o., 234 Mitte
Tourism Australia: S. 5 Mitte, 13 u., 38 o., 44 o., 104 u., 111 u., 193, 269 u., 290 o., 295, 304 o.; Jon Amstrong: S. 121; Maureen Brew: S. 272 o.; Andrew Brown: S. 161 u.; Adam Bruzzone: S. 95 u., 117 o., 168 o., 213 o., 213 u., 218 u., 222 o., 302 u.; Jenni Carter: S. 94 u.; Jeff Drewitz: S. 36, 45 u., 46, 55 u., 144 u., 170, 178, 197 o.; Lincoln J. Fowler: S. 7 o., 40 u., 63 o., 97 o., 109 o., 114 o., 159 o.; Stuart Owen Fox: S. 47; Andrew Frolows: S. 268; Brian Geach: S. 13 o., 71, 108 o., 110 o., 119 o., 120, 128 u., 135 o., 279, 294 u.; John Higgs: S. 106 o.; Carolyn Johns: S. 109 u.; Tom Keating: S. 166/167, 172/173; Sam Lambrou: S. 109 Mitte, 282 o.; Hamilton Lund: S. 62; Chris McLennan: S. 125 u., 130 o. l.; Arthur Mostead: S. 11; Mike Newling: S. 51 u.; David Da-

re Parker: S. 175; Richard Powers: S. 29, 91; Nick Rains: S. 31 u., 66, 143 o., 145 u., 265, 274, 275 u., 282 u.; Joe Shemesh: S. 123; David B. Simmonds: S. 238; Barry Skipsey: S. 129 o.; Craig Smith: S. 254 o.; Oliver Strewe: S. 5 o., 48 o., 48 u., 105, 108 u., 162 u., 163, 166, 200, 271, 278/279, 324; Steve Strike: S. 7 u.; Darren Tieste: S. 150 u.; Margaret Tuckson: S. 6 o.; Andrew Wallace: S. 181; Susan Wright: S. 12 u., 83 o., 107, 119 u., 261 o.

Tourism New South Wales: S. 4 u., 19 u., 21, 31 o., 34 u., 35 u., 40 u., 41 u., 42 u., 45 o., 49, 52 o., 53 o., 54 u., 57 o., 58, 288; 3stroke photography: S. 37 u.; Gerry Colley-Turle Pictures: S. 27 u.; Hamilton Lund: S. 42 o., 44 u., 55 o., 56, 286; Grahame McConnell – Lord Howe Island Tourism: S. 333; James McEwan: S. 43 o.; Philip Quirk-Wildlight: S. 35 o., 53 u., 275 o.

Tourism & Events Queensland: S. 261 u.; Peter Lik: S. 80/81, 92; Chris McLennan: S. 122; Madelyn Rose Photography: S. 263 o.; Doug Steley: S. 94 o.; Andrew Tallon: S. 90

Tourism Queensland: S. 65 u., 74, 75, 76, 77 o., 83 u., 93, 95 o., 96, 100, 104 o., 112 u., 172, 266 o.; Gary Bell: S. 183 o.; Peter Lik: S. 269 o.

Tourism Tasmania: S. 15 u.; Geoff Murray: S. 254 u.

Tourism Victoria: S. 239 u., 243, 288/289, 297; Simon Carter: S. 241; Mike Dunn: S. 246/247; Peter Dunphy: S. 236 o., 237; David Hannah: S. 229, 233; Gavin Hansford: S. 240 o.; Darren Hopton: S. 228 u.; James Lauritz: S. 294/295; Holger Leue: S. 235; Robert Mason: S. 234 o.; Jon Nash: S. 240 u.; Graham Scheer – Magray Images: S. 242 o.; Dake Smalley: S. 290 u.; Ken Stepnell: S. 236 u.; Tim Webster: S. 232 u.

Tourism Western Australia: S. 157 o., 196; ATC Photographer: S. 199; Peter Carwardine: S. 186/187; Richard Gale: S. 197 u., 201

Klaus Viedebantt (Archiv), Frankfurt/M.: S. 19 o.

VISTA POINT Verlag (Archiv), Potsdam: S. 4 o., 7 Mitte, 12 Mitte, 18 u., 23 o., 34 o., 50 o., 65 o., 67 o., 68, 77 u., 82 u., 101 u., 106 u., 117 u., 124, 126, 130 u., 137 o., 138, 139 o., 150 o., 152, 157 u., 158 o., 159 u., 160 o., 165 u., 168 u., 176, 187, 191, 204, 213/2. v. o., 213/3. v. o., 219 o., 225 u., 226 u., 228 o., 234 u., 242 u., 245 (4), 251, 252, 264, 267, 273

Wolfgang R. Weber, Darmstadt: S. 131 u., 151, 156 o., 158 u., 164, 169, 192

Wikipedia (CC PD-self)/Donaldytong: S. 86; (CC BY-SA 3.0)/BDC1888: S. 80; (CC BY-SA 3.0)/Quartl: S. 54 o.

Titelbild: »Ghost Gum Tree« (Corymbia aparrerinja) im Northern Territory, Foto: iStockphoto/Tony Feder

Vordere Umschlagklappe (innen): Übersichtskarte des Reisegebiets mit der eingezeichneten Reiseroute

Schmutztitel (S. 1): Mit weißem Lehm bemalte Aborigines-Kinder aus dem nördlichen Queensland, Foto: Tourism Australia/Stuart Owen Fox

Haupttitel (S. 2/3): Mit einem Four-Wheel-Drive im Outback von South Australia, Foto: South Australian Tourism Commission

Hintere Umschlagklappe (außen): Die Olgas, Foto: Fotolia/witte-art.com

Umschlagrückseite: Great Ocean Road, Foto: iStockphoto/pp76 (oben); Australien bietet hervorragende Schnorchel- und Taucherreviere, Foto: Tourism Queensland/Gary Bell (unten)

3., aktualisierte Auflage 2015

Reihenkonzeption: Horst Schmidt-Brümmer, Andreas Schulz
Bildredaktion: Andrea Herfurth-Schindler
Lektorat: Annette Pundsack, 3. Auflage: value edit/Claudia Boss-Teichmann, Weinheim
Layout und Herstellung: Sandra Penno-Vesper
Reproduktionen: Henning Rohm, Köln; Noch & Noch, Menden
Kartographie: Kartographie Huber, München
Druckerei: Drukarnia Interak, Czarnków, Polen

ISBN 978-3-95733-265-3